suhrkamp taschenbuch
wissenschaft 1078

Böses zeigt sich, und die Frage, wie es zu identifizieren sei, stellt sich immer erst, wenn sich das Böse zeigt. Gerade deshalb hat das Böse eine Geschichte; es ist die Geschichte davon, was wann als böse bezeichnet wurde, wie der Begriff des Bösen – so es denn ein Begriff und nicht nur eine Signatur ist – sich fassen läßt. Aber es ist auch die Geschichte davon, wie diese Signatur sich im Laufe ihrer Geschichte ändert, wie sie den Schein der Präzision bekommt, ohne daß diese begrifflichen Präzisionsversuche das Phänomen des Bösen fassen könnten. Historisch wird ein Bedeutungsfeld sichtbar, die undeutliche Faßlichkeit konturiert sich von Beginn an in einem mythischen und später theologischen Kontext: Das Phänomen des Bösen wird durch Geschichten und Theorien evidenter. Für den phänomenalen Befund sind Geschichten und Theorien nicht zuständig, wohl aber für seine Bewältigung.

Das Böse

Eine historische Phänomenologie des Unerklärlichen

Herausgegeben von
Carsten Colpe und
Wilhelm Schmidt-Biggemann

Suhrkamp

Die Deutsche Bibliothek – CIP-Einheitsaufnahme
Das Böse :
eine historische Phänomenologie des Unerklärlichen /
hrsg. von Carsten Colpe und Wilhelm Schmidt-Biggemann.
– 1. Aufl. – Frankfurt am Main :
Suhrkamp, 1993
(Suhrkamp-Taschenbuch Wissenschaft ; 1078)
ISBN 3-518-28678-1
NE: Colpe, Carsten [Hrsg.]; GT

suhrkamp taschenbuch wissenschaft 1078
Erste Auflage 1993

Satz und Druck: Wagner GmbH, Nördlingen
Printed in Germany
Umschlag nach Entwürfen von
Willy Fleckhaus und Rolf Staudt

1 2 3 4 5 6 – 98 97 96 95 94 93

Inhalt

Wilhelm Schmidt-Biggemann
Vorwort. Über die unfaßliche Evidenz des Bösen 7

ALTERTUM: RELIGION UND MYTHOS

Carsten Colpe
Religion und Mythos im Altertum 13
Einleitung: Das Böse in alter Religion und Mythologie 13
Ahriman oder Der Unheil bringende Geist Zarathustras 16
Das Böse bei Gnostikern und syrischen Kirchenvätern 35
Aus der Geschichte des Teufels im Abendland 63

MITTELALTER: MYSTIK UND SCHOLASTIK

Peter Schäfer
Das Böse in der mittelalterlichen jüdischen Mystik 90

Alois M. Haas
Das Syndrom des Bösen in der mittelalterlichen Mystik 109

Ludwig Hödl
Die metaphysische und ethische Negativität des Bösen in der Theologie des Thomas von Aquin . . . 137

NEUZEIT I: THEOLOGIE

Kurt Victor Selge
Luther und die Macht des Bösen 165

Richard van Dülmen
Die Dienerin des Bösen. Zum Hexenbild in der
frühen Neuzeit 187

Walter Sparn
Mit dem Bösen leben. Zur Aktualität des
Theodizeeproblems 204

NEUZEIT II: LITERATUR

Peter Michelsen
Mephistos »eigentliches Element«. Vom Bösen in
Goethes »Faust« 229

Norbert Bolz
Das Böse jenseits von Gut und Böse 256

NEUZEIT III: PSYCHOLOGIE UND
PHILOSOPHIE

Gottfried Lischke
Ist Aggression böse? Zur Ethologie, Soziobiologie
und Psychologie des Kampfes und der Moral 274

Christoph Schulte
Böses und Psyche. Immoralität in psychologischen
Diskursen 300

Wilhelm Schmidt-Biggemann
Metamorphosen der Macht. Die Geschichte des Guten
und Bösen bei Nietzsche und Max Weber 323

Hinweise zu den Autoren 342

Vorwort[1]
Über die unfaßliche Evidenz des Bösen

Wenn man über das Böse konzis schreiben könnte, gäbe es eine Ordnung des Bösen – eine Ordnung dessen, was durchs diaballein, durchs Durcheinander charakterisiert ist. Wie wäre die Ordnung der Unordnung denkbar? Und noch die Ordnung läßt sich als Böses denken; noch jenseits von Ordnung und Unordnung, Darstellbarkeit und Denkbarkeit, zeigt sich Böses. Das Böse hat keine Logik, man kann es nicht deduzieren und definieren. Man kann das Böse nicht mit der Logik des Guten, seines Gegenteils, bannen; wenn das gelänge, wäre das Böse abschaffbar.

Böses zeigt sich, und die Frage, wie es zu identifizieren sei, stellt sich immer erst, wenn sich das Böse zeigt. Gerade deshalb hat das Böse eine Geschichte, es ist die Geschichte davon, was wann als böse bezeichnet wurde, wie der Begriff des Bösen – so es denn ein Begriff und nicht nur eine Signatur ist – sich fassen läßt. Aber es ist auch die Geschichte davon, wie diese Signatur sich im Laufe ihrer Geschichte ändert, wie sie den Schein der Präzision bekommt, ohne daß diese begrifflichen Präzisionsversuche das Phänomen des Bösen fassen könnten. Historisch wird ein Bedeutungsfeld sichtbar, die undeutliche Faßlichkeit konturiert sich von Beginn an in einem mythischen und später theologischen Kontext: Das Phänomen des Bösen wird durch Geschichten und Theorien evidenter. Für den phänomenalen Befund sind Geschichten und Theorien nicht zuständig, wohl aber für seine Bewältigung.

Es gibt die Faszination des Bösen. Diese Faszination ist ein Signum seiner unfaßlichen Evidenz. Auch das Böse kann schön sein. Was macht diese Faszination aus, eine Faszination, die eigentlich schrecken sollte? Offensichtlich steht das Böse quer zur platonischen Trias von Wahr, Gut, Schön. Denn daß das Böse nicht immer wahr und nie gut sein kann, ist beim Lügner von Anbeginn klar. Lügen und Böses gehört – seit man den Un-begriff böse signiert – semantisch zusammen. Aber offensichtlich wider-

1 Das Buch ist aus einer Ringvorlesung über »das Böse« entstanden, die im denkwürdigen Wintersemester 1989/90 an der Freien Universität Berlin stattfand.

streben sich schön und böse nicht – jedenfalls für unser Sprachgefühl. Die Faszination dieses Phänomens muß wohl darin liegen, daß das Böse das tremendum, das Zitternmachen, an sich behält, das die Augenblickserfahrung der numinosen Evidenz charakterisiert. Und erst der zweite Augenblick macht dann die Beurteilung dessen, was sich zeigt, als Böses möglich – das Böse wird hinterher-gedacht. Wo es sich zeigt, zeigt es nur seinen Schein.

Das Böse? Könnte man es fassen, könnte man sagen, »das Böse«. Aber zeigt sich »das Böse« in seiner phänomenalen Vielfalt als eines? Das implizierte, daß das Böse sozusagen ein Wesen hätte, das als »ist« qualifizierbar wäre. Im Falle des Bösen ist die Frage »was ist?« offensichtlich schwierig. Läßt sich die Frage nach dem Bösen überhaupt so metaphysisch stellen?

Hier sind wir mitten in Mephistos eigentlichem Element: Ist der Geist, der stets verneint, als *Wesen* zu fassen – oder ist es gerade das Wesen des Bösen, daß er keines hat? Was kann dieses Paradox bedeuten, daß das Wesen von etwas darin besteht, daß es kein Wesen hat? Steckt vielleicht das Wesen des Bösen im Akt der Verneinung?

Wenn sich das Böse möglicherweise zeigt als das Gegenteil schlechthin – als Akt der Negation, dann negiert es etwas, was ist – das heißt, es ist anti-wesentlich. Es ist also das Gegenteil des Stabilen und damit auch das Gegenteil des Berechenbaren. Aber noch das kann man nicht wissen; denn dann wäre das Böse als das Negative berechenbar. Dennoch: Etwas von der Negation hat es an sich, es ist Geist vom Geist, der stets verneint. Es ist – irgendwie – dem Berechenbaren entgegengesetzt, sofern das Berechenbare gut ist. Berechenbar ist das, was »ist-und-war«, d. h. berechenbar ist das, wo ein Gleichheitszeichen möglich ist. Was man berechnen kann, kann man identifizieren, kann man vorherbestimmen, kann man rational als gleich, also irgendwie als »eines« erfassen. Wenn aber das Böse keine Berechnung zuläßt, wenn es immer anders ist, und dann noch mit negativem Vorzeichen – dann scheint es, daß der Begriff »böse« schlechterdings irreduzibel ist, ein absoluter Begriff. Böses kann mit nichts anderem als mit der Evidenz erklärt werden, mit der es sich zeigt, und es braucht doch das, was es verneint.

So bleibt die Flucht in die Metapher: Das Böse ist der Affe des Einen, Guten, Schönen – aber was heißt das, *das* Böse? *Eines* kann es nicht sein, wenn es das immer *andere* ist, und man kann es immer nur von seinem anderen bestimmen. Und das andere des Bösen ist das Gute.

Es gibt nur eine Auseinandersetzung des Bösen, die als theoretisch konstant konstruiert ist: die Auseinandersetzung mit dem Göttlichen. Diese Auseinandersetzung kann ein Dualismus von Anbeginn sein, die Andersheit der neuplatonischen Defizienztheorie oder die spekulative Selbstentzweiung Gottes mit sich selbst in der Kabbala. Die Entzweiung mit dem Göttlich-Guten prägt das Böse in seiner Vielgestalt. Aber das Böse ist nicht die plane Negation des Guten – die Negation selbst wäre zu berechenbar: Das Böse hat bis in die Personifikation hinein die Faszination der schlechthinnigen Unberechenbarkeit an sich, des Scheins, der Berechenbarkeit vorspiegelt: Das gilt für Geschichte des Teufels im Mittelalter, das bestimmt die Inquisitions-Logik der Hexenprozesse, der Schein der Berechenbarkeit, der sich als Anarchie und absolute Herrschaft zugleich erweisen kann, bestimmt noch die Ästhetisierung des Bösen im 20. Jahrhundert. Denn das Böse partizipiert offensichtlich am Glanz des einen Guten, des monotheistischen Gottes, es hat alle Eigenschaften des Guten – die Macht und die Größe, die Pracht und die Herrlichkeit –, nur eines nicht: es ist nicht gut. So erscheint das Böse als Schrecken, der ästhetisiert werden kann, als das Fascinosum des Grauens, das bis in die Wirkung der Tragödie reicht. Tragödie indiziert die mythische und die historische Unberechenbarkeit, die unausweichliche Macht des Schicksals, das eben nicht gottgewollt, nicht vom berechnend guten Gott geplant ist, sie indiziert die ursprüngliche Angst vor dem Göttlichen, das sich auch als böse zeigen kann, und sie ist die Voraussetzung für die Anstrengung, Vernunft – gerade theologische Vernunft – als berechenbares Instrument zu entwickeln, das die Tragödien real entbehrlich macht und das Böse ästhetisch sublimiert.

In einer theologisch metaphysischen Beschreibung läßt sich das Böse nicht fassen. Weil das Böse mit dem Geist, der stets verneint, zusammenhängt, ist die Verneinung selbst offensichtlich etwas, was mit dem Bösen zusammenhängt – theoretisch der willentliche Akt der Negation. Jemand, der nicht berechenbar ist, ist jemand, der sich keinem Maßstab unterwirft, der nicht er selbst ist. Ein solcher Negierer ist *frei*. Aber das Böse ist der Preis der Freiheit.

Freiheit ist die Freiheit, sich *nicht* einzuordnen. Wer sich einem Maßstab nicht unterordnet, macht formal Fehler. Im radikalen

Sinne sind Fehler – wie alles Falsche – nicht begründbar. Der Grund ist eindeutig: Es ist die Frage nach dem Falschen nicht mit Gründen zu beantworten. Denn die Begründung des Falschen wäre ein Ersatz-Richtiges – aber nie das Falsche. In der Freiheit geschieht eben etwas, was als Wendung des Handelnden auf sich selbst, als Selbstisolierung begriffen werden muß – indem sich jemand auf sich selbst wendet und nur auf sich selbst, gibt es keinen Grund mehr für ihn, etwas zu begründen, er reduziert sich als schlechterdings Wollender nur auf sich selbst: Das ist die Attitüde der absolut freien Souveränität. Und alle, die den Freien an seiner Freiheit hindern, begreift er als die Feinde seines Selbst: Das ist der philosophische Sinn von Fehlern, von Freiheit und zugleich der Sinn der psychologischen Rede von der Aggression.

Nein, eine systematische Theorie des Bösen ist nicht denkbar, sie ist nicht einmal widersprüchlich, ein System des Bösen setzte sich dem Spott der Guten und Bösen aus. Es wäre die Berechnung des Unberechenbaren, die Hybris, bei der einen der Teufel am Kragen hätte. So bleiben nur rhapsodische Möglichkeiten, die Erfahrungen des Bösen, wie sie sich gezeigt haben, aufzuweisen, es bleiben begriffsgeschichtliche Befunde, es bleibt historische Phänomenologie, und es bleiben die Gedanken derjenigen, die über das Böse rational nachgedacht haben – und das waren die, die von der Allmacht der einen guten Vernunft überzeugt waren: das gilt für Plotin, für Thomas von Aquin etwa oder Leibniz.

Alles Reden vom Bösen muß sich zunächst auf Religionsgeschichte einlassen: Ehe die Vorstellung vom Bösen in einem Kontext theologischer Begriffe unklar lokalisierbar wird, vergehen 2000 Jahre; von Zarathustras Mythen auf der einen und vom jüdischen Widersacher Gottes auf der anderen Seite bis zur Fixierung der Teufelsfigur im Mittelalter braucht es eine unglaubliche Anstrengung von theologischer Intelligenz, mythologischer Phantasie und religiöser Energie, ehe die Erfahrung des Bösen in den Kontext der kulturellen Leitvorstellungen integriert ist.

Und dann zeigt sich: Die Vielfältigkeit des Bösen durchdringt alle Begrifflichkeit und Bildlichkeit. Je länger und stärker an der Verwissenschaftlichung theologischer Fragestellungen in ihrer Verknüpfung mit dem Phänomen des Bösen gearbeitet wird, desto komplexer erscheint das Böse: Das »Erlöse uns von dem Bösen« belegt die Anwesenheit des Bösen in allem, was erlöst werden

muß. Das macht die Kompetenz von Theologie und Philosophie für das Phänomen des Bösen aus, und sie werden in der Bewältigung dieser Not gestützt durch Jurisprudenz.
Die Erfahrung des Bösen diversifiziert sich mit der kirchlichen und staatlichen Institutionalisierung der Wissenschaft in der Frühen Neuzeit. Die Beschäftigung mit dem Bösen in Hexenprozessen wird Aufgabe von Juristen, Naturphilosophen und Theologen, in der theologischen Gnadenlehre wird die Frage nach dem bösen Handeln und der Erlösung von der Schuld neu diskutiert, in der Theodizee-Diskussion wird die Rolle des Guten Gottes angesichts der Erfahrung des Bösen zum philosophischen Leitproblem.
Je mehr sich die Wissenschaft mit dem Phänomen des Bösen befaßt, desto mehr Böses entdeckt sie. Die Problematik wird zunehmend komplexer. Das Ergebnis: Die wissenschaftliche Beschäftigung mit dem Phänomen des Bösen erreicht keine Entlastung oder gar Erlösung vom Übel, sie präzisiert allein die Stellen, an denen wissenschaftlich über das Böse gehandelt wird: Juristisch, theologisch, philosophisch.
Die Verwissenschaftlichung des Bösen provoziert ein Komplement: Die Ästhetisierung des Bösen. Diese Ästhetisierung ist eine Folge der Verwissenschaftlichung: Indem das und der Böse darstellbar wird, wird er auf eine gewisse Weise verfügbar – und wo das Böse begrifflich nicht faßbar wird, springt die Kunst ein. Was – wie immer – darstellbar ist, verliert den Schrecken des Unnennbaren, es wird das dargestellte Böse in seiner Bosheit greifbar, es gerät in eine Art elementare, mythische Verfügbarkeit. Das zeichnet das Teufelsbild in der frühen Moderne aus: In Mephisto schließlich zeigen sich alle Elemente des Bösen ironisch gebrochen und bleiben doch zugleich diabolisch beieinander.
Es ist nicht paradox: Die Ästhetik der frühen Moderne entmythisiert und enttheologisiert den Umgang mit dem Bösen. Mit dem Verlust mythischer Ausdrucksformen entpersonalisiert sich das Böse, es zeigt sich nur sein schrecklicher Glanz. Im Nihilismus des Großinquisitors bei Dostojewski, in Baudelaires Fleurs du mal, in den unsagbaren Schrecken von Jüngers Kampf als innerem Erlebnis und in Kafkas Strafkolonie erweist es sich, daß auch die Kunst nur die Diversifikation des Bösen zeigen kann; fassen kann sie es auch nicht. Die Entlastung vom Bösen durch Ästhetik kann nicht gelingen. Denn das Böse, das in der Kunst gebannt werden

soll, wird im Bann gerade evident und zeigt sich fratzenhaft diffus an anderer Stelle.
Seit dem 18. Jahrhundert gibt es drei Bereiche, in denen das Böse vorzüglich – theoretisch – identifiziert wird: Aggression, Lust und Macht. Keineswegs gilt die Umkehrung, daß Lust, Macht und Aggression schlankweg das Böse sind. Aber seit dem Verlust der mythologischen und theologischen Redeweise vom Bösen im Verlauf der Aufklärung, die durch den systematischen Versuch der Theodizee gekennzeichnet ist, die Realität des Bösen wegzudiskutieren, sind diese psychologisch-philosophischen Begriffsfelder der Ort, an dem das Böse erscheint – und vermutet wird. Zugleich zeigt sich, daß der Entrealisierung des Bösen seine Psychologisierung entspricht. Die Vorstellung des Bösen wird in die Seele verlagert, die Psychologie an die Physiologie, an die Sexualität und ans Gattungsverhalten gekoppelt. Die Seele, in der Böses sich zeigt, wird zugleich zum Medium, in dem das Böse ertragen, gestaut, bewältigt, überwunden und siegreich ist: Das gilt von de Sade über Nietzsche und Freud bis in die Verhaltenspsychologie.
Aber die »Realität« des Bösen? Wird derzeit überhaupt noch eine andere als die psychische Realität des Bösen anerkannt? Es möchte sein, daß das für die Theorie gilt. Und so ist auch dieses Buch eine Kopfgeburt. Die äußere Realität des Bösen, die Realität der bösen Erfahrungen im Totalitarismus Hitlerscher oder Stalinscher Prägung fehlen in diesem Buch; Auschwitz, wo sich die religiöse Macht des Bösen politisch zeigte wie sonst nie, wird nicht ausdrücklich bedacht; die Typologie des Bösen in der Politik bis hin zum klassischen Typos »böser Politik«, zu Machiavelli, sind nicht behandelt. Aber das wäre eine eigene Aufgabe, die die theologisch-philosophische Phänomenologie des Bösen, wie sie in diesem Buch dargestellt ist, benutzen könnte und wohl auch müßte.
Ein berechenbares Böses wäre eine contradictio in adiecto. So entspricht der Untertitel dieses Buches »Eine historische Phänomenologie des Unerklärlichen« dem, was angesichts der unerschöpflichen und unbegreiflichen Präsenz des Bösen möglich war: Es sollten Momente der Erfahrung dessen dargestellt werden, was den Schein des Wahren, den Reiz des Guten und den Glanz des Schönen an sich hat, dessen, was sich dann als Fratze erweist, als das namenlose Entsetzen einer Täuschung von Anbeginn.

Berlin, im September 1992 W. Schmidt-Biggemann

Carsten Colpe
Religion und Mythos im Altertum

Einleitung: Das Böse in alter Religion und Mythologie

»Das Böse« sagen wir und denken, indem wir so sprechen, unsicher und ungenau an etwas Negatives, das es außerhalb von uns gibt. Es kann uns begegnen oder von uns Besitz ergreifen, oder wir können ihm verfallen. Es ist, und das vielleicht nicht nur gleichsam, ausgedehnt und nimmt einen Raum ein wie das Hohe und ursprünglich auch das Erhabene, wie das Kleine und noch das Kleinliche.

Indessen: Gerade die Selbstverständlichkeit, mit der wir vom Bösen reden, als lauere es an einem Ort und übe dort und von dort seine Macht aus, läßt auch daran zweifeln, daß alles, was »böse« genannt wird, auf gar nichts anderes führen könne als auf seinen umfassenden Begriff. Beispielhaft zeigt das ein Vorgang aus unseren Tagen: Da benennt einer mit einem alten Ausdruck das »Reich des Bösen«, er weiß, wo es liegt und wer darin und was daran böse ist; dann wird er genötigt, hinzufahren und lernt die Menschen kennen, die dort wohnen. Fortan gibt er ihrem Reich andere Namen, und das oder der Böse kümmert ihn nicht mehr. Wo ist es oder er geblieben? Steckt es oder er in Wirklichkeit woanders oder handelte es sich um eine totale Einbildung?

So sehen wir dann doch lieber von der räumlichen Dimension ab. Nun ist »das Böse« eher eine Sammelbezeichnung, ein Kollektivum. Man kann es nicht in die Mehrzahl setzen, denn es faßt bereits Mehreres zusammen, das als böse gilt. Kollektiva aber sind eine Untergruppe von Gattungsbezeichnungen – gibt es also eine Gattung oder Klasse des Bösen? Exemplifizierte doch gerade daran Aristoteles: »Gut und böse sind in keiner Gattung, sondern sind selbst Gattungen von bestimmten Gegenständen«.[1] Das

1 *Kategorien* 11 (14a 24). K. Oehler, *Aristoteles' Werke in deutscher Übersetzung* (begr. v. E. Grumach, hg. von H. Flashar) Bd. 1/1, Berlin 1984, S. 276 f. erläutert an Hand von *Eth. Nicom.* 1, 4 (1096a 23-29) und *Topik*

könnte bedeuten, daß man nicht nur verschiedene Gegenstände, Ereignisse oder Erfahrungen bald so, bald anders zusammenfassen, sondern auch die so gewonnenen bösen Arten begrifflich verallgemeinern darf. Dann wäre das Böse ein Allgemeinbegriff, und wie bei einem jeden solchen wüßten wir auch durch ihn, daß im Prinzip immer und überall dasselbe vorliegt, und daß es letztlich immer seine Gestalten sind, die wir antreffen, wenn wir es mit etwas Bösem zu tun haben. Die Unterordnung unter Gattungen kann aber auch die Infragestellung der Zuordnung von etwas gemeinsamen Bösem z. B. zu *allen* möglichen Handlungen bedeuten; es könnten auch nur deren *mehrere* sein.

Drängt sich diese Frage auf, dann ist man versucht, das Böse nicht in Richtung auf etwas Absolutes hin anzunehmen, sondern es von Fall zu Fall für relativ zu halten: Im Kleinen kann für den einen böse sein, was für den anderen neutral oder gar gut ist; im Großen kann es zu kollektiven Wertungen bestimmter Taten, Gesinnungen oder Phänomene als böse kommen, die in gewissen historischen Situationen, Auseinandersetzungen, Umbrüchen geradezu revolutioniert werden können und deshalb umgewertet werden müssen. Ist dann »das Böse« nichts weiter als eine in unserer Denktradition zentrierte Vorstellung, mit der wir Anderes schlechterdings okkupieren, und seine Realität ein Wechselbalg in den Dimensionen eines mentalitätsgeschichtlichen Prozesses?

Hier kann man nur weiterkommen, wenn man zuvor in eine Frühzeit hinabtaucht, in der bereits Art- oder Gattungsbegriffe ausgemacht, diese aber als Resultat ursprünglicher religiöser Begriffsbildung dargestellt werden können.[2] Man gewinnt damit mehrere Möglichkeiten. Man lernt als Inhalt dieser ursprünglichen Begriffsbildung vielleicht besondere Götter kennen. Mit der Frage, wie Vorstellungen und Benennungen sich erzeugten, ist man bei der Grundfrage der Mythologie, in der die sprachlichen

1, 13 (107a 3-17), daß die beiden Wörter nicht unter eine bestimmte Kategorie fallen, sondern allen Kategorien zuzuordnen sind. Wenn an diesen Stellen das Gute dem Homonymen zugeordnet wird, also für verschiedene Gegenstände jeweils etwas anderes ist, dann gilt schon rein logisch, daß auch das Böse »nicht etwas allgemein Umgreifendes, nicht ein Eines sein« kann.

2 Von Hermann Usener, *Götternamen*, 1895. Die folgenden Sätze in Anlehnung an Formulierungen in der 3. unveränderten Aufl., Frankfurt/Main 1948, S. 279 ff. und 3 f.

Produkte des begriffsbildenden Vorgangs vorliegen. Man gewinnt Zugang zu dem fremden Tatbestand, daß ein solcher Vorgang nicht nur in der Ausprägung des Wortes seinen vorläufigen Abschluß finden kann, sondern auch in der Verdinglichung oder Substanzwerdung des Begriffs. Es läßt sich dann sogar die Alternative stellen, die so formuliert werden kann: Entweder ist »das Böse« als etwas Seiendes zu denken, wie es das Problem der Philosophie ist, oder es gewinnen in Konflikten, Leiden und Phantasien von Fall zu Fall die Eigenschaften von beteiligten Menschen, die sich auf andere als Aggression auswirken, oder von Situationen und Handlungen, die schmerzen, oder von Erfahrungen, die bedrücken – es gewinnen solche Eigenschaften die Qualität »böse« in der über akzidentelles wie über substantielles Zukommen hinausgehenden Gewichtigkeit, die das Thema von Theologien sein wird.
In dieser Alternative kann die historische Methode, die befolgt werden muß, wenn man aus der Frühzeit wieder empor taucht, allerdings zu keiner Entscheidung führen. Wenn sie das ontologische Problem des Bösen überhaupt berücksichtigen will – und sie sollte es tun, weil andernfalls alles der Erscheinungen Flucht ausgeliefert bliebe und keinerlei Erkenntnis möglich wäre –, dann muß sie zwischen einer Geschichte, die das Böse als solches haben könnte, und der Geschichte insoweit, als sich aus ihr für diese oder jene Betroffenen immer wieder Böses ergibt, einen Mittelweg finden. Methodisch entsprechen diesem Grenzgang zwischen philosophischer und religiöser Begriffsbildung Wege, die die Mitte halten zwischen Religion und Mythologie, Religion und Theologie, Theologie und Mythologie. Erst wenn diese Wege abgeschritten sind, kann geurteilt werden, ob ein böses Sein oder eine böse Qualität gegeben ist, eine böse Substanz oder Macht vorliegt, ein böser Sondergott oder ein besonders böser Gott dasteht.
Nun sind diese Wege schon abgeschritten worden, und sie haben zu dem Urteil geführt, daß in der Nachbarschaft »unseres«, des »klassischen« und des »biblischen« Altertums, nämlich in der altiranischen Religion, ein solch besonders böser Gott erfahren und verbalisiert wurde. Texte geben noch Auskunft, wie das geschah, und es läßt sich ermitteln, wie es von da aus schon in iranischer Überlieferung zu einem unpersönlichen Begriff des Bösen und zu einem Mythos vom persönlichen Bösen kommt. Der Mythos vom

persönlich Bösen trägt westlich vom Ursprung dieser Anschauung, im Gebiet des heutigen Kurdistan, zur Entstehung einer Mythologie bei, die im Widerstreit zwischen Böse und Gut vom letzteren nicht nur spricht, sondern vom Guten zugleich als einer zum Sieg zu verhelfenden Geistes- und Lichtkraft die gehörige *Erkenntnis* vermittelt, und die man deshalb eine *gnostische* nennt. Dort, wo Gnostiker eine solche Mythologie entwickeln, hat auch der Begriff des Bösen eine Rolle gespielt, nämlich als Herausforderung an eine christliche Theologie, die ganz anders und ganz woanders entstanden war, die aber hier, unter Syrern, zu einer so im griechischsprachigen Christentum nicht angelegten, ganz eigenständigen Auseinandersetzung mit der Person oder Personifikation wie mit der Sache des Bösen gelangt. Die *Sache* des Bösen wird von da aus der christlichen Vorstellung von der Sünde, die ursprünglich etwas ganz Anderes ist, immer wieder eine besondere Farbe verleihen, während die *Person* oder die Personifikation des Bösen sich mit einem vom jüdisch-christlichen Gott hinweg verführenden Versucher oder Verleumder, und mit einem vor Gott auftretenden Verkläger, und mit allerlei bösen Engeln und Dämonen bei Juden zu einer neuen Gestalt verbindet, dem Teufel. Er, *der* Böse, wird für Jahrhunderte auch *das* Böse bei der Stange halten, wenn christliche Theologie es zur bloßen Sünde, oder zu einer bloßen Negation oder zu einer Abart des Tragischen verdünnen will.

Ahriman oder
Der Unheil bringende Geist Zarathustras

1. Richtpunkte historischer Annäherung

Aus einer fremden Frühzeit in uns näher liegende, vertrautere Gefilde muß eine lange Strecke zurückgelegt werden. Zweifach ist sie charakterisiert. Methodisch soll von ihr aus gleichermaßen zu entschlüsseln sein zum einen, daß eine religiöse böse Erfahrung gemacht wurde, die auch zu einer Begriffsbildung geführt hat, und daß diese in Wörtern eines Mythos oder einer Mythologie einen vorläufigen Abschluß fand; zum andern, daß die Erfahrung wie ihr Ausdruck weiterhin ein Problem stellen, das letztlich nur theologisch bewältigt werden kann und zur Entstehung von

Theologie mit beiträgt. Faktisch muß der methodische Mittelweg an Grenzen entlang führen, die den Unterschied zwischen historisch gegebenen Religionen, Mythologien und Theologie(n) deutlich bezeichnen. Der Weg muß da beginnen, wo die Bildung eines umfassenden Begriffs des Bösen nicht für uns – denn wir könnten es ja überall tun –, sondern für die damaligen Täter, Erleider, Denker und Sprecher erstmals in den Bereich der Möglichkeiten rückt. Der Weg muß weiter so verfolgt werden, daß die bösen Fälle, aus denen er besteht, auch solche einschließen, die nicht so oder die falsch so benannt werden, so daß der transhistorisch Interessierte ein von beidem unabhängiges Urteil fällen kann. Der Weg darf selbst weder auf einen Nachweis zusteuern, daß die ontologische, noch darauf, daß die geschichtlich-, oder auch ethisch-, oder auch psychologisch-relativistische Option die richtige ist.

Vier Punkte sind es dann, die die Richtung der Annäherung dessen zu leiten haben, der auf solchem Wege historisch-ethische Erkenntnis sucht. Sie müssen zugleich so beschaffen sein, daß sie einen Tatbestand zusammenhalten, der sich dem Erkenntnisbereiten sozusagen auch selber näherbringt, weil er die Eigenart aller Konkretionen teilt, die nicht als Realisierungen einer Idee, sondern als sukzessiv sich vermittelnde Kontingenzen zu interpretieren sind; können sie doch nur so die Manifestation einer Erfahrung oder einen Gedanken oder eine Vorstellung ins Dasein treten lassen und zugleich für deren Weiterverwirkung als Erinnerung oder als eine sich ständig erneuernde Weltdeutungs- und Selbsterfahrungshilfe den Boden bereiten.

Erstens: Es muß ein kurzer Zeitraum sein, in dem die Erfahrung gemacht, der Gedanke gedacht, die Vorstellung gefaßt wird, als sei es für den Augenblick und nicht für lange Dauer.

Zweitens: Es muß ein geographischer Raum, eine Region dasein, in dem die initialen Erfahrungsbedingungen einmalig und unverwechselbar gegeben sind.

Drittens: Es muß eine repräsentative Persönlichkeit geben, die die Erfahrung macht, ausspricht und vorstellt.

Und viertens: Es muß eine Entsprechung oder Korrelation zwischen geschichtlichen und übergeschichtlichen, zwischen veränderlichen sozialen und unveränderlichen kosmischen Gegebenheiten bestehen, die ein dialektisches Verhältnis zwischen Einmaligkeit und Wiederholbarkeit der Erfahrung, zwischen Punktualität und Symbolhaltigkeit der Begriffsbildung, zwischen Farbigkeit der Imagination und Austauschbarkeit der Farben ermöglicht.

2. Archaische Götterbenennung und religiöse Wortverbindung

Fragt man, wann und wo diese vier Richtpunkte zusammengekommen sind, um Erfahrung, Begriff und Vorstellung des Bösen deutlicher zu konstituieren als irgendwo sonst, dann stößt man auf Zeit, Region und Person des iranischen Propheten und Priesters Zarathustra.

Leider läßt sich gleich die Frage, in welchem Zeitraum die kurze Zeit lag, in der sich sein Leben abgespielt hat, nicht sicher beantworten. Argumente aus der Sprachgeschichte weisen ins 10. oder 9. Jahrhundert; die relative Chronologie, die innerhalb der Tradition gepflegt wird, die mit Zarathustra anhebt, führt auf ein- oder zweieinhalb Jahrhunderte später. Für unser Problem kommt es aber weniger auf kalendarische Genauigkeit an als darauf, daß sich der Zeitraum in seiner ganzen fraglichen Ausdehnung mit vielen Ereignissen und Entwicklungen synchronisieren läßt, die aus Griechenland, Israel, Babylonien und Assyrien gut bekannt sind.

Etwas einfacher steht es mit dem Richtpunkt des geographischen Raumes. Historische Überlegungen weisen auf ein Königreich Choresm, das zwischen dem 8. und 6. Jahrhundert in einem Gebiet von östlich bis südlich des Aralsees bestand. Sowjetische Ausgrabungen haben dort Wohnmauersiedlungen für Menschen ans Licht gebracht, die zugleich die Aufgabe hatten, Herden- und Haustiere sicher unterzubringen. Mit dieser Funktion gehörten sie als kleine Segmente in ein ganz zentrenloses, pastoral-agrikulturales ökonomisches System.[3] Wir werden hören, daß es um Schutz und Ruhe für Mensch und Vieh dem Zarathustra unter anderem ging. Als seine Geburtsheimat kommt ein südlich benachbartes Gebiet, in der nordwestlichen Ecke des heutigen Afghanistan gelegen, in Frage. Hier lagen zwei Siedlungen, heute die Städte Wazirabad und Mazar-e-Scharif, mitten in der Region des antiken Baktrien. Dort ist Zarathustra sehr wahrscheinlich zu Hause gewesen.

3 S. P. Tolstow, *Auf den Spuren der altchoresmischen Kultur*, Berlin 1953, S. 9-82.

In diesem Gebiet, aber auch weiter nördlich bis Choresmien, das landschaftlich noch größer war als das eben umrissene Königreich, gab es Weidewirtschaft einerseits und Bedrohung derselben andererseits, Bedrohung durch Nomaden, die zwischen den Siedlungen schweiften (man hat sich diese wie die choresmischen, aber weniger befestigt vorzustellen). Hier wurden neben Kleinvieh das Rind, das Pferd und das Kamel gezüchtet, das zwei Höcker hat (heute sieht man dort nur das eingeführte einhöckrige Dromedar). Die Gattungsbezeichnung für das baktrische Kamel ist Uschtra. Sie steckt im Namen Zarathuštras, zu deutsch »der mit den hellbraunen Kamelen«. Der Name seines Schwiegervaters war Fraschaoštra, »der mit den untadeligen Kamelen«. Die Gattungsbezeichnung für das Pferd ist Aspa. Zarathustras Vater hieß Pouruschaspa, »der mit den grauen Pferden«. Der König, zu dem Zarathustra fliehen mußte, als er in seiner Heimat mit seiner Verkündigung unhaltbar wurde, hieß Vischtaspa, »der mit den scheuen Pferden«.
Damit haben wir schon etwas über den dritten Richtpunkt für unsere Erkenntnis gesagt, die repräsentative Persönlichkeit. Zarathustra war Priester innerhalb eines arischen Clans, der Spitamiden. Er war aber auch Prophet und Dichter. Es sind von ihm Verspredigten erhalten, die zum Schwierigsten gehören, was indoeuropäische Poesie zu erklären aufgibt, die Gathas. Von den verschiedenen Richtungen der modernen Gathaexegese fragen einige, ob Zarathustra besser von seinen Ideen her – wir werden gleich von ihnen hören –, andere, ob er aus seinem Milieu und seinem Handeln in ihm zu verstehen sei. Man weiß inzwischen, daß das keine Alternative ist. Aber bei Zarathustra wurde das besonders spät erkannt, nicht zuletzt gerade deshalb, weil der wirkliche Gegensatz zwischen Wahrheit und Lüge, oder der Widerstreit zwischen dem wirklich Guten und dem wirklich Bösen heute dermaßen plausibel erscheint, daß man nicht auf den Gedanken kommt, daß er dies erst geworden ist – und wenn doch, dann weiß man damit immer noch nicht, daß man den Ursprung dieses wirklichen Dualismus dort zu suchen habe, wo dergleichen am unplausibelsten zu sein scheint, bei Zarathustra.
Damit sind wir beim vierten Richtpunkt, dem Entsprechungsverhältnis zwischen sozialen und kosmischen Gegebenheiten. Man kann die Gathas nur verstehen, wenn man die syntaktischen Beziehungen zwischen Götternamen und Begriffen aus dem ökonomisch-sozialen Milieu nicht zu Identifikationen zusammenzieht,

sondern ausgedehnt läßt und die dergestalt relativ getrennten Ausdrücke dann gleichermaßen semantisch auf dieselben Gegenstände bezieht.[4]
Der Clan, zu dem Zarathustra gehörte, bestand aus seßhaften Viehzüchtern, die beschränkt Ackerbau betrieben. Seine Gegner, die ihn bedrohten, die er die Bösen nennen und von denen er den Namen des Bösen Gottes ableiten wird, sind räuberische Nomaden, die sich an orgiastischen Viehschlachtungen berauschen. Vielleicht berauschten sie sich auch vorher mit einem bestimmten Getränk, damit das Blutvergießen an den Tieren mit dem gehörigen rasenden Mut erfolgen konnte. Beides scheinen korrespondierende Arten einer urtümlichen Ekstasetechnik gewesen zu sein, mittels derer man seine Kraft zu noch größerer Kraft steigern, sein Leben zu einem höheren Leben erweitern, sein Bewußtsein und seine Sinne für eine andere Welt öffnen wollte. Verehrung verschiedener Geister und Götter und die ganze Ordnung des sozialen Handelns kann mit diesem Erzwingen einer besseren Wirklichkeit verbunden gewesen sein.
Für Zarathustra war diese Wirklichkeit eine schlechtere – warum, das ist letztlich unerklärbar. Ein elementarer Abscheu gegen Gewalt einschließlich dessen, was heute Tierschutz und Naturschutz wäre, Erhaltung des Viehs als Lebensbasis, Verteidigung eines bereits etablierten Sozialsystems mit seßhaftem Ackerbau, Verehrung anderer Götter, zu der keine blutigen Opfer gehörten, all das mag, und wohl in Trancen, die als offenbarte Richtungweisungen erfahren wurden, zusammengekommen sein. Die Praxis, in die sich dies umsetzte, war jedenfalls so revolutionär, daß er irgendwann von Baktrien nach Choresmien fliehen mußte. Ein Teil seiner Praxis muß der Vortrag seiner Versdichtung gewesen sein. Damit muß er zugleich – anders kann man es sich nicht vorstellen – öffentlich die Hymnen und Gebete verändert oder ersetzt haben, die ihm in liturgischen Sequenzen der Kultus schon vorgab, in dem er als Priester amtierte.

4 Den folgenden Interpretationen liegen zugrunde: C. Colpe, »Zarathustra und der frühe Zoroastrismus«, in: J. P. Asmussen/L. Laessoe (Hg.) *Handbuch der Religionsgeschichte*, Bd. 2, Göttingen 1972, S. 319-358 (und die dort S. 317 f.; 354-357; 371 f. angeführte Literatur); Art. »Ahriman«, »Angra Mainyu«, »Drug«, »Dualismus« u. a., in: H.-W. Haussig (Hg.), *Wörterbuch der Mythologie*, Bd. 4 Stuttgart 1986, S. 239 f. und s. vv.

In dieser Verkündigung, die zugleich eine prophetische Predigt war, werden alten Göttern neue Namen gegeben und aus alten Wörtern neue Begriffe zusammengesetzt. Mit ihnen bekämpft Zarathustra das Verderben, das seiner Welt droht, indem er das Rind als Repräsentanten aller Rinder darüber vor einem himmlischen Gerichtsherrn klagen läßt, der ein *Weiser Herr* ist. Dadurch, daß dieser entscheidet, entsteht *Wahrheit*, die auch selbständig tätig wird. Die Entscheidung für die Wahrheit ist eine Option für *Gutes Denken* oder Guten Sinn, der vom Weisen Herrn wie vom Menschen geübt werden kann. Was vom Weisen Herrn, was für die Wahrheit, was durch Gutes Denken geschieht, ist *Heilwirkender Geist*. Die Rindertötung, gegen die es geschieht, ist *Lüge*, wirkt durch *Böses Denken* und ist im Ganzen *Unheilbringender* oder *Böser Geist*. Dieser kann auch selbständig den rinder- und damit menschenfeindlichen *Mordrausch* ins Werk setzen. Dadurch manifestiert sich auch Lüge und Böses Denken oder Böser Sinn.[5] Es sind damit die acht wichtigsten unter vielen Wörtern und Wortverbindungen genannt, die ihren Inhalt nur durch den religiösen Impetus erhalten haben, den Zarathustras Predigt ausübt. Sie weisen auf eine Erfahrung, die als eine böse auch von dem nachvollzogen werden kann, der in einer anderen Zeit und in einem anderen Milieu lebt und eine andere Sprache spricht. Die Sprache, in der dies damals geschah, nannte man früher nach Zarathustras Heimat »altbaktrisch«, heute nennt man sie nach dem Literaturcorpus, in dem die Sprachdenkmäler vereinigt sind, »awestisch«. Wir kommen den Einzelheiten und dem Fortgang der bösen Erfahrung am besten auf die Spur, wenn wir uns an Wörter aus dieser und der ihr nachfolgenden Sprache halten. Zwei Wortverbindungen sind zu neuen Götternamen geworden, der Weise Herr *Ahura Mazda* und der Böse Geist *Angra Mainyu*, und aus dreien sind neue Begriffe entstanden, Heilwirkender Geist *Spenta Mainyu*, Gutes Denken *Vohu Manah* und Böses Denken *Aka Manah*. Drei Wörter, die schon immer Gutes und Böses bezeichnet hatten, bekommen einen spezifischen Sinn, nämlich die Wahrheit *Ascha*, die Lüge *Drug* und der Mordrausch *Aëschma*.

5 Nach der Deutung der sog. Stiergatha (= Yasna 29) als Gerichtsszene bei W. Hinz, *Zarathustra*, Stuttgart 1961, S. 59-70 u. 166f.

3. Vorarische und indo-europäische Personifikationen

Die neu komponierten Begriffe und die zu neuen Begriffen spezifizierten Wörter können auch personifiziert werden. Darin kommen sie dann den Göttern gleich, die von Anfang an Personen sind. Alle diese Personen können angeredet, aber ebenso gut geschaut werden. Denn Zarathustra war auch Visionär. Deshalb wird Böses bei ihm nicht nur ausgesprochen, sondern auch ausgemalt und vorgestellt. Dabei bleibt ihm aber bewußt, daß er sich – wir würden sagen: dualistisch denkend – immer an dem orientiert, was die Gegner seiner Gruppe, seiner Person und seines Gottes tun werden. Insofern kann eine historische Soziologie dieser Verhältnisse hier voll zugreifen. Aber was geschaut und was daraufhin ethisch gefordert wird, geht in den Methoden dieser Disziplin nicht auf. Um dessen gewahr zu werden, kann man einen alten Zwillingsmythos heranziehen, den vielleicht Bewohner einer Bergregion erzählten[6], die schon ansässig waren, als die Arier oder auch schon die Gruppe unter ihnen, aus denen die Iranier werden sollten, dort ankamen. Zarathustra könnte sich dieses Mythos genauso bedient haben wie der alten Wörter, um seine Grundanschauung klar zu machen.

Und diese beiden ersten Geister, welche als Zwillinge durch einen Traum vernommen wurden, sind ja im Denken, Reden und Handeln das Bessere und das Schlechte; zwischen diesen beiden haben die Rechthandelnden richtig entschieden, nicht die Schlechthandelnden.
Und als diese beiden Geister zuerst zusammenkamen, schufen sie Leben und Nichtleben, und daß zuletzt schlechtestes Dasein der Lügenhaften sei, aber für den Wahrhaftigen das Beste Denken.
Von diesen beiden Geistern wählte sich der Lügenhafte, das Schlechteste zu tun, die Wahrheit aber (erwählte sich) der heilwirkendste Geist, der in den sehr festen Himmel gekleidet ist, und die, welche willig den Herrn durch richtige Taten befriedigen, den Weisen.
Zwischen diesen beiden haben sogar die Dämonen nicht richtig unterschieden, weil, als sie sich berieten, Betörung sie überkam, so daß sie sich das Schlechteste Denken erwählten. Da liefen sie zusammen zum Mordrausch, durch welchen die Sterblichen das Dasein krank machen.[7]

6 So nach der Deutung von Zwillingsdarstellungen auf Luristan-Bronzen von R. Ghirshman, *Iran. Protoiranier, Meder, Achämeniden*, München 1964, S. 48-53, aber unter Absehen von seiner inkonsequenten Interpretation im Sinne einer zarathustrischen Mythologie.

7 Aus H. Lommel, *Die Gathas des Zarathustra*, hg. v. B. Schlerath, Basel

Indem Zarathustra die Zwillinge – wer immer sie einmal gewesen waren – als den Heilwirkenden (hier nennt er ihn im Superlativ) und den Bösen (hier sagt er »lügenhaften«, *drugvant-*) Geist träumt, in die seine ethische Erfahrung geronnen war, läßt er als ihren Ausdruck die mythische Form stehen und ethisiert zugleich ihren Inhalt. Indem er aber die Eigenschaften der beiden Geister auf die Eigenschaften der Mitmenschen hin auslegt, die in seiner wie überhaupt in der irdischen Zeit handeln, historisiert er diesen Mythos. Das wurde später in einer Auslegung rückgängig gemacht, die die Konsequenz voraussetzt und ablehnt, daß sich hier ja das Gute und das Böse gegenseitig begrenzen, also endlich sind, und die statt dessen aus der eher Komplementarität als Dualismus anzeigenden Bezeichnung »Zwillinge« folgert, daß die beiden Geister einmal in einem Wesen vereinigt waren, das in sich keine Grenzen kennt, das zudem keinen Anfang hat, wie die irgendwann entstandenen Geister ihn notwendig haben müssen, aber auch kein Ende, wie es von den Wahrhaften und den Lügenhaften, aus deren Wahl ein Kampf gegeneinander wird, selbstverständlich ins Auge gefaßt werden muß. Dieses Wesen wird »unendliche Raumzeit«, *Zurvan akarana*, heißen, und seine Bezeugung wird weithin mit der des antiken Schicksalsglaubens gleichlaufen. Die Unentrinnbarkeit aber, die das Hauptkennzeichen des Schicksals ist, wird abermals als etwas Böses empfunden werden. Es ist von ganz anderer Art als das, was die bisher genannten Götter, Begriffe und Personifikationen verkörpern. Aber es sollte später – wir können es hier nur eben erwähnen[8] – in halb metaphysischen, halb mythologischen Spekulationen mit ihnen verbunden werden.

Die Iranier fanden aber bei der Einwanderung in ihre endgültigen Siedlungsgebiete nicht nur Mythen vor, sie brachten auch welche mit, darunter sehr alte aus indoeuropäischem Erbe. Einer davon ist auch im Sinne Zarathustras historisiert worden, nicht von ihm selbst, aber nach ihm von seiner Gemeinde. Das konnte wiederholt geschehen, da es zwischendurch rückgängig gemacht wurde,

1971, S. 41 f. Es handelt sich um Yasna 30, 3-6, mit leichter Angleichung einzelner Ausdrücke an die bisher gewählten Begriffswiedergaben.

8 Die sehr kontrovers interpretierten Texte bei R. Z. Zaehner, *Zurvan. A Zorastrian Dilemma*, Oxford 1955. Letzter Stand: M. Boyce, »Some further Reflections on Zurvanism«, in *Acta Iranica 30* (Festschrift E. Yarshater), Leiden 1990, S. 20-29.

und letzteres ergab Aktualisierungen eines ganz anderen, originären Mythos vom Bösen.[9] Es handelt sich um die tierische Personifizierung eines äußeren Feindes, genannt *Ažī Dahāka*, auf deutsch »die dahische Schlange«. Da ist aus dem Norden, aus einer Landschaft östlich des Kaspischen Meeres, immer wieder eine feindliche Völkerschaft über die Landschaft Hyrkanien und das östliche Elbursgebirge in das Hochland hereingebrochen, die Daher. Weil sie in der Nähe eines riesigen Wassers wohnten, in dem es merkwürdige Störe und andere große Fische gab, hat man sie in Fischgestalt gesehen, die die Phantasie des Landvolkes Iran auch weiter beflügelt hat: eine Art Drache oder Schlange.

Das wird dann gleichsam von der Seite her in die zoroastrische Mythologie aufgenommen. Die dahische Schlange kommt und stört die Ordnung der Zarathustra-Gläubigen. Verbunden damit ist das merkwürdige Mythologem, daß sie für tausend Jahre – diese gehören in die 3000 Jahre der iranischen Eschatologie aus dem Weltenjahr, das wir im nächsten Abschnitt kennenlernen werden – eingesperrt wird und dann noch einmal herauskommt, um endgültig besiegt zu werden. Am Schluß einer mittelpersischen Apokalypse (Bahman-Yascht 9, 21-24 bzw. 3, 60-62) heißt es: »Und nachher gehen Srōsch und Yazata Nēryōsang zu Kersāsp, dreimal rufen sie, das vierte Mal steht Sām siegreich auf und geht auf Ažī Dahāka los«. (Sām ist ein iranischer Volksheld, der hier aufgeboten wird, diesen Drachen zu erschlagen.)

Und er schenkt dessen Worten nicht Gehör, und die siegreiche Keule trifft ihn auf den Kopf, er schlägt ihn nieder und tötet ihn. Dann weichen Bedrückung und Feindschaft aus der Welt, und für tausend Jahre stelle ich den Anfang der Welt wieder her. Dann wird der Saoschyant (= der iranische Heiland) die Schöpfung wieder reinigen, die Auferstehung und der Künftige Körper werden kommen.[10]

9 Belege zum Folgenden bei B. Lincoln, *Wörterbuch der Mythologie* (wie Anm. 4), S. 302 ff., und bei K. Berger/C. Colpe, *Religionsgeschichtliches Textbuch zum Neuen Testament*, Göttingen 1987, S. 327 f., Nr. 626 zu Offenbarung des Johannes 20, 1-6 (lies dort *Srosch* ›der Gehorsam‹ statt ›der Gehorsame‹). Kurzer Überblick bei C. Colpe, »Iranische Religionen«, in: *Evangelisches Kirchenlexikon*, Bd. 2, Göttingen 1989, Sp. 717-724.

10 Übersetzung von G. Widengren, *Iranische Geisteswelt*, Baden-Baden 1961, S. 207 f. Im »ich« spricht Ahura Mazda.

Dies ist das einzige eindeutige iranische Mythologem, das in verwandelter Form im Neuen Testament wiederkehrt: es steht hinter der Endzeitvision der Offenbarung des Johannes (20, 1-8), daß Satan »die alte Schlange« oder auch »der Drache«, der gleichzeitig Diabolos »der Verleumder« genannt wird, tausend Jahre eingesperrt ist und während dieser Zeit Friede auf Erden herrscht. Über Kirchenväter vermittelt[11], von denen einer für seine Auslegung nochmals Motive aus der iranischen Apokalyptik christianisiert, wird dieser kurze Text zum locus classicus für den abendländischen Chiliasmus. Man darf es nicht vergessen, wenn man im Mittelalter vom tausendjährigen Reich spricht: das ist eine eschatologische, eine utopische, eine gute Zeit, aber es ist nicht die Zeit, wo der Satan endgültig entmachtet ist. Er liegt gefesselt irgendwo im Kosmos und wird noch einmal wiederkommen. Erst danach beginnt die eigentliche Zeit der Erlösung. Es geht also nicht so sehr um die zerbrochene Macht als vielmehr um die Bändigung des Bösen.

4. Dualistische Mythologisierung widerlicher Begebenheiten

Die Mythologie in der Tradition direkt nach Zarathustra entwikkelt sich anders. Es kommt zu einem antagonistischen Gegensatz zwischen der Welt, in der der Böse Geist, und der, in der der Gute Geist agiert. Diese Welten heißen »Gegebenheiten«. Etwas später wird sich dieser Ausdruck zu dem der Schöpfung wandeln. Zunächst sind »die Gegebenheiten« da, und die Geister wirken in ihnen, später werden die Gegebenheiten als von diesen beiden Geistern geschaffen gelten. Und in dem Maße, wie in jüngerer Literatur der Begriff des Gegebenen sich zur Schöpfung wandelt, wird auch die Rolle des Unheilbringenden Geistes universaler, kosmischer, dinglicher. Dasselbe geschieht mit den Bezügen zwischen sozialen und kosmischen Gegebenheiten, die eine Dauer dieses Dualismus ermöglichen werden. Angra Mainyu, dessen Name mittelpersisch zu Ahriman wird, bekommt also seine ei-

11 Letzte Zusammenfassung des größeren Zusammenhangs: G. Strecker, »Der Antichrist. Zum religionsgeschichtlichen Hintergrund von 1. Joh. 2, 18.22; 4, 3 und 2. Joh. 7«, in: T. Baarda u. a. (Hg.), *Text and Testimony. Essays ... in Honour of A. F. J. Klijn*, Kampen 1988, S. 247-257.

gene Schöpfung, eine Gegenschöpfung zu der guten des Spenta Mainyu, die nun dieselbe ist wie die des Ahura Mazda, der jetzt Ohrmazd heißt. Überdies wird ein davon ursprünglich ganz unabhängiger Gegensatz zwischen rein und unrein in dieses kosmisch-soziale, realistische Weltbild eingezeichnet. Es handelt sich darin immer noch um einen Antagonismus zwischen vornehmlich ethischen Qualitäten bzw. zwischen sozialen Gegebenheiten, aber in ihn werden nun auch Elemente, Pflanzen und Tiere hineingezogen. Während man sie früher aus bestimmten Gründen einfach gemieden hatte, gelten sie damit als aktiv böse, weil dem Ohrmazd feindliche Kräfte. Über den immer gebotenen Kampf des Wahrhaften, Gläubigen gegen den Lügenhaften, Ungläubigen hinaus gilt dann, was Goethe – der dies alles für seinen West-östlichen Divan studiert hat – in seinem »Vermächtnis altpersischen Glaubens« kongenial folgert: »Rohr und Binse, Molch und Salamander, Ungeschöpfe, tilgt sie miteinander!«

Blicken wir in jüngere Literatur der Zarathustra-Religion, so werden mit Schöpfung und »Unschöpfung« auch noch Licht und Finsternis, geistige und stoffliche Weltsubstanz gleichsinnig gemacht. Während bisher dieses alles sowohl innerhalb von Licht als auch von Dunkelheit, sowohl innerhalb der geistigen als auch innerhalb der materiellen Welt stattfinden konnte, wird nun der Dualismus noch symmetrischer: Die geistige Weltsubstanz zieht die Sphäre des Guten Denkens und des Heilwirkenden Geistes an, ebenso das Licht; die stoffliche Weltsubstanz tendiert zur Seite des Bösen Denkens und des Unheilbringenden Geistes, die Finsternis ebenfalls. Manifest werden diese beiden Tendenzen im kosmogonischen Prozeß. Eine solche Symmetrisierung des Dualismus, in dem das Böse ein dem Guten gleichkommendes Gewicht erhält, gibt es in der Welt wohl sonst nicht. Ahriman wird der griechischen Welt als Areimanios und der lateinischen Welt als Arimanius Deus bekannt bleiben, und es werden sich neue Deutungsmuster für das an ihn anschließen, was dort als böse gilt.[12] Bleiben wir aber zunächst noch bei ihm selbst im Iran.

Dort hängt die weitere Entwicklung mit der Identifizierung ver-

12 Kontrovers ist vieles, wie z. B. in den Ausblicken bei H. Waldmann, »Die beiden ersten Geister und der sog. zarathustrische Dualismus«, in: Gh. Gnoli – A. Panaino (Hg.), *Proceedings of the 1st European Conference of Iranian Studies*, Part 1, Rom 1990, S. 313-332 (materialreich).

schiedener Gegenspieler miteinander und der Einbeziehung der ganzen archaischen Dämonologie in dieses dualistische Weltbild zusammen. Es geht sogar so weit, daß von guten Geistern, die nun auf die Seite des Guten treten, andere Worte für laufen, gehen, sprechen, reden, handeln gebraucht werden, als für böse: sogar das Vokabular wird dualistisch, ganz wie wenn man bei uns von einem Guten immer sagen würde: »er stirbt«, von einem Bösen immer: »er kratzt ab« oder ähnlich. So gebraucht man schließlich mindestens literarisch, vielleicht aber auch in der Umgangssprache für jede Eigenschaft, für jede Tätigkeit einer bösen Mensch- oder Geistperson eigene Wörter – auch dies ist einmalig in der Welt.[13]

Der archimedische Punkt des Bösen in der Welt steuert ihre gesamte Deutung. Man stellt sich die gute Schöpfung als ein umgrenztes Gebilde im absoluten Raume vor; von unten ragt die böse Schöpfung halb hinein, wölbt sie wie einen Pilz nach oben und trachtet danach, ganz in sie einzubrechen. Ahriman, der von unten kommt, beginnt seine Gegenschöpfung geistig (darin steckt noch der alte Sinn von »Böses Denken« für den »Bösen Geist«), aber sie wird dann in Körperlichkeit überführt. Der kosmogonische Prozeß vollzieht sich, indem in den präkosmischen Bereichen aus geistiger und stofflicher Weltsubstanz, deren jede bereits zur Reservierung einer antagonistischen Handlungs- und Orientierungssphäre für sich tendiert, die Schöpfung des Ohrmazd angegriffen wird. Das macht das Böse Denken zu einer materiellen Funktion und gibt dem Unheilbringenden Geist eine finstere Qualität. Erst jetzt, wo Ahriman diesen Angriff startet, erfährt er von der Schöpfung und Existenz seines Gegengottes, wie er überhaupt – seine Unwissenheit wird immer wieder betont – im Gegensatz zu Ohrmazd's vorherigem Bedenken seiner Handlungen – zuerst handelt und dann über die Folgen nachdenkt. »Der Handelnde kennt kein Gewissen.«

Zuletzt ist dieser Vorgang in das große Weltenjahr von 12 000 Jahren eingefügt worden; das war möglich, nachdem die Iranier babylonische Astronomie kennengelernt hatten. In den ersten

13 Das Muster, das damit entsteht, prägt kontinuierlich auch die Fortführung der alten Aussageweise von Frieden und Nicht-Frieden und damit die Gesamtanschauung vom Kampf, vgl. Bo Utas, »War and Peace in Iran«, in: E. Kahrs (Hg.), *Kalyānamitrārāganam. Essays in Honour of Nils Simonsson*, Oslo 1986, S. 287-302.

3000 Jahren bestehen die beiden Schöpfungen, die gute und die böse, ungetrennt nebeneinander; dann bricht die böse in die gute ein, es findet ein Kampf von 6000 Jahren statt. Im 9., 10. und 11. Jahrtausend treten Zarathustra und nachfolgende Saoschyants oder Retter auf, um den Kampf zwischen Gut und Böse zugunsten des Guten zu entscheiden. Während der 6000 Jahre vorher, als die Dinge noch auf der Kippe stehen, ist Ahriman Fürst dieser Welt. (Nur die Geburt Zarathustras stürzt ihn nach der späteren Mythologie in äußerste Verwirrung.) Er ist absolut böse, und zwar jetzt, in der späteren Entwicklung der Religion, nicht mehr wie nach der früheren Gatha-Stelle, die wir gehört haben, durch freie Wahl, sondern zwanghaft. Er ist bestimmt zum Bösen durch seine Kälte, durch seine Trockenheit, durch seine Schwere, durch die Dunkelheit und den Gestank seiner Substanz. Jetzt wird alles mythisiert: So wie früher, nach Zarathustra, die Nomaden seine Rinder getötet haben, so hat Ahriman das Urrind getötet, und den Urmenschen hat er gleich mitgetötet. Alle Krankheiten, alle Armut, alles Vergehen, aller Tod in dieser Welt kommt von ihm.

Im Ausblick auf das Ende des Kampfes und damit der irdischen Zeit kommt eine Spannung von Anfang an dadurch zustande, daß eine Strafe für den Bösen oder für den Lügenhaften – und damit wird gerechnet – nur für irgendwann prophezeit werden kann. Wann man diese Zeit endgültig ansetzt, das ist dann eine andere Frage, aber Strafe für den Bösen muß sein, und sie muß endgültig sein. Dadurch werden Bilder aus einer ganz alten Ordalpraxis mobilisiert: zwischen zwei Feuern hindurchgehen, ohne sich zu verbrennen; Brust mit geschmolzenem Metall begießen, ohne zu sterben – Bilder, die wir später als endzeitliches Feuer und als Weltenbrand ins Kosmische erweitert wiederfinden werden.

Bilder aus der nicht mehr geübten Ordalpraxis, in der Gerechtigkeit und Verkehrtheit in einem ethisch neutralen Sinne als Übereinstimmung oder Nichtübereinstimmung mit bestimmten naturwüchsigen Gesetzen des jeweiligen gesellschaftlichen Organismus festgestellt worden waren, werden zu Symbolen für eine endgültige Rechtsfindung. Diese Rechtsfindung wird immer weiter in die jenseitige Zukunft hineinversetzt; zu dieser hin wirken die Saoschyants, Heilande, deren Reihe mit Zarathustra beginnt. Sie umfaßt zu seiner Zeit schon Zeitgenossen und erhoffte Fortsetzer und ist auf Verlängerung angelegt. Ihre Zeit reicht bis zu einem natürlichen, noch nicht auf einer astronomischen oder sonstigen

Zahlengrundlage berechneten Ende der Welt. Später wird die babylonische Astronomie und das Weltenjahr das astronomisch-chronologische Gerüst liefern, in dem das Ende in eine unerfahrbar ferne Raumzeit verlegt werden kann.
In der letzten Epoche dieser Weltgeschichte wird die Lüge ausgeschaltet, die Schöpfung wird untadelig, ihre bisherige aus Gut und Böse gemischte Geschichte setzt sich nicht fort, sie wird umgewandelt in eine gute Geschichte. Die ursprüngliche Spannung zwischen Zukunft und Gegenwart in der Predigt Zarathustras führte folgerichtig zu einer Spannung zwischen Universalität, was die Einbeziehung der ganzen Schöpfung in einen auf Vollendung orientierten Geschichtsablauf anlangt, und Partikularität, wie sie mit Zarathustras ausschließlichem Eintreten für das Hirtentum und sein Rind gegeben war.

5. Kollektivierung, neue Konkretionen – und Okkultation

Mit alledem haben die alten Namen, Begriffe und Personifikationen von ihren Ursprüngen ganz abgehoben. Die sozialen Bedingungen sind dahinter verschwunden. Die Farbe des orgiastischen Räubertums ist blaß geworden, und andere Farben können in sein Bild eingezeichnet werden. Das spezifische Wort für »böse« wird übertragbar. Und je mehr die zarathustrische Religion sich ausbreitet, auch durch politische Macht getragen (im Achämeniden-Reich), desto verschiedenere böse Erfahrungen werden gemacht, doch kollektiv steht inzwischen ein Begriff des Bösen für sie zur Verfügung. Einige können ihn fortan einfach benutzen oder neu anwenden, andere müssen sich mit ihm auseinandersetzen. Für den Großkönig Darius (521–486) z. B. ist das, was ein gegen ihn aufstehender Thronrivale und abtrünnige Prinzen tun, »Lüge« in einem nach dem Muster Zarathustras neu zur Summe von Unfrieden und Bosheit gemachten Sinn, und man darf schließen, daß das, was er selber tat, für seine Gegner genau so »böse« war. Das Faktum der Verabsolutierung politischer Gegnerschaft zum Bösen schlechthin hat seither seinen festen Platz in der Weltgeschichte.
Auf diese und andere Weise kommt ein Böses zum andern, aber es wird nicht einfach in der Erfahrung gesammelt, übertrieben, ausgewählt, behalten, verdrängt, vergessen, begriffen oder nicht be-

griffen wie überall, sondern es wird prinzipiell als das Werk des Unheil bringenden Geistes gesehen und diesem zugeschrieben, vergleichbar der Ordnung von Unterbegriffen unter einen Oberbegriff. Groß ist die Zahl der Adjektive, die diese Zuschreibung leisten. Substantivisch – geringer an Zahl – lauten die mittelpersischen Wörter für Böses *ak*, *anagīh*, *bazag*, *bazagīh*, *dušīh*, *petyārag*, *wadagīh*, *wadīh*, *wattarīh*.[14] Das sind die neuen Konkretionen des Bösen. Die meisten dieser Wörter haben ältere Formen im jüngeren Awestisch, und dort, d. h. nicht lange nach Zarathustra, zeigt sich auch, wie das *Böse Denken* vierfach neu- und weiterkonkretisiert wird: von einer Tätigkeit des Menschen zu einer über-menschlichen und über-naturhaften Aktivität an sich und von da zu einem *Bösen Geist*, aber auch zum *Bösen Dasein* und von da zu einer *feindlichen Unterwelt*. Die Macht des Bösen ist so selbstverständlich, daß es auch bei Wörtern mitgedacht wird, die es ursprünglich nur partiell oder gar überhaupt nicht bezeichnen. Das erstere zeigt das Wort *petyāragīh*, das eine Landplage meinte (Überhandnehmen unreiner Tiere o. ä.), die wieder vergeht. So wird gleich zu Anfang des wohl schon im 5. Jahrh. v. Chr. »Gegen die Dämonen gegebenen (Gesetzes)« etwas Lästiges oder Widerwärtiges (awest. *paityāra-*) wie rötliches Schlangengetier oder der alljährlich wiederkehrende Winter (!) als von Angra Mainyu geschaffen bezeichnet (Vidēvdād 1,2). Ein anderes awestisches Wort, das neutral das »Herzukommen« oder den »Eintritt« (etwa einer Jahreszeit) bedeutet hatte (*aiwigatay-*), bekommt den Sinn »Angriff des Bösen« (*aibigat* oder *ēbgatīh*). So sagt eine Lehrschrift aus dem 9. Jahrhundert mit dem Titel »Zweifelzerstreuende Entscheidung« in einem Kapitel, das sie ganz der »Priorität« oder »Vorzeitigkeit des Widersachers« widmet: »(Daß) die Ankunft des Herzukommens (!) auf die Geschöpfe später als die Schöpfung (erfolgt,) zeigt (sich daran,) daß der Schöpfer (die Fähigkeit,) dem Unterdrücker (*hamēstār*) zu widerstehen, noch vor der Ankunft des Unterdrückers gemacht hat«.[15] Hier ist das »Herzukommen« – die Belege für das Wort sind zahlreich und weisen auf einen verbreiteten älteren Sprachgebrauch zurück – eine selbstän-

14 Transkription nach D. N. Mackenzie, *A Concise Pahlavi Dictionary*, London 1971; andere mit Belegen bei H. S. Nyberg, *A Manual of Pahlavi, Part II: Glossary*, Wiesbaden 1974.

15 P. J. de Menasce (Hg.), *Škand-Gumānīk Vičār*, Fribourg 1945, S. 110f. (= Kap. 9, 40).

dig bewegliche Zeiteinheit geworden wie bei uns der »Advent« (von dem wir ja auch pleonastisch sagen können, daß er »herannaht«). Aber während wir nicht mehr mitzusagen brauchen, daß wir das Ankommen (der Geburt) des Heilandes meinen, war für die Zarathustra-Anhänger jenes Herzukommen genau so selbstverständlich als das (des) Böse(n) gemeint. Es wird damit zugleich okkult gemacht und von da her um so wirksamer begriffen.[16]

6. Vorbereitungen einer Hypostasierung zum Bösen

Die Ausbildung einer Mythologie mit Wörtern, die »böse« bedeuten und in weiteren Zusammenhängen stehen, als die Zuschreibung böser Eigenschaften an einen Unheil bringenden Geist und dann auch an viele andere Geister es sind, stellt bemerkenswerterweise einen gewissen Bruch in der Geschichte der Religion dar, die mit der Verkündigung Zarathustras beginnt. Man nennt diese kurze Phase nach seinem originären Namen die zarathustrische, die darauf folgende, viel längere nach der Namensform, die Spätere, nämlich die Griechen prägten (Zoroastres o. ä.), die zoroastrische. Die Mythologie, in die Zarathustras religiöse Begriffsbildung eingeht, ist zoroastrisch. Ihre Ausbildung geschieht in einem Wechselwirkungsverhältnis zu einem Vorgang, den wir Verdinglichung oder Substanzwerdung eines Begriffs nennen können. Sowohl sprach- als auch religionsgeschichtlich nennt man dies auch Hypostasierung, weil das griechische Wort Hypostasis (von dem ja lat. sub-stantia die genaue Umsetzung ist) in gewissen Zusammenhängen Begriffe bezeichnen kann, die wie verselbständigte oder vergegenständlichte Entitäten gehandhabt werden. Es ist besonders wichtig, die jeweilige Eigenständigkeit solcher Hypostasierungen zu erkennen. Manchmal, besonders bei Geistbegriffen, Emanationen und verständlicherweise gerade bei einem Begriff des Bösen, wird dahinter ein richtiger Grübelzwang er-

16 Auch die weibliche Sexualität wird dämonisiert und auf eine in der Urzeit verborgene Urhure zurückgeführt; vgl. G. Widengren, »Primordial Man and Prostitute: A Zervanite Motif in the Sassanid Avesta«, in: *Studies in Mysticism and Religion, presented to Gershom G. Scholem*, Jerusalem 1967, S. 337-352. Das ist etwas anderes als die Zurückführung der gesamten Sexualität auf den Teufel (3. Vorlesung, § 5).

kennbar, der erst in Vergegenständlichungen zur Ruhe kommt – ein erster Ansatz für historische Psychologie. Da wir eine solche noch nicht haben, kommt um so mehr darauf an, dieses Phänomen, wenn es fertig ist, nicht mehr den Methoden philologischer Textarbeit zu unterziehen, sondern es im Beziehungsgeflecht von geistiger Auseinandersetzung und konkreten gesellschaftlichen Zuständen und Entwicklungen als Gegenstand stehenzulassen und zu beschreiben. So ein Verfahren steht ganz der Absicht entgegen, die Immanuel Kant[17] mit einer Metaphysik verfolgte, die Hypostasen enthält. Wir führen dies hier auch deshalb an, weil das Grundsätzliche gerade an der Behandlung des Begriffs des Bösen anschaulich wird, dessen Bezeichnung als »Prinzip« einen anderen Sinn hat als sonst bei Kant. Allgemein sagte er, daß Theorien über die Seele »auf einem bloßen Blendwerke beruhen, nach welchem man das, was blos in Gedanken existirt, hypostasirt, und in eben derselben Qualität, als einen wirklichen Gegenstand außerhalb dem denkenden Subjekte annimmt, nämlich Ausdehnung ... und Bewegung ..., welche auch außer unseren Sinnen an sich wirklich vorgeht«.[18] Kant nennt demgemäß das »radikale Böse in der menschlichen Natur« ein »böses Prinzip«, das »Äußerst-Böse« eine »bloße Idee« und schiebt ihm gegenständliche Realität selbst dann nicht unter, wenn der Rekurs auf die – im 18. Jahrhundert zuweilen in einen neuen Rezeptionszusammenhang[19] gerückte und bei Kant unter dem Einfluß seines Lehrers Franz Albert Schultz deutlich manichäisch stilisierte[20] – biblische

17 Geistes- und forschungsgeschichtliche Nachweise zum folgenden in der ausgezeichneten Untersuchung von H.-O. Kvist, »Das radikale Böse bei Immanuel Kant«, in: *Makarios-Symposium über das Böse* (siehe 2. Vorlesung, Anm. 43), S. 237-288, bes. S. 244 f., 264 f., 276 f.

18 *Kritik der reinen Vernunft*, Ausg. A., Riga 1781, S. 384. Das folgende nach: *Die Religion innerhalb der Grenzen der bloßen Vernunft*, Königsberg 1793, S. 3-116 (Zitat: S. 100 Anm.), und: *Die Metaphysik der Sitten*, Königsberg 1797, S. 180 Anm.

19 M. Stausberg, *Der Zoroastrismus und die europäische Religionsgeschichte im 18. Jahrhundert*, Magisterschrift, Bonn o. J. (behandelt L. Holberg, C. E. J. de Pastoret, J. J. Rousseau, J. G. Herder, M. Ramsay, Voltaire, D. Diderot, F. C. Eilschov, L. de Cahusac und E. Schikaneder) arbeitet diesen wichtigen, bisher unzureichend erkannten Tatbestand auf.

20 Gezeigt von J. Bohatec, *Die Religionsphilosophie Kants in der ›Religion innerhalb der Grenzen der bloßen Vernunft‹. Mit besonderer Berück-*

Erzählung, »was der böse Geist in die zu Anfang gute Schöpfung hereingebracht habe«, dies ganz leicht gemacht hätte.
Es muß aber nicht erst die fertige Hypostase, sondern schon der Vorgang der Hypostasierung ganz als das Phänomen belassen werden, als welches es erscheint. Ein Sprachwissenschaftler vom Range J. Kurylowicz' hat gesagt, daß ein »motivierter und charakterisierter Wortgebrauch« zu Hypostasen führen kann[21], und R. Jakobson erläutert: »Any elucidating interpretation of words and sentences ... is a message referring to the code. Such a hypostasis – as L. Bloomfield pointed out – ›is closely related to quotation, the repetition of speech‹, and it plays a vital role in the acquisition and use of language«.[22] Die erste Einsicht ist für unser Thema in zweifacher Hinsicht wichtig. Wenn alsbald Begriffsaustausch mit westlich benachbarten Traditionen ansteht, dann zeigt sich, daß dieser leichter vonstatten geht, wenn die Begriffe hypostasiert sind. Und wenn theologische Neudefinitionen nötig werden, wie es bei bestimmten Gnostikern und Christen der Fall sein wird, dann lehrt diese Einsicht, daß sie besonders gut bei Hypostas(ierung)en ansetzen können. Die zweite Einsicht hat etwas mit der Glossolalie hinter Zaubertexten und mit dem Repetieren sowohl von bedeutungslosen Silben als auch von Namen in Beschwörungen böser Geister zu tun, die auch zu – sogar magisch gegen sich selbst wirkenden – Hypostasen werden können.
Mit der Vorbereitung der Hypostasierung des Bösen geht eine weitere Tendenz einher. Das Wort für »böse«, das menschliches Denken bezeichnet, wenn es sich in den Zusammenhang der Gegnerschaft zum Weisen Herrn, *Ahura Mazda*, zu den Viehzüchtern und zu Zarathustra fügt, lautet *aka-*. Es wird auf diese Weise gleichbedeutend mit dem Wort, das wir mit »unheilbringend« übersetzt haben, *angra-*. Das *Böse Denken*, *Aka Manah*, gehört nun zum Unheilbringenden Geist, *Angra Mainyu*; auch das weist auf ein weiteres sprachlich-psychologisches Gesetz. Danach begünstigt (vielleicht sogar: erzeugt) Hypostasierung auch Dynamisierungen von an sich statischen Beziehungen zwischen Substanz

sichtigung der theologisch-dogmatischen Quellen, Hamburg 1938 (Neudr. Hildesheim 1966), S. 160-163.

21 Zitiert von R. Jakobson, *Selected Writings*, Bd. 2, Den Haag-Paris 1971, S. 215 f.

22 *Shifters, Verbal Categories, and the Russian Verb*, a.a.O., S. 130-147, dort 131.

und realem (nicht: logischem) Akzidens (sinngemäß wird dann immer das »ens in alio« zu einem »ens ex alio«), oder zwischen Inhalt und Form (sinngemäß wirkt dann immer die Form aktiv auf den Inhalt ein, der passiv bleibt), oder zwischen Allgemeinem und Besonderem, bzw. Gattung und Art (sinngemäß wird dann immer der dem Oberbegriff klassifikatorisch zugeordnete Unterbegriff zu etwas Unterem, das aus dem Oberen herabsteigt). So ergeben sich pseudomythologische Prozesse im Kleinen. In den mittelpersischen Texten heißt das, daß der Unheilbringende Geist das Böse Denken – aus *Aka Manah* wird *Akaman* – als einen Boten entsendet, der sogar ein Dämon, *Dēv*, genannt werden kann. Auf diese Weise entstehen regelrechte Emanationen. Zwar wird hier der letzte Schritt zu ihrer Bildung noch nicht getan. Aber die Tendenz zur Emanations- wie zur Hypostasenbildung trägt zum Aufbau eines Referenzrahmens bei, der zweierlei Umgang mit dem Bösen ermöglicht: er nötigt dazu, es von vornherein eindeutiger zu erfahren, und er hilft, sich mit ihm bewußt auseinanderzusetzen. Folgendermaßen läßt sich zusammenfassen, wie sich das auswirkte.

Das Böse wird von den Iraniern in der Nachfolge Zarathustras sozial und metaphysisch als dauerhaft erfahren. Politische und fatalistische Umwertungen kommen hinzu. Inhaltlich summieren sich der rauschhafte Mord, die räuberische Heimsuchung durch feindliche Nachbarn, eine generalisierbare Dualität von Werten, politische Gegnerschaft, die Unausweichlichkeit gewisser Ereignisse aus Schicksalszwang und die als bedrohlich empfundene Anwesenheit des Unreinen. Konzeptualisierungen können deshalb zu sehr unterschiedlichem Ausdruck führen: zu Verbalisierung dem Bösen adäquater Gedanken und Handlungsweisen sowie zu Personifikationen. Letztere werden zu Dämonisierungen, die mit der Weiterführung von ähnlich deutendem, altem Geisterglauben und einer dualistischen Neuorientierung alter Gottesverehrung einhergehen. Die Hauptgötter werden dabei zu Schöpfern der guten und der bösen Grundgegebenheiten; in diesen wird die Unterscheidung des Guten als *Mēnōg* (»Geistiges«) und Helligkeit vom Bösen als *Gētīg* (»Materielles«) und Dunkelheit ethisch relevant. Es wird aber auch das Gute als spirituelle Substanz und als Licht, das Böse als stoffliche Substanz und als Finsternis mythologisch manifest. Das erlaubt die Vorstellung einer Dimension der Verborgenheit, die auch das alltäglich-empirische Böse in den

Rang einer Manifestation des eschatologisch-letztgültigen Bösen erhebt, das sich noch nicht zeigt.

Alles zusammen ergibt einen enorm zusammengesetzten Begriff des Bösen. Alles, was in ihn eingegangen ist, kann fortan von niemandem mehr zugleich gedacht werden; aber erkennbar bleiben uns die Unterschiede zwischen (a) religiöser Begriffsbildung mit zugehöriger Wortprägung, (b) Hypostasierung oder Substanzwerdung bzw. Verdinglichung, (c) Dynamisierung bzw. Mythologisierung.[23] In den älteren Texten liegen häufig das erste und das zweite, in jüngeren das zweite und das dritte ineinander. Vom ersten Jahrhundert vor bis zum vierten Jahrhundert n. Chr. läßt sich diese Hypostasierungstendenz lexikalisch am Überhandnehmen substantivierter Abstrakta aufzeigen, und zwar quer durch die verschiedenen religiösen Traditionen hindurch: außer im zoroastrischen – und natürlich manichäischen – Mittelpersisch auch im hellenistischen Griechisch, im Koptischen, im Qumran-Hebräischen, im samaritanischen Aramäisch, im Mandäischen, im manichäischen Parthisch. Hier liegen die konzeptuellen Voraussetzungen für die Bildung eines umfassenden Begriffes des Bösen, in den aus dem syrischen Christentum ganz neue Inhalte aufgenommen werden können. Außerdem tritt das Mythologisieren der Zoroastrier zwar nicht in Austausch, aber doch in Parallele zu einer Eigenart von anderen ihrer westlichen Nachbarn, dem Denken in Emanationen bei Gnostikern und Neuplatonikern.

Das Böse bei Gnostikern und syrischen Kirchenvätern

1. Entfaltungen der Grundorientierung

Wieder bewähren sich vier Richtpunkte von der Art, wie unser historischer Blick sie als notwendig erkennen mußte, damit eine Manifestation, eine Erfahrung oder ein Gedanke entstehen und

23 Vgl. U. Bianchi, »Il male e il maligno nelle religioni«, in: *Sacra Doctrina 72*, 1973, S. 575-585; »Nota storico-religiosa sull' ermeneutica del male profondo«, in: *Archivio de Filosofia*, Rom 1980, S. 155-166; »Théologie et théorie du mal aux premiers siècles de l'ère nouvelle«, in: *Le Muséon 100*, Louvain 1987, S. 1-11.

geschichtsmächtig wirken kann. Aber sie liegen jetzt woanders und sehen im einzelnen anders aus.

Der erste war eine konkrete Zeit gewesen. Sie ist jetzt viel weiter auseinandergezogen und mehr gegliedert als die archaische, kurze Zarathustra-Zeit. Wir sind auch eine größere Zeitspanne von dieser entfernt, nämlich im 2. bis 4. Jahrhundert n. Chr., also rund, wenn wir Zarathustra im 8. bis 6. Jahrhundert v. Chr. ansetzen, tausend Jahre später.

Der zweite Richtpunkt, ein umgrenzbarer Raum, ist gleichfalls weiter ausgedehnt und gefächert: Nordsyrien und Unterägypten. Die Städte, die es in Syrien gab, sind im Unterschied zu den zentralasiatischen Wohnmauersiedlungen dauernd – und schon sehr lange – bewohnte Oasenzentren, von denen die Umgebung demographisch, kommerziell und politisch abhängig war.[24] Die Umgebung war meist Steppe, die immer, wenn es nicht geregnet hatte, zur Wüste wurde. In Ägypten lagen die Städte am Nil und waren unter anderen Bedingungen gegründet worden, aber an das Schwemmland, in dem ihre Nahrung wuchs, grenzte eine der syrischen ähnliche Wüste. Leben und Überleben konnte man dort nicht, wie in Zarathustras Umgebung, durch das erhalten und sichern, was Fauna und Flora reichlich boten, sondern nur durch Enthaltsamkeit. Die Griechen, die vor dieser Zeit in Ägypten und viel mehr noch in Syrien neue Städte gegründet und manche ältere Städte strukturell umgestaltet hatten, nannten sie Enkrateia. Wollte man mit ihr über dieses Leben hinausgelangen, dann nicht durch steigernde Ekstatik, sondern durch vertiefende Meditation. Vor Gott konnte diese Lebensform als Askese interpretiert werden.

Drittens können wir uns jetzt nicht mehr nur auf eine repräsentative Persönlichkeit richten, sondern auf mehrere. Es sollen sechs bekannte Persönlichkeiten sein: der ganz eigene Wege gehende Christ Markion, der vom Jahre 140 bis 144 in der römischen Gemeinde hospitierte, aber aus Sinope in Kleinasien stammte; ein der christlichen Kirche wie mehreren hellenistischen Schulrichtungen gleich nahestehender Philosoph, Bardesanes von Edessa, der im Jahre 222 n. Chr. starb; ein aus dem Christentum ganz heraustre-

24 Zur Definition der Stadt im Vorderen Orient mehr bei H. Nissen, *The Early History of the Ancient Near East 9000-2000 B. C.*, Chicago 1988, S. 10f.

tender, fremde Denk- und Glaubenswelten ganz seiner neuen Lehre zueignender Prophet, dessen Stiftung zur Weltreligion sich auswuchs, Mani (lebte von 216 bis 276); der bedeutende Prediger, Dichter und Bibelkommentator Ephraem, den das Abendland »Der Syrer« nannte (lebte von 306 bis 373); dann wird es ein mönchischer anonymer Autor sein, der ein »Buch der Stufen« geschrieben hat; schließlich ein einzigartiger, mit niemandem zu vergleichender Theologe, schon damals eine merkwürdige Gestalt, die deshalb nur pseudonym als Makarius »der Ägypter« (330–390) bekannt ist, hinter der sich aber auch ein Syrer verbirgt, nämlich Symeon, nach dem Landschaftsnamen seiner Heimat benannt »von Mesopotamien«. Diese Persönlichkeiten lassen sich freilich nicht, wie es heute wäre, ganz als individuelle Gestalten verstehen. Sie sind auch Repräsentanten ihrer geistigen Milieus, und zwar in einer Weise, daß aus diesem immer wieder bestimmte Gedanken, auch niedergeschriebene Traktate oder Dichtungen einer solchen Persönlichkeit als ihrem Autor zugeschrieben werden konnten. Deshalb ist auch daraus etwas zur Charakteristik zu zitieren oder zu skizzieren. Die Frage der Auswahl führt auf den vierten Richtpunkt.

Dieser war bei Zarathustra wegen der Verdichtung von Entsprechungen zwischen kleiner Gesellschaft und großem Kosmos, zwischen Faktum und Symbol zwar in sich sehr komplex gewesen, als ganzer aber war er einfach. Jetzt ist er als ganzer kein Punkt mehr, sondern ein Ensemble oder ein Feld, bestehend aus umfassenden Systemen, die hinzugekommen sind und die in verschiedenster Weise vergleichbare Entsprechungsverhältnisse hergestellt haben.

Das war außer der hellenistischen Philosophie, die in Schulen gelehrt wurde, die es seit dem späten 3. Jahrhundert v. Chr. in beiden Ländern gab, vor allem das überaus vielfältige Judentum. Es war seiner Umwelt von vornherein auf fundamental andere Weise fremd, als Zarathustra es der seinigen geworden war, dank einer an einem einzigartigen Gesetz orientierten Lebenspraxis und einem Ausblick auf das Ende der Welt, das nicht eine unwiderrufliche Manifestation einer aus ihr herausgeläuterten und gesteigerten Verklärung des Guten war, sondern in einem ihr von Gott absolut neu entgegengebrachten Äon bestand. Und dann war es, hier notgedrungen grob mit drei Worten gesagt, das aus dem Judentum hervorgegangene Christentum. Juden und Christen brachten besondere Lehren von der Sünde vor Gott mit, die dem empirisch Bösen in gewisser Weise entspricht, ohne sich voll mit ihm zu decken. Schließlich gab es die alltäglich mit »bösen Geistern« rechnende Volksreligion aramäischer und anderer semitischer, kilikischer und anderer kleinasiatischer Ethnien, einige von ihnen in kulturellem Kontakt mit Iraniern. Sie alle sind inzwischen von Griechen, Juden, Christen unterlaufen, durchdrungen, überlagert, marginalisiert – um nur die wichtigsten sozialen Stratigraphien zu nennen.

Von ihnen bestimmt, geht es denn auch nicht um Hellenismus, Judentum und Christentum in ihrer idealen Typik, sondern in ihren entlegenen Erscheinungen. In den klassischen religions- und kirchengeschichtlichen Darstellungen werden sie sogar oft als abseitig behandelt. Wir wollen sie zum Zentrum machen. Es sind immer wieder Sonderformen – von Hellenismus, von Judentum, von Christentum, von Juden-Christentum[25] im Orient. Zweisprachige Milieus, die in Nordsyrien der Entwicklung einer spirituellen Poetik und in Ägypten einer soteriologischen Orientierung auf den zum Dreimalgroßen gewordenen Gott Hermes günstig waren, sind daraus (namentlich im Anschluß an Markion) hervorzuheben. Sie tendieren zu einer Bewegung hin, die ganz vom erlösenden Wissen, der Gnosis lebt. Diese Bewegung, auch Gnostizismus zu nennen, erfordert nach Bardesanes und um Mani herum alle Aufmerksamkeit, und neben den drei syrischen Kirchenvätern tut es eine aus dem Gebet lebende Frömmigkeit von Mönchen, die Euchiten oder Messalianer heißen.

2. Universalisierung des Bösen durch Kosmosverfall

Auf dem Felde der Lebensanschauungen, Volksbräuche, philosophischen Lehrgebäude, den Alltag beeinflussenden politischen Ideologien und religiösen Verkündigungen konnten sich Ansprachen, die zur Erlösung des Menschen missionarisch unternommen wurden, derartig ineinander verschlingen, daß sie ins Gegenteil umschlugen: in Festbannung in den Geist einer Welt, der den

25 H. J. Schoeps, »Der Ursprung des Bösen und das Problem der Theodizee im pseudoklementinischen Roman«, in: *RechScRel* 60, 1972, S. 129-141, ist nur ein Beispiel für die vielen Anschauungen, die zu zitieren wären.

Geist des Menschen versklavt. Wer als religiöser Mensch geboren war oder wer es wurde, der konnte wohl aus seiner Religion alles ausscheiden wollen, was an Verstrickungen mit einer solchen Welt auch in ihr enthalten war: Mischung mit Fremdem, das nicht dazugehörte; Durchdringung mit Magie, die an das band, wovon man gerade freikommen wollte; Regulierung durch Ämter und Autoritäten, die weltlichen Instanzen ähnlich waren. Religion sollte dann nicht mehr Tradition, oder leiblich-seelische Anstrengung, oder gehorsame Unterwerfung, sondern nur noch Erlösung sein. Aber wenn man diese von einem einzigen Gott erbat, wie die jüdische und die christliche Vorgabe es jedenfalls verlangten – konnte er derselbe sein, der eine so erlösungsbedürftige, eine so vom Bösen befallene Welt geschaffen hatte? Nein. Also zwei Götter, einer, der unbekannt ist und der auch von dem Weltschöpfer nicht gekannt wird, und einer, der die Welt geschaffen hat und eventuell in der Welt ist. Es ist also ein oberster Gott, der eigentlich erlöst, zu entlasten vom Problem des Bösen. Damit taucht ein Problem auf, das in der christlichen Tradition immer wieder virulent wird bis hin zu Jakob Böhme und auch noch über ihn hinaus: das Bestehen eines theosophischen Defizits in der christlichen Verkündigung. Das heißt, daß man sich in der Theologie als Gotteslehre der Existenz des Bösen entledigt und das Thema für sich behandelt, möglichst abgesehen vom erlösenden Gott.

Dieses Problem konnte nun auch noch die schwierigen Versuche der Christen belasten, mit ihrem neuen Glauben ein Verhältnis zum alten Glauben Israels zu finden, aus dem sie hervorgegangen waren. Wenn diese Versuche mißlangen, was oft genug geschah, kam es zum kirchlichen Antijudaismus, und fatalerweise war dann der antike Antisemitismus, der noch ganz andere Wurzeln hatte und besser auch Antijudaismus genannt werden sollte, auf der ganzen Linie bereit, die christliche Judenfeindschaft zusätzlich zu begründen. Das aber ist der ungeheuerliche Hintergrund des Markion, der manchmal auch anders definiert wird denn als Anti-Judaist, nämlich als ein Kritiker der entstehenden apostolischen Kirche oder gar als ein eigener Religionsstifter.[26] Das sind

26 A. v. Harnack, *Marcion. Das Evangelium vom fremden Gott* (TU 45), Leipzig ²1924 (Neudr. Darmstadt 1960); ders., *Neue Studien zu Marcion* (TU 44, 4) Leipzig 1923 (Neudr. Darmstadt 1960, S. 1-28); weitergeführt von U. Bianchi, »Marcion: théologien biblique ou docteur

andere Versuche, der Eigenart dieses Mannes auf die Spur zu kommen. Er ist Bischof von Sinope am Schwarzen Meer gewesen, hat aber die Feindschaft seines Vaters erfahren, der das Amt vor ihm hatte, und ist aus der Gemeinde ausgeschlossen worden, hat es dann mit der römischen Gemeinde versucht, ist dort einige Jahre aufgenommen, aber im Jahr 144 exkommuniziert worden. Ein Gnostiker war er insofern, als er die Welt abwertete, wie es die anderen auch getan haben; jedoch hat er der Erkenntnis, die aus der Welt erlöst, keine solche Rolle zugemessen wie die anderen. Aber er gehört mit ihnen in den Zusammenhang einer neuen Bestimmung des Bösen.

Was für ihn wichtig war: Der alttestamentliche Schöpfergott – und das ist ein Zeugnis des frühen Antijudaismus in der christlichen Kirche – ist ein böser Gott. Der ist zwar gerecht, aber Gerechtigkeit kann nur zu Zorn führen und damit für den Menschen sich böse auswirken. Das ist Jehova oder Jahve oder Kyrios, oder mit welchem Namen auch immer er überliefert war. Er war für Markion der Demiurg, der mit dem unbekannten Gott der Liebe, der erlöst, nichts zu tun hat. Letzterer ist ein fremder Gott, der sich als Jesus Christus geoffenbart hat. Dieser lebte und litt in einem Scheinleib, um die Gläubigen aus der Macht des Demiurgen zu befreien. Die christliche Offenbarung findet Markion in einem von allen judaistischen Fälschungen zu reinigenden Neuen Testament. Er hat damit einen Kanon aufgestellt, der die Großkirche zur Auseinandersetzung zwang und dazu führte, daß sie ihren eigenen Kanon aufstellte.

Mit dem Scharfblick des Gegners hat ein erbitterter Bestreiter, der Nordafrikaner Tertullian (um 160-220), das Motiv Markions erkannt: »Zwei Götter bringt der Mann aus Pontus bei: der eine, den er nicht wegleugnen kann, ist der Schöpfer, also unser Gott; der andere, den er schwerlich hat beweisen können, ist sein eigener. Den Anstoß zu diesem Hirngespinst empfing der Unglückselige aus einem ganz einfachen Abschnitt der Verkündigung des Herrn, (nämlich Lukas 6, 43) wo – in Anwendung auf Menschen, nicht auf Götter! – gesagt wird, daß weder der schlechte Baum gute noch der gute schlechte Früchte bringen

gnostique?«, in: F. L. Cross (Hg.), *Studia Evangelica V* (TU 103), Berlin 1968, S. 234-241, und für die Christologie bes. von B. Aland, »Marcion. Versuch einer neuen Interpretation«, in: *ZThK* 70, 1973, S. 420-447. Siehe auch Anm. 36.

könne. Erschöpft nämlich vom Grübeln über das Problem des Bösen, wie es auch jetzt noch viele sind, zumal Häretiker: woher das Böse stamme, und benommen von unmäßiger Neugier, stieß er auf den Ausspruch des Schöpfers: ›Ich bin es, der ich Unheil schaffe‹ (Jes. 45, 7). Und je mehr er sich eingebildet hatte, daß dieser Gott der Urheber des Bösen sei, um so eher deutete er den schlechten Baum mit den schlechten Früchten, d. h. mit den Übeln, auf den Schöpfer und nahm an, daß daneben, entsprechend dem guten Baum mit den guten Früchten, ein anderer Gott existieren müsse« (Adversus Marcionem, 1, 2, 1 f.). Ein anderer kirchlicher Gegner, Irenäus, zuletzt Bischof von Lyon (gest. nach 185) konkretisiert: »Markion bezeichnete, schamlos und gotteslästerlich wie er war, den Gott des Gesetzes und der Propheten als den Urheber des Bösen, den Anstifter der Kriege, unbeständig in seinen Entschlüssen und sich selbst widersprechend« (Adversus Haereses 1, 27, 2). Markions Schüler Apelles scheint die Frage nach dem Bösen in der Welt noch differenzierter gestellt und beantwortet zu haben. Eine eigene Nebenkirche hielt Christen, die dieser Erkenntnis mit einer rigorosen Ethik begegneten, bis ins 6. Jahrhundert beisammen.

Man kann heute nicht mehr nach-denken, was zur Dimension des Bösen hinzukommt, wenn der ganze jüdische Gottesglaube in eins als Manifestation der Verführung durch einen zürnenden Demiurgen und damit einen bösen Gott ins Spiel gebracht wird. Alles, was es gibt, ist böse, so sieht die Erweiterung der Beziehungen zwischen sozialen und kosmischen Beziehungen jetzt aus. Was in der jüdischen Bibel über Böses zu lesen war, wirkt daneben vergleichsweise schwach.[27] Es scheint, daß damit das Böse wie eine tat- und denkunabhängige Größe gleichsam am christlichen

27 C. Dohmen/C. Rick. »ra^c, rā^{c}āh etc. (= böse)«, in: *ThWbAT* 7, Liefg. 3-5, 1990, Sp. 582-612, hat außer zum AT zuverlässiges Material auch aus dem Alten Orient (aber ein im Lit.-Verz. zitiertes Buch von C. Colpe, *Das Böse*, 1972, übernommen wohl aus T. Multhaupt, »Das Böse«, in: *HrwG* 2, 1990, S. 142 f., gibt es nicht!), aus dem die Eigenqualität gegenüber »Sünde« (K. Koch, »ḥātā«' in: *ThWbAT* 2, 1977, S. 857-870) deutlich wird, obwohl es natürlich Überschneidungen gibt wie zwischen beidem auch in *^{c}āwōn* »Schuld«, »Vergehen« (K. Koch, in: *ThWbAT* 5, 1986, S. 1160-1177) und in *rāšā^c* »schuldig, frevelhaft, gottlos« (H. Ringgren, in: *ThWbAT* 7, Liefg. 6/7, 1992, Sp. 675-685).

Sündenverständnis vorbei in eine andere Natur übertragen werden konnte, von der dann böses Handeln und Gesinntsein erst eigentlich bestimmt ist.
Dabei könnte noch die Spannung mitgeholfen haben, in die Denken und Dichten zwischen den beiden Möglichkeiten griechischen und syrischen Ausdrucks geriet. Als Zeugnis dafür lassen sich einzigartige Hymnen lesen, die vielleicht schon zu Lebzeiten Markions, vielleicht aber auch zwei bis drei Generationen später verfaßt worden sind. Ihr Autor – wahrscheinlich war es nur einer, aber das ist nicht wichtig – war in einem Gebiet weiter südlich zu Hause, wo die Griechischsprecher nicht mehr in kleinasiatisches, sondern in ein eigenes Profil entwickelndes ostaramäisches Sprachgebiet eingebettet waren. Der Dichter stellte seine Oden unter den Namen des Königs Salomo und sah sich als Christ unter der Autorität seiner dichterischen Weisheit. Die Spiritualität dieser »Oden Salomos« durchzieht und verbindet die Vergleiche aus einem heilen Leben, die dem christlichen Frommen wie Bilder zu schauen gegeben werden, in einer poetisch-untheologischen Sprache, und das Böse wird dabei am allerwenigsten thematisiert. Um so aufschlußreicher sind die wenigen Aussagen, in denen es doch vorkommt.

Reiche, mein Herr, mir stets deine Rechte,
und ein Geleiter sei mir bis zum Ende nach deinem Willen!
Ich werde schön werden vor dir wegen deiner Herrlichkeit,
und wegen deines Namens werde ich vom Bösen (*bīšā*) erlöst werden.
(14, 4f.)

Das Licht wird nicht von der Finsternis besiegt werden,
noch wird die Wahrheit vor der Lüge fliehen!
Zum Sieg wird deine Rechte unsere Erlösung bestimmen,
und du wirst an dich nehmen von jedem Ort,
und du wirst jeden bewahren, der von Bosheit (*bīštā*) ergriffen ist. (18, 6f.)

Deine Rechte hat das Gift der Bosheit (*bīštā*) vernichtet,
und deine Hand hat den Weg für die eben gemacht, die an dich glauben.
(22, 7)

Und er stand auf der hohen Spitze und ließ seine Stimme ausgehen
von den einen bis zu den anderen Grenzen der Erde.
Und er hat alle die zu sich gezogen, die ihm gehorchten,
und er ist nicht wie der Böse (*bīšā*) erschienen. (33, 4f.)

Selig sind, Herr, die gepflanzt sind auf der Erde,
die Platz haben in deinem Paradiese
und wachsen im Wachstum deiner Bäume,
nachdem sie gewechselt sind von Finsternis zum Licht.
Siehe, deine edlen Arbeiter
bringen gute Veränderungen hervor.
Von der Bosheit (*ponēria*) zur Güte
verändert sich das Bittere der Pflanzen durch deine Quelle.

(11, 18-21, griech. Version)[28]

Hier verhält sich zunächst noch das Böse, etwa als die Summe alles Bösen in der Welt, zum Abstraktum »die Bosheit«, die man als permanent bestehenden und gelegentlich absichtsvoll betätigten bösen Willen verstehen kann, wie sich im Griechischen der neutrisch-kollektive Singular *to ponēron* oder der seltenere Plural *ta ponēra*, die beide vom sachlich Untauglichen und persönlich Unbrauchbaren bis zum moralisch Verwerflichen sehr viel bedeuten können, zum Abstraktum *ponēria* verhalten. Doch werden wir sehen, daß im Weiteren das Böse gleichsam zu einer Massivität geballt wird, zu der sich die griechische *kakia* allein nie entwickelt hätte.[29]

28 Nach Ausgabe und Übersetzung von M. Lattke, *Die Oden Salomos in ihrer Bedeutung für Neues Testament und Gnosis*, Bd. 1, Fribourg/Göttingen 1979. Zur sachlichen Gleichzeitigkeit der im folgenden diskutierten Überlieferungen siehe K. Rudolph, »War der Verfasser der Oden Salomos ein ›Qumran-Christ‹?«, in *Revue de Qumran 16*, Paris 1964, S. 523-555.

29 A. Dihle, »Ethik«, in: *RAC 6*, 1966, Sp. 646-796; zum Fehlen der Vorstellung vom radikal Bösen (»Die antike Ethik kennt nicht das radikal Böse als selbständige Macht«, Sp. 681) und weiteren Defiziten der antiken Ethik bes. Sp. 681-689. H. Chadwick, »Gewissen«, in: *RAC 10*, 1978, Sp. 1025-1107; zur Qualität dessen, was gesühnt werden mußte (nicht »böse«) bes. Sp. 1039 f. M. Wacht, »Güterlehre«, in: *RAC 13*, 1986, Sp. 59-150; bei Fehlen der Tugend falscher Gebrauch der Güter, die dann nicht mehr *bona* genannt werden können: Sp. 73-75 (Lehre der Akademie). Keine Ahnung von all diesem ist erkennbar hinter O. Marquard, »Malum: I. Einführung und Überblick«, in: *HWbPh 5*, 1980, Sp. 652-656, kaum mehr bei R. Schottländer, »II. Altertum«, ebd., Sp. 656-665. Kenntnis des Vergleichbaren und der Zusammenhänge fehlt bei M. Arndt, »III. Altes und Neues Testament«, ebd., Sp. 665-667 und bei H. Schneider, «IV. Malum in der Gnosis und im Manichäismus«, ebd., Sp. 667-669. Besser, aber für Augustin unzu-

Denn es wird eine Bedeutungsverfestigung weitergeführt, die sich im Neuen Testament an einer entscheidenden Stelle aus dem allgemeinen Sprachgebrauch heraushebt, nämlich in der siebenten Bitte des Vaterunsers. Sie ist in Matt. 6,13 eingetragen worden – die ältere Parallele Luk. 11,4 hat sie noch nicht – und meint nicht das innerzeitliche Übel, sondern die Drangsal der Endzeit einschließlich des dazugehörigen Bösen, das Menschen einander zufügen. Eschatologischen Sinn haben auch die jüdischen Gebete um Bewahrung vor Versuchung, Schmach, bösem Trieb, bösen Gedanken, bösen Träumen und natürlich vor Krankheit. Solche Gebete stehen auch hinter den Oden Salomos, in manchen nichtchristologischen Passagen kann man sie sogar direkt noch als solche bezeichnen. Zu der Zeit, als aus ihnen die siebte Vaterunser-Bitte in die Überlieferung übernommen wurde, die wir heute Matthäus-Sondergut nennen, sahen die Beter die täglich drohenden Gefahren durchaus im Zeichen des neuen, des messianischen Äons, aber sie meinten die Bewahrung vor ihnen nicht als endgültige Erlösung. Eben diese aber meinten Christen aus der frühesten Gemeinde, als sie mit Worten aus diesem Schatz die authentische Gebetslehre Jesu abschlossen. Zu der Zeit hingegen, als der Dichter der Oden Salomos aus demselben Schatz die Gedanken und Motive für seine Gebete entnahm, war vielleicht schon für die Juden, die ihn verwalteten, gewiß aber für ihn selbst und seine Hörer und Leser als Christen die Ankunft des neuen Äon aus dem Bereich baldiger Erwartung in weite Ferne gerückt. Damit konnte aber die Erlösung keine in der Erdenzeit endgültige mehr sein, sondern mußte sich in zeitlose, jederzeit mögliche Erfüllung der Hoffnung auf Befreiung vom Bösen wandeln. Das Böse selbst konnte seine Gewalt dann nicht mehr aus der Drohung behalten, die es darstellte, wenn es auf den neuen Äon vorauswies, der zugleich über es richten würde. Die Gewalt, die Macht, die es bewirkt, mußte ganz von selbst in eine Verdinglichung gefaßt werden, die die Voraussetzung für ihre weiterhin jederzeit mögliche, aber nun gleichfalls zeitlose Ausübung war. Dies führte zur Hypostasierung des Bösen. Man wagt mentalitätsgeschichtlich wohl nicht zuviel, wenn man sagt, daß dies mit Hilfe des Griechischen am ehesten in ostaramäisch-jüdischer Nachbarschaft zu Iran ge-

länglich ist K. Riesenhuber, »v. Patristik und Mittealter«, ebd., Sp. 669-681.

schehen konnte, wo aus ganz anderen Antrieben die Hypostasierung eines ursprünglich andersartigen, aber übertragbar gewordenen Bösen vorbereitet worden war. Mit der Lokalisierung des Bösen, die sich in Bosheit äußert, als Antagonisten von Licht und Wahrheit an der Seite von Finsternis und Lüge macht das der zitierte Text sogar anschaulich (Od. Sal. 18, 6).
Eine ostaramäische – seit sie von Christen in und um Edessa ausgesprochen wird, kann man auch sagen: eine syrische Hypostase behält den Kollektiv- oder Allgemeincharakter, den ein semitisches Substantiv hat, wenn es das gemeinsame Merkmal einer Gruppe, Art oder Einheit bezeichnet, als u.a. da sind Verwandtschaft, Wohngebiet, Volk, Alter, Rechtsbeziehung, Charaktereigenschaft. Der Einzelne wird daraus als »Sohn« hervorgehoben. »Ein Sohn Abrahams« ist einer, der zur Sippe Abrahams, den Abrahamiten, gehört. »Söhne Babylons« sind die Babylonier. Der »Sohn eines Achtzigs an Jahren« ist ein Achtzigjähriger. Ein »Sohn der Bürgschaft« ist eine Geisel. Ein »Sohn der Kraft« ist ein Mutiger. Ein »Sohn des Bösen« ist ein Böser.
Der Dichter der Salomo-Oden spricht nur von Freien oder Befreiten mit einem solch eigenartigen Ausdruck. Am Schluß seines Psalmbuches läßt er den Erlöser sagen, als die Toten aus der Unterwelt ihn bitten, er möge ihnen das Tor öffnen, durch das sie zu ihm hinausgehen können, weil sie sehen, daß ihr Tod sich ihm nicht naht:

> Ich aber hörte ihre Stimme,
> und ich nahm mir ihren Glauben zu Herzen.
> Und ich setzte auf ihr Haupt meinen Namen,
> denn Söhne des Freien sind sie, und mir gehören sie. (42, 19-20)

Wäre sein Interesse in die Gegenrichtung gegangen, hätte er auch von »Söhnen des Bösen« sprechen können. Er hätte sich damit wieder in Übereinstimmung mit einer aus jüdischer Umgebung in das Matthäus-Sondergut eingegangenen Beziehung befunden, wie sie in der Deutung des Gleichnisses vom Unkraut unter dem Weizen lautet: »Der gute Samen, das sind die Söhne der Königsherrschaft; das Unkraut aber sind die Söhne des Bösen« (Matt. 13,38, nur hier im NT; dem Hieronymus ging diese Rede so gegen den Strich, daß er sie auf lateinisch nicht wiedergeben mochte: er übersetzte »filii sunt nequam«!). Dafür aber spricht der Dichter einmal (33, 4 f.), wie sich aus dem Zusammenhang ergibt, von dem

männlichen »Bösen« und meint damit die Gestalt, als deren häufigste Bezeichnung unter vielen der Name »Teufel« sich bei uns durchgesetzt hat. Das ist seine wichtigste Übereinstimmung mit dem Neuen Testament. Hier findet sich »der Böse« für diese Gestalt nicht nur im Matthäus-Sondergut (Matt. 13,19), sondern auch in anderen Überlieferungsschichten (1. Joh. 2,13 f.; vielleicht 3,12; 5,18 f.; Eph. 6, 16 »die feurigen Pfeile des Bösen« – Vulgata: tela nequissimi ignea!).[30] So wird von den Oden Salomos, die mit anderen Aussagen auch dem Johannesevangelium nahestehen, und vom Neuen Testament aus gleichermaßen auf Juden zurückgewiesen, die zum ersten Mal den Widersacher Gottes »den Bösen« nannten. Wahrscheinlich blieb es das einzige Mal, weil dann die Christen mit diesem Appellativ weiterarbeiteten.
Sachlich bedeutet die Hypostasierung des Bösen zu einer selbständigen Macht in den Dimensionen dieser Welt seine Universalisierung. Hypostasierung und Universalisierung korrespondieren einander insofern, als die Hypostase, obzwar begrenzt, als eigenständige Macht doch überall gegenwärtig sein und wirksam werden kann, während ihre Substanzhaftigkeit mit derjenigen konvergiert, zu der jede Universalisierung drängt, deren Raum nicht der absolute, sondern der Kosmos ist.
Zur Kosmisierung des Bösen gelangt man merkwürdigerweise auch im hellenistischen Ägypten. Die Tatsache, daß mehrere der Oden Salomos aus dem Syrischen ins späte Ägyptisch, das man Koptisch nennt, übersetzt und dort für geeignet befunden worden sind, in einer Art enzyklopädischem System, das nach der es regierenden oder ihm seinen Sinn gegebenden Hypostase die »Pistis Sophia« heißt, die Erlösungsaussage zu verstärken – diese Tatsache ist vielleicht mehr als ein typisch kosmopolitischer Vorgang, der sich vom Gedankenaustausch bis zur Übersetzungspraxis vielfach manifestiert. Viele syrische Texte sind ins Koptische übersetzt worden; es zeigen sich darin merkwürdige enge Beziehun-

30 G. Harder, »ponēros«, in: *ThWbNT 6*, 1959, S. 546-566; Untersuchung des masc.- und neutr.-subst. Sprachgebrauchs S. 558 f. (»der Teufel«) und 559-562 (»das Böse«, worunter auch die umstrittene Vater-Unser-Bitte »Erlöse uns von dem Bösen/Übel« eingeordnet wird). Einiges auch bei W. Grundmann, »kakos«, in: *ThWbNT 3*, 1938, S. 470-487 (gut der Übergang zum »metaphysisch« Bösen, das *ponēros* nahekommt, im Hellenismus; das Vergleichsstück S. 476 »Das böse Prinzip im Parsismus« hätte ganz unter *ponēros* gehört).

gen zwischen Syrien und Ägypten, das ist ja bis auf den heutigen Tag so, und die geographische Entfernung spielt hier überhaupt keine Rolle. Es hat offenbar eine Art Wahlverwandtschaft bestanden, die es ermöglichte, syrisches Gedankengut in Ägypten aufzunehmen und ins Koptische zu übersetzen. So fanden sich in Medinet Madi eine manichäische und in Nag Hammadi eine weitere Bibliothek in koptischer Sprache, beide mit vielen Texten oder Textpassagen, für die sich Übersetzung aus dem Syrischen nachweisen läßt. Übersetzungen in umgekehrter Richtung sind bisher nicht bekannt geworden. Das heißt natürlich nicht, daß die ägyptisch-hellenistische eine geistige Exklave der syrisch-hellenistischen Gedankenwelt ist. Für unendlich Vieles gab es in Ägypten eigene Ansätze, vor allen Dingen in einem großen Literaturcorpus, das Hermes Trismegistos als Offenbarer und Erlöser in den Mittelpunkt stellt, den dreimal großen Hermes. Man nennt es das Corpus Hermeticum. Darin erscheinen gerade die Aussagen über das Böse bei näherem Hinsehen nicht als das, wofür man sie gehalten hat, nämlich als eine Zuspitzung des Problems der Substantialität des Nicht-Guten, das aus hellenistischer Philosophie vorgegeben gewesen sei und als Mischung mit ägyptischen Theologumena diese Gestalt angenommen habe. Dafür stehe ein Stück aus einem hermetischen Traktat, dem sechsten, einem sehr wichtigen innerhalb dieses Corpus, der vielleicht schon aus dem 3. Jahrhundert stammt.

Im Menschen aber besteht das Gute im Vergleich mit dem Bösen. Denn das Böse, das nicht zu stark ist, ist hier unten das Gute. Und was hier unten das Gute ist, ist das geringste Teilchen des Bösen. Unmöglich kann nun das Gute hier unten rein von jeglichem Bösen sein. Denn das Gute wird hier unten böse. Und wenn es böse geworden ist, bleibt es nicht mehr gut. Und da es das nicht geblieben ist, bleibt es böse. Einzig in Gott also existiert das Gute, oder Gott selbst ist das Gute. Doch, Asklepios (mit diesem alten Gottesnamen wird hier der innere Dialogpartner des Autors angeredet), unter den Menschen findet man lediglich den Namen des Guten, aber nicht sein Werk.
(Das heißt, was die Menschen gut nennen, ist nur ein Name, faktisch ist es böse.)
Das ist nämlich unmöglich. Denn ein materieller Körper hat keinen Platz dafür, da er allenthalben vom Bösen gefesselt ist, von Mühen, Schmerzen, Begierden, Zornausbrüchen, Täuschungen und unvernünftigen Meinungen. Das allerschlimmste aber ist, o Asklepios, daß jedes von den eben erwähnten Dingen sich darauf verläßt, hier unten das größte Gut zu sein,

obwohl es doch gerade ein unübertreffliches Übel ist. Die Gefräßigkeit begünstigt alles Übel... Die Verirrung ist hier unten die Abwesenheit des Guten. Ich aber weiß Gott Dank, daß er mir sogar noch das, was die Erkenntnis des Guten betrifft, in den Geist gesenkt hat, da das Gute selbst ja im Kosmos nicht existieren kann.
(Jetzt kommt die weltberühmt gewordene Formel:)
Denn der Kosmos ist die Fülle des Bösen (das *plēroma tēs kakias*), Gott aber die Fülle des Guten oder das Gute die Fülle Gottes. (Corp. Herm. 6, 3 f.)

Das läuft hinaus auf das Herausnehmen des Bösen aus Gott und die ausschließliche, weiterhin ethisch relevante Lokalisierung im Kosmos; es ist hier zustandegekommen durch einen Fall des Guten von oben nach unten, wodurch es materiell wird und damit zugleich böse.[31] Soll man dies der Einfachheit halber einen kosmischen Ansatz des Nachdenkens über das Böse nennen und darin eine innere Folgerichtigkeit sehen, die zu einer dualistischen Lösung des Theodizeeproblems führt, die ontologisch bleibt und damit die markionitische Zweigötterlehre vermeidet? Die ontologische Lösung nach dem mittel- und neuplatonischen Denktypus, der dem hermetischen gleichzeitig und benachbart, und mit dem dieser sonst innerlich verwandt ist, sieht bekanntlich anders aus: sie ist privativ, während die in diesem Traktat vorgetragene Lösung das Gegenteil davon ist, nämlich »impletiv«. Sollte dieser Versuch, an die Stelle einer Beraubung vom Guten die Anfüllung mit dem Bösen zu setzen, eine konzeptionelle Vorgabe gehabt haben, die Hypostasierbarkeit des Bösen? Und könnte diese Vorgabe von Syrien aus gemacht worden sein? Möglich ist es. Aber wir stoßen hier an eine Grenze mentalitätshistorischer Erkenntnis.

31 Im jüdischen Hintergrund mancher gnostischer Schriften ist das Problem der Sünde enthalten, aber in der Auseinandersetzung, deren Resultat ein solcher Text bereits ist, ist es schon etwas anderes geworden. Sünde ist zwar böse, aber nicht rein empirisch, sondern in erster Linie aus ihrem Gegensatz gegen Gott wird sie so genannt. In der Gnosis, sei es in Auseinandersetzung mit ihr, sei es bei der Umwandlung in sie, kehren sich die Gewichte um: »böse« ist nicht mehr das Hauptmerkmal der Sünde, sondern eine eigene Essenz, deren Hauptqualität nur dann, wenn der Gottesglaube erhalten geblieben ist, weiterhin »sündig« sein kann. Daneben sind rein heidnische gnostische Schriften bekannt geworden, wo aus griechischer Tradition das Problem des Bösen noch anders steht.

3. Dramatisierung der Bosheit des Wissens und des Willens

Es scheint, daß im Grenzgebiet zwischen Iran, wo die Kollektivierung des Bösen auf den Begriff gebracht worden war, und Nordsyrien, wo der Allgemeincharakter des Bösen kraft semitischer Eigenart seiner Substantivierung in personhafte Repräsentanz übergehen konnte, ein griechisches Substanzdenken zur endgültigen Hypostasierung beigetragen hat, die ihrerseits Voraussetzung für Universalisierung und Kosmisierung des Bösen war. Das zeigt sich, als das Griechische aus der hellenistischen Zeit zurückzutreten beginnt, im 2. Jahrhundert n. Chr., wo sich überall im Orient die Nationalsprachen, aber in einer eigentümlichen Mediatisierung durch das Griechische mit Veränderung der Syntax, vielen Lehnworten und Änderung der Semantik wieder durchsetzen. Noch im Stadium ihrer Differenz begegnen alle Momente der bewältigenden Erfassung des Bösen bei dem Philosophen Bardesanes, der von 154 bis 222 im syrischen Edessa – heute Urfa auf türkischem Gebiet nahe der Grenze – lebte. Am Hofe König Abgars IX. (179-216) war er der bedeutende Vertreter des Geistes der ganzen Region. In ihr trafen sich die Interessen der Römer, die seit der Eroberung des kleinen Reiches (116 unter Trajan) auch die Protektoren seines hellenistischen Bildungswesens waren, und die Interessen der Parther, die mit einer eigenen Dynastie auch die vielfältig gewordene Religionskultur Irans vertraten. Sie trafen sich auf dem Boden einer sehr alten Gestirnverehrung und ganz autochthoner sozialer Gewohnheiten, der aber inzwischen außerdem von christlicher Mission erreicht worden war. Sie hatte schon viele Menschen mit Erfolg gelehrt, daß sie freier leben konnten, als sie unter Gestirnzwang wie unter den Gewohnheitsregeln ihrer Länder meinten leben zu müssen. Bardesanes gehörte dieser Kirche an, fiel aber später nicht unter das Rechtgläubigkeitsmonopol, das engere theologische Richtungen für sich erringen konnten. Diese blieben ihm gleichwohl als dem Begründer der geistlichen Poesie aller Konfessionen verpflichtet (heute hat man ihm zuweilen auch die Oden Salomos zugeschrieben).

Ein Grund, Bardesanes abzulehnen, war seine kosmogonische Lehre, die allerdings eine völlig andere ist als das biblische Hexaemeron, nicht zuletzt wegen der Rolle, die das Böse darin spielt.[32]

32 H. J. W. Drijvers, *Bardaisan of Edessa*, Assen 1966, bringt die Texte, auf denen die folgende Rekonstruktion beruht.

Gestaltendes Prinzip ist die Mischung, im Grunde noch wie die griechische von den Homoiomerien, aber mit Einschlag der iranischen Mischung moralischer Qualitäten. Was gemischt wird, sind fünfmal ein *ītjā*, sprachlich die Substantivierung der Existenzfeststellung *īt* »es gibt« und so als Lehnübersetzung von *ousia* verwendet, das in der popularphilosophischen Sprache jener Zeit den stoischen Sinn »Wesenheit« hat. Die fünf »Es Gibts«, die am Uranfang umherirrten, ehe sie durch einen Zufall zusammenkamen, werden verschieden überliefert, entweder weil Bardesanes selbst mit mehreren gedanklich experimentierte, oder weil die Überlieferer sich ihre schwer verständlichen Kombinationen leichter nachvollziehbar machen wollten. Eine mögliche ist herstellbar aus Wind (mit *rūḥā* zugleich das Wort, das für den Heiligen Geist steht), der kraft seiner Natur am einfachsten zu den anderen Es-Gibts gelangen kann; Feuer (mit *nūrā* ein Wort z. B. für das leuchtende Brennen von Holz), das eine offenbar noch präexistentere Materie entzünden und neu verschmelzbar machen kann; Licht (mit *nuhrā* ein Wort u. a. für den leuchtenden Aufgang des Tages und klanglich dem *nūrā* praktisch gleichgeworden), das alles durch- und erleuchten kann; Wasser (mit *majjē* im Plural für Gewässer), das überall hinströmen kann; und – Finsternis (*ḥešōkā*). Die vier ersten Wesenheiten gehören ursprünglich an die vier Endpunkte des »himmlischen« Kreuzes im präkosmischen Raum, für den Bardesanes »reine Luft« sagt (mit *āar* das griechische Fremdwort *aēr*), die an die Stelle des kosmischen Äthers getreten ist. Es ist dasselbe Kreuz, das am Ende ihre Wiedertrennung garantieren wird, die der von noch weiter oben herabsteigende gekreuzigte Erlöser, »Wort des Sinnes (des Höchsten)« oder »Christus« genannt, herbeiführt. Die »Vermengung und Vermischung« (*ḥulṭānā* und *muzzāgā*), die damit rückgängig gemacht wird, ist schon als solche etwas, das nicht sein sollte. Daß die Wesenheiten dafür zusammen- und nicht sonstwohin kommen, ist, wie gesagt, Zufall; daß sie aber überhaupt in verstärkte Bewegung geraten, ist Reaktion auf den Angriff der Finsternis, der spontan von noch weiter unten aus erfolgt. Diese geht bei ihrem Vorstoß als fünftes »Es Gibt« in die Mischung der vier anderen mit ein.

Gehen wir die differenten Momente vom letzten an durch. Der Angriff der Finsternis aus der Tiefe des präkosmischen Raumes, der hier unterhalb des himmlischen Kreuzes liegt, hebt ein Moment der Wirksamkeit Ahrimans hervor, in der bereits alles bekannte Böse konzentriert worden war. Seine Hypostasierung ist dadurch vollzogen, daß Bardesanes in dem Lehrgedicht, das unserer Rekonstruktion mit zugrundeliegt, der Finsternis die »Natur des Bösen« (*kjān bīšā*) zuschreibt. Der Umstand, daß es den anderen vier »Es Gibts« »beigemischt« wird (*eṯḥallaṭ*), ergibt allein schon die Momente seiner Allgegenwärtigkeit, Universalität und Kosmisierung. Die Mischung der vier anderen »Es Gibts« hätte genügt, den Kosmos zu einem bösen zu machen. Taburegeln, deren Anfänge nicht mehr datierbar sind, besagten, daß jegliche Mischung etwas Unreines und zu meiden sei.[33] Gewisse Tiere mit Läufen sind Mischungen aus zwei Arten: aus solchen, die Paarzeher sind und wiederkäuen, und solchen, deren Klauen nur halb durchgespalten sind und die nicht wiederkäuen. Gewisse Tiere mit Flügeln sind Mischungen aus solchen, die damit durch die Luft fliegen und solchen, die ohne sie auf der Erde kriechen oder ins Wasser tauchen. Gewisse Tiere, die im Wasser leben, sind Mischungen aus solchen, die dafür Flossen und Schuppen haben und solchen, die keine haben und aufs Land gehören. Gewisse Speisen sind aus zwei verschiedenen Tiergenerationen gemischt. Gewisse Kleiderwebstoffe sind aus zweierlei Fasern gemischt. Gewisse Menschen mischen sich mit Tieren. Gewisse Stammesangehörige mischen sich mit Angehörigen eines anderen Stammes. Gewisse Weltreiche stehen auf Füßen, die aus Eisen und Ton gemischt sind. All dieses ist zu meiden. Wenn Glaube an Einen Gott dazu kommt, wie im israelitischen Heiligkeitsgesetz, dann wird rationalisiert: »Weil es dem Heiligen ein Greuel ist«. Wenn kein Heiliger durch Meidungen geehrt werden soll, dann tendiert der in ihnen liegende Sinn zu der Explikation, daß Mischung etwas Böses ist. Für Stoiker war eine Mischung von *ousiai*, für Naturphilosophen eine solche von Homoiomerien nichts dergleichen gewesen, für Bardesanes war eine kosmische Mischung aus uranfänglichen »Es Gibts« böse, seinem genius loci gemäß. Demselben genius war es gemäß, daß die Unabänderlichkeit des Laufes der Gestirne, die für sich Verehrung forderten und zugleich Einfluß auf das menschliche Leben ausübten, zum knebelnden Schicksal

33 Das folgende ist eine Umformulierung und Anwendung der Erkenntnisse von M. Douglas, *Purity and Danger*, London 1966, dt. (übers. von B. Luchesi): *Reinheit und Gefährdung. Eine Studie zu Vorstellungen von Verunreinigung und Tabu* (stw 712), Frankfurt 1988, insbes. aus Kap. 3: ›Die Greuel des dritten Buches Mose‹.

wurde und sich damit abermals zum Bösen auswirkte. Deshalb mußte die Erlösung vom Bösen, um die Bardesanes als Christ betete, auch in Entmachtung der Gestirne und in kosmischer Entmischung bestehen.

Die Differenz der erfaßbaren Momente des Bösen wird bei Bardesanes nicht nur dadurch aufrecht erhalten, daß er die universalsten von ihnen unter das Erlösungswerk Christi fallen sieht, sondern auch dadurch, daß er als Philosoph von der Freiheit des Willens überzeugt ist. In seiner Schule wurde ein »Buch der Gesetze der Länder« geschrieben, in dem Bardesanes als Dialogpartner von zweien seiner Schüler auftritt. In seinen Worten kommen Aufklärung aus Nachdenken und Befreiung aus Glauben grandios zusammen. Wo das Gesetz eines Landes Beschneidung verlangt, wie in Arabien, da können die Römer es abschaffen, wenn sie Arabien erobern. Auch die Juden sind dazu durch keinerlei Landesgesetz gezwungen, aber sie behalten die Beschneidung in allen Ländern bei, in denen sie leben, weil sie sie als Gesetz von Moses erhalten haben. Das Schicksal kann die Natur, aber die Freiheit des Menschen kann das Schicksal in Unordnung versetzen. Der eine Schüler, sein Name ist Awida, behauptet, seiner Meinung nach sei es dem Menschen wohl möglich, das Böse zu vermeiden, aber nicht, das Rechte zu tun. Bardesanes entgegnet: »Das Gute gehört zur wahren Natur des Menschen, so daß er froh ist, wenn er recht handelt. Das Böse ist im Gegensatz dazu das Werk des Feindes, und deshalb tut der Mensch Böses, wenn er nicht Herr seiner selbst und seine wahre Natur angegriffen ist« (18, 19-24).[34]

Ungefähr um die Zeit, als Bardesanes starb, sandte Mani, der der größte Gnostiker des Ostens werden sollte, seinen Apostel Thomas in die weitere Region, zu der der Wirkungskreis des Philosophen gehört hatte. Mani war auf dem Wege, die Gnosis in eine Lehre zu fassen, die sowohl als ein Mythos wie als ein System gestaltet werden konnte.[35] Die Stufen der Bildung des Mythos – es wird ein Kunstmythos sein – können wir noch verfolgen. Thomas war daran beteiligt. In einem seiner Psalmen ist der »Sohn«, den

34 Nach der Ausgabe von H. J. W. Drijvers, *The Book of the Laws of Countries*, Assen 1955, und den Interpretationen von dems., *Bardaisan of Edessa*, Assen 1966, S. 79f., 112.

35 A. Böhlig/J. P. Asmussen, *Die Gnosis, Bd. 3: Der Manichäismus*, Zürich u. München 1980, enthält die wichtigsten Texte aus allen Sprachen mit guten Erläuterungen.

das Böse hat, nicht mehr das Individuum, das etwas Allgemeines oder Kollektives verkörpert, sondern eine gezeugte, aktive Gestalt. Auch alles andere im Weltbild gerät in Bewegung.

Mein Vater, frohlockendes Licht, frohlockendes Licht, das geehret.
Er berief die Äonen des Friedens, in denen kein Fehler noch Mangel,
Er berief die Äonen des Lichtes, er rief seine Söhne und setzt' sie darein.
Nicht fand ich, wo sie der Sohn des Bösen erblickt, er hat sich erhoben: ›Will werden wie sie.‹
Wo hat sie der Sohn des Bösen erblickt, dieser Arme, dem nichts zu eigen?
Er nahm seine sieben Gesellen zur Hand, samt seinen Dutzend Gehilfen.
Er nahm seine sieben Gesellen zur Hand, ging hin und starrte lauernd auf sie,
Damit er gehe und werde wie sie, wenn einer nur falle und käme nach unten.
Dem ist der erhabene Vater zuvorgekommen, all seine Engel hat er gestärkt:
›Sammelt euch alle und seid auf der Hut vor dem Auge des Bösen, der nach oben geblickt.‹
Einer der Söhne des Lichtes blickte hinab von der Höhe und sah ihn.
›O meine Brüder, ihr Söhne des Lichts, in denen kein Fehler noch Mangel:
Ich habe hinab in den Abgrund geblickt und den Bösen gesehen, den Sohn des Bösen.
Ich sah den Bösen, den Sohn des Bösen, der gewillt, einen Krieg zu entfachen.
Ich sah auch seine sieben Gesellen, dazu sein Dutzend Gehilfen.
Ich sah, wie das Lager befestigt war, das Feuer entzündet in seiner Mitte.
Fallen sah ich aufgestellt, Netze geworfen und ausgespannt,
Damit sie den Vogel, der käme, auch fingen, der Fisch ihnen nicht entschlüpfe.‹
Seine Monde verbrachte das Kind, bis es zu gehen vermochte. Gar klein unter den Hohen, so trat es hervor.
Er rüstete sich und gürtete sich, er sprang und eilte hinab in die Tiefe.
Er sprang und gelangte in ihre Mitte, er stellte sich ihnen zum Kampf.
Den Sohn des Bösen hat er erniedrigt, seine sieben Gesellen und zwölf Gehilfen.
Ihr Zelt riß er ab und warf es zu Boden, er löschte ihr brennendes Feuer.
Er zerbrach ihre Fallen, die da gelegt, zerriß auch ihre gespannten Netze.
Die Fische hat er ins Meer entlassen, ließ fliegen die Vögel in die Luft.
Was die Lebendigen einst empfangen, wurde gerettet. Sie kehren wieder zu dem, was ihr Eigen.[36]

36 Gekürzt aus der Übersetzung von Peter Nagel, *Die Thomaspsalmen des koptisch-manichäischen Psalmenbuches*, Berlin 1980, S. 29-32. Mehr bei A. Böhlig, »Das Böse in der Lehre des Mani und des Markion«, in: *Makarius-Symposium* (s. Anm. 43, S. 18-35).

Mit dieser Erzählung ist das Böse zugleich kosmisiert und erhält eine viel größere Dimension, als es bei Zarathustra gehabt hatte. Vor allem aber wird es eine handelnde Person als »Sohn des Bösen«, d. h. als »der Böse«. Das ist ein wichtiger Schritt zur Ausbildung des vollen manichäischen Mythos, in dessen Zentrum der dramatische Kampf zwischen dem guten Licht und der bösen Finsternis steht. Wir verfolgen nicht mehr diese Entwicklung, sondern die andere, in der das Böse aus der kosmischen Finsternisnatur, in der die Manichäer es behalten werden, gerade herausgenommen, dafür aber sowohl als Möglichkeit der menschlichen Natur als auch in der Personifikation »der Böse« eher noch radikaler gefaßt wird.

4. Das und Der Böse als theologische Mächte

Es ist nicht selbstverständlich, daß das Thema des Bösen auch im Zentrum von Ephraems Theologie steht; denn es liegt etwas anderes vor, als daß ein christlicher Theologe über Sünde und Erlösung nachdenkt. Die Sünde als ein Tatbestand im göttlichen Heilsplan, das ist hier nicht die Urtatsache, von der aus die ganze Theologie zu entwickeln wäre, eine so große Rolle die Sündenlehre auch spielt. Das ins Böse eindringende Nachdenken entbindet vielmehr noch tiefere Einsichten darüber gerade in Auseinandersetzung mit Markion, Bardesanes, Mani und ihren Anhängerschaften.[37] Es würde an dieser Stelle zu weit führen, die von Ephraem namhaft gemachten christlichen Anteile an der Lehre dieser Drei herauszuarbeiten, an denen dann seine Polemik ansetzt und sich zu einer Theologie des Bösen entfaltet.[38] Aber

37 S. Ephraim's *Prose Refutations of Mani, Marcion and Bardaisan*, ed. and transl. by C. W. Mitchell, 2 vols., London 1912 und 1921. Diese »Widerlegungen« sind für Einzeluntersuchungen schon oft ausgewertet worden, aber eine eingehende dogmen- und philosophiegeschichtliche Analyse fehlt. Martikainen (s. Anm. 38), S. 38 zeigt, daß für Ephraem nicht, wie für seine Gegner, die Natur eine Mischung von Gutem und Bösen ist, sondern daß letzteres seinen Ursprung im menschlichen Willen hat.

38 Dafür sei verwiesen auf die gründliche Studie von J. Martikainen, *Das Böse und der Teufel in der Theologie Ephraems des Syrers*, Abo 1978; für das Folgende: ders., »Das Böse in den Schriften des Syrers Ephra-

Ephraem kann das, was er denkt, auch als Dichter sagen.[39] Und so hören wir, daß gerade in seinen nisibenischen Hymnen, in denen er seiner früheren Heimatstadt Nisibis gedenkt, das Böse eine zentrale Rolle spielt. Es ist darin auch schon vom Teufel die Rede. Ephraem behält alle Namen für ihn bei, die sich für ihn angesammelt haben – Satan, Verleumder, Feind, Schlange, Drachen, Verfluchter, Listiger, Verführer, Mörder –, dazu aber bringt er eindeutig den Namen »der Böse« zu größerer Geltung.

Ephraem zeichnet in seinen nisibenischen Hymnen mit dramatischer Kraft die Beratung, die er sich bei Beginn von Jesu Leiden zwischen dem Bösen, dem Tod und der Sünde vorstellt. Und ähnlich wie bei Markion eine ganz neue Dimension in das Denken über das Böse hineinkommt, indem nämlich alles Jüdische als böse bezeichnet wird, so ist bei Ephraem das, was der Teufel oder der Böse im Weltenlauf tut, deshalb schlechthin böse, weil es der Erlösung Christi entgegensteht. Vom Erlösungswerk Christi her, aber ohne antijüdische Tendenz, bekommt der ganze Weltenlauf eine neue Dimension als ein Sich-selbst-Entwickeln des Bösen auf den Sieg hin, den Christus über es ausüben wird. Der Teufel oder der Böse möchte den Tod als Bundesgenossen gewinnen in seinem Kampf um die Behauptung seiner Macht. Der Tod fürchtet seinerseits, durch Jesus seine Herrschaft über das Totenreich zu verlieren. Die Dialoge erscheinen wie ein Nebenspiel zum Schauspiel des Erlösungstodes. In der 35. nisibenischen Hymne werden wir sofort in die Versammlung der Hölle geführt. Im Gottesdienst wurde diese Hymne wahrscheinlich in zwei Chören gesungen[40]:

»Der Ruf erscholl, da eilten herbei die Scharen Satans mit seinen Dienern. Das Lager des Unkrauts versammelte sich ganz, weil sie sahen, daß Jesus zum Ärger der ganzen linken Seite« (d. h. der Partei der Gottlosen) »glorreich sei.« (Links ist immer böse in der Gnosis.) »Weil niemand unter

em, im Stufenbuch und im Corpus Macarianum«, in: *Makarios-Symposium* (s. Anm. 43), S. 36-46.

39 *Des heiligen Ephräm des Syrers ausgewählte Schriften, aus dem Syrischen u. Griechischen* (übersetzt von S. Euringer [Bd. 1 = BKV 37] und A. Rücker [Bd. 2 = BKV 62]), München 1919 und 1928; neubearb. von W. Cramer, *Ephräm der Syrer. Reden über den Glauben, Ausgewählte Nisibenische Hymnen*, München 1984.

40 *BKV* 37, S. 289-295 = Neubearbeitung S. 102-108. Ephraems Rede vom ›zweiten Tod‹ kommt nicht aus einer Erbsündenlehre, sondern besagt, daß die Freiheit sich selbst töten kann (Martikainen S. 73).

ihnen war, der nicht Qual empfand, so fing ein jeder an aufzuzählen, was alles sie zu ertragen hätten. Die Sünde und die Unterwelt waren bestürzt, der Tod zitterte, da die Toten sich empörten, und da die Sünder sich gegen ihn erhoben, zitterte auch Satan.« (Das scheint ein Einzelner im Gottesdienst gesungen zu haben, dann soll ein Chor geantwortet haben:) »Preis dir, denn bei deinem Anblick geriet Satan in Verwirrung.« (Satan bei dem Anblick Christi! Der Chor singt weiter:) »Die Sünde rief und erteilte ihren Söhnen, Teufeln und Dämonen Rat und sprach zu ihnen: ›Legion‹«, (das ist die Legion der Dämonen aus dem Markusevangelium), »›das Haupt eures Reiches, ist nicht mehr. Das Meer hat ihn und seine Gesellen verschlungen. Auch euch wird dieser Jesus, wenn ihr gleichgültig bleibt, zu Grunde richten, euch, die ihr doch den Salomo gefangen habt.‹ ... ›Das ist das größte aller Übel ...‹«,

und so geht es über Seiten weiter mit dem, was der Böse im Weltenlauf tut. Die nisibenischen Hymnen sind voll davon. Noch eine zweite kurze Probe aus dem einen ganzen Zyklus von Hymnen von Teufel und Tod in Dialogform[41]:

»Ich hörte einst den Tod und den Teufel miteinander darüber streiten, wer von ihnen gegenüber dem Menschen der mächtigere sei.« (Kehrvers.) »Preis sei dir, oh Sohn des Hirten, über alle, der seine Herde von den unsichtbaren Wölfen erlöste, die sie verschlangen, dem Teufel nämlich und dem Tode! Der Tod zeigte seine Macht, die alles unterwirft, der Teufel seine Arglist, die alle zur Sünde verführte.« (Der Tod sagt:) »Auf dich, oh Teufel, hört nur der, welcher will, zu mir aber kommen alle, ob sie wollen oder nicht.« (Der Teufel antwortet:) »Du, oh Tod, besitzest nur den Zwang der Tyrannei, mir aber stehen Schlingen und Netze der Arglist zu Gebote.«

So ergibt sich ein außerordentlich differenziertes Bild des Unterschiedes zwischen Tod und Teufel. Etwas weniger konzentriert kommt das Böse aber auch immer en passant in anderen Werken Ephraems vor, in den Paradieseshymnen, in Hymnen über den Glauben, in Sermonen über die Abtrünnigen, in einem Sermon über Julianus, in Hymnen über die Jungfrauenschaft, in Hymnen über das Passah. Ephraems Werke sind von ungeheurer Bedeutung und Wirkung in der syrischen Literatur gewesen. Aber es gab daneben weitere Strömungen, in denen wir verwandte Aussagen finden, die jedoch das Böse noch anders nuancieren. Wir sind hier bei einer erst in neuerer Zeit erforschten mönchischen Richtung, den sogenannten Messalianern.

41 *BKV* 37, S. 300-303 = Neubearbeitung, S. 113-116.

5. Hypostasierung des Bösen als asketische Leistung

Wir kennen schon seit dem 16. Jahrhundert einige Sammlungen von Homilien unter dem Namen eines Ägypters, Makarios; er wird auch »der Ältere« oder »der Große« genannt, weil es noch andere namens Makarios gibt. Er ist um 390 gestorben und hat 60 Jahre in der sketischen Wüste südlich von Alexandrien gelebt. Zwar wird von literarischer Tätigkeit nichts berichtet; trotzdem sind Homiliensammlungen unter seinem Namen überliefert. Diese Homilien fordern den Kampf gegen das Böse im beständigen Gebet und im Geist, der zur Vereinigung mit Christus führt. Eine zentrale Sammlung von 50 Homilien des Makarios ist seit 1595 im Abendland bekannt; sie ist in neuerer Zeit um einige erweitert worden. Die 50er Sammlung hat eine Art kanonischen Wert erlangt[42]; die übrigen werden in anderen Sammlungen, mit 64 und 43 Stücken, diesen 50 altbekannten Homilien zugeordnet. Und nun hat man entdeckt, daß gewisse Sonderlehren dieser Homilien mit Sätzen einer syrischen, mönchischen Richtung übereinstimmen, die man die Messalianer nennt. Der Name Messalianer kommt aus dem Syrischen und meint wörtlich ›die Beter‹, syrisch *meṣalliānē*, griechisch die Euchiten, *euchitai*. Tatsächlich ist inständiges und andauerndes Gebet das herausragende Merkmal jener asketischen und charismatischen Bewegung, die als Messalianer-Bewegung in die Kirchengeschichte eingegangen ist. Aber schon immer haben christliche Theologen den Messalianismus als eine der gefährlichsten Häresien bezeichnet, und zwar gerade deswegen, weil das Böse als Macht, die nur durch menschliches Gebet überwunden werden kann, gewichtiger ist als die Sünde, deren Vergebung von Gott in Christus versprochen worden ist. In ganz anderer Weise als bei Gnostikern und bei Ephraem und anderen Syrern hat bei diesen Messalianern das Böse als Zentrum von Gebetsfrömmigkeit eigenes Gewicht gewonnen.[43]

42 H. Dörries/E. Klostermann/M. Kroeger, *Die 50 geistlichen Homilien des Makarios* (Patristische Texte u. Studien 4), Berlin 1964. Nach älteren Editionen ins Deutsche übersetzt zuerst von Gottfried Arnold, *Geistliche Reden um das Jahr Christi 340 gehalten*, Leipzig 1696; Goslar 1702 und 1716; zuletzt von D. Stiefenhofer, *Des heiligen Makarius des Ägypters fünfzig geistliche Homilien* (BKV 10), München 1913 (daraus später die Übersetzung).

43 W. Strothmann (Hrg.), *Makarios-Symposium über das Böse* (GOF I 24), Wiesbaden 1983.

Die Messalianer sind im 4. Jahrhundert im syrisch-mesopotamischen Raum aufgekommen und haben bald in Kleinasien, in Konstantinopel, Fuß gefaßt, auch in Ägypten und Afrika. Sie sind auf mehreren Provinzialsynoden verurteilt worden, endgültig im Jahre 431 auf dem 3. Ökumenischen Konzil in Ephesus. Dennoch hat der Messalianismus die Kirchengeschichte nachhaltig geprägt. Man kann eine ununterbrochene Folge messalianischer Phänomene in der byzantinischen Kirchengeschichte beobachten. Man darf sogar fragen, ob nicht der Messalianismus die gesamte Geschichte der Ostkirche begleitet wie eine stete Anfechtung. Die Frage ist berechtigt, insofern sich die Ostkirche wesentlich auch als eine Mönchskirche darstellt, in der mystische Gotteserkenntnis, persönliche Erfahrung des Heiligen Geistes und Gebet, das durch das Böse immer wieder erzwungen wird, zu einer Einheit zusammenwachsen.[44]

Die messalianische Überlieferung ist außerordentlich kompliziert. Man hat gezeigt[45], wie es kommen konnte, daß man die messalianischen Texte Makarios dem Ägypter unterschob: einfach um sie zu verharmlosen, um die Relevanz, die das Böse darin hat, nicht so gefährlich erscheinen zu lassen, wie sie eigentlich war. Unter dem Namen des Makarios war das leichter möglich. In Makarios' Namen wurden auch Redaktionen vorgenommen, die die Relevanz des Bösen vermindert haben. Ursprünglich haben diese Schriften wahrscheinlich einem Mann gehört, der in den Ketzerkatalogen des Theodoret als Symeon geführt wird. Wir wissen von ihm sonst weiter nichts, nur, daß er Syrer oder Mesopotamier war, und aus Verlegenheit nennt man ihn Symeon von Mesopotamien. Das ist einer der merkwürdigsten Fälle von Pseudonymie in der alten Kirchengeschichte, weil sie sich gerade als notwendig erwiesen hat wegen der Relevanz, die das Böse in den Schriften des Makarios hat. Und so merkwürdig es klingt, man muß hier einen Doppelnamen gebrauchen: Makarios Symeon, Makarios der Ägypter und Symeon von Mesopotamien. Symeon ist der

44 Vgl. R. Staats, »Messalianerforschung und Ostkirchenkunde«, ebd., S. 47-71.

45 H. Dörries, *Die Theologie des Makarios/Symeon* (Abh. Akad. Göttingen, 3. Folge Nr. 103), 1978, gebührt das Verdienst, die frühere Forschung aufgearbeitet und aus den Quellen neu fundiert zu haben. In dieser umfänglichen Gesamtdarstellung nimmt der Teil über das Böse (S. 21-124) ein Viertel ein.

Name des Autors; der, unter dem überliefert wird, ist Makarios: der eine in Mesopotamien, der andere in Ägypten. Bei keinem anderen Theologen kann man ähnliche Proportionen in der Behandlung des Bösen aufzeigen, nicht einmal bei Ephraem.
Makarios/Symeon führt das Böse und die Sünde zusammen. Er bedient sich auch der Kakia- und der Poneria-Terminologie. Wie er in tiefer Kenntnis der dunklen Seite des Menschen immer wieder psychologisch auch darstellen kann, wie die Welt an der Krankheit des Bösen erkrankt ist, ohne es zu wissen, läßt sich in Kürze nicht referieren. Eine Probe – die zweite Homilie beginnt folgendermaßen:

Das Reich der Finsternis, der böse Fürst (*ho ponēros archōn*), hat den Menschen von Anfang an zu seinem Gefangenen gemacht und so die Seele wie einen Menschen mit der Macht der Finsternis umgeben und umkleidet. ›Und sie sollen ihn zum König machen, sollen ihm königliche Gewänder anziehen, vom Kopf bis zu den Zehen soll er sich königlich tragen‹ (Zitat aus Esther 6, 8). Also hat der böse Fürst die Seele und ihr ganzes Wesen mit der Sünde umhüllt, ganz befleckt und ganz zum Gefangenen seines Reiches gemacht. Auch nicht ein einziges Glied an ihr, nicht die Gedanken, nicht den Verstand, nicht den Leib hat er verschont gelassen, sondern ihr den Purpur der Finsternis angezogen. Denn wie am Leibe nicht ein Teil oder Glied leidet, sondern wie er ganz und vollständig dem Leiden ausgesetzt ist, so leidet auch die ganze Seele an den Begierlichkeiten der Bosheit (*kakia*) und Sünde. Also die ganze Seele, das unentbehrliche Glied und Stück des Menschen hat der Böse mit seiner Bosheit, d. h. mit der Sünde umkleidet. Und so mußte der Leib leiden und sterben.

Hier hört man die Zweideutigkeit, an der die orthodoxe Kirche Anstoß nahm: es ist nicht ganz klar, ob die Seele von Bosheit nur umkleidet ist oder ob sie von Bosheit so affiziert ist, daß das Böse direkt in sie hineingemischt ist. Nur mit der letzteren Position ist die eigentliche Gefährdung der menschlichen Seele ausgesprochen.
In den Bereich des messalianischen Mönchtums gehört nun auch noch ein drittes Werk, das ich eingangs schon kurz erwähnt habe, der sogenannte Liber graduum. Dessen Autor kennen wir nicht, also nennen wir ihn einfach den Autor des Stufenbuches.[46] Er ist ein anderer gewesen als Makarios, aber er ist ihm im Geiste verwandt. Das Stufenbuch bietet noch eine Variante der Thematisie-

46 *Kethābhā d Masqāthā – Liber Graduum* (Patrologia Syriaca I 3), ed. M. Kmosko, Paris 1926.

rung des Bösen. Es entwickelt ein Vollkommenheitsschema für die menschliche Seele, die auf verschiedenen Stufen, zu Gott aufsteigend, immer mehr vom Bösen von sich abstreift. Das ist ein ähnliches Thema wie in der Gnosis auch: die Seele als göttlicher Funken, der hinabgefallen und durch Niedrigerwerden zugleich böser geworden ist, wobei komplizierte Erörterungen darüber stattfinden, ob die Seele vom Bösen eingeschlossen wird und als Gold im Schmutz weiterfunkelt, wenn man es auch nicht sieht, oder ob sie sozusagen kontaminiert, also in ihrer Substanz mit dem Bösen vermischt ist. Das letztere ist eindeutig die Meinung des Mani, und das ist eigentlich die konsequenteste Ausprägung der Lehre vom Bösen; das Böse ist in den Kosmos hineingemischt. Im Stufenbuch stehen die Dinge nicht so eindeutig da: man kann infolge der symbolischen Ausdrucksweise oft nicht genau entscheiden, was gemeint ist. Manchmal liest es sich, als wäre das Böse ein in die gute Substanz hinein gemischtes böses Teilchen. Manchmal sieht es aber auch aus, als handelte es sich um ein Nebeneinander in der Mikrowelt ohne Mischung. (Mit dem Problem der Mischung haben sich die syrischen Kirchenväter seit Ephraem am stärksten auseinandersetzen müssen, denn das hatte mit den Homoiomerien des Aristoteles zu tun und war ein unchristliches Thema.)

So ist das Böse bei Gnostikern und syrischen Kirchenvätern zu einer Hypostase geworden: Sie hat den früheren kollektiven Begriff in sich aufgenommen und wird nicht mehr nur substantiell gedacht und mit finsterer Qualität vorgestellt, sondern auch psychisch, asketisch, gemeinschaftlich begriffen und erfahren.[47]

6. Radikalisierung der Sünde zum bösen Prinzip

Die Nachbarschaft der Theologie des Bösen bei den Syrern zur Mythologie des Bösen bei den Iraniern – war sie zufällig? Früher hat man hier zuweilen einen iranischen »Einfluß« sehen wollen: *das* Böse sei von dort her geprägt, was auf einem Territorium, das

47 Deswegen konnte die Übersetzung von G. Arnold (s. Anm. 42) wohl unmittelbar im deutschen Pietismus wirken. S. H. Dörries, *Geist und Geschichte bei Gottfried Arnold* (Abh. Akad. Göttingen, 3. Folge Nr. 51), 1963, S. 148-193.

lange zum iranischen Großreich gehört habe, doch ganz »natürlich« sei; und da erweise sich *der* Böse dann als ein verkleideter Ahriman. So einfach ist es aber nicht; denn hellenistisches, jüdisches und christliches Denken bringen so eigene Positionen in der Gewichtung des Bösen und Anerkennung von Sünde mit, daß man die Sache differenzierter sehen muß.

Die iranische Religion hat sich in verschiedenen Formen – nicht nur in der wichtigsten, die Zarathustra ihr gegeben hatte – unter der Achämenidendynastie in der Tat nach Westen ausgebreitet, untergründig auch in weitere Gegenden, die nie von ihr beherrscht waren. Schon in dieser Zeit – 6. bis 4. Jahrh. – konnten iranische Priester nach Syrien und Kleinasien hinein wirken. Ihre Bezeichnung lautete *maguš*, was die Griechen schon früh mit *magos* wiedergaben. Einzelgänger und kleine Gruppen von ihnen blieben in den westlichen Ländern auch, nachdem Alexander der Große sie erobert hatte. Die Tätigkeit der *maguš* kam den Griechen so merkwürdig, von so viel untheoretischem Umgang mit der Natur, Horoskopie, unkonventioneller Heilkunst durchsetzt vor, daß sie dafür das Wort *mag(e)ia* prägten, das etwa den Sinn von »Zauberei« bekam – dasselbe, das dazu geführt hat, daß wir ihre Ausüber »Magier« nennen. Wir müssen uns aber angewöhnen, »Mager« zu sagen, solange Grund zu der Annahme besteht, daß die Griechen ihr Weltbild mißverstanden haben. Allerdings näherte sich ihr Wesen unter den hellenistischen Nachfolgedynastien mit zunehmender Assimilation wohl auch tatsächlich dem von »Magiern« an, so daß es manchmal berechtigt ist, *magoi* so zu übersetzen. Die Mager oder Magier nun müssen es gewesen sein, deren Nachbarschaft mitsamt dem, was sie vertraten, an den Orten bewußt war, auf die es hier ankommt. Eines der Zeugnisse, die wir dafür haben, stammt sogar von Bardesanes; er berichtet einmal – unter der sogar noch etwas getreueren Namenswiedergabe *magousaioi* – von ihren in seinen Augen »unheiligen Ehen« zwischen Blutsverwandten, ihrer frevelhaften Gesetzlosigkeit, und daß sie bis auf seine Tage zahlreich seien in Medien, Ägypten, Phrygien und Galatien (zitiert von Eusebius von Caesarea, Praeparatio Evangelica 6, 10, 16).

Die Mager haben etwa in dem Maße, in dem sie zu Magiern wurden, die iranische Religion, insbesondere die Zarathustras, zu einem System weiterentwickelt, das ihnen alle Variationen ihrer Physikotheologie und einen weitgehenden ethischen Probabilis-

mus gestattete. In beidem hatte das Böse seinen Ort und forderte immer wieder zu Auseinandersetzungen heraus. Diese dürfen wir uns freilich nicht als hör- und sichtbare Dispute vorstellen, so gewiß solche auch stattgefunden haben. Dann, in seiner Verbalisierung und dem darin liegenden Ansatz zu seiner Erklärung, wäre das Böse irgendwann erschöpft gewesen. So, wie es bestehen bleibt, ist es vielmehr ein Phänomen: es zeigt sich darin, wie es getan und erlitten, und darin, wie es mit Worten beschrieben wird. Für ein solches Phänomen ist nicht die Philologie der Wörter und Texte, sondern eine Phänomenologie der Tatsachen und der Erfahrungen zuständig.
Unter dem Vorbehalt, daß erst künftig konkreter darzulegen ist, wieso es sich also nicht um eine reine Phänomenologie des – im vorliegenden Fall sich mit dem Bösen befassenden – Geistes handeln soll, meine ich nun zeigen zu können, daß man die Beziehungen zwischen Magertum, aramäischer Gnosis, Manichäismus und syrischer Theologie als eine Folge von dialektisch-historischen Prozessen verstehen kann. Das System der Mager steht als Thesis da. Als Antithesen ergeben sich Verabsolutierungen des Dualismus, die man als Voraussetzungen der sehr verschiedenen Erlösungslehren von Magiern, Judenchristen und vielleicht der frühen Messalianer annehmen muß. Daraus werden, jeweils in Aufnahme noch anderer Traditionen, zwei verschiedene Synthesen geschaffen, bei ostaramäischen Gnostikern zum ersten und im ausgebildeten manichäischen System zum zweiten Mal. Die zurvanitische Mythologie, Markions Lehre und die syrische Theologie des Bösen – bei Ephraem und Makarios/Symeon jeweils eigenständig – würden sich dann als Folge-Antithesen darstellen, die erstere, um gegenüber hellenistischen Magiern eine wieder eindeutig iranische, und die letzteren, um gegenüber dem Manichäismus wieder eine eindeutig christliche Position zu gewinnen.
Die Konzeptualisierungen der Erfahrung und die Hypostasierung des Begriffs des Bösen, wie sie uns diesmal begegneten, wären im neuen Zusammenhang dann letztlich als Manifestationen verschiedener Grade der Auseinandersetzung mit Praxis und Doktrin der Mager zu begreifen. Denn diese enthielt als Element, das für die Magie (!) ihres Handelns und für die Dualität ihres Denkens gleich konstitutiv war, das Böse in einem Verständnis, wie wir es am Schluß der vorigen Vorlesung kennengelernt haben. In diesen Auseinandersetzungen tut sich zugleich zunehmende Ent-

fernung von Ahriman, dem unheilvollen Geist Zarathustras, kund.
Seitens einiger syrischer Kirchenväter kommt dabei, so scheint es, das Theologumenon außer Geltung, daß es ohne Sünde keine Erlösung gibt – und das, wenn auch vielleicht von außen angeregt, doch aus innerer Folgerichtigkeit. Denn immer steht der Umkehrsatz im Hintergrund, daß es gerade weil Erlösung nötig ist, deshalb auch Sünde geben muß. Dieser Relativierung der Sünde ist nur zu begegnen, wenn man sie zum bösen Prinzip radikalisiert, was immer dann aus der Erlösung wird. Seitens des Bösen bedeutet dies, daß es nun auch noch die Dimension der christlichen Sünde hinzubekommt. Das ist noch etwas anderes als die Erweiterung um die markionitische Weltabwertung oder um den gnostischen Antagonismus.
Offensichtlich haben die Auseinandersetzungen um das Böse in der hellenistisch-orientalischen Gnosis und in der syrischen Kirche zu mehreren eigenen Positionen geführt, in denen nur in einer Synthesis mit noch anderen Größen oder als Herausforderung einer christlichen Antithese die einstige iranische Position virulent bleibt. Wir stehen damit bei einer besonderen Ausprägung der Theologie des Bösen, die wir im Folgenden zum Ausgangspunkt nehmen werden, um die letzte Synthesis nachzuvollziehen, die erst kurz zur Sprache gekommen ist: die Entstehung eines Teufelsglaubens und seine weitere Geschichte.

Aus der Geschichte des Teufels im Abendland

1. Umkehr der Methodenschritte

Aus der jüdisch-aramäischen Gebetspraxis der ersten beiden Jahrhunderte u.Z. waren Aussagen zu erschließen, in denen nicht »das Böse«, sondern daneben oder statt dessen »der Böse« gemeint sein mußte. Sie konnten von Juden, die Christen wurden, im Westen (Palästina, Kleinasien) in gewisse Überlieferungsschichten des Neuen Testaments, im Osten (Syrien, Nordmesopotamien) in die geistliche Dichtung mitgenommen werden. Für Ephraem den Syrer, der diese Hymnodik fortsetzte, und für die Homiletik der ganzen syrischen Kirche, aber auch für die Euchiten und dann für die ganze byzantinische Kirche handelte es sich selbstverständlich um »den Teufel«, wie aus Parallelnamen eindeutig hervorgeht. Genau so selbstverständlich ist es für die Wissenschaft, die ihre endlich erreichte Klugheit, zwischen ihrer eigenen und der Sprache ihrer Quellen zu unterscheiden, an dieser Stelle immer noch verläßt, als stehe sie nicht nur im Banne ihrer Objektsprachen, sondern speziell des Teufels, der darin vorkommt. Und der Teufel wäre es nach exegetischem wie allgemeinem Verständnis auch, von dem erlöst zu werden das Vaterunser bittet, wenn feststünde – das Problem steht hier für das mit dem östlichen Kirchen-Syrisch verwandte galiläische Aramäisch, das wahrscheinlich Jesus sprach, für die griechische Wiedergabe in Matt. 6,13b und für unsere Übersetzungen in Vokabular und Deklination ganz gleich –, wie das »...von dem Bösen« der siebten Bitte im ersten Fall gelautet hätte. Wäre es das männliche Dingwort gewesen, dann stünde hier, den ipsissima verba Jesu zur Verdeutlichung des Unterschiedes von »Und vergib uns unsere Schuld!« angehängt, das älteste Zeugnis für »den Bösen«, und es wäre wieder der Teufel.

Die Frage, die damit beantwortet scheint, läßt sich aber umdrehen: ist es eigentlich genau so selbstverständlich, daß der Teufel eindeutig »der Böse« ist? Im Neuen Testament und in der intertestamentarischen Literatur haben wir sonst andere Appellative: der Versucher, der Verführer, der Verkläger (d. i. der »Satan«), der Mörder von Anbeginn, der Durcheinanderwerfer (d. i. der »Diabolos«), der Fürst dieser Welt, der Herrscher dieses Äons, die alte Schlange, der große Drache, der brüllende auf Raub ausgehende Löwe; dazu noch eine Fülle merkwürdiger Eigennamen. Gewiß, die Appellative benennen lauter böse Eigenschaften. Aber stehen wir vielleicht wenn schon nicht im Banne des Teufels, so doch im Banne einer jahrhundertelang eingewöhnten Synonymie, wenn wir dahinter immer dieselbe Gestalt sehen?

Die klassische Monographie zum Thema[48] tut eben dies, und wir haben uns ihres Titels bedient, weil sich so am kürzesten hindeuten läßt auf das, worum es geht. Sie geht von dualistischen Strukturen bei den Völkern der Erde aus, die man damals kannte. Der Dualismus in den Religionen der Naturvölker und der Kulturvölker des Altertums hat oft schon mehr oder weniger böse Züge auf einer der Seiten, die eine Polarität in einem sozial- oder kosmisch-

48 G. Roskoff, *Geschichte des Teufels*, 2 Bde., Leipzig 1869 (Neudr. Aalen 1967).

dualistischen Weltbild darstellen. Der Ohrmazd-Ahriman-Dualismus erscheint dort als einer von vielen – eine Sicht, die sich inzwischen bestätigt hat, wenn auch die einzigartige iranische Besonderheit noch herausgearbeitet werden mußte. Dann werden ganz sauber durchmustert: Satan im Alten Testament, Teufel im Neuen Testament, Teufel im Judentum, Lehre der Kirchenväter, Jahrhundert für Jahrhundert, bis im 13. Jahrhundert die Endgestalt des Teufels erreicht ist. Ein zweiter Band enthält methodische Untersuchungen, unter denen die Demonstration der sogenannten »Herabdrückungsmethode der Kirchenväter« besonders wichtig ist. Es finden sich andere gute Einzeluntersuchungen über Volksglauben, über Hexenverfolgungen, über den Hexenhammer und über die Fortsetzung der Geschichte des Teufels bis in die frühe Neuzeit hinein.

Von 1977 bis 1988 erschien in fünf Bänden das große Werk eines amerikanischen Mediävisten[49], das die Tradition einschließlich der Griechen und der Naturvölker als Vorläufer aufarbeitet. Schon der Titel des ersten Bandes »The Devil« paßt nicht zum Inhalt bis zur christlichen Zeit. Der Titel des zweiten Bandes, »Satan«, hebt aus der früh-christlichen Tradition gerade den Namen heraus, der dort weniger wichtig ist. Mit »Lucifer« wird für die Gestalt im Mittelalter ein Name gewählt, an den sich eher in der Neuzeit die meisten Spekulationen angeschlossen haben, und mit »Mephistopheles« hebt man die Literarisierung hervor, die gerade in der frühen Neuzeit nicht das Wesentlichste war.

1985 erschien von einem französischen Bibelwissenschaftler ein gründliches zweibändiges Werk.[50] Sein erster Band bringt ausgewählte, vornehmlich semitische Überlieferung des Alten Orients bis ins antike Judentum einschließlich der Texte von Qumran, und ein zweiter Band eine Aufarbeitung des frühchristlichen Zeugnisbestandes bis ins 2. und 3. Jahrhundert hinein.

49 J. B. Russell, *The Devil. Perceptions of Evil from Antiquity to Primitive Christianity*, Ithaca-London (Cornell University Press) 1977; *Satan. The Early Christian Tradition*, ebd., 1981; *Lucifer. The Devil in the Middle Ages*, ebd., 1984; *Mephistopheles. The Devil in the Modern World*, ebd., 1986; *The Prince of Darkness*, ebd., 1988. Kritik der ersten beiden Bände: P. Habermehl, in: *Gnomon 62*, 1990, S. 193-202.

50 B. Teyssèdre, *Naissance du Diable; Le Diable et l'Enfer au temps de Jesus*, beide Paris 1985.

Ein rein religionsgeschichtlich angelegtes Buch schließlich[51] legt mehr Wert auf die klassischen Mythologien des Alten Orients, findet in Babylon, in Ägypten, bei den Syrern, seltsamerweise kaum in Iran, dafür aber in Kleinasien Gegengötter, die in bestimmten Mythen die Rolle des Gottesfeindes spielen, beginnend mit Hubaba im Gilgamesch-Epos und mehreren Gestalten in der griechischen Mythologie, und möchte darin Vorstufen des Teufels erblicken, der dann im Judentum und im frühen Christentum profiliertere Gestalt gewonnen habe.
Schließlich gibt es das Werk eines deutschen katholischen Theologen[52], eine saubere Beschreibung der jüdisch-christlichen Tradition, mit vielen Textauszügen. Es hat allerdings die These, daß der Teufelsglaube eine Einbildung ist, und bleibt damit in der Psychologie stecken. Das kann man natürlich tun, aber die Frage, ob die Bezeugung des Teufels nicht so etwas wie einen ontologischen Teufelsbeweis zuläßt, den man erst dann kritisieren kann wie einen ontologischen Gottesbeweis, wird damit nicht gestellt.
Selbst diese seriösen Werke – die mit zahllosen anderen auch die Konjunktur »des Teufels« in unserer Zeit bezeugen – machen sich über die Einheit der Gestalt wenig Gedanken. Und auch wenn sie von Fall zu Fall »das Böse« zum Ausgangspunkt der Betrachtung machen, werden immer wieder Synonyme aus den Quellensprachen und Interpretamente aus der eigenen Sprache hineingezogen. Hier stellt sich unsere Aufgabe. Wir werden zwar vom »Teufel« sprechen – das ist ein Lehnwort im Deutschen, aus dem Griechischen *diabolos*, d.h. der Durcheinanderwerfer oder Verleumder, einer, der etwas dazwischen wirft –, man soll sich aber nicht an diesen Namen halten. Es ist nur bequemer ihn zu gebrauchen, weil er eingebürgert ist, aber es werden viele andere Namen kommen, und wir müssen jedes Mal fragen, ob es ein und dieselbe Gestalt ist oder eine andere. Es geht uns also erst in zweiter Linie um die Gestalt. Das Thema ist weiterhin: Das

51 N. Forsyth, *The Old Enemy: Satan and the Combat Myth*, Princeton 1987.

52 H. Haag, *Teufelsglaube*, Tübingen 1974, ²1980. Zusammenfassung von dems.: »Der Teufel im Judentum und Christentum«, in: *Saeculum 34*, 1984, S. 248-258. Das Sonderheft (S. 225-383) enthält noch 13 weitere wichtige Beiträge vom Kongreß der DVRG 1982: *Dämonen und Gegengötter. Antagonistische und antinomische Struktur in der Götterwelt*.

Böse, und die Frage lautet zugespitzt: Wie ist »das Böse« wohl »der Böse« geworden, und wie kann »der Böse« dann »der Teufel« geworden sein? Danach richtet sich die Auswahl aus der Geschichte. Sie macht bewußt vor der Frage halt, ob das, was zunehmend weiter in den Begriff und in die Person des Bösen aufgenommen wird, wie auch das, was eventuell draußen bleibt, eine fortlaufende Offenbarung bezeugt, oder ob es ein Konglomerat von Phantasien ist.

Damit die vier inzwischen zu Orientierungsgrößen herangewachsenen Richtpunkte, an die wir uns die beiden vorigen Male gehalten haben, auch diesmal weiterhelfen, müssen wir sie uns in entgegengesetzter Reihenfolge vornehmen. Denn würden wir zuerst nach der Zeit fragen, dann sind wir versucht zu sagen: nicht ein bestimmtes Mal ist der Teufel zuerst aufgetreten und bezeugt, sondern immer ist er ein »Gemeingut« der Menschheit, wird nur verschieden benannt. Einen Ort vermöchten wir auch nicht anzugeben: alle Welt weiß von bösen Geistern, und einer ist immer besonders böse. Repräsentative Personen gibt es diesmal überhaupt nicht: es sind ganze Generationen, oder wenn nicht, dann in manchen Generationen ganze Gemeinschaften, Klöster, Inquisitionsgerichte, die an den Teufel glauben.

Nur der vierte Komplex, die Beziehungen zwischen gesellschaftlichen und kosmischen Dimensionen, eröffnet einen Zugang. Wir überlegen also: Ist wirklich der Teufel überall derselbe Böse als Manifestion desselben Bösen, nur unter verschiedenen Namen bekannt, oder verhält es sich damit vielleicht anders? Gibt es doch in allen Völkern, die Geisterglauben kennen und Unterschiede zwischen bösen und guten Geistern machen, immer wieder besondere Gewichtungen der ersteren, wobei ihr Böses gesellschaftlich zu definieren ist als das, was der jeweiligen Ordnung entgegensteht. Diese bösen Geister sind außerordentlich verschieden, und wenn wir in den einzelnen Überlieferungen sowohl der Schriftkulturen als auch der schriftlosen Kulturen ihre Chronologie verfolgen, dann stellen wir eine ausgedehnte Variationsbreite fest. Und an einer bestimmten Stelle ist nicht nur ein Anwachsen der Variationsbreite, sondern eine Veränderung der Merkmale zu verzeichnen; denn böse Geister sind durch bestimmte Merkmale gekennzeichnet, und an einer bestimmten Stelle werden sie nicht nur zahlreicher, sondern auch qualitativ neu. Das ist im christlichen Abendland der Fall. Der Prozeß reicht bis zum 13. Jahrhundert.

Dann ist ein böser Geist beisammen, in dem sich Merkmale aus Jahrhunderten häufen, Jahrhunderten biblischer, orientalischer, griechischer Tradition und auch eines Volksglaubens, den wir gar nicht genauer datieren und lokalisieren können. An diesem Endpunkt der Entwicklung, und nicht wie früher an Anfängen, wollen wir einsetzen.

2. Die satanisch-diabolische Endgestalt des Bösen

Bis zu diesem Höhepunkt haben wir Bezeugung nur von bösen Teilmerkmalen, und danach variiert sie nur, hat aber über die klassische Gestalt hinaus nichts hinzugewonnen. Was wird im 13. Jahrhundert über den Teufel bezeugt?[53] Zunächst: was er in der Natur bewirkt und wie er sich bemerkbar macht. Das ist ein Konglomerat aus Volksglauben und kirchlichen Kanones. Der Teufel erscheint unter Geheul des Windes, unter Krachen der Bäume im Walde, er bricht sich Bahn durch das Dickicht, er hat verschiedene Gestalten: Als Pferd tritt er auf, als Hund, als Katze, als Affe, als Kröte, als Rabe, als Geier, manchmal sogar als Ochse, aber auch als ein anständig gekleideter Mann oder als ein schöner Soldat, wo es darauf ankommt, eine Frau zu verführen. Er ist also attraktiv, man fühlt sich zu ihm hingezogen – man hat aber auch Angst vor ihm. Manchmal ist er ein großer, dunkel gekleideter Mann von häßlichem Aussehen; manchmal hat er ein weibliches, manchmal ein betont männliches Gesicht; er hat schwarze Mäntel, schwarze Schleier, schwarze Pantoffeln, manchmal aber auch einen Bocksfuß. Er erscheint auch ganz schwarz als Mohr, auch als ein übernatürliches Wesen, als eine Schlange, die fliegen kann, als eine Art Drache. Manchmal hat er eine Schleppe an, auf der noch kleinere Teufel sitzen, Dämonen, seine Bundesgenossen, deren Oberster er ist. Die Dämonen tun dasselbe Böse wie er tut, sie treiben aber auch allerlei Scherze und kleiden das Böse in eine gefällige Form, damit es um so besser wirkt. Er kommt aus der Hölle, wo er zu Hause ist.

Komplett wie die Gestalt inzwischen ist, gehört auch ein Ge-

53 Das folgende wird in den genannten Werken sowie bei G. Zacharias und K. R. H. Frick (siehe Anm. 75) reichlich belegt. Das meiste steht beisammen im »Dialogus miraculorum« des Zisterzienserpriors Caesarius von Heisterbach (um 1180-1249).

schlechtsleben dazu. Aber auch hier wirkt sich alles zum Bösen aus. Der Teufel liegt als Succubus unter den Männern und entlockt ihnen den Samen, damit sie nicht zeugen können und keine Lust empfinden. Er liegt als Incubus oben auf den Frauen, aber er selbst kann auch nicht zeugen, denn sein Samen ist kalt. Und wenn er Lust empfindet, dann an der verkehrten Stelle: Seine Geliebten, die Hexen, können ihm nicht den Mund, sondern nur den After küssen. Damit verführt er zugleich die Hexen zu dem Glauben, den er selber sowohl verkörpert als auch hat. Daran ist wieder alles genauso verkehrt. Wenn er das Vaterunser beten will, was doch – und das ist jetzt wörtlich zu nehmen – seine verdammte Pflicht und Schuldigkeit ist, kann er es nur rückwärts aufsagen. Der Teufel ist auch ein Gottesfeind.

Hier ist das neuartige Merkmal hinzugekommen, das seine ganze Geschichte endgültig aus Mythologie in Theologie überführt, nämlich der Irrglaube als gefährliche Qualität des Bösen: der Böse tut nicht nur den Menschen Böses, er verführt sie auch zum Glauben an sich selbst. Auch wenn das nicht heißen würde, daß sie damit seinen Irrglauben übernehmen – meistens ist das nicht ganz klar, denn letztlich glaubt auch der Teufel an Gott –, so ist doch der Glaube an ihn Abfall von Gott und damit schon an sich eine Errichtung von Unglauben. Darin verbinden sich Sünde vor Gott, Ketzerei gegen die Kirche und das Böse. So etwas kann es erst geben, wenn eine Rechtgläubigkeit exklusiv definiert und zum Dogma erhoben wird, und das geschieht erst im Verlauf der abendländischen Kirchengeschichte. Das ist von neuer Bedeutung im Hinblick auf die Unterscheidung des Bösen von der Sünde. Die Sünde ist nicht evident. Die Sünde ist das Widergöttliche, aber sie kann sich in die Gestalt einer Tugend kleiden. Augustin hat einmal gesagt, die Tugenden der Heiden seien glänzende Laster. Ohne Glauben läßt sich nicht sagen, was eine Sünde ist. Das Böse kann als eine Sünde definiert werden, aber nicht jede Sünde als solche ist als Böses gleich erkennbar. Wir haben diesen Punkt schon berührt und kommen darauf zurück. So ist es auch hier: Eine falsche Meinung, eine philosophische Lehre aus der Antike oder eine Vorstellung aus dem Volksglauben der Germanen, ist evident nicht sündig. Im christlichen Mittelalter stellt sie sich jedoch als Ketzerei dar, und der Teufel ist der Urheber aller dieser Ketzereien. Nun sind sie nicht nur sündig, sondern böse.

Der Teufelsglaube erhält laufend Nahrung aus dem Ketzerwesen,

das schon von den Kirchenvätern mit dem Teufel in Zusammenhang gebracht wird. Wenn man eine falsche Meinung hat, schließt man einen Bund mit dem Teufel. Und so wie der Teufel später gezwungen werden wird, sich von der Kirche loszusagen, sagt sich der Ketzer von der Kirche los, indem er einen Bund mit dem Teufel eingeht. Das ganze Hexenwesen beruht mit auf dieser Konstruktion. Die zahllosen Verfolgungen und die Vielzahl der Verfolgten hängen damit zusammen, daß man hinter den Ketzern immer eine Verschwörung sieht und nicht damit zufrieden sein kann, nur einen Ketzer zu fassen. Es müssen viele sein. Die Abkehr vom Christentum im Teufelsbund erscheint als ein Gegenstück zur Abrenuntiatio diaboli, die mit den Worten »Ich widersage dir, Satan, und all deinem Pomp und all deinen Engeln!« seit Anfang des 3. Jahrhunderts Element des Taufritus der Kirche ist. Die Verleugnung des christlichen Glaubens findet mehr durch Praxis als durch Worte statt, Fernbleiben vom Gottesdienst, Schmähung der Sakramente, Verführung der Menschen zur Sünde. Der Pakt, der dazu führt, kann äußerlich besiegelt werden, er kann in einem Kultus, in einem Hexen-»Sabbat« demonstriert werden, er kann sich aber auch in der menschlichen Seele abspielen; denn die menschliche Seele hat teuflische Eigenschaften, die sie dazu verführen, die christliche Lehre, das Erlösungswerk Christi zu verleugnen.
So sieht also, ganz global geschildert, der Teufel im hohen christlichen Mittelalter aus. Wie ist es dazu gekommen? Wir greifen dreimal in die Geschichte zurück, in der sich das Böse mit anderen Gegebenheiten verbunden hat, die es dann von Mal zu Mal noch stabiler machen werden: zunächst mit der vom Menschlichen ins Dämonische übergehende Gottesfeindschaft, sodann mit dem Widerspiel zwischen Angst vor Strafe und Bereitschaft zur Verführung, schließlich mit der unbewältigten Dimension der Sexualität.

3. Zusammenwachsen des Gottesfeindlichen und des Bösen

Die Gottesfeindschaft[54] bekommt zwischen dem 5. und dem 3. Jahrhundert v. Chr. eine besondere Gestalt. Im Buch Hiob wird

54 Reiches Material bei W. Speyer, »Gottesfeind«, in: *RAC 11*, 1981, Sp. 996-1043, hier bes. Sp. 997-1008 zu Geistern, Dämonen und Gegengöttern im Alten Orient und in Griechenland; und bei N. Forsyth (Anm. 51).

eine himmlische Szene geschildert, die eine Wette zwischen Jahve und einem Gegenspieler darstellt, der hier *śāṭān* heißt. Das Wort ist schwer zu übersetzen, es heißt wahrscheinlich »der Verkläger«, der Gegenanwalt oder etwas Ähnliches. Die Bezeichnung aus dem Gerichtswesen wird einer Gestalt gegeben, die aus der Volksdämonologie hervorgegangen ist, hier literarisch wird und ein ungeheuer wirksames Profil gewinnt: »Es geschah aber eines Tages, daß die Gottessöhne (das sind Dämonen und Geister, die man nicht böse nennen mag, weil das der Monotheismus eigentlich nicht zuläßt – dahinter liegt eine eigene lange Geschichte, die zu berichten hier kein Raum ist) kamen, um vor Jahve hinzutreten, und auch der Satan erschien unter ihnen. Und Jahve sprach zum Satan: Wo kommst Du her? Der Satan antwortete Jahve und sprach: Ich habe die Erde durchstreift und hin und her durchzogen. Jahve sprach zum Satan: Hast Du acht gehabt auf meinen Knecht Hiob? Denn keiner ist seinesgleichen auf Erden, fromm und rechtschaffen und gottesfürchtig und dem Bösen feind. Der Satan antwortete Jahve und sprach: Fürchtet wohl Hiob Gott umsonst? Hast Du nicht ringsum beschirmt ihn und sein Haus und alles was sein ist, hast das Werk seiner Hände gesegnet, und sein Besitz hat sich ausgebreitet im Lande? Aber strecke nur Deine Hand aus und rühre an alles, was sein ist, ob er dann nicht in Dein Angesicht flucht? Da sprach Jahve zum Satan: Siehe, alles was sein ist, sei in deiner Hand. Nur nach ihm selber strecke deine Hand nicht aus. Und der Satan ging weg von Jahve« (Hiob 1, 6-12).

Diese Gestalt hat der oder den folgenden einen Namen gegeben, der ebenso häufig gebraucht wird wie »der Teufel«. Aber ein vollends Böser ist der Satan des Buches Hiob eigentlich nicht. Man hat ihn manchmal einen Trickster genannt, einen, der in die Schöpfung einzugreifen versucht und etwas anderes tut als der Schöpfergott will. Das muß nicht unbedingt etwas Böses sein. Was er tut, wirkt sich zwar auf Hiob als böse aus, doch ist es nur als eine Probe gemeint, und von einem Dualismus kann man noch nicht reden.

Es gibt aber in der hebräischen Bibel noch weitere Überlieferungen. Sie sind zunächst wahrscheinlich ganz selbständig gewesen und haben sich erst später mit der Satan-Gestalt des Buches Hiob verbunden. Die vorexilischen Schriften enthalten merkwürdige Vorstellungen: Zunächst die, im gleichen Gott, in Jahve selber, seien Gut und Böse begründet: eine antidualistische, eine nicht-

dualistische Lösung des Theodizeeproblems. Diese Auffassung setzt Monotheismus voraus. Jahve erscheint in der frühen Bibel manchmal als ein unheimliches und hinterlistiges Wesen, als unberechenbar. Kaum hat er Mose beauftragt, sein Volk zu befreien, da überfällt er ihn ungewarnt während der Nachtzeit, um ihn zu töten (Exodus 4,24). Er sendet Saul einen bösen Geist, der ihn verführt etwas zu tun, was Jahve selber nicht will (1. Samuel 14). Auch zwischen Abimelech und die Bürger von Sichem schickt Jahve einen Geist, der sie entzweit (Richter 9,23). Jahve selber ist der Entsender eines bösen Geistes, der Unheil stiftet. Er reizt sogar zur Sünde, indem er David eine Volkszählung veranstalten läßt, nach israelitischer Anschauung ein schwer verzeihliches Vergehen, weil man die Gnade Gottes nicht nachrechnen darf. David nimmt die Volkszählung trotzdem vor, begeht damit eine schwere Sünde, und Jahve straft das Volk dafür, indem er es durch eine Pest verkleinert (2. Samuel 24). Die Wiederholung dieser Geschichte in den Chronikbüchern (1. Chronik 21) hat diesen Widerspruch nicht mehr ertragen und Satan an die Stelle Jahves gesetzt, der David zur Volkszählung verführt. Diese Vorgänge haben mit dem Satan des Hiobbuches zunächst gar nichts zu tun.
Im Buch Sacharja spielt der Satan noch eine besondere Rolle. Der Prophet hat eine Reihe Nachtgesichte. Das vierte (Sacharja 3) zeigt ihm eine Vision von der Amtseinsetzung des Hohen Priesters Josua, der dort die königlichen Rechte wahrnimmt, die Israel nicht mehr haben durfte, seit es aus dem Exil zurückgekehrt war. Josua, der erste Hohepriester in der Geschichte Israels, steht in schmutzigen Kleidern vor dem Boten Jahves, zur Rechten des Boten steht Satan und klagt Josua an. Der Bote Jahves aber weist die Beschuldigung Satans zurück und befiehlt seinen Dienern, Josua in reine Gewänder zu kleiden. Das ist ein wirksames Zeichen, daß die Schuld von ihm genommen ist. Dann läßt der Bote Jahves Josua den priesterlichen Turban aufsetzen und verheißt ihm Zutritt zu den Himmlischen unter der Bedingung, daß er sich in seiner Amtsführung keine Schuld zuzieht. Der Hohepriester Josua wird also nicht nur versucht, er soll auch direkt zum Bösen gemacht werden. Es liegt keine persönliche Schuld Josuas vor, sondern Satan unternimmt es, ein Ritual der Einsetzung zum Hohepriester zu stören. Hier ist der Satan nicht mehr, wie bei Hiob, ein Neugieriger, der versucht, etwas herauszubringen, und dabei de facto böse wird, sondern er ist schon eine aktiv böse Gestalt.

Möglicherweise zeigt sich darin bereits, daß die Juden dem Ahriman, den sie im Exil kennengelernt haben können, eine eigene Potenz entgegensetzen wollten und in Auseinandersetzung mit dem iranischen System ihren Satan deutlicher zum Bösen hin profiliert haben.

Der Satan begegnet sonst im nachexilischen Judentum zusammen mit einer Reihe anderer Gestalten. Er tritt in den Zusammenhang eines antiken Dämonenglaubens, der auf der diffusen Grenze zwischen Judentum und Nicht-Judentum steht und für uns außerordentlich schwer zu analysieren ist. Wir kennen Hunderte von Dämonennamen aus der antiken jüdischen Literatur.[55] Man hat den Eindruck, das Böse sei auch hier in undeutlicher und schwer greifbarer Auseinandersetzung mit iranischen Vorstellungen mit eigenem Gewicht versehen worden. Seit Kyros der Große die Juden aus der babylonischen Gefangenschaft befreit hatte und sie de facto dem persischen König unterstanden, konnte die iranische Dämonologie im Judentum präsent sein. Genaueres darüber ist aber sehr schwer auszumachen. Meist spricht man von einem iranischen Einfluß auf das Judentum; aber die Dinge sind eher als eine jüdische Antwort auf dies iranische Verständnis zu sehen. Es begegnen vor allen Belial, Mastema, Bee(l)zebul, Asasel; teilweise schon im Buch Daniel, im ersten Henochbuch, in den Testamenten der zwölf Patriarchen und in vielen weiteren Schriften. Das war ein Konglomerat aus kanaanäischen, griechischen, babylonischen Vorstellungen, und in diesen wird nun das Böse eindeutiger evident gemacht als im Alten Testament. Da hat eine Entwicklung stattgefunden. Offenbar sind neue Leidenserfahrungen eingearbeitet worden.

Im Neuen Testament nimmt der Satan als einzelner einen weit größeren Raum ein. Seine Funktion erschöpft sich auch keineswegs in der eines Anklägers oder eines bösen Beauftragten. In den Evangelien erscheint er vor allem als ein Versucher, der Jesus von seinem göttlichen Auftrag abzubringen trachtet. Die schlimmste

55 Aufgelistet von J. Michl, Art. »Engel I-IX«, in: *RAC* 5, 1962, Sp. 53-258; Teil V ist ein Katalog von 269 Engelnamen (Sp. 200-239), fortgesetzt in Teil X: Th. Klauser, »Engel in der Kunst« (Sp. 258-322) mit einem Katalog von 149 Denkmälern; ferner in C. Colpe/ J. Maier/J. ter Vrugt-Lentz/C. Zintzen/E. Schweizer/A. Kallis/P. G. van der Nat/C. D. G. Müller, Art. »Geister (Dämonen)«, in: *RAC* 9, 1976, Sp. 546-797 (Sp. 679-687: J. Maier, Katalog von 123 jüdischen Namen).

Sünde, von der das Neue Testament weiß, ist der Verrat des Judas, und sie geschieht unter dem Einfluß des Satans. Hier haben wir das erste Zeugnis für eine Besessenheit durch den Satan. »Es fuhr«, heißt es in Lukas 22, 3 f. »der Satan in Judas, der Ischarioth heißt und der aus der Zahl der Zwölf war. Dieser ging hin und besprach sich mit den Hohenpriestern und Hauptleuten, wie er ihn an sie verraten könnte.« Von bösen Menschen wird im Neuen Testament gesagt, sie seien Kinder des *diabolos*, des Teufels (Apg. 13,10; 1. Joh. 3,10). Böse Werke werden Werke des Bösen (*ponēros*) genannt (sinngemäß ein Dutzend mal). Im Johannesevangelium werden einmal (8,44) die der jungen Kirche feindlichen Juden samt und sonders Teufelskinder gescholten, ein erstes Zeugnis des christlichen Antijudaismus, auf dessen Konto später noch viel gehen sollte. Das ist die jüdische Tradition, die aus Dämonologie und Volksglauben schärferes Profil gewonnen hat und nun im Urchristentum gegen sie umgedreht wird. Auch dieses Motiv war wohl zusätzlich gegen die iranische Herausforderung lebendig.

Eindeutiger war dies noch viel später auf dem Balkan der Fall.[56] In Thrakien, in Bulgarien, teilweise vermittelt durch Manichäer, aber auch durch Paulizianer und Bogomilen war auf eine Weise, die sich historisch verfolgen läßt, die Polarität zwischen dem Guten und dem Bösen, auch dem personifizierten Bösen, gegenwärtig. Auch hier werden nun Überlieferungen, die aus der jüdischen Apokalyptik und der jüdischen Dämonologie lebendig geblieben waren, den Herausforderungen wieder angeglichen. Eine griechische und eine syrische Baruch-Apokalypse werden umgeschrieben. Im 9. Jahrhundert läßt die slawische Apokalypse des Baruch erkennen, wie man die Satan-Gestalt vereinfacht. Wir haben schon den Satan als Verkläger, sowie den Satan als Bösen, der dem Hohenpriester Josua ins Handwerk pfuschen will, kennengelernt; dazu kennt jeder die Schlange im Paradies, die Adam und Eva verführt, die ursprünglich gar nichts damit zu tun hat. Außerdem kennen wir bereits die Schlange, den Drachen in der Offenbarung des Johannes. Es lag irgendwann nahe, daß man die Schlange aus der Verführungsgeschichte der Genesis und die Schlange aus der

56 R. Stichel, Die »Verführung der Stammeltern durch Satanael nach der Kurzfassung der slavischen Baruch-Apokalypse«, in R. Lauer/P. Schreiner (Hg.), *Kulturelle Traditionen in Bulgarien* (Abh. Akad. Göttingen, 3. Folge Nr. 177), 1989, S. 116-128.

Tausend-Jahre-Stelle in der Offenbarung des Johannes zusammenbrachte und auch diese beiden mit dem Satan identifizierte. So wird die Gestalt griffiger gemacht. Inzwischen hatte sich auch eine gewisse Erfahrung manifestiert, die es nahelegte, das Böse als eindeutig zu kennzeichnen und nicht in so vielen Manifestationen und Zusammenhängen zu sehen. Folgendermaßen heißt es in der slawischen Baruch-Apokalypse, in Auslegung von Genesis 3:

Und Gott sprach zu Michael: ›Stoße in die Posaune, auf daß sich die Engel versammeln, damit sie das Werk meiner Hände anbeten, das ich schuf.‹ Und es blies der Engel Michael, und es versammelten sich alle Engel und verehrten Adam nach ihrer Ordnung. Aber Satanael, er betete nicht an und sprach: ›Ich verehre nicht Lehm und Unrat.‹ Und er sprach: ›Ich werde meinen Thron auf den Wolken aufstellen und werde gleich sein dem Höchsten.‹[57] Darum verstieß ihn Gott von seinem Angesicht und mit seinen Engeln, wie der Prophet sprach: ›Es wurden entfernt von seinem Antlitz alle, die Gott hassen, und von der Herrlichkeit Gottes.‹ Und es befahl der Herr dem Engel, das Paradies zu bewachen. Und sie gingen ein, um Gott zu verehren. Da ging Satanael und fand die Schlange. Und er machte sich zum Wurm und sprach zur Schlange: ›Öffne das Maul und verschlucke mich in deinen Bauch.‹ Und er ging über die Mauer in das Paradies mit der Absicht, Eva zu verführen. Ihretwegen ward ich vertrieben von der Herrlichkeit Gottes. Und es verschluckte ihn die Schlange und er ging ins Paradies ein und fand Eva. Und er sprach: ›Was befahl Euch Gott zu essen von der Wonne des Paradieses?‹ Und es sprach Eva: ›Von jedem Baum des Paradieses essen wir, von diesem Baum befahl uns Gott, nicht zu essen.‹ Als dies Satanael hörte, sprach er zu ihr: ›Gott neidete Eurem Leben, daß Ihr unsterblich seid. Doch nimm und iß, und Du wirst schauen, und gib auch Adam.‹ Und es aßen beide, es öffneten sich beider Augen und sie erkannten, daß sie nackt waren.

Das ist ein Beispiel von vielen für eine kumulierende Identifizierung: Der böse Satan, der seinerseits komplex zusammengewachsen war, verbindet sich mit der Schlange des Paradieses und mit dem Gegner des Engels Michael, dem Drachen aus Off. Joh. 12, der auf die während des Tausendjährigen Reiches gefesselte Schlange oder den Drachen aus Offb. Joh. 20 weist. Es ist nun ein und derselbe Böse, der die Menschen im Paradies heimsucht, in ihrer Lebensgeschichte nicht von ihnen läßt und sie am Ende der Zeiten endgültig verderben will. Mit dieser Gestaltwerdung ist zugleich die Gegenprofilierung an Ahriman beendet.

57 Ein Zitat aus Jesaja 14,14, das dort in ein Spottgedicht auf den König von Babylon gehört. Siehe den nächsten Paragraphen.

Die menschliche Erwartung ausgleichender Gerechtigkeit kann, wenn etwas Böses auszugleichen ist, zur Angst vor Bestrafung werden. Eine Tat, für die man bestraft werden könnte, bekommt aber zuweilen auch etwas Anziehendes, Verführerisches. Beides tritt zueinander in Widerspiel. Wenn sich die Angst auf einen Strafenden und die Attraktion auf einen Verführer richtet und das Widerspiel der Motive diese beiden zusammenbringt, entsteht eine durchaus zweideutige Gestalt. So klar die Psychologie dieser Angelegenheit erscheint, sie war nicht immer vertraut, es ist nur die unsere. Sie ist aus Vertrautheit mit der Repräsentanz von Strafe, vor der man Angst hat, und von Angst, die man angesichts des Begehrten nicht haben möchte, in ein und derselben Person erwachsen, aber sie hat diese Person nicht gebildet. Bevor dies überhaupt geschehen konnte, mußte ein Böser durch Verbindung mit einem Strafort, den es allerdings schon lange gab, zu einem Strafenden werden. Und es mußte ein Böser, den es schon lange gab, als Inhaber einer Eigenschaft dargestellt werden, die eigentlich begehrenswert war. Zu beidem ist es wahrscheinlich im 3. Jahrhundert n. Chr. gekommen, aber zu ersterem schon in der syrischen, zu letzterem erst in der griechischen Kirche.

Wir kennen bereits aus Ephraems Auseinandersetzung mit Bardesanes, Markion und Mani die Verlagerung des Ursprungs des Bösen in den menschlichen Willen, statt in einen Bereich, der mit dem des Guten im kosmischen Raum sich mischt. Aus »Natur und Schrift« hatte Ephraem ferner die Häresie des Teufels abgeleitet – er stand gegen Gottes Güte, die die Natur, und gegen Gottes Gerechtigkeit, die die heilige Schrift bezeugt. Die Nisibenischen Hymnen hatten besungen, wie der »(erste) Tod« und der Böse, der Teufel, um die Macht über den Menschen wetteifern. Die Freiheit des Menschen hilft dem Teufel potentiell, indem sie ihm Ungehorsam und Begierden zur Verfügung stellt, und verhängt damit über sich den »zweiten Tod«, aus dem es keinen Ausweg gibt. Das Böse und der Böse können dann auch gewisse Bereiche im Kosmos beherrschen und sind damit sogar aktiver als die Götter von Ephraems drei Gegnern.[58] Auch bei Makarios/Symeon war das Böse mit analogen Verschiebungen aus der Anthropologie »der Böse« geworden. In Brie-

58 Belege bei J. Martikainen (siehe Anm. 38), S. 19 f., 33 ff., 37-40, 72 f.

fen, die mit Messalianern gewechselt werden, geht es um die Frage, ob der Satan aus freien Stücken oder in göttlichem Auftrag mit den Menschen kämpft, ob er im Kampf selbst einen freien Willen hat, und ob er mit jedem kämpft oder nur mit dem Volk der Christen.[59] Die Grundansichten wurden als einander so ähnlich empfunden, daß sie beiden Vätern zugeschrieben werden können[60], und sie bleiben opinio communis mehrerer syrischer Konfessionen bis in islamische Zeit hinein.[61]

Die Rivalität des Todes und des Teufels um den Menschen trat ins entscheidende Stadium, wenn dieser die Erde verließ. Um die Toten, die vor Christus gelebt hatten, nicht unerlöst zu wissen, hatte der fromme Glaube schon seit urchristlicher Zeit mit einer Hinabfahrt Christi in ihr Reich gerechnet, und etwa im 3. Jahrhundert muß gefolgert werden, daß er dort den Teufel antraf, der den Kampf mit ihm fortsetzen wollte. Deutlich sagt es etwas später der prominenteste Vertreter des syrischen Christentums im Sassanidenreich – deshalb »der persische Weise« genannt –, der Mönchsbischof Afrahat (260/75 – nach 345) in seinen Homilien:

»Unser Erlöser teilte die Scheol (das Totenreich der Israeliten) und zerbrach ihre Tore, da er ...« ›... ihre Gefangenen herausführte und mit dem Bösen kämpfte und ihn besiegte und ihn niedertrat und seine Spuren zerstörte und seinen Besitz raubte ...«[62]

Damit war Afrahat von großem Einfluß auch auf Ephraem und alle Späteren, und er befand sich in Übereinstimmung mit volks-evangelikalen Überlieferungen, vor allem solchen, die unter den Namen des Nikodemus und des Bartholomäus liefen. Mit diesen kam die Lehre und Vorstellung von der Höllenfahrt Christi – darum han-

59 W. Strothmann, *Die syrische Überlieferung der Schriften des Makarios* (Göttinger Orientforschungen I 21), Wiesbaden 1981, Teil 1: Syrischer Text, S. 242 f.; Teil 2: Übersetzung, S. 163.

60 Vgl. W. Strothmann, *Schriften des Makarios / Symeon unter dem Namen des Ephraem* (GOF I 22), Wiesbaden 1981.

61 Vgl. W. Strothmann, *Makarios* / Symeon. Das arabische Sondergut (GOF I 11) Wiesbaden 1975.

62 J. Kroll, *Gott und Hölle. Der Mythos vom Descensuskampfe*, Leipzig 1932 (Neudr. Darmstadt 1963), S. 68. Diese grundlegende Monographie enthält das Material immer noch am besten, aber es muß heute historisch völlig anders gruppiert werden. Vgl. C. Colpe, »Höllenfahrt«, in: *RAC 15*, 1991, Sp. 1015-1023; ders., »Hölle«, in: *EKL 2*, 1989, Sp. 552 f.

delt es sich nun – bald in den Westen. Im Bartholomäusevangelium (4, 10-15. 24-29) konnte man seit dem 3. Jahrhundert nicht nur davon eine Schilderung lesen, sondern auch, wie man zu Erdenzeiten den Teufel aus seiner Wohnung herausrufen konnte:

Als er (Bartholomäus) so sprach, hob ihn Jesus auf und fragte ihn: Willst du den Widersacher der Menschen sehen, Bartholomäus? Ich sage dir, daß, wenn du ihn siehst, nicht nur du, sondern mit dir die Apostel und Maria aufs Gesicht fallen werden, und daß ihr sein werdet wie die Toten. Alle aber erklärten ihm: Herr, wir wollen ihn sehen. Und er führte sie vom Ölberg hinab, bedrohte die Engel der Unterwelt und gab Michael einen Wink, er solle in der Höhe des Himmels seine gewaltige Posaune ertönen lassen. Da wurde die Erde erschüttert und Beliar kam herauf, gehalten von 660 Engeln und mit feurigen Ketten gebunden. Er war 1600 Ellen hoch und 40 Ellen breit. Sein Antlitz war wie ein feuriger Blitz, seine Augen aber wie Funken, und aus seinen Nüstern kam ein stinkender Rauch. Sein Mund war wie ein Felsspalt, und ein einziger Flügel von ihm war 80 Ellen lang. Sobald die Apostel ihn sahen, fielen sie zur Erde auf ihr Gesicht und wurden wie die Toten. Jesus aber trat heran, richtete die Apostel auf und gab ihnen den Geist der Kraft. Dann sprach er zu Bartholomäus: Tritt an ihn heran und setze deine Füße auf seinen Nacken; dann wird er dir sagen, was sein Werk ist und wie er die Menschen betrügt. ... Bartholomäus gewährte ihm Erleichterung und forderte ihn auf: Sage alles, was du getrieben hast und treibst. Beliar entgegnete und sprach: Wenn du meinen Namen erfahren willst: ich wurde zuerst Satanael genannt, was ›Engel Gottes‹ bedeutet. Als ich aber das Abbild Gottes verwarf, wurde ich Satan geheißen, was Höllenengel bedeutet. Und wieder forderte ihn Bartholomäus auf: Enthülle mir alles und verbirg mir nichts. Er aber entgegnete: Ich schwöre dir bei der gewaltigen Herrlichkeit Gottes, daß ich, selbst wenn ich will, dir nichts verbergen kann; denn neben mir steht der, welcher mich überführen kann. Hätte ich nämlich die Macht dazu, dann würde ich euch verderben, wie ich den einen von euch (Judas) ins Verderben gestürzt habe. Ich wurde als der erste Engel geschaffen. Denn als Gott die Himmel schuf, nahm er eine Hand voll Feuer und bildete zuerst mich, an zweiter Stelle den Michael, den Anführer der oberen Heerscharen, als dritten den Gabriel, als vierten den Uriel, den Raphael an fünfter Stelle und an sechster den Nathanael und weitere 6000 Engel, deren Namen ich nicht nennen kann. Es gibt Rutenträger (Liktoren) Gottes, und diese peitschen mich siebenmal am Tage und siebenmal in der Nacht und lassen mich in nichts gewähren und zerfetzen meine ganze Macht. Das sind die Racheengel, die neben dem Throne Gottes stehen.[63]

63 F. Scheidweiler/W. Schneemelcher, »Bartholomäusevangelium«, in: W. Schneemelcher (Hg.), *Neutestamentliche Apokryphen*, Bd. 1: Evangelien, Tübingen [5]1987, S. 424-440, dort S. 432 f.

Dieses Zeugnis arbeitet auch schon mit einer begehrenswerten Eigenschaft des Teufels, die zwar nicht mehr von ihm aktiviert wird, aber doch nicht aus seinem Hintergrund verschwindet, der eines himmlischen – in diesem Falle sogar: erstgeschaffenen, manchmal auch: lichten – Engels. Um zu erklären, wie es dazu hat kommen können, müssen wir noch einmal zurückgreifen, und weiter als bisher. Im 8. Jahrhundert v. Chr. hat der Prophet Jesaja gegen den feindlichen König von Babylon in Form eines Spottliedes geweissagt. Es ist in diesem Falle nicht, wie manchmal sonst, ein Vaticinium ex eventu, sondern fügt sich in die Reihe echter politischer Prophetien und Sprüche über die Völker, von denen immer einige in Erfüllung gegangen sind und andere nicht. Zu den letzteren gehört dies Gedicht in fünf Strophen Jes. 14,4b-21, deren dritte lautet:

12. Wie bist du vom Himmel gefallen, du Lichtstern, Sohn der Morgenröte
(Vulgata: quomodo cecidisti de caelo, lucifer, qui mane oriebaris),
wie wurdest Du in Stücke geschlagen zur Erde hin, der du
die Völker schwächst!
13. Du freilich sprachst in deinem Herzen: Zum Himmel will ich aufsteigen,
Noch über den Gottessternen will ich meinen Thron errichten,
Will mich setzen auf den Versammlungsberg (der Götter)
im äußersten Norden.
14. Emporsteigen will ich bis über die Wolkenhöhen, will mich gleich
wissen dem Höchsten
(Vulg.: ascendam super altitudinem nubium, ero similis Altissimo)!
15. Doch in die Unterwelt wirst du hinuntergeführt werden, in die
allerunterste Grube
(Vulg.: verumtamen ad infernum detraheris, in profundum laci)!

Der König wird mit dem Morgenstern verglichen, der – wie alle anderen Sterne – ein himmlisches belebtes Wesen ist. Als Herrscher über Babylon, für die Juden damals der Sitz der personifizierten Gottlosigkeit, ist er böse, indem er sich unterdrückend über die Völker setzt. Im Bilde: als halb göttliches Wesen mischt er sich unter die anderen Götter und will dem Höchsten unter ihnen gleich sein, indem er sich zu dessen Höhe über alle anderen erhebt; durch diese seine Bosheit entwertet er das Licht, das er als Gestirngottheit trägt. Sein prophetisch vorausgesagter politischer und militärischer Sturz ist im Bilde das Hinabfallen eines böse gewordenen Lichtträgers – so, *lucifer*, gibt die Vulgata das hebr.

hēlāl = »Lichtstern« wieder, während die Septuaginta *Eōsphoros* (so, »Morgenröteträger«, nicht *Phōsphoros*) sagt![64] – in die tiefste Unterwelt.

Die Deutung des Lucifer auf den Teufel ist im 3. Jahrhundert n. Chr. durch Kombination mit einer ganz anderen Bibelstelle entstanden. Jesu Wort vom Ende der Macht Satans (Lukas 10,18) – als eschatologische Anschauung ein unicum unter den synoptischen Jesusworten und damit entweder ein ipsissimum verbum oder eine apokryphe Eintragung! – ist in das Bild seines blitzgleichen Herabzuckens vom Himmel gefaßt. Die ableitbare ursprüngliche Anwesenheit im Himmel wird in der apokalyptischen Szene Offb. Joh. 12,7-12 vorausgesetzt, wo der Satanas und Diabolos, der die ganze bewohnte Welt in die Irre führt, bereits mit der Schlange oder dem Drachen identifiziert ist, den Offb. Joh. 20, 1-10 als den letztlich iranischen Aži Dahāka zu erkennen gibt. So kann das alte Mythologem vom Drachenkampf hier für die Vertreibung Satans aus dem Himmel durch den Engel Michael eingesetzt werden.

Es war der Tiefsinn des Origenes (185-254)[65], der von seiner umfassenden neuplatonischen Weltsicht her, in der auch Vernunftwesen ihre ideenhaften Vorbilder hinter sich lassen und in materielle Existenz hinabsteigen konnten, den Körper des Lucifer von Jes. 14 und den Körper des Satans von Luk. 10 als denselben sah, in den über viele kosmische Ränge ein himmlischer Archont, eine Sternseele hinabgewechselt war. Dabei war dieses Wesen von Stufe zu Stufe böser geworden. Diese *virtus contraria*, diese »Gegenmacht«, wird also *ex luce*, »aus dem Licht«, zum *princeps huius mundi* und herrscht über alle die, die seiner Bosheit (*mali-*

64 Der beste Kommentar, auf den für Weiteres verwiesen sei, übersetzt anachronistisch: »O wie bist du gefallen vom Himmel, Lucifer, Auroras Sohn!« (B. Duhm, *Das Buch Jesaja*, Göttingen 1892, ³1914, ⁵1968, S. 119.

65 *De principiis* 1.5,5 (hg. u. übers. von H. Görgemanns u. H. Karpp, Darmstadt 1976, S. 209-213). Nur die lat. Übersetzung des Rufinus ist von diesem Stück erhalten. Es steht im Kap. ›von den Gegenmächten‹ inmitten mehrerer weiterer Kombinationen (z. B. mit dem Fürsten von Tyrus Hess. 28 oder mit dem Leviathan Hiob 40, 25-32 = Vulg.: 40, 20-27!); deshalb wird seine Priorität manchmal verkannt (schwer tut sich Russell, *Satan*, S. 130, auf Grund einer ganz anderen Origenes-Stelle).

tia) nachfolgen. Der *diabolus* – der in anderem Zusammenhang auch »der Drache« (*draco*) heißt – ist also ein *refuga*, ein Abtrünniger Gottes.
Nach Origenes bezeichnen die griechischen Kirchenväter Methodios von Olympos (gest. 311), Gregor von Nazianz (gest. 390), Theodoret von Cyrus (gest. 458) und Sophronios von Jerusalem (gest. 638) den *Eōsphoros* von Jes. 14,12 als Satan, der unter Beibehaltung des Lichtträgerprädikates vom Himmel fällt; sie tun es teils aus ihrer Auslegung des Kontextes, teils durch Kombination mit Luk. 10,18. Es ist eine wechselnde Auswahl aus der Fülle von Geister-, Bösen-, Fürsten-, Sternen-, Drachen- und Lichtaussagen, die Origenes zusammengedacht hatte. In der lateinischen Kirche bereitet sich diese vereinfachte, bis in die Neuzeit griffig gebliebene Auslegung mit den Übersetzungen des Origenes, des Eusebius von Caesarea (gest. 339) und des Athanasius (gest. 373) vor – nicht bei Tertullian (gest. nach 220), wie oft behauptet wird – und wird von Hieronymus (gest. 420) vorgenommen. Nachdem dies vergessen war, konnten sich bis heute (Rudolf Steiner u. a.) die tiefsinnigsten Spekulationen ergeben, warum der Teufel eigentlich ein Lichtträger sei und es auch nach seinem Sturz mit Beginn seines Wirkens auf der Erde und in der Hölle geblieben sei. Diese Spekulationen sind wirksamer geblieben als die Trennung beider Gestalten, die im Mittelalter gar nicht selten war.[66]

5. Die menschliche Sexualität als böses Teufelswerk

Augustinus, der größte Theologe am Ausgang der Alten und am Anfang der Mittelalterlichen Kirche, hatte einen wesentlichen Gang seiner Entwicklung vom Jahre 388 bis zum Jahre 399 in Auseinandersetzung mit den Manichäern durchmessen, deren Gemeinschaft er selbst in dem unteren Grad eines Auditors angehört hatte. Diese Auseinandersetzung hatte natürlich auch das Böse betroffen: die Manichäer schrieben ihm finstere Substanz zu, Augustin sah in der Substanz eine Ursprünglichkeit, die er nur dem Guten gewahrt wissen wollte. Gegen die Manichäer hatte mit anderen Argumenten auch ein ganz von Außen, aus Britannien kommender Mönch gestritten: Pelagius. Als keinem Kloster oder

66 Russell, *Lucifer*, S. 66, 241-248, 264-270.

Orden zugehöriger Asket, gleichsam als vor sich selbst das Gelübde ablegender Mönch lebte er bis 410 in Rom, geriet schon dort mit Anhängern Augustins aneinander, verließ die Stadt und reiste durch Nordafrika nach Palästina. Auch dort, wie schon vorher in Italien, hinterließ er viele Anhänger. Ihr Argument gegen die Manichäer zielte nicht unmittelbar gegen deren Lehre vom Bösen, aber man konnte Konsequenzen gegen diese daraus ziehen, die Augustin bemerken ließen, daß es nicht dieselben wären, zu denen er gelangen mußte, wenn er die Position, zu der seine inzwischen abgeschlossene Auseinandersetzung mit den Manichäern geführt hatte, zu einer allgemeineren Doktrin vom Bösen und von der Sünde weiterentwickeln würde. Folgendermaßen läßt sich auf diesen Punkt der neue, alle dogmatischen Probleme mitumfassende Streit zuspitzen, der nun anhebt.[67]

Für Augustin stand das Böse als Hauptdimension der Sünde in erster Linie in Relation zu der Macht, die diese überwinden konnte. Das war die vergebende Kraft der göttlichen Gnade. Je größer er diese haben wollte – und er wollte es, weil er allen Menschen, auch den unvollkommenen Männern mit den ihr Leben begleitenden geschlechtlichen Entgleisungen, in der Kirche einen Platz bereitet hatte –, desto massiver mußte er dagegen die Macht des Bösen ansetzen. Das ging nur, wenn das Böse nicht als vor- und überpersönliche Finsternismacht den Menschen von eigener Verantwortung freistellte, sondern wenn dieser daran mitbeteiligt war. Auch das damit statuierte Sündigenwollen des Menschen fiel selbstverständlich in die Zuständigkeit der Gnade. Um es außer Kraft zu setzen, mußte die Gnade schon als innere wirken, aber nicht als Zwang, sondern als »siegreiche Ergötzung« (*victrix delectatio*, De pecc. mer. 2, 19, 32). Das gab Freiheit – aber eine andere als die der Pelagianer, für die es sich einfach um eine mit der menschlichen Natur erschaffene Wahlfreiheit zwischen Gut und Böse handelte: da war dann auch die Sünde freie Tathandlung, gerichtet gegen das von Gott durch Mose gegebene und von Christus im Evangelium bestätigte Gesetz, das der Mensch erfüllen kann. Für Augustinus war es eine Freiheit[68], die einer schlimmeren Gefährdung würdig war als

67 Zum folgenden siehe bei Peter Brown, *Augustinus von Hippo*, Frankfurt/M. 1973, S. 298-347, die Kapitel ›Pelagier und Pelagianismus‹, ›Es geht um die Gnade‹ und ›Julian von Eclanum‹.

68 H. Jonas, *Augustin und das paulinische Freiheitsproblem*, Göttingen 1930.

durch die kümmerlich-falsche Wahl eines Durchschnittsmenschen und -christen, »der sich als eine Schande betrachtet und Gott die Ehre gibt« (Contra ep. Pel. 3, 5, 14). Es mußte eine Sünde sein, die nicht einfach ein Wahlprodukt, sondern zugleich die Strafe für ein solches darstellte. Letztere konnte der Mensch natürlich nicht selbst produzieren, sie wurde ihm vielmehr vererbt. Die Pelagianer, die das böse Erbe, das da nach Augustin weitergegeben wurde, mit einer manichäischen Vorgabe verglichen – die sie selbst durch strenge sittliche Verantwortung und mönchische Vollkommenheit außer Kraft setzen wollten –, hatten so unrecht nicht. Für Augustin aber war dieses Erbe nicht von einem bösen Gott, sondern durch eine vereinte Anstrengung des Bösen und der Menschheitseltern im Paradies gestiftet worden. Als Strafe vererbt werden konnte es nur auf demselben Wege, auf dem alles vererbt wurde – durch Zeugung und Geburt. Wenn Adam und Eva diese Akte in der Freiheit hätten vollbringen können, die sie kraft der inneren Gnade auch zur Unterlassung befähigt hätte, dann wäre alles in Ordnung gewesen. Sie vollbrachten sie aber ohne Rücksicht darauf, daß sie damit ein Erbe ins Werk setzten, das fortan schlechterdings nichts anderes sein konnte als eben die Sündenstrafe, die für die Urübertretung des göttlichen Gesetzes verhängt werden mußte. Dazu konnte nicht mehr die Willensfreiheit angestiftet haben, weder die natürliche der Pelagianer noch die durch Gnade ermöglichte des Augustin, sondern eine Macht, die den Menschen wider besseres Wissen zur vererbenden Zeugung trieb: die *concupiscentia carn(al)is*, die fleischliche Begierde.

Nicht, daß Augustinus' Gefühl für die Stärke und die zerstörerische Kraft der sexuellen Versuchung stärker gewesen wäre als die der Wüstenväter. Für beide war sie eine furchteinflößende und schwächende Prüfung. Beide fürchteten die fortwährende Kraft sexueller Phantasie. Gedanken an sexuelle Dinge schwächten die Fähigkeit des Christen zu wahrer Freude; sexuelle Phantasien und sexuelle Träume untergruben schweigend die ›geistlichen Freuden der Heiligen‹ (Contra Julianum 4, 2, 10 f.; 13, 69 f.). Doch in Augustinus' Gedanken diente die Sexualität nur einem einzigen, streng definierten Zweck: Sie zeugte mit schrecklicher Präzision von einem einzigen, entscheidenden Ereignis in der Seele. Sie wiederholte im Körper die unabänderliche Konsequenz der ersten Sünde der Menschheit. An diesem einzelnen schmalen und in die Tiefe reichenden Strahl entlang blickte Augustinus jetzt hinab in die ersten Anfänge menschlicher Schwachheit.[69]

69 Peter Brown, *Die Keuschheit der Engel. Sexuelle Entsagung, Askese*

Auf wessen Konto das alles ging, das, oder der, war fast überflüssig zu benennen: auf das Konto des Bösen, der Schlange, des Teufels selbstverständlich, der mit seinem Kampf gegen die Gnade im Paradies begonnen hatte und damit erst recht fortfuhr, als die Menschen nicht mehr im Paradies waren. Augustin schreibt es in der ersten Schrift, mit der er den Kampf gegen seinen letzten großen Kritiker begann, den ihm an Geist und Sittenstrenge ebenbürtigen Julian, Bischof von Eclanum bei Benevent in Apulien, der seit 418 als Schulhaupt der Pelagianer galt. Augustin vergleicht mit der Zunge, die das Sprechen, und mit der Hand, die die Schrift hervorbringt, die Sünde, welche die Sünde erzeugt. Es ist die Erbsünde, die den Menschen an der Sündenstrafe leiden läßt wie an einer Wunde.[70]

Diese dem Menschengeschlecht vom Teufel zugefügte Wunde zwingt alles, was durch sie geboren wird, unter dem Teufel zu sein, gerade als ob er mit Recht von seinem Strauch die Frucht abpflückte – nicht weil von ihm die menschliche Natur stammte, die keinen anderen Ursprung hat als Gott, wohl aber die Verfehlung, die nicht aus Gott ist. Denn die menschliche Natur, die lobenswürdig ist, weil sie Gottes Werk ist, wird nicht um ihrer selbst willen verdammt, sondern wegen der verdammungswürdigen Verfehlung, mit der sie befleckt ist. Und aus dem gleichen Grunde, aus dem sie verdammt wird, wird sie auch dem verdammungswürdigen Teufel untergeordnet, weil ja auch der Teufel selbst ein unreiner Geist ist. An ihm ist etwas Gutes, weil er Geist ist, etwas Schlechtes, weil er unrein ist; denn Geist ist er von Natur, unrein durch Verfehlung; von diesen beiden stammt jenes von Gott, dieses von ihm selbst. Er hält die Menschen, höheren oder kindlichen Alters, nicht deshalb gefangen, weil sie Menschen sind, sondern weil sie unrein sind. Wer sich also verwundert, daß die Schöpfung Gottes dem Teufel unterworfen wird, möge seine Verwunderung aufgeben: es wird nämlich ein Geschöpf Gottes einem anderen Geschöpf Gottes unterworfen, das kleinere dem größeren, der Mensch dem Engel, nicht aber wegen der Natur, sondern wegen der Verfehlung, der Unreine dem Unreinen (1, 23, 26).

und Körperlichkeit am Anfang des Christentums, München 1991, S. 431 f.

70 A. Fingerle (Übers.), »Ehe und Begierlichkeit (De nuptiis et concupiscentia)«, in: S. Kopp/D. Morick/A. Zumkeller (Hg.), *Aurelius Augustinus, Schriften gegen die Pelagianer*, Bd. 3, Würzburg 1977, S. 75-166; die obigen Zitate dort S. 99, 132, 138; dazu H. Cancik, »Die Entstehung der christlichen Sexualmoral«, in: B. Gladigow (Hg.), *Religion und Moral*, Düsseldorf 1976, S. 48-68.

Der Teufel ist nunmehr in einem durchaus sexuellen Sinne unrein, und es ist die Unreinheit der Menschen, die sie unter seine Gewalt zwingt. Aber er ist nicht – und hier wird ein weiteres Mal die anti-dualistische Bemühung des Autors deutlich – von vornherein böse, sondern es war etwas Gutes an ihm. Böse ist Satan demnach nicht von Natur, sondern kraft schlechter Taten. Als dem für die Menschen ganz und gar Bösen aber sind sie ihm wegen ihrere Begierlichkeit alle unterworfen und der Erlösung bedürftig.

»Nicht ich« (Augustinus nämlich, den Julian als dem manichäischen Denken verhaftet bekämpft, und der mit der Schrift Ad Turbantium vor allem die Lehre von der Erbsünde und der concupiscentia angreift) »habe die Ursprungssünde erfunden, an die der katholische Glaube von alters her glaubt; sondern du,« (Julian von Eclanum) »der du sie leugnest, bist ohne Zweifel ein Häretiker. Unter dem Teufel aber stehen nach dem Gerichtsspruch Gottes alle mit der Sünde Geborenen, wenn sie nicht in Christus wiedergeboren werden. Aber weil er von Abraham und Sara sprach, fügte er hinzu und sagte: ›Wenn du behauptest, der Verkehr bestand unter ihnen und es kam keine Nachkommenschaft, so werde ich antworten: [Das Kind,] das der Schöpfer versprach, hat der Schöpfer gegeben, nicht der Beischlaf. Vielmehr ist das Kind, das geboren wird, das Werk Gottes. Denn der, der den ersten Menschen aus Staub schuf, stellt alle aus dem Samen her. Wie also damals der Schlamm, der als Stoff hergenommen wurde, nicht der Urheber des Lebens war, so erfüllt jetzt jene Kraft der Lust, die Verfertigerin und Vermischerin der Samen, nicht die Rolle der Wirkkraft, sondern bietet aus den Schätzen der Natur Gott, woraus jener den Menschen zu bilden sich würdigt.‹ All das, was er sagte, mit Ausnahme dessen, daß er äußert, von der Lust würden die Samen verfertigt und gemischt, würde er richtig sagen, wenn er sich bestrebte, darin den katholischen Sinn zu verteidigen« (2, 12, 25; 13, 26).[71]

Solche Argumentation freilich, die Satan zum Herrn der Welt zu machen scheint, bringt diesen in gefährliche Nähe zum gnostischen Bösen. Augustinus räumt dieses aus, indem er Satan als von Gott geschaffen und Gottes Kontrolle unterworfen beschreibt:

»...er« (Julian von Eclanum) »glaubt, von uns sei gesagt worden, Gott habe den Menschen für den Teufel geschaffen. Als ob Gott in den Men-

71 Augustin hat mit den in ›‹ gesetzten Worten aus einer anonym gebliebenen pelagianischen Schrift zitiert, auf die er sich dann bezieht, als habe Julian sie geschrieben. Vgl. zum Ganzen auch K. Thraede, »Voluptas-Kontroversen in der frühchristlichen Theologie (Ambrosius-Augustin)«, in: *Actes du VIIe Congrès de la F. I. E. C.* vol. 2, Budapest 1983, S. 432-447.

schen, die er aus menschlichen Eltern erschafft, dies anstrebte, sich darum bemühte, dies mit der Überlegung seines Werkes vorsähe, daß der Teufel Diener habe, die er sich selbst nicht schaffen kann. Es sei ferne, daß dies irgendeine auch kindliche Frömmigkeit argwöhnt. In seiner Güte hat Gott die Menschen geschaffen, die ersten ohne Sünde und die übrigen unter der Sünde, [und zwar] für die Verwirklichung seiner tiefen Gedanken. Denn wie [Gott] hinsichtlich der Bosheit des Teufels selbst weiß, was er tut, und was er tut gerecht und gut ist, obwohl der, an dem er es tut, ungerecht und schlecht ist, und er nicht deshalb ihn zu schaffen ablehnte, weil er voraus-wußte, daß [jener] böse sein würde, so wirkt er auch hinsichtlich des gesamten Menschengeschlechtes, obwohl kein Mensch ohne die Beflekkung mit der Sünde geboren wird, Gutes – [er], der in höchster Weise gut ist; [er wirkt Gutes], indem er die einen gleichsam zu Gefäßen der Barmherzigkeit macht, damit er sie durch die Gnade von denen unterscheide, die die Gefäße des Zornes sind, ...« (2, 16, 31).

Um Augustinus' überragende Autorität nicht zu schmälern und seinen betretenen Verehrern die Akzeptanz von alledem zu erleichtern, hat man zu oft bewährten Beschwichtigungen gegriffen, etwa: nicht die sexuelle Lust als solche sei böse, sondern nur die, die ein Gott Ungehorsamer, oder die ein in Disharmonie von Körper und Geist Befindlicher empfinde; wenn der Geschlechtsverkehr im Stande der Gnade ausgeübt werde, dann sei alles in Ordnung – vergeblich. »Die Lust zum Beischlaf, durch deren Bewegung der Same erregt wird, damit er in den Schoß der Frau eingegossen werden kann« (2, 8, 19), wird auch dann nicht von Gott erregt, wenn ausschließlich die Zeugung eines von ihm gewollten Kindes beabsichtigt ist. Die dafür nötigen Bewegungen bleiben unter allen Umständen böse; denn: »Die Frage geht nicht um die Bewegung der Körper, ohne die sie sich überhaupt nicht verbinden könnten, sondern um die beschämende Bewegung der Geschlechtsteile, die in der Tat nicht wäre, ohne daß jedoch die samenspendende Vereinigung fehlen müßte, wenn die Geschlechtsteile nicht der Begierde, sondern wie die übrigen Glieder dem Willen dienten« (2, 31, 53; dann kommt als Beispiel, daß der Mensch ja auch, wenn er nicht muß, willentlich die Blase entleeren kann). Da ist nichts zu retten. Wieviel man sich von der Sexualität auch abhandeln lassen mag, man muß zuletzt auch beim reinsten Gefühl auf einem Minimum an Erregbarkeit beharren, weil sonst die Sexualität überhaupt nicht mehr bestünde – noch dieses Minimum fällt unweigerlich unter das Verdikt »concupiscentia!« und behält den Teufel als Urheber. (Das Problem ist aber nicht, was

der Welt erspart geblieben wäre, wenn Augustinus diese äußerste Konsequenz seiner Erbsündenlehre nicht gezogen hätte. Man muß vielmehr fragen, warum die Menschen sie ihm millionenfach abgenommen haben.)
Für die Gestalt des Teufels bedeuet dies, daß die bösen Eigenschaften, die er bereits hatte, um die sexuellen vervollständigt werden.

6. Gemeinsame Verteufelung von Untaten und Unglauben

Innerhalb zweier früherer Auseinandersetzungsprozesse war die christliche Sünde zum bösen Prinzip radikalisiert worden. Sie hatte sich geistig in der Spaltung kosmischer Substanz mit ethischen Eigenschaften und physischen Qualitäten niedergeschlagen, deren eine nun das materielle und finstere Böse war. Letzteres war, nicht nur als Begriff zusammengsetzt oder kollektiv, sondern schon in seinem ethisch-qualitativen Anteil gleichsam zusammengeballt, in einen dritten großen historischen Prozeß eingegangen. Er spielte sich wesentlich als Auseinandersetzung der griechischen und der römischen Kirche mit der griechisch-römischen Antike und den Anschauungen der europäischen Völker ab, die dabei zum Heidentum wurden. Der Widerstreit zwischen Gott und Teufel, der den Kontrahenten bereits vermacht worden war, formiert nun auch den bisherigen Antagonismus zwischen dem Licht als dem Guten und dem Geist und der Finsternis als dem Bösen und der Materie zu einer Trennung von Personifikationen. Das Böse, weiterhin auch begriffen als unpersönliche Macht, bleibt weiterhin das ganze Kollektiv menschlich schlimmer und den Göttern feindlicher Eigenschaften, aus denen es schon als Hypostase bestanden hatte. Das Böse, dann auch repräsentiert als Person, behält dies alles und bekommt Sexualität und Irrglauben hinzu. Das Böse und der Böse werden staatlich, sozial und kirchlich bekämpft und können sich dabei von Fall zu Fall weiter gleichsam anreichern.[72]
Dieser dritte Prozeß kommt mit dem 13. Jahrhundert zu einem Ende. Danach beginnt man über das Böse neu nachzudenken,

72 A. Hügli, »Malum VI. Neuzeit«, in: *HWbPh* 5, 1980, Sp. 681-706.

weil man es auch anders erfährt, und der Böse oder der Teufel wird teils tradiert und teils ein Interpretationsmuster bis auf den heutigen Tag. Wer sich an solcher Übernahme aus der Tradition und an der Deutung des heute erfahrenen Bösen »vom Teufel« her beteiligt, muß indessen zur Kenntnis nehmen, daß er auch als Inhalt schrecklicher Visionen und als Urheber von zum Wahnsinn oder zum Tode führender Besessenheit bezeugt ist. Über die Einstellung der Hexenverfolgungen hinweg zieht sich von der Besessenheit der Ursulinen durch die Teufel von Loudun (Dezember 1633 bis August 1634)[73] bis zum Exorzismus an Anneliese Michel in Klingenberg am Main (24. Sept. 1975-1. Juli 1976)[74] eine Kette von Berichten, die zeigen, daß es sich nicht um wie auch immer zustandegekommene Autosuggestionen unheimlich überkommener Schreckensbilder handeln muß, sondern daß sich mit dem Teufel und seinem Gefolge Veränderungen abspielen, die gerade den, der kritisch bleiben will, mit der Möglichkeit konfrontieren, daß die Geschichte des Teufels nicht zu Ende sein muß. Dafür sollte man sich gerade nicht an das halten, was bei aller Schrecklichkeit als Reflex der Geschichte der Besessenen immerhin erklärbar ist – die Teufel haben nicht mehr so viele jüdische Namen wie im Mittelalter und in der Renaissance, und von daher darf man es sogar positiv bewerten, daß zwei ihrer Plätze bei Anneliese Michel von dem Christenverfolger Kaiser Nero und dem Judenverfolger Adolf Hitler eingenommen werden, die im Schulunterricht vorkamen –, sondern an das, was die Betroffenen nur auf okkulte Weise erfahren haben können. Dann wird auch der Nichtbetroffene damit rechnen dürfen, daß es sich um einen wirklichen, um einen erlittenen Satanismus handelt.

Erst wenn der Nichtbetroffene diesen Bösen, der ihm ebenso fremd ist wie er sonst das Böse kennt, ernstgenommen und vielleicht sogar verstanden hat, dann kann er sich überlegen, was er

73 Am authentischsten zuerst beschrieben von Nicolas Aubin (1694), *Histoire des Diables de Loudun, Ou de la Possession des Religieuses Ursulines, et de la Condamnation et du Suplice d'Urbain Grandier*, Amsterdam 1716; deutsch: Halle 1704, Köln 1732 und von Dieter Walter, Berlin 1981. Viele literarische Bearbeitungen von F. Gayot de Pitaval (1734, mit Vorrede von Friedrich Schiller 1792) über Aldous Huxley zu Elke Petri (1988).

74 Am seriösesten untersucht und beschrieben von Felicitas D. Goodman, *Anneliese Michel und ihre Dämonen*, Stein am Rhein 1980.

von dem Satanismus der schwarzen Messen, der okkulten Zirkel, einer ganzen Gattung von Literatur halten soll.[75] Hat hier der Mensch wirklich seinen Pakt mit dem Teufel geschlossen, oder ist es nur ein zelebrierter Satanismus, dem man das Spiel nicht zu verderben braucht? Es steht dahin.

75 Nur als Lesebücher mit den wichtigsten Quellentexten, aber nicht wegen der beigegebenen Analysen sind instruktiv die Bücher von zwei Ärzten, deren Augen manches dem Geisteswissenschaftler Entgangenes gesehen haben: G. Zacharias, *Satanskult und schwarze Messe*, Wiesbaden 1964; K. R. H. Frick, *Satan und die Satanisten*, Teil 1: Das Reich Satans, 2: Die Satanisten, 3: Satanismus und Freimaurerei, Graz 1982, 1985, 1986. Ingeborg Tiemann, Die *Deutung des Minotauros von den ältesten Quellen bis zum Mittelalter*, Diss. Utrecht 1992, Reg. s. v. Teufel, zeigt u. a., daß der Teufel seine Hörner von dem kretischen Stiermenschen erhalten hat (und nicht, wie man zuweilen annahm, von den Zweigehörnten Moses oder Alexander).

Peter Schäfer
Das Böse in der mittelalterlichen jüdischen Mystik

1. Einführung

Das Böse gehört nicht zu den Themen, die das Judentum übermäßig beschäftigt haben, zumindest nicht das biblische und das antike Judentum. Der strenge Monotheismus der Bibel mit seiner Betonung der absoluten Schöpfungsallmacht Gottes läßt für eine außer- und widergöttliche, absolut böse Macht keinen Raum. Der Prophet Jesaja hat diesen Grundsatz auf die klassische Formel gebracht: »Ich bin der Herr, und sonst niemand. Bildner des Lichtes und Schöpfer der Finsternis, Stifter des Heils und Schöpfer des Bösen, ich, der Herr, bin es, der all dies vollbringt«.[1] Genau diese Verankerung der gesamten Schöpfung, von Licht und Finsternis, von Heil und Unheil, in Gott ist ein zentrales Thema des Morgengebetes, das jeder Jude täglich betet. Die erste Benediktion vor dem *Shema'* (dem »Höre Israel«) am Morgen beginnt: »Gepriesen seist du Herr, unser Gott, König der Welt, Bildner des Lichtes und Schöpfer der Finsternis, Stifter des Heils und Schöpfer des Alls«.[2] Das Böse ist keine dämonische Gegenmacht, sondern das Instrument des göttlichen Willens, das der Allmacht Gottes untergeordnet ist und Gott hilft, seine Schöpfungsabsicht zu erfüllen. Der Satan im biblischen Buch Hiob ist einer der »Gottessöhne«, der keine andere Macht hat, als Hiob im Auftrag Gottes zu prüfen.[3]

Dem Grundsatz des strengen Monotheismus und der absoluten Schöpfungsallmacht Gottes entspricht die Betonung der Wahl- und Willensfreiheit des Menschen. Weder treibt ein böser Geist im Menschen sein Unwesen (und ist für das Böse verantwortlich zu machen), noch bestimmt ein einmal verhängtes und unentrinnbares Geschick den Menschen, sondern ausschließlich seine eigene

1 *Jes.* 45,6 f.
2 Oder auch »von allem«, nämlich von Licht und Finsternis, Gut und Böse.
3 *Hiob* 1,6 ff.

freie Entscheidung. Dieser Gedanke ist in der Bibel grundgelegt[4] und Allgemeingut der späteren rabbinischen Theologie geworden. Er fand seine klassische Ausprägung in dem vielzitierten Diktum Rabbi Aqivas in den »Sprüchen der Väter«[5]: »Alles ist (von Gott) gesehen (*ṣafui*), doch die Freiheit der Wahl (*reshut*) ist gegeben«. Ob das hebräische *ṣafui* hier (nur) »gesehen« bedeutet oder sogar »vorhergesehen« (und das Diktum dann die Spannung zwischen göttlicher Allwissenheit und Determination sowie menschlicher Willensfreiheit zum Ausdruck bringen will), ist für unseren Zusammenhang nicht von Belang. Die Aussageabsicht zielt eindeutig auf die »Freiheit der Wahl«: Der Mensch ist für seine Taten verantwortlich, d. h. er steht vor der Wahl von Gut oder Böse, und er muß sich für seine Entscheidung (im Gericht) vor Gott verantworten.

Das antike Judentum hat somit keinen Zweifel daran gelassen, daß die Möglichkeit zur Sünde zum Menschen und zur Welt gehört, daß das Böse folglich gewissermaßen Teil der Schöpfung (oder genauer: des göttlichen Schöpfungsplanes) ist. Eine rabbinische Bibelauslegung zum Vers Gen. 1,2 (»Wir wollen einen Menschen machen nach unserem Bild und Gleichnis«) bringt dies in ungemein plastischer Weise zum Ausdruck[6]:

R. Simon sagt: Als der Heilige, er sei gepriesen, den ersten Menschen erschaffen wollte, spalteten sich die Dienstengel in Gruppen und Abteilungen. Einige sagten: Er möge erschaffen werden, andere sagten: er möge nicht erschaffen werden. Das ist es, was geschrieben steht: Huld und Wahrheit treffen aufeinander, Gerechtigkeit und Friede bekriegen sich (Ps. 85,11). Die Huld sagte (nämlich), er werde erschaffen, denn er wird Liebeswerke vollbringen; die Wahrheit sagte, er werde nicht erschaffen, denn er ist voll Lüge; die Gerechtigkeit sagte, er werde erschaffen, denn er wird Gerechtigkeit walten lassen; der Friede sagte, er werde nicht erschaffen, denn er ist streitsüchtig. Was tat der Heilige, er sei gepriesen? Er nahm die Wahrheit und warf sie auf die Erde. Da sprachen die Dienstengel vor dem Heiligen, er sei gepriesen: Herr der Welt, wie mißachtest du deine Wahrheit? Laß die Wahrheit von der Erde aufsteigen, wie geschrieben steht: Die Wahrheit entsprießt dem Erdboden (Ps. 85,12) ...

R. Huna Rabba von Sepphoris sagt: Während die Dienstengel noch mit-

4 Vgl. *Sirach* 15,11-17; 16,17-23 und die Gegenposition *Prediger* 3,1-15; 9,1-3.11 f.

5 *Avot* 3,15. Vgl. dazu ausführlich E. E. Urbach, *The Sages. Their Concepts and Beliefs*, Jerusalem 1979, S. 255 ff.

6 *Bereshit Rabba* 8,4 ff.

einander rechteten und miteinander beschäftigt waren, schuf ihn der Heilige, er sei gepriesen. Er sprach zu ihnen: Was müht ihr euch noch ab, der Mensch ist schon geschaffen!

Auffallend an diesem Text (der für zahlreiche andere steht) ist die geringschätzige Art, in der Gott mit seinen Engeln umgeht. Hier wirft er – in einem herrlich ironischen Bild – die Wahrheit auf die Erde; in einem anderen Text im babylonischen Talmud[7] geht er noch rigoroser vor und verbrennt alle Engel, die ihm widersprechen. Dabei tun die Engel nichts anderes, als ihm die Wahrheit zu sagen und ihm die Folgen der Erschaffung des Menschen vor Augen zu führen: Der Mensch wird sündigen und die göttliche Schöpfung verderben. Die Antwort Gottes, die in dem geradezu trotzigen Akt der Erschaffung des Menschen gegen den nur zu begründeten Rat der Engel zum Ausdruck kommt, läßt nur eine Erklärung zu: Gott will den Menschen trotz seiner Sündhaftigkeit; er nimmt die Sünde des Menschen bewußt in Kauf. Die erwähnte Parallele im babylonischen Talmud läßt ihn den Engeln mit dem Vers Jes. 46,4 antworten: »Bis zum Alter bin ich derselbe und bis zum Ergrauen werde ich es ertragen; ich habe es getan (nämlich den Menschen erschaffen) und werde es tragen, dulden und erretten werde ich«.
In diesen Zusammenhang gehört auch die berühmte Tradition, wonach in der Tora des Rabbi Meir zu Gen. 1,31 statt »siehe, es war sehr gut« (so steht es im Bibeltext; gemeint ist das Schöpfungswerk) geschrieben stand: »Siehe, der Tod ist gut« (dies beruht auf einem Wortspiel: *tov mot*[8] statt *tov me'od*[9] im masoretischen Text.[10] Und noch drastischer formuliert dies Rabbi Shimon b. Laqish[11]:

Wir wollen unseren Vorfahren dankbar sein, denn hätten sie nicht gesündigt, wären wir nicht auf die Welt gekommen, wie es heißt: Ich sprach, Götter seid ihr, Söhne des Höchsten allesamt (Ps. 82,6). Doch ihr habt eure Werke verdorben: deswegen werdet ihr wie Adam sterben usw. (ibid., V. 7) – d. h.: Hätten sie nicht gesündigt, wären sie nicht gestorben und hätten keine Kinder gezeugt!

7 b *Sanhedrin* 38b.
8 Wörtlich: »gut ist der Tod«.
9 Wörtlich: »sehr gut«.
10 *Bereshit Rabba* 9,5.
11 b *Avoda Zara* 5a.

Beide, R. Meir und R. Shimon b. Laqish, wollen dasselbe sagen, nämlich daß Sünde und Tod (als Folge der Sünde) zur Geschichte gehören und deswegen in das Schöpfungswerk Gottes hineingenommen sind. Um es noch schärfer zu formulieren: Die Sünde ist das *movens* der Geschichte; ohne Sünde gibt es keinen Menschen und damit keine Geschichte. Dies ist, so scheint mir, der Kern der Antwort des antiken rabbinischen Judentums auf die Frage nach der geschichtlichen Dimension des Bösen. Ein Aspekt des Problems bleibt dabei aber weitgehend ausgeklammert, die Frage nämlich, wie sich das Böse zu Gott verhält. Die Rabbinen haben das Böse als Teil der göttlichen Schöpfung verstanden und die geschichtliche Funktion des Bösen in einer Schärfe gesehen und konsequent anthropozentrisch gedeutet, wie keine Richtung des Judentums vor ihnen (und kaum eine nach ihnen), auf die weiter reichende Frage nach dem Verhältnis des Bösen zu Gott haben sie sich aber nicht eingelassen. Dies blieb, wie im folgenden zu zeigen ist, der Kabbala vorbehalten.

2. Gott, der Mensch und das Böse in der Kabbala

Unter Kabbala (der Terminus bedeutet nichts anderes als »Überlieferung, Tradition«) versteht man in ganz allgemeinem und umfassendem Sinne die verschiedenen Systeme der jüdischen Mystik, die sich im Mittelalter herausgebildet haben.[12] Als eine geistige Bewegung, die aus der Verknüpfung überkommener religiöser Vorstellungen (vor allem des rabbinischen Judentums und der frühen Esoterik) mit populär-neuplatonischen und gnostischen Einflüssen entstand, erstreckte sie sich über mehrere Jahrhunderte und reicht von der ersten kabbalistischen Schrift, dem Buch *Bahir* (Ende des 12. Jahrhunderts), bis hin zu der pseudomessianischen Bewegung des Shabbetai Zvi (um 1666), des Sabbatianismus also, der nicht nur die Mystik im Judentum, sondern auch den Messianismus für lange Zeit in Mißkredit brachte. Höhepunkte der Kabbala sind das Buch *Zohar* (»Glanz«), die klassische Ausprägung

12 Grundlegend dazu: G. Scholem, *Die jüdische Mystik in ihren Hauptströmungen*, Zürich 1957 (Frankfurt/M. 1967); M. Idel, *Kabbalah: New Perspectives*, New Haven-London 1988.

der spanischen Kabbala vom Ende des 13. Jahrhunderts, die »prophetische« Kabbala des Abraham Abulafia (gestorben nach 1291) und die »lurianische Kabbala« des Issak ben Salomo Luria (gestorben 1572) in Zefat in Galiläa.

Es versteht sich von selbst, daß es nicht der Sinn eines solchen kurzen Vortrags sein kann, eine lückenlose Entwicklung der Vorstellung vom Bösen in den verschiedenen kabbalistischen Systemen des Mittelalters zu versuchen. Dies verbietet sich nicht nur aus Zeitgründen, sondern schlicht auch deswegen, weil die differenzierte Erforschung der jüdischen Mystik noch ganz in den Anfängen steht. Wir haben noch nicht einmal die zur Verfügung stehenden Quellen aufgearbeitet, geschweige denn, daß wir die unterschiedlichen Zugänge zu unserem Thema in den jeweiligen Systemen auf dem Hintergrund einer lückenlosen Geschichte der jüdischen Mystik bewerten könnten. Was möglich ist, sind nur mehr oder weniger unverbundene Schlaglichter, wobei ich mich vor allem auf die frühe Ausprägung im Buch *Bahir* und den *Zohar*, das Hauptwerk der Kabbala, beschränken werde.

Zuvor noch eine Vorbemerkung: Die Kabbala, welcher Spielart auch immer, ist kein philosophisches System, das in wohlgeordneten diskursiven Gedankengängen ein Thema darlegt und entwickelt. Der Leser kabbalistischer Werke muß sich nicht nur auf eine äußerst zeitraubende Lektüre einlassen, sondern auch auf eine Sprache, die nicht darauf aus ist, die Dinge auf den Begriff zu bringen, sondern die in immer neuen Bildern und Symbolen etwas auszudrücken sucht, das zumindest dem heutigen Leser oft dunkel und unverständlich, manchmal auch widersprüchlich erscheint. Dazu kommt die Schwierigkeit, daß viele der hebräischen bzw. aramäischen Termini und Bilder nur schwer im Deutschen wiederzugeben sind; ich kann es daher nicht ganz vermeiden, hebräische oder aramäische Begriffe zu verwenden, werde diese aber jeweils erläutern.

Das rabbinische Judentum hat, wie wir gesehen haben, dem Bösen als dem von Gott Geschaffenen seinen Ort im Menschen und in der Welt angewiesen. Die Kabbala wagt nun ausdrücklich auch den nächsten Schritt, der sich aus den Vorgaben der rabbinischen Tradition ergibt, nämlich die Frage nach dem Verhältnis des Bösen zu Gott zu stellen: Wenn Gott das Böse geschaffen hat, dann ist es unausweichlich, daß dieses Böse nicht nur den Menschen und die Welt, sondern eben auch Gott selbst betrifft.

Hier gilt es zunächst, einige Worte über das Gottesbild der Kabbala vorauszuschicken. Die Kabbala unterscheidet grundsätzlich zwischen Gott als Schöpfer und dem verborgenen Wesen des unendlichen Gottes, für das sie den Terminus *'en sof* = »ohne Ende«, »der Unendliche« geprägt hat. Worüber wir spekulieren und Aussagen machen können, ist »nur« der Schöpfergott, der Gott, von dem in der Bibel die Rede ist und der sich durch seine Schöpfung äußert; über die verborgene Unendlichkeit des *'en sof*, in dem die Manifestation Gottes als Schöpfergott gründet, wissen wir nichts. Ausschließlich dem Schöpfergott gelten die für die Kabbala so charakteristischen Aussagen vom dynamischen inneren Leben Gottes, das sich in den zehn *sefirot*, dem Organismus der göttlichen Potenzen oder Attribute, entfaltet. Die Kabbalisten haben den mystischen Organismus des Schöpfergottes in verschiedenen Bildern auszudrücken versucht, vor allem im Bild des Baumes und des Menschen. »Baum« und »Urmensch« (*adam qadmon*) sind dabei nichts weiter als Symbole für das innere Leben des Schöpfergottes, das in der Verborgenheit des *'en sof* gründet (im Bild: als »Wurzeln« des Baumes und »Seele« des Menschen) und sich zugleich in der Schöpfung mitteilt (die »Äste« des Baumes und »Glieder« des Menschen).

Zwischen den Potenzen der mystischen Gestalt Gottes besteht zwar einerseits vollendete Harmonie; andererseits aber auch, insofern die *Einheit* Gottes unter *verschiedenen* und sogar gegensätzlich erscheinenden Aspekten entfaltet und beschrieben wird, kommt im System der *sefirot* eine gewisse Spannung zum Ausdruck. Diese Spannung ist der Ort des »Bösen«, das damit in Gott selbst gründet. In den verschiedenen Schulen der Kabbala wird das »Böse« an verschiedenen Stellen der göttlichen Potenzen (*sefirot*) festgemacht; der klassische Ort ist jedoch die *din* genannte fünfte *sefira*, die im System der *sefirot* der als *ḥesed* bezeichneten vierten *sefira* gegenübersteht. Während *ḥesed* die Gnade und Liebe (also das Heilshandeln) Gottes verkörpert, bringt *din* (»Gericht«) die absolute Strenge Gottes (also sein Unheilshandeln) zum Ausdruck. *Din* oder auch *gevura* (»Macht«) ist der metaphysische Grund des Bösen im Schöpfergott selbst, wobei allerdings die Frage, wie dieses gewissermaßen latent in Gott vorhandene Böse sich konkret zu Gott verhält und wie es aktualisiert wird, in den verschiedenen Systemen der Kabbala unterschiedliche Antworten erhält. Dieser Frage will ich im folgenden anhand von einigen ausgewählten Beispielen nachgehen und dabei besonderes Augenmerk auf die Rolle des Menschen in diesem Prozeß richten.

2.1. Das Buch *Bahir*

Der älteste Versuch einer Darstellung der kabbalistischen Grundlehren, insbesondere der Vorstellung vom Organismus der göttlichen Potenzen, ist das gegen Ende des 12. Jahrhunderts redigierte Buch *Bahir* (*Sefer ha-Bahir:* Der Titel spielt auf das Licht, das »leuchtet«, in Hiob 37,21 an).[13] In diesem sehr schwer zu deutenden Text heißt es an einer Stelle[14]:

Und was ist dies (Prinzip des Bösen, von dem vorher die Rede war)? Der Satan. Das lehrt, daß es bei Gott ein Prinzip (*midda*) gibt, das ›böse‹ heißt, und das liegt im Norden Gottes, denn es heißt: Vom Norden her öffnet sich das Böse (Jer. 1,14); das bedeutet: Alles Böse, das über die Bewohner der Erde kommt, kommt von Norden. Und welches ist dieses Prinzip? Es ist die Form der (linken) Hand, und sie hat viele Boten, und der Name von allen ist ›böse, böse‹ ... Sie sind es, die die Welt in Schuld stürzen, denn *tohu*[15] gehört zur Seite des Nordens, und *tohu* ist nichts anderes als das Böse, das die Menschen in Verwirrung bringt, bis sie sündigen, und der ganze böse Trieb im Menschen stammt von dort.

Die Aussage dieses mythischen Textes ist sehr viel direkter als wir es von den komplizierteren Systemen der späteren Kabbala gewohnt sind: Bei Gott gibt es ein böses Prinzip, das Prinzip der göttlichen Strenge und Strafgerechtigkeit, d. h. das Böse ist eine der Potenzen, die in Gott ruhen und durch die er nach außen wirkt; die Lokalisierung im Norden und auf der linken Seite Gottes ist später klassisches Gemeingut der Kabbala geworden. Von besonderer Bedeutung ist das Verhältnis zwischen dem metaphysischen Bösen, das in Gott wurzelt, und dem moralisch Bösen als Folge des bösen Triebes im Menschen. In fast naiver Weise wird der böse Trieb des Menschen auf das böse Prinzip in Gott zurückgeführt (»und der

13 Deutsche Übersetzung: G. Scholem, *Das Buch Bahir. Ein Schriftdenkmal aus der Frühzeit der Kabbala*, Leipzig 1923 (Nachdr. Darmstadt ²1970); ausführlich dazu das Kapitel ›Das Buch Bahir‹, in: G. Scholem, *Ursprung und Anfänge der Kabbala*, Berlin 1962, S. 43 ff.
14 § 109 (Übersetzung nach Scholem).
15 Das in *Gen.* 1,2 erwähnte *tohu* und *bohu:* »Die Erde aber war wüst (*tohu*) und leer (*bohu*)«.

ganze böse Trieb im Menschen stammt von dort«, d. h. vom Norden Gottes). Der böse Trieb ist also nicht nur, wie bei den Rabbinen, von Gott geschaffen, sondern er ist Ausfluß der innergöttlichen Wirklichkeit. Damit wird hier der entscheidende Grundton der Kabbala angeschlagen, wonach das Böse nicht nur zum Menschen und zur Welt gehört, sondern auch zu Gott.

Die Verankerung des Bösen in der *sefirot*-Welt des innergöttlichen Wesens findet sich, mehr oder weniger ausdrücklich, bei fast allen frühen Kabbalisten. Abraham ben David von Posquière in Südfrankreich (gestorben 1198) führt die Tatsache, daß der Mensch ursprünglich zweigeschlechtlich erschaffen wurde, auf die beiden Prinzipien der »reinen Strenge« und des »reinen Erbarmens« in Gott zurück.[16] Ebenso betont Isaak der Blinde, die führende Gestalt der provençalischen Kabbalisten des frühen 13. Jahrhunderts, die ursprüngliche harmonische Einheit der »guten« und »bösen« Kräfte im inneren Wesen Gottes.[17] Sehr viel komplizierter liegt der Fall dagegen im *Zohar*, dem Hauptwerk der Kabbala.

2.2. Der *Zohar*

Der *Zohar*[18] wird von der Tradition dem palästinischen Rabbi des 2. Jahrhunderts n. Chr., Shimon bar Yoḥai, zugeschrieben, entstand aber in Wirklichkeit in den letzten Jahrzehnten des 13. Jahrhunderts in Nordspanien. Er besteht aus verschiedenen literarischen Schichten, von denen die älteste auf Mose ben Shem Tov di Léon (gestorben 1305) zurückgeht. Er ist in einem dem talmudischen Dialekt nachgeahmten künstlichen Aramäisch geschrieben; seiner äußeren Form nach ist er eine Auslegung vor allem zur Tora (d. h. zu den fünf Büchern Moses). Der kompilatorische Charakter des Werkes erschwert die Interpretation und ist z. T. auch für die schwankende und nicht völlig eindeutige Einstellung zum Problem des Bösen verantwortlich.[19]

16 Zitiert bei Scholem, *Ursprung und Anfänge der Kabbala*, S. 191 f.
17 Ibid., S. 258.
18 Grundlegend sind die beiden Kapitel ›Der Sohar. I: Das Buch und sein Verfasser‹ und ›Der Sohar. II: Die theosophische Lehre des Sohar‹, in: G. Scholem, *Die jüdische Mystik in ihren Hauptströmungen*, S. 171 ff.; 224 ff.
19 Zum Bösen im Zohar vgl. G. Scholem, »Sitra achra; Gut und Böse in

Der *Zohar* ist voll von eindrucksvollen Bildern, die die Gegenwart des Bösen als eine mächtige und feindliche Kraft neben der innergöttlichen Welt des Schöpfergottes beschreiben; die Forschung nimmt hier Einflüsse der dualistischen Lehre der Gnosis an. Der Begriff für diese Gegenwelt des Bösen lautet *sitra aḥra* (»die andere Seite«), d. h. die dem Göttlichen im wörtlichen Sinne entgegengesetzte Seite, die widergöttlichen Kräfte. Zwischen beiden Welten, der Welt Gottes und der »anderen Seite«, besteht, zumindest auf den ersten Blick, eine unüberbrückbare Kluft, die erst am Ende der Zeit mit dem Sieg des Guten über das Böse aufgehoben werden wird.

Der Parallelismus zwischen den beiden Welten Gottes und des Bösen ist im *Zohar* sehr weit getrieben. So wie das dynamische innere Leben Gottes durch den Organismus der zehn »heiligen« Potenzen oder Emanationen (*sefirot*) der rechten Seite konstituiert ist, besteht die innere Welt des Bösen aus zehn »unheiligen« Potenzen oder Emanationen der linken Seite. »Ebenso wie es zehn Kronen des Glaubens oben gibt, so gibt es zehn Kronen der Zauberei und der Unreinheit unten; alles, was auf der Erde existiert, ist teilweise dieser Seite (der Heiligkeit) und teilweise der ›anderen Seite‹ verbunden.«[20] Die »andere Seite« ist in verschiedenen Bildern beschrieben. Sie kann der König der Weltvölker sein, die darauf aus sind, Israel zu vernichten; sie kann als ein Seeungeheuer beschrieben werden, das die göttliche Welt der rechten Seite bedroht und analog auch den Menschen:

> Ein Ungeheuer unten, auf der linken Seite, schwimmt in all diesen Flüssen. Es kommt mit seinen mächtigen Flossen, eine jede so stark wie Eisen, und erreicht (das Meer der rechten = göttlichen Seite), um Wasser zu

der Kabbala«, in: ders., *Von der mystischen Gestalt der Gottheit. Studien zu Grundbegriffen der Kabbala*, Zürich 1962 (Frankfurt/M. 1973), S. 49 ff.; M. Idel, »The Evil Thought of the Deity« (Hebr.), in: *Tarbiz* 49, 1980, S. 356-364; I. Tishby, *The Wisdom of the Zohar*, Oxford 1988, vor allem Bd. II, S. 447 ff.; E. R. Wolfson, »Light through Darkness: The Ideal of Human Perfection in the Zohar«, in: *HTR* 81, 1988, S. 73-95. Die folgenden Überlegungen stützen sich insbesondere auf den ausgezeichneten Beitrag von Wolfson, der die Forschung über Scholem und Tishby hinausgeführt hat.

20 *Zohar* III, 41b.

trinken und die (rechte) Seite (dadurch) zu verunreinigen. Alle Lichter werden vor ihm verdunkelt. Sein Mund und seine Zunge sind loderndes Feuer; seine Zunge ist so scharf wie ein mächtiges Schwert, bis es dahin gelangt, in das Heiligtum innerhalb des Meeres einzudringen (d. h. es dringt in den Herrschaftsbereich der göttlichen Welt ein). Dann verunreinigt es das Heiligtum, die Lichter sind verdunkelt, und die oberen Lichter verschwinden aus dem Meer (d. h. die göttlichen Potenzen ziehen sich zurück). Dann teilen sich die Wasser des Meeres auf der linken Seite (d. h. sie neigen der ›anderen Seite‹ zu), und das Meer friert ein und seine Wasser fließen nicht. Und über das Mysterium dieser Sache steht geschrieben: Die Schlange war listiger als alles Getier des Feldes, das Gott, der Herr, gemacht hatte (Gen. 3,1) – (das ist) das Geheimnis der bösen Schlange, die von oben nach unten kommt, die durch die bitteren Wasser schwimmt und hinabkommt, um unten (die Menschen) zu verführen, bis sie in ihr Netz fallen. Diese Schlange ist ewiger Tod und sie begibt sich in die innersten Eingeweide des Menschen (gemeint ist: als ›böser Trieb‹), und sie ist auf der linken Seite. Und es gibt eine andere Schlange des Lebens auf der rechten Seite (gemeint ist: der ›gute Trieb‹). Beide (Schlangen) begleiten den Menschen, wie sie erklärt haben. ... Wehe dem Menschen, der zu ihr (der Todesschlange = dem bösen Trieb) hingezogen wird, denn sie bringt den Tod über ihn und über alle, die ihm folgen.[21]

Hier ist sehr plastisch das kosmische Drama zwischen der guten und bösen Seite in Gott geschildert, das direkte Auswirkungen auf den Menschen unten auf der Erde hat. Wenn die linke Seite des Bösen Macht über die rechte Seite Gottes gewinnt, ziehen sich die göttlichen Kräfte zurück, und das Böse kann als »böser Trieb« ungehindert auf den Menschen einwirken. Der Mensch hat nun die Möglichkeit, mit Hilfe des »guten Triebes« die Kräfte des Bösen in sich zu bekämpfen und damit gleichzeitig dazu beizutragen, daß der Einfluß der »anderen Seite« auf das innergöttliche Leben zurückgedrängt wird (darauf komme ich noch zurück).

2.2.2. Die Entstehung des Bösen

Die Beschreibung der beiden entgegengesetzten Welten der göttlichen Emanationen auf der einen (in der Sprache des *Zohar* rechten) Seite und des Bösen auf der anderen = linken Seite vermittelt den Eindruck, als hätten wir es bei der Mystik des *Zohar* mit einem ausgeprägt dualistischen System zu tun. In der Tat stellt der

21 *Zohar* 1, 52a.

Zohar häufig beide Welten antagonistisch neben- und gegeneinander, als ob sie auf zwei unabhängige Prinzipien zurückzuführen seien. Doch nichts wäre falscher, als den *Zohar* zum Kronzeugen für ein extrem dualistisches System im Judentum aufrufen zu wollen. Schon bei meiner Beschreibung des Organismus der innergöttlichen Potenzen und der ähnlich strukturierten Gegenwelt des Bösen werden Sie herausgehört haben, daß beide Seiten sich nicht in zwei unabhängige Prinzipien auseinanderdividieren lassen, sondern irgendwie miteinander verbunden sind, und zwar in Gott miteinander verbunden sind. Dies wird deutlicher, wenn wir konkret nach der Entstehung des Bösen fragen.

Der *Zohar* gibt hier zwei Antworten, die nicht unbedingt miteinander harmonisiert werden sollten. Die erste, die man als »kathartisch« bezeichnet hat[22], erklärt das Böse gewissermaßen als Abfallprodukt früherer, unvollkommener göttlicher Emanationen, die von der ersten Emanation (*sefira*) vor der Vollendung des gesamten Systems der zehn *sefirot* ausgingen. Diese ersten Aktivitäten im göttlichen Emanationsprozeß sind als Ausscheidung der nicht im Gleichgewicht befindlichen Kräfte des ungezügelten Gerichtes in Gott verstanden; in der symbolischen Sprache des *Zohar* werden sie als »glühende Strahlen im göttlichen Denken«[23], als »Könige Edoms, die starben«[24] oder als »Welten, die erschaffen und zerstört wurden«[25] bezeichnet: »Bevor der Uralte (d. i. Gott in seiner obersten Manifestation) seine Attribute vorbereitete (d. h. in das System der zehn *sefirot* brachte), konstruierte er Könige, zeichnete er Könige ein und erwog er Könige (d. h. versuchte er, die Struktur der Emanation zu arrangieren), aber sie konnten nicht überleben, so daß er sie nach einiger Zeit verwarf und verbarg.«[26] Die beiden Seiten der göttlichen Heiligkeit und der Gegenwelt des Bösen sind somit das Ergebnis einer göttlichen Katharsis: Das Böse ist gewissermaßen die Schlacke, die vom göttlichen Denken ausgeschieden wurde. In der Tat bezeichnet der *Zohar* die »andere Seite« häufig auch als »Schmutz des Gerichtes«[27], »Schlacke«, »Schmutz«, »Abfall« oder auch »Weigerung des Gol-

22 Wolfson, *HTR* 81, 1988, S. 81.
23 *Zohar* III, 292b u. ö.
24 *Zohar* II, 108b u. ö.
25 *Zohar* II, 34b.
26 *Zohar* III, 135a.
27 *Zohar* I, 74b.

des«.[28] Diese frühen göttlichen Gedanken enthielten den Widerspruch gegen das Aus-Sich-Heraustreten des Schöpfergottes in der Emanation und mußten daher ausgeschieden werden. Aus ihrer »Schlacke« formte sich das System der »anderen Seite«. Das System dieser »anderen Seite« geht also letztlich ontologisch dem System der göttlichen Emanation, wie es dann gewissermaßen im zweiten Durchgang erfolgreich verwirklicht wurde, voraus.
Die zweite (und stärker ausgeführte) Linie, die im *Zohar* zur Erklärung des Bösen gezeichnet wird, läßt sich als »integrativ« und »emanationistisch« bezeichnen.[29] Hier ist das Böse nicht der erste mißglückte Versuch der göttlichen Emanation, sondern (wie ich bei der Beschreibung des Systems der *sefirot* = göttlichen Potenzen schon angedeutet habe) im Organismus der göttlichen Potenzen verankert, meist in der fünften *sefira*, die *din* (»Gericht«), *gevura* (»Macht«) oder auch *paḥad* (»Schrecken«) genannt wird, also in der Potenz der göttlichen Strafgerechtigkeit. Von Anfang an, im Prozeß der Emanation selbst, war ein antagonistisches Verhältnis zwischen der Potenz der göttlichen Strafgerechtigkeit auf der einen (= linken) und der Potenz der göttlichen Liebe und Barmherzigkeit auf der anderen (= rechten) Seite angelegt. Das in der Emanation freigesetzte Zornesfeuer des göttlichen Gerichtes wurde zu einer destruktiven Macht und ließ, noch bevor die Gegenkraft der göttlichen Liebe wirksam werden konnte, die »andere Seite« des Bösen entstehen:

Gott sprach: Es werde ein Gewölbe inmitten der Wasser (Gen. 1,6). Dieser Vers spricht nun im einzelnen vom Geheimnis der Scheidung zwischen den oberen und unteren Wassern durch das Geheimnis der ›Linken‹; hier (am zweiten Tage) wurde der Streit geschaffen im Geheimnis der ›Linken‹. Denn bis hierhin (im Schöpfungs- = göttlichen Emanationsvorgang) handelte es sich um das Geheimnis der ›Rechten‹, hier aber beginnt das Geheimnis der ›Linken‹, und deswegen brach der Streit aus zwischen dieser (linken) und der rechten Seite. Die ›Rechte‹ ist die Vollendung aller Dinge (oder auch: des Alls), und daher wurde auch alles mit der ›Rechten‹ geschrieben, denn alle Vollkommenheit hängt an ihr. Als aber die ›Linke‹ erwachte, erwachte der Streit, und durch diesen Streit wurde das Zornesfeuer (in Gott) übermächtig, und aus diesem Streit kam die Hölle (*gehinnom*) hervor (d. h. die ›andere Seite‹ entstand), und die Hölle erwachte in der ›Linken‹ und haftete an ihr.[30]

28 Vgl. Tishby, *Wisdom of the Zohar* II, S. 460.
29 Wolfson, *HTR* 81, 1988, S. 81. 30 *Zohar* I, 17a.

Es ist unschwer zu erkennen, daß die Linke das Prinzip der strafenden Gerechtigkeit und des göttlichen Zornes und die Rechte das Prinzip der Gnade und Liebe Gottes verkörpert. Was hier beschrieben ist, ist der Konflikt der innergöttlichen Potenzen, der im Vollzug der Emanation aufbricht. Die Scheidung zwischen den oberen und den unteren Wassern im biblischen Schöpfungsbericht spielt, so der *Zohar*, auf die Entstehung der linken Seite an. Bis zu dieser Scheidung zwischen Rechts und Links im innergöttlichen Wesen gab es nur die rechte Seite, die in sich vollkommen ist, doch in dem Augenblick, in dem die linke Seite im göttlichen Organismus entstand, entstand ein Konflikt zwischen diesen beiden Seiten. Die linke Seite ist nicht als solche »böse«; das Böse ist gewissermaßen die überschüssige Kraft des göttlichen Zornesfeuers auf der linken Seite, das die »Hölle« (also die Gegenwelt des Satans) aus sich entließ, bevor es durch die göttliche Liebe »gedämpft« werden konnte. Die »andere Seite« des Bösen ist aus der linken Seite Gottes entstanden und haftet an ihr, wie der Text plastisch formuliert, sie ist also letztlich mit ihr identisch. An einer anderen Stelle wird die Entstehung des Bösen als ein Punkt im Rauch des göttlichen Zornesfeuers geschildert:

Als der Rauch aus dem gewaltigen Zorn hervorkam, breitete sich dieser Rauch aus und ging (in alle Richtungen), Zorn über Zorn, einer nach dem anderen, einer ritt (auf dem anderen) und beherrschte den anderen, so wie das Männliche und Weibliche, so daß alles mächtiger Zorn war. Und als der Rauch begann sich auszubreiten, ließ er inmitten des Zornes einen einzelnen Punkt entstehen, auf daß er sich ausbreite. Als Folge davon breitete sich der Rauch des Zornes in einer gedrehten Windung aus wie eine Schlange, die listig ist, um Böses zu tun.[31]

Das Böse ist an diesen und ähnlichen Stellen nicht eine Gott dualistisch entgegengesetzte Welt, sondern integraler Bestandteil des innergöttlichen Lebens. Das Göttliche und das Dämonische sind keineswegs durch eine unüberbrückbare Kluft geschieden, sondern im wahrsten Sinne des Wortes organisch miteinander verbunden. Diesen organischen Zusammenhang zwischen Gut und Böse im Leben Gottes und damit auch in der gesamten Schöpfung schildert sehr schön das Bild von der Nuß und der Schale, das der *Zohar* häufig verwendet:

31 *Zohar* II, 242b.

Alles (was existiert), besteht aus einem inneren Kern und mehreren Schalen, die den Kern umgeben (der innerste Kern ist das unendliche Wesen Gottes [*'en sof*]; die ›Schalen‹ sind die Emanationen, die diesen Kern umgeben und sein Licht verhüllen). Die ganze Welt ist nach diesem Muster (konstruiert), oben und unten: Von dem geheimnisvollen Anfang des obersten Punktes (der ersten Stufe der Emanation) bis hinab zu allen Abstufungen, alles ist (so konstruiert), daß eines das Kleid des anderen ist, Kern in Kern; eine Schale ist Kern (für die nächstfolgende Schale), eine in der anderen (d. h. jede Stufe ist eine Schale im Verhältnis zur Stufe über ihr und ein Kern im Verhältnis zur Stufe unter ihr), so daß sich ergibt, daß eine (Stufe) die Schale der anderen und diese wiederum die Schale der anderen ist.

Der erste Punkt ist ein inneres Licht, dessen Glanz, Feinheit und Reinheit in seiner Unermeßlichkeit nicht erkannt werden kann, bis eine Ausdehnung von ihm ausging und dieser (erste) Punkt sich bis zu einem Palast ausdehnte, der diesen Punkt mit einem Licht bekleidete, das wegen seiner großen Leuchtkraft nicht erkannt werden konnte. Der Palast, der das Kleid für diesen versiegelten Punkt ist, ist seinerseits ein Licht ohne jedes Maß; dennoch ist es nicht so fein wie jener erste Punkt, der verhüllt und verborgen ist. Von diesem Palast geht eine (weitere) Ausdehnung aus, das erste Licht, und diese Ausdehnung ist das Kleid für jenen Palast mit seinem feineren, reineren und inneren (Licht). Von hier aus und weiter dehnt sich eines vom anderen aus, ist eines bekleidet mit dem anderen, so daß eines das Kleid für das andere ist und dieses (das Kleid) für jenes; dieses ist Kern und jenes ist Schale. Obgleich dieses (nur) Kleid ist, wird es (jeweils) Kern für die andere Stufe. Alles ist nach diesem Muster konstruiert, (auch) hier unten, so daß (auch) der sterbliche Mensch in dieser Welt nach diesem Bild (geschaffen ist): Kern und Schale, Geist und Körper, alles entspricht (dieser) Ordnung der Welt.[32]

In diesem offenkundig neuplatonisch beeinflußten Text braucht vom Bösen ausdrücklich nicht mehr die Rede zu sein; es ist völlig in die Abstufungen des Seins integriert bzw. besteht in diesen Abstufungen: Die Schalen sind die Verhüllungen und damit die Begrenzungen der jeweils höheren Emanationsstufe des göttlichen Lichtes, bis hinunter zum Menschen, dessen sterblicher Körper die Schale seiner Seele ist. Hier ist die integrative oder philosophisch gesprochen monistische Linie des *Zohar* zweifellos am weitesten ausgezogen.

32 *Zohar* I, 19b f.

2.2.3. *Der Umgang mit dem Bösen*

Versuchen wir nun in einem weiteren Schritt nach den Konsequenzen zu fragen, die sich für den *Zohar* aus seinem theoretischen Ansatz über die Entstehung des Bösen in Gott ergeben, sind ebenfalls zwei Linien zu unterscheiden. Die erste entspricht der kathartischen Sicht von der Entstehung des Bösen, die oben dargestellt wurde: So wie Gott sich im Emanationsvorgang von den »bösen« Kräften des Widerspruchs in sich selbst befreien mußte, so muß auch der Mensch (d. h. konkret die menschliche Seele) sich von den »Schalen« oder »Schlacken« der Unreinheit befreien, um zur Stufe der Vollkommenheit zu gelangen:

Komm und sieh: Alles ist ein Geheimnis der Weisheit. Dieser Vers spielt auf die Weisheit an und die unteren Stufen (der ›anderen Seite‹). Abraham stieg nämlich in ihre Tiefen hinab und kannte sie, blieb ihnen aber nicht verhaftet, sondern kehrte zu seinem Meister zurück. Er wurde nicht verführt durch sie wie Adam, der zu dieser Stufe gelangte, durch die Schlange verführt wurde und Tod in die Welt brachte. ... Von Abraham dagegen steht geschrieben: Und Abraham stieg hinauf aus Ägypten (Gen. 13,1). Er stieg hinauf und nicht hinab und kehrte zu seinem Ort zurück, zu der oberen Stufe, der er sich vorher (d. h. bevor er nach Ägypten ging) angeschlossen hatte. ... Komm und sieh das Geheimnis (dieser) Sache: Wäre Abraham nicht nach Ägypten hinabgestiegen und dort nicht zuerst geläutert worden, hätte er keinen Anteil am Heiligen, er sei gepriesen (= Gott). So auch mit seinen Kindern (= Israel), als der Heilige, er sei gepriesen, sie zu einem einzigen, vollkommenen Volk machen und nahe an sich heranbringen wollte: Wären sie nicht zuerst nach Ägypten hinabgestiegen und dort geläutert worden, so hätten sie nicht sein einziges Volk werden können. Ähnlich auch das Heilige Land: Wäre es nicht zuerst Kanaan gegeben worden, daß es darüber herrsche, das Land hätte nicht der Teil und der Besitz des Heiligen, er sei gepriesen, werden können.[33]

Hier wird deutlich, daß der Mensch – wie Gott – durch die Unreinheit hindurchgehen muß, um an der Reinheit und Heiligkeit Gottes teilhaben zu können. Abraham und das Volk Israel mußten erst nach Ägypten gehen (den Inbegriff der Unreinheit), um anschließend im Land Israel als Gottes heiliges Volk leben zu können; sogar das Land selbst mußte erst von Kanaan beherrscht werden, ehe es von Israel in Besitz genommen werden konnte. Wenn das Böse nur dadurch ausgeschieden werden kann, daß der

33 *Zohar* 1, 83a.

Mensch mit dem Bösen in Kontakt kommt, ist die Rolle des Bösen nicht ausschließlich negativ. Zwar zielt der Durchgang durch das Böse auf Reinigung und Heiligung, aber diese Reinigung und Heiligung ist eben ohne das Böse nicht möglich. Manche Wendungen und Bilder des *Zohar* betonen in geradezu paradoxer Weise diese dialektische Funktion des Bösen. So erklärt der *Zohar* den Bibelvers Ex. 3,2 folgendermaßen:

Und der Engel des Herrn (d. i. die *shekina*, eine Manifestation Gottes) erschien ihm (= dem Mose) in einer Feuerflamme inmitten des Dornbuschs (Ex. 3,2). Der Dornbusch (der hier für die dämonischen Mächte steht) war gewiß inmitten dieser Heiligkeit (d. i. die *shekhina*, die Manifestation Gottes) und haftete ihr an, denn alles hängt miteinander zusammen, das Reine und das Unreine; es gibt nämlich keine Reinheit, es sei denn von inmitten der Unreinheit (d. h. es gibt Reinheit nur von Unreinheit ausgehend). Dies ist das Geheimnis (des Bibelverses): Kann denn Reines von Unreinem kommen? (Hiob 14,14): Schale und Kern sind eins im anderen (zusammen).[34]

Hier haben wir die zweite Linie, die ich oben ausführlicher dargestellt habe, die integrative Sicht des Bösen. Weil im innergöttlichen Leben Schale und Kern, Rechts und Links, Gut und Böse, eng miteinander verbunden sind, kann auch der Mensch nur durch das Böse hindurch zum Guten gelangen und beeinflußt dadurch, dies ist ein weiterer wichtiger Aspekt, die Balance im Verhältnis der beiden Seiten im innergöttlichen Leben:

Es gibt kein Licht, es sei denn, es geht aus der Dunkelheit hervor, denn wenn diese (andere) Seite unterdrückt wird, steigt der Heilige, er sei gepriesen, nach oben empor und wird in seiner Herrlichkeit verherrlicht. Und es gibt keinen Gottesdienst als den, der aus der Dunkelheit (hervorgeht) und nichts Gutes als das, das aus dem Bösen hervorgeht. Wenn ein Mensch den Weg des Bösen betritt und dann davon abläßt, steigt der Heilige, er sei gepriesen, in seiner Herrlichkeit empor. Deswegen ist die Vollendung von allem Gut und Böse zusammen, um danach zum Guten erhoben zu werden. ... Und durch dieses Gute (das sich aus dem Bösen ergibt) steigt seine Herrlichkeit empor, und dies ist vollendeter Gottesdienst.[35]

Das Gute kommt nur durch das Böse und aus dem Bösen, und nur wenn der Mensch dieses Gute tut (d. h., nicht dem Bösen verhaftet bleibt, sondern vom Bösen wieder zum Guten zurückkehrt), sorgt er dafür, daß die »andere Seite« in Gott unterdrückt wird,

34 *Zohar* II, 69b. 35 *Zohar* II, 184a.

daß also die rechte Seite Gottes über die linke Seite mit ihren dämonischen Kräften die Überhand gewinnt.

2.2.4. Die Überwindung des Bösen

Damit komme ich zum letzten Schritt in der Entfaltung des Systems des Bösen im *Zohar*. Was geschieht nun mit diesem Bösen, wie wird es überwunden? Nach jüdischer Tradition ist zu erwarten, daß es spätestens am Ende der Zeiten endgültig besiegt wird, daß dann das Gute für immer über das Böse triumphiert. Die kathartische Linie im *Zohar* scheint diese Sicht zu vertreten. Zwar wird nicht gesagt, was mit den von Gott ausgeschiedenen Schlacken des Bösen geschieht, doch ist anzunehmen, daß es Aufgabe des Menschen ist, diese zu überwinden und letztlich zu vernichten.
Sehr viel differenzierter wird die Frage nach der Überwindung des Bösen in der integrativen Linie des *Zohar* beantwortet. Wenn das Böse, wie wir gesehen haben, im Prozeß der göttlichen Emanation entstanden ist, kann seine Aufhebung nicht einfach darin bestehen, daß es vernichtet wird. Gott müßte mit dem Bösen seine Welt und letztlich sich selbst vernichten. Besonders aufschlußreich ist in diesem Zusammenhang die Begründung des *Zohar* für das Leiden Hiobs:

(Hiob) gab niemals (wenn er ein Opfer darbrachte) irgendeinen Anteil (davon) der (›anderen Seite‹), wie es heißt: Er brachte Brandopfer dar entsprechend der Zahl von ihnen allen (Hiob 1,5: Der *Zohar* versteht den Vers nicht wie im Bibeltext »so viele Brandopfer wie er Kinder hatte«, sondern: Er brachte alle seine Brandopfer als Opfer für Gott alleine dar, ohne die ›andere Seite‹ zu bedenken). Das Brandopfer stieg nach oben, (d. h.) es stieg nach oben (zu Gott alleine), und er gab der anderen Seite keinen Anteil. Hätte er ihr nämlich einen Anteil gegeben, hätte sie hinterher nichts gegen ihn vermocht. ... Weil er dies nicht getan hat, hat der Heilige, er sei gepriesen, ihn mit dem Gericht heimgesucht.
Komm und sieh: So wie (Hiob) gut und böse getrennt und nicht zusammengefaßt hat, in genau dieser Weise wurde er gerichtet: (Gott) gab ihm Gutes und danach Böses und danach brachte er ihn zum Guten zurück. Und so geziemt es sich auch für die Menschen: Das Gute zu kennen und das Böse zu kennen und danach zum Guten zurückzukehren. Dies ist das Geheimnis des Glaubens.[36]

36 *Zohar* II, 34a.

Die Sünde Hiobs, für die er von Gott bestraft wurde, bestand also paradoxerweise darin, daß er das Gute vom Bösen getrennt hat, statt es zusammenzuführen. Durch die Trennung von Gut und Böse hat er die Macht des Bösen gestärkt, hat er der »anderen Seite« im innergöttlichen Leben zum Übergewicht verholfen. Wenn er auch die »andere Seite« mit seinem Opfer bedacht hätte, hätte er Gut und Böse zusammengeführt, und genau dies hätte zur Folge gehabt, daß der Satan unterdrückt worden wäre und die heilige rechte Seite Gottes nach oben gestiegen wäre und das Übergewicht über die linke Seite erlangt hätte. Wie das Beispiel Hiobs zeigt, ist es also Aufgabe des Menschen, durch die Zusammenführung von Gut und Böse die beiden Seiten in Gott wieder zu vereinigen, deren gegenseitiges Verhältnis im Prozeß der Emanation aus dem Gleichgewicht geraten war:

Rabbi Isaak sagte: In der Stunde, da der Heilige, er sei gepriesen, die Welt schuf und die Tiefe in der Verborgenheit und das Licht in der Finsternis offenbaren wollte, waren diese (die Tiefe und die Verborgenheit sowie das Licht und die Finsternis) miteinander verbunden (wörtlich: ineinander enthalten). Deswegen ging das Licht aus der Finsternis hervor, und aus dem Verborgenen ging hervor und wurde offenbar die Tiefe. Eines ging aus dem anderen hervor ..., alles ist im anderen enthalten, guter Trieb und böser Trieb, Rechts und Links, Israel und die anderen Völker, Weiß und Schwarz. Alles hängt eins am anderen.[37]

Da ursprünglich alles in Gott miteinander verbunden war, ist nicht Trennung, sondern Vereinigung Aufgabe des Menschen. Der Frevler, der dem Bösen anhaftet, verstärkt die Trennung der beiden Seiten im innergöttlichen Organismus; der Gerechte, der das Böse meidet, bewirkt letztlich dasselbe wie der Frevler. Der wahre Gerechte weiß (anders als Hiob), daß die Überwindung des Bösen nur in der Wiedervereinigung von Gut und Böse, Rechts und Links, bestehen kann. Diese Überwindung des Bösen durch seine Rückführung auf seine ursprüngliche Einheit mit dem Guten muß sich sowohl auf der moralischen Ebene des irdischen Menschen wie auch auf der Ebene des Organismus der göttlichen Potenzen vollziehen. Der Mensch ist, wie wir gesehen haben, durch seine Seele mit den innergöttlichen Potenzen verbunden; sein Verhalten, sein Umgang mit dem Bösen, beeinflußt in entscheidender Weise auch das Zusammenspiel der göttlichen Potenzen und Emanationen.

37 *Zohar* III, 80b.

2.3. Zusammenfassung

Was ist also das Böse im System der frühen Kabbala und des *Zohar*? Ich denke, die Antwort kann nur lauten: Das Böse ist der Widerspruch gegen die Schöpfung in Gott selbst, und zwar sowohl gegen die Entfaltung der Potenzen im Wesen des Schöpfergottes als auch (um so mehr) gegen die konkrete irdische Welt des Menschen. In der kathartischen Sicht des *Zohar* ist, wie wir gesehen haben, das »Böse« (die erfolglose Emanation) ontologisch früher als das »Gute« (die vollzogene Emanation des Schöpfergottes); in der integrativen Sicht ist das »Böse« ontologisch später, da es sich aus dem göttlichen Attribut des Gerichtes herleitet. In dem einen Fall ist es so radikal gegen die Schöpfung gerichtet, daß es diese unmöglich macht und deswegen ausgeschieden werden muß; in dem anderen Falle muß es in Gott mit Gott versöhnt, d. h. muß Gott mit sich selbst und dem Schöpfungsakt versöhnt werden. Die Wiederherstellung der ursprünglichen Einheit in Gott ist gleichzeitig auch die Wiederherstellung der ursprünglichen Schöpfungsabsicht.
Die entscheidende Funktion in diesem Restitutionsprozeß (die spätere Kabbala hat dafür den Begriff *tiqqun* – »Wiederherstellung« geprägt) kommt dem irdischen Menschen zu. Dem Menschen (und das heißt in der Kabbala präzise: dem Juden) in dieser Welt ist es aufgetragen, den Prozeß der Wiederversöhnung Gottes mit sich und der Welt, der Restitution der ursprünglichen Schöpfungsabsicht, zu vollenden. Nicht nur die Schöpfung Gottes, sondern der Schöpfergott selbst findet seine Vollendung im Handeln Israels (und dies bedeutet im Sinne der Tradition natürlich im Gottesdienst, im Vollzug der Tora und im Gebet). Israels einzigartige Stellung in der Geschichte beruht darauf, daß nur Israel imstande ist, die *ganze Welt* ihrer ursprünglichen Bestimmung zuzuführen. Dies verleiht schließlich auch dem Exil Israels einen tiefen und fast verzweifelten Sinn (das letzte grandiose System der jüdischen Mystik, die lurianische Kabbala, entstand nach dem bis dahin größten Exil, der Vertreibung der Juden aus Spanien): Das Exil, die Zerstreuung Israels unter den Völkern, ist die Knechtschaft Israels unter der Herrschaft des Bösen. Indem Israel sich aus dem Exil befreit, befreit es die ganze Welt und damit letztlich auch Gott.

Alois M. Haas
Das Syndrom des Bösen in der mittelalterlichen Mystik

Wie ein säkulares Signal ist es aufzufassen, wenn Paul Valéry im Jahre 1913 in sein ›Cahier‹ schreibt:

vis-à-vis de la religion, se développe et s'impose un fait toujours plus évident – C'est que les problèmes de l'homme récent ne sont plus – du tout – ceux des anciens jours. Les questions de bien et de mal ont perdu leur prestige métaphysique. La terre ne s'oppose plus au ciel – ni même la vie à la mort. (Es gibt der Religion gegenüber eine Entwicklung, die immer drängender und offenkundiger wird – nämlich daß die Probleme des Menschen in jüngster Zeit, und sogar die einzelnen Elemente dieser Probleme, nicht mehr – und ganz und gar nicht mehr – dieselben wie früher sind. Die Fragen von Gut und Böse haben ihr metaphysisches Prestige eingebüßt. Erde und Himmel sind keine Opponenten mehr – nicht einmal Leben und Tod.)[1]

Es ist das gute Recht von Aphorismenschreibern, Ungeheuerliches auf kleinstem Raum zu behaupten; bekommen sie nachträglich recht, rücken sie vom scharfsinnigen Skribenten zum Propheten auf. Wir erleben es heute, daß Valéry nicht nur in der genannten Hinsicht eine solche Aufwertung rechtens zukommt. Wer immer auch die Mahnung von Baudelaires Prediger[2] im Hinterkopf behält – »Mes chers frères, n'oubliez jamais, quand vous entendrez vanter le progrès des lumières, que la plus belle des ruses du diable est de vous persuader qu'il n'existe pas!« –, der wird zugeben müssen, daß er sich in dieser Hinsicht längst als ein Opfer jener Entwicklung zu begreifen hat, die das Böse seit langem in den Bereich einer alles verstehenden und deutenden Psychologie hat entgleiten lassen, auch wenn umgekehrt die geschichtsphilosophische These Adornos und Horkheimers vom

1 P. Valéry, *Cahiers II*, Paris 1974, S. 581; *Cahiers/Hefte 2*, Frankfurt a. M. 1988, S. 490.

2 Ch. Baudelaire, *Œuvres I*, Paris, S. 326 f. (»Joueur généreux«). Vgl. dazu M. Milner, *Le Diable dans la littérature française de Cazotte à Baudelaire* 1772-1861, 2 Bde., Paris 1960, t. II, S. 440 f.; D. de Rougemont, *Der Anteil des Teufels*, Wien 1949, S. 13.

universellen Verblendungszusammenhang[3], was doch ein Einbezogensein des gesellschaftlichen Seins ins Böse meint, weithin akzeptiert scheint. Das Böse ist, wo »die vollends aufgeklärte Erde im Zeichen triumphalen Unheils«[4] strahlt, unspezifisch geworden, etwas nicht mehr Faßbares, das sich der Wahrnehmung entzieht. Walker Percys Roman ›Lancelot‹ aus dem Jahre 1977 beleuchtet diesen Wahrnehmungsverlust aus der Perspektive eines Helden, der Böses erfährt und in äußerster Bewußtheit tut und dabei erkennen muß, daß diese Suche nach dem Bösen, an dessen Vorhandensein er die Existenz Gottes bindet, in doppelter Hinsicht nichtig ist: Es gibt das Böse und die Sünde nicht (vgl. seine verzweifelte Forderung: »Zeig mir eine einzige ›Sünde‹!«)[5], und »im Herzen des Bösen« ist nichts zu finden: »Da war nämlich gar kein Rätsel, keine Entdeckung, kein Aufzucken eines Interesses, überhaupt nichts, nicht einmal etwas Böses.«[6]

Diese »Entbösung des Bösen« – wie wir mit Odo Marquard diesen Tatbestand benennen können[7] – im Herzen des Bösen selbst, hat mancherlei Gründe. Deren wichtigster ist sicherlich, daß das *malum* in sich höchst komplex ist, so daß jeder Versuch, diese Komplexität abzubauen, seine reelle Chance hat. Wenn Leibniz in seiner ›Theodizee‹ von 1710 (I, 21) das *malum* signifikant in ein metaphysisches, physisches und moralisches Übel (»einfache Unvollkommenheit«, »Leiden« und »Sünde«) aufgliedert, so tut er

3 M. Horkheimer/Th. W. Adorno, *Dialektik der Aufklärung, Philosophische Fragmente*, Amsterdam 1947.

4 Ebd., S. 13.

5 Walker Percy, *Lancelot*. Roman, aus dem Amerikanischen von G. Stege, Frankfurt/M. 1987, S. 121. Zum modernen Desinteresse an »Sünde« vgl. auch Chr. Gestrich, *Die Wiederkehr des Glanzes in der Welt. Die christliche Lehre von der Sünde und ihrer Vergebung in gegenwärtiger Verantwortung*, Tübingen 1989, S. 198.

6 Ebd., S. 221.

7 O. Marquard, »Entlastungen. Theodizeemotive in der neuzeitlichen Philosophie«, in: ders., *Apologie des Zufälligen. Philosophische Studien*, Stuttgart 1986, S. 11-32, hier: S. 23; ders., »Felix Culpa? – Bemerkungen zu einem Applikationsschicksal von Genesis 3«, in: M. Fuhrmann u. a., *Text und Applikation. Theologie, Jurisprudenz und Literaturwissenschaft im hermeneutischen Gespräch*, München 1981 (= Poetik und Hermeneutik IX), S. 53-71; ders., »Glück im Unglück. Zur Theorie des indirekten Glücks zwischen Theodizee und Geschichtsphilosophie«, in: *Allg. Zs. f. Philosophie 3* (1978), S. 23-42.

das im Blick auf einen Gott, der solche (nicht durchaus als notwendig erkannte) Übel »zuläßt«, weil er antizipierend immer das Gute, nachfolgend aber immer das Beste will (1, 23).[8] So erweist er sich als bestmöglicher Schöpfer einer bestmöglichen Welt. Der Stachel ist damit jedem Bösen in der Hinsicht genommen, daß die

8 G. W. Leibniz, *Die Theodizee*, übersetzt von A. Buchenau, Hamburg [2]1968, S. 110 ff. Zur Herkunft der Theodizeefrage vgl. F. Billicsich, *Das Problem des Übels in der Philosophie des Abendlandes*, 3 Bde., Wien [2]1955-59, besonders 1: *Von Platon bis Thomas von Aquino*, S. 287 ff.; O. Marquard u. a., *Malum. Hist. Wörterbuch der Philosophie*, Bd. 5, Basel 1980, S. 652-706; C.-F. Geyer, *Leid und Böses in philosophischen Deutungen*, Freiburg 1983, S. 95 ff. Das Theodizeeproblem als ausgeformte philosophische Frage ist ein Produkt der Neuzeit, hat aber weit in die Väterzeit zurückreichende Wurzeln. Vgl. Boëthius, *De consolatione* 1 pr. 4,30: *si quidem deus ... est, unde mala.* Dazu vgl. J. Gruber, *Kommentar zu Boethius' De consolatione philosophiae*, Berlin 1978, S. 124 f.; P. Th. M. Huber, *Die Vereinbarkeit von göttlicher Vorsehung und menschlicher Freiheit in der Consolatio Philosophiae des Boethius*, Diss. Zürich 1976; einen vortrefflichen Überblick bieten R. Beutler/W. Theiler, *Plotins Schriften*, übersetzt von R. Harder, Vb, Hamburg 1960, S. 402-406. Für den ganzen Bereich von Sünde, Leiden, Tod und Theodizee vgl. in Auswahl: C. Balducci, *Il diavolo*, Casale Monferrato [3]1989; J. Bernhart, *De profundis*, Weissenhorn [5]1985; ders., *Chaos und Dämonie*, München 1950; F. Brandenburger, *Das Böse. Eine biblisch-theologische Studie*, Zürich 1986; B. Bro, *Le pouvoir du mal*, Paris 1979; E. Castelli, *Le démoniaque dans l'art. Sa signification philosophique*, Paris 1959; B. Chiesa, *Creazione e caduta dell'uomo nell'esegesi giudeo-araba medievale*, Brescia 1989; A. Cini Tassinario, *Il Diavolo secondo l'insegnamento recente della Chiesa*, Roma 1984; Ph. Delhaye, *Discerner le bien du mal dans la vie morale et sociale. Etude sur la morale de Vatican II*, o. O. 1979; E. Drewermann, *Strukturen des Bösen*, 3 Bde., Paderborn 1988; E. Ferguson, *Demonology of the Early Christian World*, New York 1984; G. Gerstenberger/W. Schrage, *Leiden*, Stuttgart 1977; A. Görres/K. Rahner, *Das Böse. Wege zu seiner Bewältigung in Psychotherapie und Christentum*, Freiburg 1982; A. Grün, *Der Umgang mit dem Bösen*, Münsterschwarzach 1980; ders., *Einreden*, Münsterschwarzach 1983; H. Haag, *Abschied vom Teufel*, Einsiedeln [4]1973; ders. u. a. *Teufelsglaube*, Tübingen 1974; ders. u. a., *Vor dem Bösen ratlos?*, München [2]1989; H Häring, (wie Anm. 15); J. Hick, *Evil and the God of Love*, London [3]1985; A. M. Horvath, *Heiligkeit und Sünde im Lichte der thomistischen Theologie*, Freiburg/Schweiz 1943; Ch. Journet, *Le Mal, Essai théologique*, Saint-Maurice [33]1988, deutsch: *Vom Geheimnis des Übels*, Essen 1963; W. Kasper/K. Lehmann, *Teufel Dä-*

dahinter stehende Absicht Gottes es durch seinen Willen zur bestmöglichen Schöpfung je entschärft hat. Gott ist von seiner Verantwortlichkeit für seine Schöpfung entlastet, seit dem 18. Jahrhundert bis zu dem Punkt, da eine mögliche Verantwortlichkeit Gottes für seine Schöpfung überhaupt nicht mehr wahrgenommen wird, hingegen umgekehrt die schöpferische Autonomie des Menschen ins Unmeßbare wächst.[9] Daß in dieser Entwicklung notwendigerweise der Mensch es ist, der sich seines moralischen Übels, der Sünde, entschlägt, stellt die Reprise des Vorgangs dar,

monen Besessenheit. Zur Wirklichkeit des Bösen, Mainz ²1978; H. Köster, *Urstand, Fall und Erbsünde in der Scholastik*, Freiburg 1979, (Hb. d. Dogmengesch. II/3b); K. Lüthi, *Gott und das Böse*, Zürich 1961; S. Natoli, *L'esperienza del dolore. Le forme del patire nella cultura occidentale*, Milano ⁴1988; J. Pieper, *Über den Begriff der Sünde*, München 1977; H. Reinicke, *Das Verhängnis der Übel im Weltbild griechischer Denker*, Berlin 1969; E. Reisner, *Der Dämon und sein Bild*, Frankfurt/M. ²1986; P. Ricœur, *Phänomenologie der Schuld*, 2 Bde., Freiburg 1971; J. Ries (Hg.), *Anges et démons*, Louvain-la-Neuve 1989; J. B. Russell, *The Devil. Perceptions of Evil from Antiquity to Primitive Christianity*, Ithaca ³1982; ders., *Satan. The Early Christian Tradition*, Ithaca 1981; ders., *Lucifer. The Devil in the Middle Ages*, Ithaca 1984; H. Schade, *Dämonen und Monstren*, Regensburg 1962; H. Schlier, *Mächte und Gewalten im Neuen Testament*, Freiburg 1958; R. Schnakkenburg u. a., *Die Macht des Bösen und der Glaube der Kirche*, Düsseldorf 1979; Ch. Schulte, *Radikal böse. Die Karriere des Bösen von Kant bis Nietzsche*, München 1988; M. Sievernich, *Schuld und Sünde in der Theologie der Gegenwart*, Frankfurt/M. 1982; W. Sparn, *Leiden – Erfahrung und Denken. Materialien zum Theodizeeproblem*, München 1980; L. Scheffczyk, *Urstand, Fall und Erbsünde von der Schrift bis Augustinus*, Freiburg 1981 (= Hb. d. Dogmengesch. II/3a/1); G. Tavard, *Satan*, Paris 1988; B. Teyssèdre, *Naissance du Diable. De Babylone aux grottes de la mer morte*, Paris 1985; ders., *Le Diable et l'enfer au temps de Jésus*, Paris 1985; ders., *Anges, astres et dieux. Figures de la destinée du salut*, Paris 1986; R. Verneaux, *Problèmes et mystères du mal*, Paris 1983; S. Vierzig, *Das Böse*, Stuttgart 1984; K.-H. Weger, *Theologie der Erbsünde*, Freiburg 1970; B. Welte, *Über das Böse. Eine thomistische Untersuchung*, Freiburg 1986; A. Winklhofer, *Traktat über den Teufel*, Frankfurt/M. 1961; A. Zimmermann (Hg.), *Die Mächte des Guten und Bösen. Vorstellungen im XII. und XIII. Jahrhundert über ihr Wirken in der Heilsgeschichte*, Berlin 1977 (Misc. Med. 11); O. Zimmermann, *Das Dasein Gottes. Warum Schuld und Schmerz?*, Freiburg 1924; E. Zoffoli, *Problema e mistero del male*, Torino 1960.

9 Marquard, 1986 (wie Anm. 7), S. 17.

in dem Leibniz Gott seiner Verantwortung für das *malum* in der Schöpfung enthob.

Wenn wir angesichts dieser Konstellation versuchen wollen, das Theodizeeproblem in der sog. deutschen (oder rheinländischen) Mystik des 14. Jahrhunderts zu umschreiben, so muß gleich gesagt werden: Ein solches gibt es nicht. Das entspricht zunächst der allgemein getroffenen Festlegung: »die Theodizee gehört spezifisch zur Neuzeit«[10] und dient der »Entlastung Gottes durch seine Entpflichtung als Schöpfergott«[11], so daß der autonome Schöpfermensch dessen Nachfolger werden kann. Es bleibt die Frage, was die Mystik in dieser Entwicklung für eine Rolle zugewiesen bekam.

Wie immer Definitionen mystischer Erfahrung lauten mögen, eines ist ihnen allen gemeinsam: das Moment der Vereinigung des Menschen mit Gott, das sich allerdings in vielerlei Modalitäten zu artikulieren vermag, wenn auch ohne Zweifel dabei die intellektuellen und affektiv-emotionalen Vermögen des Menschen eine Hauptrolle spielen.[12] Der liebend-erkennende Zugang des Menschen zu Gott aber setzt den numinosen Schrecken vor ihm außer Geltung, auch und gerade dann, wenn der Gott, auf den der Mystiker zugeht, immer undurchschaubarer und unbenennbarer wird. Nach einer zutreffenden Bemerkung Paul Tillichs gehört damit die Mystik zu jenen religiösen Strategien – sofern es denn eine solche ist –, in denen Gott entdämonisiert wird.[13] Auf unser Problem des *malum* bezogen besagt dies, daß der religiöse Begriff der Sünde deswegen relativiert wird, weil bei wachsender Nähe des Menschen zu Gott eine der Hauptformen der Sünde – »das Mißtrauen gegen Gott«, das nichts anderes darstellt als eine »Dämonisierung Gottes im menschlichen Bewußtsein«[14] – so sehr schwindet, daß letztlich nurmehr die reine seinsfreudige Positivität Gottes gegenwärtig ist. Darin schrumpft die dreifache Ausfaltung des *malum* in seiner metaphysischen, physischen und mora-

10 Ebd., S. 16.

11 Ebd., S. 18.

12 Vgl. A. M. Haas, *Gottleiden Gottlieben. Zur volkssprachlichen Mystik im Mittelalter*, Frankfurt/M. 1989, S. 24.

13 E. Tillich, »Das Dämonische«, in: ders., *Der Widerstreit von Raum und Zeit*, Schriften zur Geschichtsphilosophie (= GW VI), Stuttgart 1963, S. 58 f.

14 Ebd., S. 54.

lischen Variante (wesentliche Beschränktheit, Leid/Tod, Sünde) zu einer letztlich nicht mehr relevanten Unvollkommenheit. Es ist keinesfalls belanglos, daß sich die deutsche Mystik neuplatonische Weltdeutungsmuster angeeignet hat, in denen der »Überfluß des Unbedingten, Überseienden«[15] vor dem Widerständigen der Ma-

15 Ebd., S. 59. Zu Tillichs Auffassung von Sünde und Schuld vgl. G. Schepers, *Schöpfung und allgemeine Sündigkeit. Die Auffassung Paul Tillichs im Kontext der heutigen Diskussion*, Essen 1974; H. Häring, *Das Problem des Bösen in der Theologie*, Darmstadt 1985, S. 118, 152. Sowohl bei Platon wie bei Plotin ist aber das Böse in seiner Nichtigkeit kein zweites Prinzip neben dem Guten und dem Sein; es ist ontologisch immer unwirklich und nichtig. F.-P. Hager schreibt dazu: »Wir glauben ..., daß der Zug zur einheitlichen Betrachtung aller Dinge im Lichte des Guten bei Platon selbst ... dominiert hat, daß er nur *ein* höchstes Prinzip von allem, die Idee des Guten, welche noch über alle andern Ideen erhaben ist, angenommen, daß er auch die Ideen als einheitliche Ursachen der sichtbaren Welt angesetzt hat, daß für ihn kein Prinzip des Bösen im Bereich der Ideen wirksam war, ja daß die Materie als Ursache des Bösen im irdischen Bereich überhaupt kein wirkliches Prinzip und schon gar nicht ein dem Einen-Guten dualistisch entgegengesetztes Prinzip von allem bei Platon gewesen sein kann.« »Wenn nun ... Plotin ... angesichts des Problems und der Realität des Bösen an seinem strikten Prinzipienmonismus festhält, d. h. wenn er auf keine Weise zugeben will, daß die Materie als Prinzip des Bösen (wie sie in I, 8: 6, 33 tatsächlich genannt wird) ein dem Einen-Guten gleichberechtigt und gleichursprünglich gegenüberstehendes Prinzip ist, so müßte er, wie man meinen könnte, doch in der Lage sein, auch das Böse in der Stufenreihe des Seins und des Nichtseins aus dem Einen-Guten als dem höchsten Prinzip, aus welchem alles stammt, abzuleiten und so in gewisser Weise die Sinnhaftigkeit auch des Bösen aufzuzeigen. In der Tat sagt denn auch Plotin, daß alles, auch das ontologisch und axiologisch Spätere und Unvollkommene, letzten Endes wie die sämtlichen Stufen des Seins und des Nichtseins aus dem Einen-Guten entstanden ist. Das Eine-Gute bleibt dabei allerdings in seiner Vollkommenheit, insbesondere auch in seiner vollkommenen Gutheit unberührt. So wie es nicht dadurch in seiner absoluten Vollkommenheit angetastet oder dezimiert wird, daß es Gutes von zweitem oder drittem Range aus sich entläßt, so wird es auch in seiner reinen Gutheit nicht dadurch beeinträchtigt, daß es durch eine große Zahl von hierarchischen Zwischenstufen schließlich das Böse als die Negation des Guten aus sich entstehen läßt. Dieses Böse nämlich ist ein Nichtiges, es kann auch in der absoluten Verdunkelung der Materie nicht verleugnen, daß es letzten Endes ein höchst unvollkom-

terie in Form der aus Askese sich ausformenden Ekstase möglich und erfahrbar wird. Wenn auch christlich die Materie als fraglos gegebene Schöpfung nicht schlecht gemacht werden kann, bleibt ihr gegenüber – als der ins attraktiv Viele verlockenden Versuchung – gleichwohl ein christlicher Vorbehalt bestehen, der den Zugang zu neuplatonischen Denkfiguren mit ihrer Tendenz zum Aufstieg aus dem Vielen ins Eine offenhält.

Falls eine Typologie der Vorstellung vom Übel in der deutschen Mystik sich abzeichnen sollte, so ist es wohl eine, die von einer stark betonten ontologischen Depotenzierung des *malum* zu einer immer kräftigeren, ja realistischen Akzentuierung von Kontingenz, Leid, Tod und Sünde reicht. Das soll im Blick auf die tragenden Gestalten in zwei Schritten gezeigt werden:

I. Ontologische Depotenzierung und
II. Vergeschichtlichung und Biographisierung des *malum*.

I.

Zweifellos ist es Meister Eckhart († 1328), der am intensivsten das *malum* im Geiste des Neuplatonismus ontologisch demontiert.[16] So wie bei ihm ohnehin die Geschichte aus dem Blickwinkel der Ewigkeit betrachtet wird und die Geschichte sich somit kaum zu

menes Abbild und Gegenbild des absolut Guten als des höchsten Prinzips ist. Das Böse ist nicht wirkliches Prinzip, sondern als Materie und Prinzip des Bösen nur Scheinprinzip, vollendete Lüge und Täuschung im Gegensatz zur vollendeten Wahrheit des Seins und des Guten.« (F.-P. Hager, *Gott und das Böse im antiken Platonismus*, Würzburg 1987, S. 33 und 57f.). Vgl. auch von dems., *Die Vernunft und das Problem des Bösen im Rahmen der platonischen Ethik und Metaphysik*. Anhang: Die Materie und das Böse im antiken Platonismus, Bern [2]1970, S. 265-295; E. Muehlenberg, »Das Verständnis des Bösen in neuplatonischer und christlicher Sicht«, in: *Kerygma und Dogma* 15 (1969), S. 226-238; H. Koch, »Proklus als Quelle des Ps. Dionysius Areopagita in der Lehre vom Bösen«, in: *Philologus* 54 (1895), S. 438-454; W. Beierwaltes, *Denken des Einen. Studien zur neuplatonischen Philosophie und ihrer Wirkungsgeschichte*, Frankfurt/M. 1985, S. 182-192, S. 241-248.

16 Zu Eckharts Auffassung vom *malum* vgl. Billicsich (wie Anm. 8) II, Wien 1952, S. 13 (»bei dem großen deutschen Mystiker Eckehart können wir uns kurz fassen. Er folgt in der Betrachtung des moralischen

einem geschichtstheologisch relevanten Paradigma ausgestalten kann, hat der Anfang dessen, was für den Menschen Kontingenz, Leid und Sünde heißt, keine große Chance beachtet zu werden. Der Anfang ist je schon durch das heilsgeschichtlich möglich und denkbar gemachte Ende, das als Ewigkeit in die Zeit reicht, überholt. Die Denkbarkeit von Ewigkeit entwertet die Zeit, indem sie sie paradoxerweise aufwertet zum präsentischen Nu der Ewigkeit.[17] Im Rahmen dieser starken, ja massiven Rückbindung der Zeit an die Ewigkeit gewinnt die Sünde – und natürlich gerade die Ursünde der Stammeltern – eine gewisse Abstraktheit. Sünde ist für Eckhart im Grunde eine Verkehrung und Aufhebung des *ordo rerum* in dem Sinne, daß das Obere dem Unteren, die Vernunft der Sinnlichkeit unterstellt wird (*Peccatum autem, ut nunc, est, quoties ordo rerum tollitur et superius subicitur inferiori, ratio sensibilitati*).[18] Augenfällig wird diese Verkehrung im Sündenfall nach Genesis 3: Die Personenkonstellation Schlange, Eva und Adam gerät ihm zur Allegorie einer Wesensbeschreibung des Menschen. Ganz nach Augustinus versteht er »unter der Schlange das Sinnesvermögen, das wir mit den Tieren gemeinsam haben, unter dem Weib (Eva) den Teil der Vernunft, der auf die äußeren Dinge gerichtet ist, unter dem Mann (Adam) aber den obern Teil der Vernunft, der Gott anhängt«.[19] Es fällt ihm danach schwer, aus dieser Wesensbeschreibung des Menschen historische Schlüsse zu ziehen. Denn wenn er Schlange, Weib und Mann als einen *triplex*

Übels der patristisch-scholastischen Auffassung...«); B. Weiss, *Die Heilsgeschichte bei Meister Eckhart*, Mainz 1965, S. 25-43; K. Albert, *Meister Eckharts These vom Sein. Untersuchungen zur Metaphysik des Opus tripartitum*, Kastellaun 1976, S. 158-172; J. Borella, »Le symbolisme de la lumière et des ténèbres chez Maître Eckhart«, in: J.-M. Paul (Hg.), *Le mal et la maladie de Maître Eckhart à Thomas Bernhard*, Nancy 1988, S. 23-38; zu Eckharts Auffassung von Gut und Böse im weiteren Sinn vgl. die Arbeiten von A. de Libera (Nr. 926), F.-J. Schweitzer (Nr. 937), R. Schwarz (Nr. 1201), J. Royce (Nr. 1229) und M. Bindschedler (Nr. 1320) in: Niklaus Largier, *Bibliographie zu Meister Eckhart*, Freiburg/Schweiz 1989 (dokimion 9).

17 quia tempus est vere tamquam nunc quoddam respectu aeternitatis. *L(ateinische) W(erke)* 4, 159, 2 (im folgenden werden die lateinischen und deutschen Werke, die bei Kohlhammer in Stuttgart erscheinen, in der Abkürzung LW und DW, mit Band-, Seiten- und Zeilenzahl zitiert).

18 *LW* 4, 158, 7; vgl. dazu Weiss (wie Anm. 16), S. 43.

19 *LW* 1, 601, 8; vgl. Weiss, S. 27.

status hominis deutet – *ante peccatum, sub peccato et post peccatum* –[20], so versteht er darunter eigentlich keine Heils*geschichte*, sondern immer noch bloß eine Wesensbeschreibung des Menschen: *haec singula naturaliter competunt homini in suis principiis* (jedes von ihnen [kommt] seiner Natur nach dem Menschen so zu..., daß sie [zusammen] sein Wesen bilden«).[21] Wenn sich Adam und Eva nach dem Sündenfall über ihre Nacktheit schämen, dann ist für Eckhart völlig klar, daß sie deswegen erröten, weil die Sünde, die sie begangen haben »gegen die Vernunft (ist), durch die der Mensch ein vernunftbegabtes Sinneswesen ist«.[22] Kommt dazu, daß sie ihr Versagen als eine *privatio esse* – als eine »Beraubung des Seins und des Guten«[23] erfahren mußten, obwohl sie – wie es jedem Sünder geschieht – das Böse unter dem Aspekt des Guten erstrebten. Sünde ist für Eckhart in der Logik dieses Gedankens eine Entmächtigung Gottes, der das Sein ist. Sünde ist unvernünftige Hinwendung zu irgendeinem Seienden anstatt zum Sein, zu einem Dies und Das, einem Hier und Dort, irgendeinem Wo, und nicht zum *ubique semper* (»Ueberall-Immer«) Gottes.[24] Gott wird durch die Sünde im Innersten getroffen, weil sie etwas »Krummes und nicht Gerades«, sondern »etwas Ungerechtes« ist.[25] Ist der Urstand des Menschen durch eine ursprüngliche *rectitudo* (»Rechtheit«) des Menschen charakterisiert[26], so ist der *status post peccatum* als der erbsündige so zu bestimmen, daß »alles, was in Adam stofflich ist und war, ... mit der Erbsünde befleckt« ist, so daß Leidensfähigkeit (*passibilitas*) und Sterblichkeit (*mortalitas*) des Menschen Kondition ausmachen.[27]
Nirgendwo besser als hier, wo Eckhart die verderbte Menschennatur an die Stofflichkeit seiner irdischen Existenz bindet, aus der Leidverfallenheit, Sterblichkeit, Unwissen und Konkupiszenz fließen, ist der neuplatonische Hintergrund spürbar. Er bezeugt sich nochmals in der grundsätzlich vorgebrachten Festlegung, daß

20 *LW* 1, 603, 16; Weiss, S. 27.
21 *LW* 1, 604, 1.
22 *LW* 1, 353, 1.
23 *LW* 1, 353, 3.
24 *LW* 1, 358, 7 und 10.
25 *LW* 1, 366, 14.
26 *LW* 1, 612, 1.
27 *LW* 4, 43, 10.

das Zeitlose, Körper- und Stofflose immer und überall ist[28], und daß infolgedessen »ein Übel das Gute niemals gänzlich zerstört, auslöscht und zum Verstummen bringt«.[29] Das Sein, das Gott ist, ist nicht zerstörbar, selbst dann, wenn der *Diabolus* – dessen Name Eckhart nach Lk. 10,18 als den »Herabfließenden« (*deorsum fluens*) und als *ab esse cadens* (»den, der vom Guten abfällt«) deutet[30] – mit all seinen Künsten auf den Menschen einwirkt. Eckharts Lehre *de malo* differiert nicht wesentlich von der thomistischen Ansicht. Es gibt indessen einen Punkt, an dem Eckhart in seiner auf Gott sich konzentrierenden Seinsfreudigkeit pointiert weitergeht, als es üblicherweise denkbar ist, nämlich dann, wenn er noch das Böse – sofern es seinshaft ist – als Vehikel der Gottherrlichkeit anerkennt. So im Johanneskommentar an einer Stelle, die dann in die von Papst Johannes XXII. erlassene Verurteilungsbulle[31] 1329 eingehen wird:

In jedem Werk, auch dem bösen, böse nach Strafe und Schuld, sage ich, wird offenbar, leuchtet wieder und leuchtet in gleicher Weise die Herrlichkeit Gottes gemäß dem Wort: ›das Licht leuchtet in der Finsternis‹ (Joh. 1,5); und: ›Licht und Finsternis, preiset den Herrn!‹ (Dan. 3,72); ›er ruft das, was nicht ist, ebenso wie das, was ist‹ (Röm. 4,17). Daher lobt Gott auch der, welcher einen tadelt, durch den Tadel selbst, nämlich durch die Sünde des Tadels, und je mehr er tadelt und je schwerer er sündigt, um so mehr lobt er Gott, ja sogar wenn einer Gott selbst verflucht, lobt er damit Gott.[32]

Zu begründen ist dies durch die Seinshaftigkeit Gottes, die eben alles ist und noch die Hölle durchwirkt: Das Gute ist durch das Übel so sehr nicht zerstörbar, »daß auch in den Verdammten weder das natürliche Streben nach dem Sein noch der Widerspruch der Synderesis gegen das Böse erlischt – ›ihr Wurm wird nicht sterben‹ (Jes. 66,24) – daß ferner ›in den bösen Geistern das, was

28 *LW* 1, 632, 1.
29 *LW* 1, 633, 1.
30 *LW* 4, 177, 11.
31 H. Denzinger/A. Schönmetzer, *Enchiridion Symbolorum*, Barcelona [31]1976, 950-980, S. 290-295; deutsche Übersetzung in: Meister Eckehart, *Deutsche Predigten und Traktate*, hg. und übersetzt von J. Quint, Zürich [2]1979, S. 449-455.
32 *LW* 3, 426, 4; Denzinger (wie Anm. 31), S. 954: *Item in omni opere, etiam malo, malo, inquam, tam poenae quam culpae, manifestatur et relucet aequaliter gloria Dei.*

zu ihrer Natur gehört, unversehrt‹ und strahlend bleibt und daß endlich weder in Kain noch sonst in einem Sünder die Synderesis schweigt. Vielmehr ruft sie ständig, widerspricht dem Bösen und stimmt dem Guten zu und macht zu ihm geneigt.«[33]
Es ist das *vünkelîn*, das hier dynamischer Träger der göttlichen Positivität bis in die Hölle hinein ist:

das vünkelîn der sele, daz ... ist geschaffen von gote und ist ein lieht, oben îngedrücket, und ist ein bilde götlîcher natûre, daz dâ ist kriegende alwege wider allem dem, daz götlich niht enist, und enist niht ein kraft der sêle, als etlîche meister wolten, und ist alwege geneiget ze guote; nochdenne in der helle dâ ist ez geneiget zu guote. Die meister sprechent: daz lieht ist sô natiurlich, daz ez iemermê ein kriegen hât, und heizet sinderesis und lûtet als vil als ein zuobinden und ein abekêren. Ez hât zwei werk. Einez ist ein widerbiz wider dem, daz niht lûter enist. Daz ander werk ist, daz ez iemermê locket dem guoten ... nochdenne den, die in der helle sint.[34]

Obgleich Eckhart diese Aussage an anderer Stelle[35] wieder in Frage stellt, ist doch klar, daß das *malum* bei ihm keinerlei Sub-

33 *LW* 1, 634, 1.

34 *DW* 1, 332, 3: »... das Fünklein der Seele, das da geschaffen ist von Gott und ein Licht ist, von oben her eingedrückt, und es ist ein Bild göttlicher Natur, das allwegs allem dem widerstreitet, das nicht göttlich ist, und es ist nicht eine *Kraft* der Seele, wie etliche Meister meinten, und ist allwegs geneigt zum Guten; selbst noch in der Hölle ist es geneigt zum Guten. Die Meister sagen: Dieses Licht ist von solcher Natur, daß es ein beständiges Streben hat, und es heißt Synteresis, und das bedeutet soviel wie ein Verbinden und ein Abkehren. Es hat zwei Betätigungen. Die eine ist verbissene Abwehr gegenüber allem, was nicht lauter ist. Die andere Betätigung ist die, daß es beständig zum Guten lockt – und das ist der Seele unmittelbar eingedrückt –, selbst noch bei denen, die in der Hölle sind.«.

35 F. Pfeiffer (Hg.), *Meister Eckhart, Predigten und Traktate*, ²Aalen ²1962, 11, 27 (hinfort als Pf mit Seiten- und Zeilenzahl zitiert); nhd. Übersetzung in Q(uint), (wie Anm. 31), S. 426, 5: »Die Frage ist diese: Da das Werk dieser Geburt im Sein und im Grunde der Seele geschieht, so geschieht es ebensowohl in einem Sünder wie in einem guten Menschen: was für Gnade oder Nutzen liegt denn dann *für mich* darin? Ist doch der Grund der Natur in ihnen beiden gleich, ja, bleibt doch selbst denen, die in der Hölle sind, der Adel der Natur ewiglich erhalten? Merkt nun auf folgende Unterweisung: Es ist die Eigenart dieser Geburt, daß sie immerfort mit neuem Lichte vor sich geht. Sie bringt beständig starkes Licht in die Seele, denn es ist der Gutheit Art, sich ausgießen zu müssen, wo immer sie

ist. In dieser Geburt ergießt sich Gott mit Licht derart in die Seele, daß das Licht im Sein und im Grunde der Seele so reich wird, daß es herausdringt und überfließt in die Kräfte und auch in den äußeren Menschen.
So auch geschah es Paulus, als Gott ihn auf dem Wege mit seinem Licht berührte und zu ihm sprach; ein Widerschein des Lichtes ward äußerlich sichtbar, so daß es seine Weggenossen sahen, und umfing Paulus wie die Seligen (Apg. 9, 3). Der Überfluß (nun) des Lichtes, das in der Seele Grund ist, fließt über in den Leib, und der wird dadurch voll Klarheit. Davon aber vermag der *Sünder* nichts zu empfangen, noch ist er dessen würdig, weil er mit der Sünde und mit Bosheit erfüllt ist, was »Finsternis« genannt wird. Darum heißt es: »Die Finsternis empfängt und begreift das Licht nicht« (Joh. 1, 5). Schuld daran ist, daß die Wege, auf denen dieses Licht eingehen sollte, belastet und versperrt sind mit Falschheit und mit Finsternis; können doch Licht und Finsternis nicht miteinander bestehen noch auch Gott und Kreatur: soll Gott eingehen, so muß zugleich die Kreatur hinausgehen. Dieses Lichtes wird der Mensch wohl gewahr. Wenn immer er sich Gott zuwendet, so gleißt und erglänzt sogleich ein Licht in ihm und gibt ihm zu erkennen, was er tun und lassen soll, und viele (andere) gute Weisung, von der er vorher nichts wußte und verstand. »Woher und auf welche Weise (aber) weißt du dies?« Sieh, gib acht! Dein Herz wird oft angerührt und von der Welt abgewendet. Wie könnte das geschehen, wenn nicht durch jene Erleuchtung? Das geschieht so zart und lustvoll, daß dich alles dessen verdrießt, was nicht Gott oder göttlich ist. Es lockt dich zu Gott hin, und du wirst viel guter Mahnungen gewahr und weißt (doch) nicht, woher sie dir kommen. Dieses innerliche Hinneigen kommt keinesfalls von den Kreaturen noch von irgendeiner Weisung ihrerseits her, denn was die Kreatur weist oder wirkt, das kommt stets von außen heran. Der *Grund* aber wird einzig nur von *diesem* Wirken berührt, und je lediger du dich hältst, um so mehr Licht und Wahrheit und Klarsicht findest du. Und darum ist noch nie ein Mensch in irgend etwas irre gegangen als nur dadurch, daß er gleich anfangs aus diesem herausgegangen war und sich zuviel an Äußerliches halten wollte. Sankt Augustinus sagt: Es gibt ihrer viele, die Licht und Wahrheit gesucht haben, immer aber nur draußen, wo sie nicht war. Darüber kommen sie zum Schluß so weit nach draußen, daß sie niemals wieder heim- noch wieder hereinkommen. Und drum haben sie die Wahrheit nicht gefunden; denn die Wahrheit ist innen in dem Grunde und nicht draußen. Wer nun (also) Licht und Einsicht in alle Wahrheit finden will, der schaue aus und achte auf diese Geburt in sich und in dem Grunde: dann werden alle Kräfte erleuchtet und der äußere Mensch dazu. Denn, sobald Gott den *Grund* innen mit der Wahrheit berührt, wirft sich das Licht in die Kräfte, und der Mensch kann dann bisweilen mehr, als ihn irgendwer zu lehren vermöchte. So (auch) sagt der Pro-

stanzialisierung erfährt. Das ließe sich neben dem Bereich des moralischen Übels, der Sünde, auch noch im Kontext des Leids zeigen. Auch hier mündet seine Stellungnahme ins Paradox: Der wahrhaft Gelassene muß *leit* – als Zeichen seiner Auserwählung durch Gott – auf sich nehmen, aber eben letztlich – bei wahrer Abgeschiedenheit – *âne leit*. Wie Sünde letztlich – noch in ihrer waghalsigsten Widergöttlichkeit – nur dank göttlicher Seinsfreudigkeit überhaupt als Nichtseiendes *ist*, so verwirklicht Leid seinen paradoxen Charakter darin, daß es *leit âne leit* ist.[36]

Noch nichts wurde bisher über das auch für Eckhart verbindliche Erlösungsgeschehen in Jesus Christus gesagt. Es ist ihm die selbstverständliche Voraussetzung seiner Rede über das *malum*. Aber im Grunde ist er am sündentilgenden Vorgang der Erlösung wenig interessiert, ihn beglückt die aus der Menschwerdung Christi erfolgende Gottesgeburt im Seelengrund des Gläubigen. Sie ist weniger im Tod Christi grundgelegt als in der Menschwerdung selbst: In der Annahme einer allgemeinen Menschennatur ermöglicht Christus den Menschen, über das *mori mundo*[37] selber allgemein und damit dasselbe aus Gnaden zu werden, was Gott von

phet: »Ich habe Erkenntnis gewonnen über alle hinaus, die je mich lehrten« (vgl. Pr. 1, 16). Seht (also): *deshalb*, weil dieses Licht *im Sünder* nicht scheinen und leuchten *kann*, drum ist es unmöglich, daß diese Geburt in ihm geschehen könnte. Diese Geburt kann nicht mit der Finsternis der Sünden (zusammen) bestehen, obzwar sie sich nicht in den Kräften, sondern im Sein und im Grunde der Seele ereignet.«
Man kann sich allerdings fragen, ob der Gegensatz zwischen den beiden Stellen ein bloß scheinbarer ist: Im oben genannten Fall wäre es so, daß das göttliche Glorienlicht – als ein unbesiegliches – selbst noch in der Hölle seine Wirksamkeit als eine Art Siegel des Geschaffenen ausübt, im hier genannten Fall wäre an die vom Menschen aktiv aufgenommene Lichthaftigkeit Gottes im Seelengrund zu denken, die als Geburt Gottes in der Seele zu deuten ist.

36 Ich habe diese paradoxe Leid-Unleid-Situation bei Eckhart nachzuzeichnen versucht. Vgl. Haas (wie Anm. 12), S. 132-138.

37 Eckharts Todesmystik habe ich analysiert in meinem *Sermo mysticus. Studien zu Theologie und Sprache der deutschen Mystik*, Freiburg/Schweiz 1979, S. 449-458; dazu vgl. A. M. Haas, »Mort mystique«, in: ders., *Geistliches Mittelalter*, Freiburg/Schweiz 1984, S. 477 ff.; ders., *Todesbilder im Mittelalter. Fakten und Hinweise in der deutschen Literatur*, Darmstadt 1989, S. 169 ff. Zu Eckharts Christologie vgl. Haas, *Geistliches Mittelalter*, S. 204 ff.

Natur ist. Dafür kann ein großer Preis bezahlt werden, für Eckhart sogar der Preis der Sünde – wenn Gott es will. In seinem Trostbuch sagt er:

wan got etlîche wîs wil, daz ich ouch sünde hân getân, sô enwölte ich niht, daz ich sie niht enhaete getân, wan sô gewirdet gotes wille ›in der erden‹, daz ist in missetât, ›als in dem himel‹, daz ist in woltât, Sô wil der mensche gotes durch got enbern und von gote durch got gesundert sîn, und daz ist aleine rehtiu riuwe mîner sünden.[38]

38 *DW* 5, 22, 6: Ein mit Gott einwilliger Mensch will alles, was Gott will. »Und darum, da Gott in gewisser Weise will, daß ich auch Sünden getan habe, so wollte ich nicht, daß ich sie nicht getan hätte, denn so geschieht Gottes Wille ›auf Erden‹, das ist in Missetat, ›wie im Himmel‹, das ist im Rechthandeln. In solcher Weise will der Mensch Gott um Gottes willen entbehren und von Gott um Gottes willen geschieden sein, und das ist allein rechte Reue meiner Sünden; so ist mir die Sünde leid ohne Leid, wie Gott alles Böse leid ist ohne Leid. Leid und das größte Leid habe ich wegen der Sünde – denn ich täte um alles, was geschaffen oder erschaffbar ist, auch wenn es in Ewigkeit tausend Welten geben könnte, keine Sünde –, jedoch ohne Leid; und ich nehme und schöpfe die Leiden in und aus Gottes Willen. Solches Leid ist allein vollkommenes Leid, denn es kommt und entspringt aus der lauteren Liebe der lautersten Güte und Freude Gottes.« H. R. Schlette, *Das Eine und das Andere. Studien zur Problematik des Negativen in der Metaphysik Plotins*, München 1966, S. 229 f., rückt Eckharts Äußerung mit Recht in einen neuplatonischen Zusammenhang, wenn er sagt:
»Angesichts der Tatsache, daß das Problem des Bösen metaphysisch unbewältigt geblieben ist, gewinnt das Argument des Karneades an konkret-praktischer Bedeutsamkeit und Weisheit. In bezug auf die metaphysische und theologische Problematik sind wir trotz aller Unerklärlichkeiten und Ärgernisse philosophisch besser beraten, wenn wir die Bosheit des Bösen nicht aus einem zweiten Prinzip herleiten, sondern aus dem einen »Grund«, den menschliches Denken und Sprechen nicht mehr erreichen kann, der aber nach dem Zeugnis Plotins in der Ekstasis als der γνωσις erfahrbar ist; denn eine dualistisch denkende Philosophie müßte zugeben, daß sie sich nicht selbst verstehen kann. Aus der Rückschau auf Plotins Theorie des Negativen sowie auf die Problematik jeglicher Antwort auf diese Kardinalfrage nicht nur der Metaphysik, sondern des menschlich-geschichtlichen Daseins schlechthin, sei es erlaubt, mit einem Satz zu schließen, der dem Meister Eckhart zugeschrieben wird; er gehört zu jenen Sätzen des Mei-

Schärfer, paradoxer läßt sich die Depotenzierung des *malum* und dessen im höchsten Maße abgründige Negativität nicht mehr ausdrücken. Im Grunde datiert eine solche Kompromißlosigkeit in der paradoxen Ausformung der Negativität des *malum* aus der Ansicht, daß noch der Abfall aus der göttlichen Einheit und die Zerstreuung in die regellose Vielheit die unvordenkliche Einheit zwischen Mensch und Gott nicht zu stören vermag, auch wenn tatsächlich diese Einheit durch den Sündenfall beschädigt worden ist. Eckhart hat aber im Licht sowohl der Heiligen Schrift wie des immer schon Gedachten den möglichen Durchbruch durch die geschichtlichen Strukturen in die Ewigkeit gedacht und als eine Praxis vorgestellt, in der jegliche denkbare Einheit je neu zur wirklichen wird.[39]

sters, die 1329 in Avignon verurteilt wurden. Dessen ungeachtet ist der Satz einer der größten und kühnsten, die über das Böse als das im höchsten Maße Negative ausgesprochen wurden:
»Bonus homo debet sic conformare voluntatem suam voluntati divinae, quod ipse velit quidquid Deus vult: quia Deus vult aliquo modo me peccasse, nollem ego, quod ego peccata non commisissem, et haec est vera poenitentia.«
Zu Eckharts Lehre vom Wiederaufleben der in Todsünde getanen guten Werke vgl. Pf xv, 71-74 (nhd. Übersetzung in J. Quint, *Meister Eckehart, Deutsche Predigten und Traktate*, München 1955, Predigt 44, S. 361-365, vor allem die Anm. zu S. 364, 4 ff.); *DW* 1, 94, 8 ff., und 95, Anm. 2 (hier auch die einschlägigen Taulerstellen). Diese Lehre ist vom »guten Koch« Jan van Leeuven zum Gegenstand einer intensiven Anfeindung gegen Eckhart geworden: vgl. Th. B. W. Kok, »Jan van Leeuwen en zijn werkje tegen Eckhart«, in: *Ons Geestelijk Erf* 47 (1973), S. 129-172, besonders 132 ff. Zu Eckharts Lehre vgl. noch O. Langer, *Mystische Erfahrung und spirituelle Theologie. Zu Meister Eckharts Auseinandersetzung mit der Frauenfrömmigkeit seiner Zeit*, Zürich 1987, S. 166 ff.

39 Das zeigt sich in der Tat vor allem in Eckharts Auffassung der Zeit. Vgl. dazu N. Largier, *Zeit, Zeitlichkeit, Ewigkeit. Ein Aufriß des Zeitproblems bei Dietrich von Freiberg und Meister Eckhart*, Bern 1989. Wei-

II.

Es ist sicherlich nicht zu bestreiten, daß sich Meister Eckhart in der »Entbösung des Bösen« im Geiste neuplatonischer Vorgaben am weitesten – bis ins äußerst denkbare Paradox – vorgewagt hat. Seinem Denken haftet so sehr ein Zug zum Spekulativen an, daß es sich in dynamischen Vollzügen dialektisch dokumentiert.[40] Demgegenüber ist die restliche Literatur der deutschen Mystik schon von den Textsorten her geschichtlicher und biographischer akzentuiert.[41] Schreibt Eckhart wissenschaftliche Fachprosa in Latein (Exegese, Hochschulpredigt, Disputation) und Predigten im Kirchenjahrszyklus auf Deutsch, so weist ›Das fließende Licht der Gottheit‹ Mechthilds von Magdeburg († 1282) eine verwirrende Vielfalt literarischer Techniken auf, die das ganze Werk nur schwer situieren lassen. Es ist – nimmt man einmal dem Begriff alles Private, das ihm heute anhaftet – eine Art geistliches Tagebuch in exemplarischer Absicht, in das sie ihre Geschichte mit Gott einträgt, diese aber reichlich mit Kirchenkritik durchsetzt. Sie tut dies aber nie im Modus der Desolidarisierung mit der Amtskirche, sondern durchwegs im Stil solidarischer Haftung für das, was an Sünde in dieser Kirche geschieht. So nimmt sie bewußt und absichtlich im Geist stellvertretender Sühne eine vielfach gestufte Entfremdung auf sich: Sie verläßt die Heimat, und erfährt in der Fremde nicht nur die Entfremdung zu den ihr lieben Men-

tere Literatur zu dieser Thematik siehe bei N. Largier, *Bibliographie zu Meister Eckhart*, Freiburg/Schweiz 1989, Sachindex sub voce ›Zeit‹.

40 Zur Denkmethode Eckharts vgl. die immer noch anregenden Ausführungen von H. Fischer, *Meister Eckhart. Einführung in sein philosophisches Denken*, München 1974, S. 36 ff. Im Blick auf das Grund-Denken Eckharts entfaltet E. Waldschütz, *Denken und Erfahren des Grundes. Zur philosophischen Deutung Meister Eckharts*, Wien 1989, gleichzeitig auch die dieses Denken tragende Denk-Methode. Da ist – Eckharts Satz: *der grunt jaget sie alliu* (*DW* 1, 219, 3) fordert es selber als einen Grundsatz – Bewegung und Beweglichkeit innerlichst allem Seienden mitgegeben (vgl. Waldschütz, S. 208 ff.).

41 Für einen Überblick vgl. A. M. Haas, »Deutsche Mystik«, in: H. de Boor/R. Newald, *Geschichte der deutschen Literatur von den Anfängen bis zur Gegenwart*, III/2; I. Glier (Hg.), *Die deutsche Literatur im späten Mittelalter 1250-1370*, Zweiter Teil: Reimpaargedichte, Drama, Prosa, München 1987, S. 234-305.

schen, sondern vor allem – in Form einer *resignatio ad infernum*[42] – jene zu Gott. *Gotzvroemedunge*[43] nennt sie diese Erfahrung der menschheitlichen Sünde, deren Gewicht ihr die Bewegung des Fallens und Sinkens aufnötigt – ein Paradox, das ihr Hadewijch durch ihre höfische Konzeption Gottes als des *loin-près*, des Fern-Nahen[44], vorgegeben hat. Sie erfährt sich in ihrem Fall, der bis unter den Schwanz Satans in die Hölle führt, immer überholt durch die kenotische Tat des sich selber fallen lassenden Gottes; bewegend konkretisiert sie den Vorgang:

Eya, selige gotzvroemedunge, wie minnenklich bin ich mit dir gebunden! Du stetigest minen willen in der pine und liebest mir die sweren, langen beitunge in disem armen libe. Swa mitte ie ich mich zuo dir geselle, gott ie grossor und wunderlichor uf mich vallet. O herre, ich kan in der tieffi der ungemischeten diemuetekeit nit entsinken.
Ouwe, ich dir in dem homuote lihte entwenke.
Mere: ie ich tieffer sinke, ie ich suessor trinke.[45]

Bilder der Nacht[46] konnotieren diesen *minneweg*, der als *minnesturm* gerade in der *nidersten stat, die got in siner gewalt hat*[47], sich am fühlbarsten und paradoxesten bezeugt. Gewiß stellt sich in dieser letztlich doch siegreich beendeten Höllenfahrt, deren leid- und peinvolle Erfahrung Mechthild nicht erspart bleibt, das *malum* als ein Überwindbares dar. Aber diese Überwindbarkeit muß erlitten, erkämpft und mit vielen Leiden erkauft werden. Für diesen Komplex steht die Bildlichkeit des Sinkens und Fallens –

42 Vgl. A. M. Haas, *Sermo mysticus* (wie Anm. 37), S. 89, 113, 117, 135, 199 f., 466.
43 Ebd., S. 84 f., 92 f., 97 f., 113 f., 117 f., 127.
44 Margareta Porete, *Der Spiegel der einfachen Seelen. Wege der Frauenmystik*, aus dem Altfranzösischen übertragen und mit einem Nachwort und Anmerkungen von L. Gnädinger, Zürich 1987, Kap. 58, S. 94 ff. (der afr. und lat. Text in: *CC Continuatio Mediaevalis 69*, ed. P. Verdeyen, Turnholti 1986, 168, 20: *Loingprés Ravissable – longe propinquus subito rapiens*).
45 Text nach K. Ruh (Hg.), *Altdeutsche Mystik*, Bern 1950, S. 22.
46 Zur Nachtthematik in der deutschen Mystik vgl. Haas, ›Die Arbeit der Nacht‹. Mystische Leiderfahrung nach Johannes Tauler, in: G. Fuchs (Hg.), *›Die dunkle Nacht der Sinne‹. Leiderfahrung und christliche Mystik*, Düsseldorf 1989. Die Stellen siehe in *›Fliessendes Licht der Gottheit‹*, v 4; ed. G. Morel, Darmstadt 1963, S. 132.
47 ›Fließendes Licht der Gottheit‹, V 4; ed. G. Morel, wie Anm. 46, S. 133; Vgl. Haas, *Sermo mysticus* (wie Anm. 37), S. 116 f.

eine Vorgangsschilderung, die dem nahe kommt, was die Ostkirche kenotischen Gehorsam nennt, eine Nachfolge Christi, die die Selbstentleerung Gottes in die Welt – imitiert.
Ist bei Mechthild die Erfahrung von Sünde und Leid in Form einer Solidarisierung mit dem Bösen als Höllenfahrt erfahrungshaft fühlbar geworden, so rückt bei Johannes Tauler († 1361) das Böse in seiner unaufschließbaren Komplexität in den Bereich der Innerlichkeit. Wenn Tauler vom *edele(n) gotvar fúnckelin*[48] in uns spricht, das uns innerlicher ist als wir uns selbst, unterläßt er es nicht, dessen Verborgenheit wegen unserer *hochfart*[49] festzustellen, wo doch die Innerlichkeit des Menschen zweifach Grund und Stoff zur Demut hergäbe. Damit spielt er an auf eine doppelte Hinfälligkeit der menschlichen Konstitution: *natúrliche gebreste* und *súntlich gebreste*.[50] Die durch die Natur gegebene Gebrechlichkeit besteht in dem Eingebundensein des Menschen in den allgemeinen Konsumismus – »Fressen und Gefressen-Werden«: *und dis endet alles in einem nihte. also wir sint kummen von nichte, also werden wir wider zuo nihte.*[51] Diesem ontologischen Nichts korrespondiert auf der moralischen Ebene der *súntlich gebreste*, der *in dem ewigen tode* endet *und in der helle zuo wonende mit den túfeln.*[52] Der Grund der Seele, in dem das Fünklein als Gegenwart Gottes anwesend ist, ist verdeckt. Dieses »innere Auge« ist mit einer ›dicken, groben Haut‹, einem ›dicken Fell‹ überwachsen[53], so daß der Zugang dazu verborgen ist;

Kinder, wannan ab wenent ir das das kome das der mensche in sinen grunt enkeine wis nút komen enmag? Das ist des schult: do ist als manig dicke grúweliche hut úber gezogen, recht dick als ochsen stirnen, und die hant im sin innerkeit als verdeckt das Got noch er selber nút drin enmag: es ist verwachsen. Wissent, etliche menschen múgent drissig oder vierzig húte haben, dicker grober swarzer húte als beren húte.

48 F. Vetter, *Die Predigten Taulers*, Dublin/Zürich 1968 (DTM 11), 322, 14 (hinfort zitiert mit V, Seiten- und Zeilenzahl).
49 *V* 322, 16.
50 *V* 21, 25. Vgl. dazu A. M. Haas, *Nim din selbes war. Studien zur Lehre von der Selbsterkenntnis bei Meister Eckhart, Johannes Tauler und Heinrich Seuse*, Freiburg/Schweiz 1971, Wort- und Sachverzeichnis sub voce *gebreste* und ›Sünde‹.
51 *V* 21, 24f.
52 *V* 21, 29f.
53 *V* 195, 19.

(*Woher*, glaubt ihr wohl, kommt das, daß der Mensch auf keine Weise in seinen Grund gelangen könne? Das kommt daher, daß so manche dicke, schreckliche Haut darüber gezogen ist, ganz so dick wie eine Ochsenstirn: die haben ihm seine Innerlichkeit verdeckt, daß weder Gott noch er selber da hineingelangen kann; der Eingang ist verwachsen. Wisset, manche Menschen können dreißig oder vierzig solcher Häute haben, dick, grob, schwarz wie Bärenhäute).[54]

Einziges Gegenmittel, dem *natúrlich nicht*[55] – der ontologischen Nichtigkeit – und dem *gebrestlich nicht* – der durch die Erbsünde und die daran sich anschließende Tatsünde bewirkten Nichtshaftigkeit des Menschen – zu begegnen, ist die Strategie der Selbsterkenntnis. Der Mensch *sol gruntlich bekennen sin natúrlich nicht und sin gebrestlich nicht ... Mit disen beiden nichten súllen wir uns legen fúr die fuesse Gotz. Dise búgunge* (Niederbeugen) *wiset uns uf einen rechten underwurf und rechte gelossenheit und uf lidikeit* (Entsagung) *und uf unannemlicheit* (Verzicht jeglicher Anmaßung).[56] Das Ganze ist *demuotkeit* ganz im Sinne Bernhards von Clairvaux, der die Demut als *virtus* definiert, *qua homo verissima sui cognitione sibi ipsi vilescit* (durch die der Mensch in wahrhaftester Selbsterkenntnis vor sich selber gering wird).[57] An diesem Punkt entwickelt sich Taulers Mystik zu einer Mystik der Anfechtung (der *bekorunge*)[58] und der Bekehrung (*conversio, kêr*). Denn genau genommen ist die radikale Einsicht in die Verdecktheit des Grundes schon die Anerkennung der alle Nichtshaftigkeit des Menschen überragenden Güte Gottes, die im innersten Seelengrund selbst gegenwärtig ist. Die einzelne Tatsünde ist für Tauler nicht vordringlich, wichtig ist ihm der durch Erbsünde und Tatsünde gegebene Seelenzustand, die *stande gebresten*, Gewohnheitssünden, die gegenüber den *fliessende gebresten*[59], Gelegenheits- und Schwachheitssünden, von unabsehbarer Zähigkeit sind,

54 *V* 195, 28.
55 *V* 325, 22 f. Dazu vgl. Haas, *Nim din selbes war* (wie Anm. 50), S. 121 ff.
56 *V* 325, 20.
57 Bernhard von Clairvaux, *Opera*, ed. J. Leclercq, III, Roma 1963, 17, 21.
58 B. Moeller, *Die Anfechtung bei Johann Tauler*, Diss. masch. Mainz 1956; zur Konzentration dieser Anfechtungsmomente zum Syndrom einer eigentlichen *bekumberung* des Gemütsgrundes vgl. B. U. Rehe, *Der Reifungsweg des inneren Menschen in der Liebe zu Gott. Zum Gespräch bereit: Johannes Tauler*, Bern 1989, S. 45 ff.
59 *V* 126, 31.

so daß er sie mit der *zecke*[60], einem gefürchteten Unkraut, vergleicht. Damit signalisiert er einen Bereich im Innern des Menschen, der diesem selbst tief verborgen und undurchdringlich ist, ein moralisches Unbewußtes, das weit *in die winkelehte nature*[61] des Menschen hineinreicht und einen zähen Egoismus meint, dessen Wurzeln tief in den Seelengrund reichen.
Ein anonymer Traktat ›Das buoch von dem grunde aller bosheit‹ bringt diese grundsätzliche Unkenntnis seiner selbst auf den Punkt, wenn er festhält: *diser grunt weiss niht von sîner bôsheit, diu er selber ist.*[62] Das eigentlich Böse dieser Unkenntnis ist die Selbstbezogenheit, die egoistische Verliebtheit in sich selbst, die sich als Uneigennützigkeit kaschiert.

disiu blintheit und disiu unbekantnis kumt alliu ûs disem boesen grunde, der ûf sich selber alleine gekêret und geneiget ist. dar umbe, sol der mensche disem grunde sterben, sô muoss er im selber ûz gân in allen dingen und war nemen, wâ er sich selben minne und meine in tuon und in lân, in lust, in enthalt, in êre, in zartheit, in essen, in trinken, in ruowe, in gemach des lîbes, von ûssen, in tugenden, in welem tuon und getân-hân, in geistlîchem trôste, in süssikeit, in erhoehunge, in angesiht, in vernuft, in begerunge, in widerlegunge sîner werk: dâ sol der mensche im selber sterben und alzemâle ûsgân und lernen got alleine minnen und meinen in allen dingen.[63]

Die Grundlage dieser christlichen Psychoanalyse ist die Einsicht, daß der Mensch *von im selber niht enist noch vermag denne sünde und bôsheit*, und ihm folgerichtiger Weise nichts anderes übrig bleibt als *sich sîn selbes verzîhen*[64] – eine schwierige Aufgabe, die der Mensch bei wachsender Säkularisation so lösen wird, daß er zwar die Techniken und Kriterien der Selbstbeobachtung und der Erforschung des unbekannten Seelengrunds aus der Mystik übernehmen, gleichzeitig aber diese »Erfahrungsseelenkunde« – die er unter dem aus der Mystik entliehenen Titel ›Gnothi seauton‹ (= Gnosi sauton oder Magazin zur Erfahrungsseelenkunde als ein

60 *V* 398, 23 und 27. Vgl. dazu I. Weilner, *Johannes Taulers Bekehrungsweg. Die Erfahrungsgrundlagen seiner Mystik*, Regensburg 1961, S. 157.
61 *V* 418, 2.
62 F. Pfeiffer, »Predigten und Tractate deutscher Mystiker« v, in: *Zs. f. deutsches Altertum* 8 (1851) 452-464, hier: 461.
63 Ebd., S. 463.
64 Ebd.: sich selbst aufgeben.

Lesebuch für Gelehrte und Ungelehrte, 10 Bände, Berlin 1783-93, hg. von Karl Philipp Moritz)[65] firmiert – gleichzeitig zum Instrument der Selbstentschuldigung und der sozialen Disziplinierung des Menschen durch den Menschen macht.

Bevor aber noch im 18. Jahrhundert das Böse in seinen vielfältigen Formen in Roman und Psychologie eingeht, hat im deutschen Sprachraum der Dominikaner Heinrich Seuse († 1366) in seiner Autobiographie auf höchst wagemutige Weise versucht, seinen Umgang mit dem Bösen exemplarisch darzustellen.[66] Mit anderen Worten: Seuse macht sich selber zum Helden einer Heiligenlegende. Daß dieses Unternehmen sowohl literarisch wie existentiell prekär ist und sein muß, kümmert Seuse wenig, da er – wie er sagt – *mit glichnusgebender wise*[67] von wirklich geschehenen Ereignissen Zeugnis geben will. Dem in aller mystischen Sprachlichkeit begegnenden Problem – *wie kan man bildlos gebilden unde wiselos bewisen, daz úber alle sinne und úber menschlich vernunft ist?*[68] – begegnet er mit der paradoxen Forderung, *daz man bild mit bilden us tribe.*[69] Im Paradox dieser ästhetischen Verfahrensweise, deren Herkunft aus dem Neuplatonismus des Dionysios Areopagita unübersehbar ist, ist das Böse in seiner metaphysischen, physischen und moralischen Variante als ein treibendes Prinzip wirksam, aber real eigentlich nur im Moment seines jeweiligen Überwundenwerdens. Es lassen sich allerdings im Rahmen dieser Lebensbeschreibung zwei wesentlich voneinander verschiedene Varianten des Bösen feststellen, gegen die Seuse anzugehen versucht. Um es grob zu sagen: Im ersten Teil dieses Lebensberichts bekämpft Seuse das Böse in sich selber, im zweiten Teil widerfährt es ihm von außen, zumeist in einer stark sozialen Formung.[70]

65 Vgl. K.-D. Müller, *Autobiographie und Roman. Studien zur literarischen Autobiographie der Goethezeit*, Tübingen 1976, S. 145 ff.; L. Müller, *Die kranke Seele und das Licht der Erkenntnis. Karl Philipp Moritz' Anton Reiser*, Frankfurt/M. 1987.

66 Zum Tenor der Selbsterkenntnis in dieser Heiligenvita vgl. Haas, *Nim din selbes war* (wie Anm. 50,), S. 154 ff.

67 K. Bihlmeyer (Hg.), *Heinrich Seuse, Deutsche Schriften*, Frankfurt/M. ²1961, 3, 8 (hinfort: B mit Seiten- und Zeilenzahl).

68 *B* 191, 6.

69 *B* 191, 9.

70 Für eine genauere Analyse vgl. Haas (wie Anm. 50), S. 154 ff.

Im dritten Kapitel des ›Büchleins der Wahrheit‹ wird nach der Herkunft von Sünde, Bosheit, Hölle, Fegefeuer, Teufel und desgleichen gefragt; die Antwort:

Da dú vernúnftig kreature soelte ein entsinkendes widerinjehen han in daz ein, und si da blibet uz gekeret mit unrehter angesehner eigenschaft uf des sinsheit, dannen kumet túvel und ellú bozheit[71]. (Da das vernunftbegabte Geschöpf ein entsinkendes Zurückschauen in das Eine haben sollte, es aber nach außen gekehrt bleibt, blickend in ungehöriger Weise auf sein eigenes Sein: Davon kommen Teufel und jede Bosheit.)

Der neuplatonische Tenor dieser Aussage ist so unüberhörber wie dessen christliche Ergänzung, die die Abwendung vom Einen mit dem Egoismus in Zusammenhang bringt. Seuse schildert nun, wie er in seinem Leben beidem – der Konzentration auf den Einen Gott und der Abwendung vom Egoismus – asketisch zu genügen versucht. Bei ihm, bei dem sich alles – auch die Sünde, auch die Bosheit – in Leid umsetzt, wird dieses die Kategorie, in der sich alles Böse, das ihm erfahrbar ist, konzentriert. Zwar erscheint ihm der Teufel als ein »schmutziger Mohr« mit feurigen Augen, der mittels eines Bogens feurige Pfeile verschießt, die den Getroffenen geisteskrank machen.[72] Wesentlicher aber als diese Teufelserscheinung ist die Gegenstrategie, die der Predigerbruder gegen den Teufel, vor allem aber gegen die in der menschlichen Natur angelegte Eigensucht anwendet. Im Rückgriff auf die Modelle der sogenannten Altväter in der ägyptischen Wüste entfaltet Seuse, nachdem er sich im Kloster völlig zurückgezogen hat, eine äußerst raffinierte Askese der Domestikation seiner – wie es heißt – ursprünglich *gar leblich natur in siner jugende.*[73] Zunächst definiert er die zum Teil weltlichen Feste um zu geistlichen Ereignissen: Neujahr, Lichtmeß, Fastnacht, Maifest; sodann nimmt er sich das Leiden Christi als Vorbild für seine Nachfolge. Schweigen, Hungerkuren (insbesondere was Obst betrifft), Gebetsübungen, die mit beachtlichen körperlichen Anstrengungen verbunden sind, und mancherlei Martern nimmt er auf sich. Er trägt ein härenes Unterhemd und eine eiserne Kette, die ihn peinigt bis aufs Blut. Ins härene Unterkleid läßt er sich 150 spitz zugefeilte Messingnägel – gegen den Leib gerichtet – einschlagen; das ganze kann er

71 *B* 332, 26.
72 *B* 131, 1.
73 *B* 39, 3.

vorne zusammenschnüren, damit es doppelt schmerzhaft ist. Nachts zieht er das härene Hemd nicht aus. Damit er sich nachts nicht gegen das ihn peinigende Ungeziefer wehren kann, ersinnt er folgende Vorrichtung: An einem Ring, den er um den Hals schnürt, befestigt er zwei Ringe, in denen er sich die Hände fesselt. Später wechselt er zu Handschuhen über, die er mit messingenen Stiften bewaffnet, so daß er sich des Nachts fürchterliche Wunden zuzieht. Das treibt er 16 Jahre. Dann erst – er ist inzwischen 40 geworden – wirft er das ganze Nagel- und Riemenwerk in den Rhein. Zuvor aber ergänzt er das Inventar der Leiden, die er sich selber zufügt, durch folgende: Er bindet sich ein Nagelkreuz – mit dreißig eisernen Nägeln bewehrt – auf den Rücken zwischen die Schultern. Dieses Nagelkreuz vervollständigt er nach sieben Jahren mit weiteren sieben Nadeln. Damit es ihm auch weh tut, schlägt er mehrmals täglich kräftig auf das Kreuz, damit die Nägel auch richtig im Fleisch stecken bleiben. Weitere Übungen sind die Absolvierung von 100 *venjen* aufs Mal und die Selbstzüchtigung mittels einer mit spitzen Messingstiften beschlagenen Geißel; er schlägt sich bisweilen so sehr, daß die Geißel in ihre Bestandteile zerfällt. Die Wunden wäscht er sich mit Essig und reibt sie mit Salz ein. Als Bett dient ihm eine alte Tür, die an seinen Knien endigt. Unter den Kopf legt er zum Schlafen ein mit Erbsenstroh gefülltes Säcklein; Bettzeug hat er keins. So schläft er dann auf seinem *geliger*:

Das harte Erbsenstroh im Säcklein lag ihm in Klumpen unter dem Kopf; in den Rücken stach ihn das Kreuz auf dem Rücken mit seinen scharfen Nägeln; die Arme steckten in den verschlossenen Bändern, die Hüften in dem härenen Untergewand; dazu war der Mantel schwer und die Tür hart. So lag er da also verjamert, daz er sich nit gleichen mohte als ein bloch: wenn er sich wolt umb keren, so geschah im we, wan so er schlaferlich hinder sich uf daz krúz út vaste viel, so drungen im die nagel hin in in daz gebein, und denne liess er mengen súfzen zuo got.[74]

Genug des Leids. Wir haben heute leichthin Namen für dieses Verhalten, nennen es Masochismus und gehen zur Tagesordnung über. Was hier aber von Seuse exerziert wird, ist exakt die Strate-

74 *B* 45, 10: »So lag er da, abgehärmt, und konnte sich nicht mehr bewegen als ein Holzklotz; wollte er sich umdrehen, so bereitete ihm das Schmerz; kam er im Schlaf fest auf das Kreuz zu liegen, so drangen ihm die Nägel durch bis auf die Knochen: dann seufzte er gar vielmals zu Gott.«

gie der ägyptischen, mehr noch der syrischen Eremiten des vierten Jahrhunderts. Seuse steht in einer Tradition. Die Vitaspatrum sind seine ihm vom Dominikanerorden vorgeschriebene Lektüre; Bilder der Altväter (= Wüstenväter) zieren die Wände seiner Kapelle. Er lebt so in der Semiotik einer Lebensform, die vor 1000 Jahren ihren Ursprung nahm und in der der Körper in der Intention, ihn zu unterdrücken, überhaupt erst fühlbar wird.[75]

Tröstliche Visionen[76], die bei Seuse an sich – ganz im Unterschied zur Eckhartschen und Taulerschen Mystik – eine ungeahnt große Rolle spielen, machen diese Form der Askese erträglich, darunter insbesondere eine Lactatio aus dem Herzen der Gottesmutter (Kap. 18). Nachdem Seuse vom 18. bis 40. Lebensjahr solche Übungen auf sich genommen hatte – im Sinne eines Anfangs und eines Durchbruchs durch einen ungezügelten Menschen ganz nach Tauler, der eine eigentliche Bekehrung vor dem 40. Lebensjahr nicht anerkennen konnte –, wird ihm durch eine Stimme von oben die geistliche Ritterschaft verliehen, so daß er nun nicht mehr unter die Anfangenden zählt. Er wird damit fähig, ritterlichen Kriegsdienst zu leisten. Was das heißt, wird ihm in Kap. 20 in der berühmten Fußtuchszene – die ein eigentlicher »autobiographischer Moment« (M. Wehrli) genannt werden darf – gezeigt. Der mit dem Fußtuch spielende Hund im Klostervorhof zeigt an, daß die Zeit der Leiden, die sich Seuse selber zugefügt hat, vorbei ist und daß die Zeit gekommen ist, da er – wie das vom Hund umhergezerrte Tuch – *von andern* Leiden zu erdulden hat.

Der Wechsel der asketischen Perspektive zeichnet sich in der Darstellung ab als ein allmähliches Übergehen zu novellistisch geprägtem Erzählen, darin episodenhaft Seuses neues Leid aufgezeigt werden kann. Dem korrespondiert offensichtlich auch eine Änderung in Seuses Lebensweise: Anstatt im Kloster und in seiner mit Altvätersprüchen gezierten Kirche kontemplativ

75 Vgl. L. Gnädinger, »Das Altväterzitat im Predigtwerk J. Taulers«, in: J. Brantschen (Hg.), *Unterwegs zur Einheit*, Freiburg/Schweiz 1980, S. 253-267, 259 f.; vgl. auch A. M. Diethelm, *Durch sin selbs unerstorben vichlichkeit hin zuo grosser loblichen heilikeit. Körperlichkeit in der Vita Heinrich Seuses*, Bern 1988; zum geschichtlichen Hintergrund: A. Rouselle, *Der Ursprung der Keuschheit*, Stuttgart 1989, S. 194 ff.

76 Das folgende nach meiner Darstellung in: Haas, *Deutsche Mystik*, (wie Anm. 41) S. 287 ff.

zu verbleiben, geht Seuse auf seelsorglich ausgerichtete Wanderschaft.
Insbesondere muß sich diese Seelsorge mit oft heimatlosen, sozial benachteiligten Frauen (zum Beispiel Dirnen oder Nonnen) befaßt haben. Auf solcher Wanderschaft geschehen dem Unschuldigen in wunderlicher Häufung die seltsamsten Abenteuer: er wird als Wachsdieb in einer Kirche, als Wunderfälscher, Ketzer, Brunnenvergifter und Freigeist verfolgt. Durch einen Fehltritt seiner Schwester (vielleicht im St. Galler Dominikanerinnenkloster), die er zu einem gottseligen Leben zu bekehren vermag, gerät er in Unehre. Ein Mörder bringt ihn am Rheinufer in höchste Lebensgefahr; die Mitbrüder verspotten ihn; einmal ertrinkt er beinahe mitten im Winter im Rhein, ein anderes Mal fällt er in tiefe Ohnmacht, so daß er als Scheintoter gilt.
Betrachtungen über den Sinn solchen Leids geben einen Verständnishorizont an, unter dem das Geschehene zu sehen ist (Kap. 31 f.): Leid bringt eine ungeahnte Belohnung durch Gott, nämlich volle Wunschgewalt im Himmel und auf Erden, göttlichen Frieden, vor allem aber Einigung schon hienieden.
Der zweite Teil der »Vita« (ab Kap. 33) läßt Elsbeth Stagel aus dem Kloster Töss fragend zu Wort kommen. Er, Seuse, soll von seinen Anfängen erzählen; Elsbeth möchte hören, was er *erfahren* hat, um so die Lehre Meister Eckharts besser verstehen zu können. Sie schickt ihm ihre auf eine Wachstafel niedergeschriebene Lebensbeichte. Von ihren asketischen Versuchen rät Seuse ab; sie werde anders, nämlich in Krankheit, leiden müssen – was auch geschieht. Seelsorgliche Leistungen Seuses werden genannt, Bekehrungen, die er an Sünderinnen zustande gebracht hat. Schlimmstes Leid kommt in Kap. 38 zur Sprache, wo geschildert wird, wie ihm von einer bösen Frau, die er seelsorglich betreute, übel mitgespielt wird: Sie macht ihn zum Vater ihres unehelichen Kindes. Eine ordensinterne Untersuchung wird angeordnet, Seuse gerät in völlige Unehre und wird von den engsten Freunden mißachtet. Wie im Märchen setzt sich aber göttliche Gerechtigkeit irdisch durch: Alle Übeltäter und abtrünnigen Freunde sterben so unverhofft, daß Seuses öffentliche Rechtfertigung sichtbar wird. Eine Art Typologie des Leids – inneres und äußeres Leid – versucht in der Undurchschaubarkeit dieser Mißgeschicke Ordnung zu schaffen durch den Hinweis auf das alles begründend tragende und erlösende Leid Christi. Ansonsten fährt Seuse – zu Fuß, einmal, weil

zu Tode ermattet, auf wunderbare Weise zu Pferd – durch die Lande und bekehrt allerart Sünder: Selbstmörder, weltlich Liebende usw. – immer getröstet von Visionen, in denen die Gottesmutter und seine eigene Mutter eine wichtige Rolle spielen. Einem Freund zeigt Seuse im Geheimen sein in früher Jugend auf dem Herzen eintätowiertes Monogramm IHS. Christus erscheint ihm als Seraph.

Leid von innen, Leid von außen – wichtig ist, daß das erstgenannte arrangiertes Leid ist, Askese, Übung von beschränktem Wert und Zeitdauer, und daß das zweite in einer Regie steht, über die der Mensch nicht verfügt. Beides aber ist positiv. Die Haltung des Menschen dazu soll die der Gelassenheit[77] sein. Denn alles, was geschieht, ist Geschehen aus der unüberdenklichen Verfügungsgewalt Gottes.[78] Konkret wird das in Seuses Leidensmystik, die eine meditative Versenkung ins Leiden Christi darstellt. Insbesondere im ›Büchlein der ewigen Weisheit‹ wird die ewige Weisheit immer wieder durchsichtig auf das erlösende Geschehen am Kreuz. Paradox wird der leidende Gottessohn, der in der Sophia auch Frau ist, *leit vertriberin* genannt.

Hier ist ein Schlußpunkt zu setzen: Die letzte Antwort der Mystiker auf metaphysisches, physisches und moralisches Böses ist der Gedanke der *felix culpa*, wie sie die Liturgie der Osternacht feiert.[79] Das ist keine Lösung, sondern eine immer tiefer gehende Ausprägung des Geheimnischarakters des *malum*. Gleichwohl aber glaubt der Christ an die Depotenzierung des Bösen durch das Erlösungsereignis in Jesus Christus. Eckhart[80] findet dafür großmütige Worte: Gott vergibt viel lieber Großes denn Kleines; es ist ihm mehr Ehre, Sünden zu vergeben, als sie zu bestrafen; alles Übel ist um des Guten willen. Und: »Hätte jemand tausend schwere Sünden begangen, wäre er aber recht gesinnt, so dürfte er

77 Zur Gelassenheit vgl. die Literatur bei Haas, *Gottleiden* (wie Anm. 12) S. 469, Anm. 66.

78 Darin gibt sich das stark passive Verhalten des Mystikers zu erkennen. Mystische Erfahrung ist seit Dionysius Areopagita ein »Erleiden Gottes« (pathein ta theia). Vgl. Haas, *Gottleiden* (wie Anm. 12), Stichwort ›Dionysius‹.

79 Vgl. Weilner (wie Anm. 60) S. 156.

80 Th. Steinbüchel, *Mensch und Gott in Frömmigkeit und Ethos der deutschen Mystik*, Düsseldorf 1952, S. 251 f.

nicht wollen, sie nicht begangen zu haben.«[81] Für Tauler gehört das moralisch Böse in den Kontext einer christlichen Pädagogik. Mitunter »verhängt« (= läßt zu) Gott selber das Böse, um Besse-

81 Denzinger (wie Anm. 31), S. 965. Die Stelle konnte bisher nicht nachgewiesen werden (vgl. Quint in *DW* 5, 339, Anm. 188). Einschlägig ist Kap. 12 aus den ›Reden der Unterweisung‹ (*DW* 5, 232, 1-235, 11):
»Dies handelt von den Sünden: wie man sich verhalten soll, wenn man sich in Sünden findet.
Fürwahr: Sünden getan haben ist nicht Sünde, wenn sie uns leid sind. Nicht soll der Mensch Sünde tun *wollen*, nicht um alles, was in Zeit oder in Ewigkeit geschehen mag, weder tödliche noch läßliche noch irgendwelche Sünde. Wer recht zu Gott stünde, der sollte sich allwegs vor Augen halten, daß der getreue, liebende Gott den Menschen aus einem sündigen Leben in ein göttliches gebracht, aus einem Feind zum Freund gemacht hat, was mehr ist, als eine neue Erde zu erschaffen. Das wäre einer der stärksten Antriebe, der den Menschen ganz in Gott versetzen würde, und man sollte sich wundern, wie sehr es den Menschen in starker, großer Liebe entzünden müßte derart, daß er sich seiner selbst völlig entäußerte.
Ja, wer recht in den Willen Gottes versetzt wäre, der sollte nicht wollen, daß die Sünde, in die er gefallen, nicht geschehen wäre. Freilich nicht im Hinblick darauf, daß sie gegen Gott gerichtet war, sondern, sofern du dadurch zu größerer Liebe gebunden und du dadurch erniedrigt und gedemütigt bist, also nur deshalb nicht, weil er gegen Gott gehandelt hat. Du sollst aber Gott darin recht vertrauen, daß er dir's nicht hat widerfahren lassen, ohne dein Bestes daraus ziehen zu wollen. Wenn aber der Mensch sich völlig aus den Sünden erhebt und ganz von ihnen abkehrt, dann tut der getreue Gott, als ob der Mensch nie in Sünde gefallen wäre, und will ihn aller seiner Sünden nicht einen Augenblick entgelten lassen; und wären ihrer auch so viele, wie alle Menschen (zusammen) je getan: Gott will es ihn nie entgelten lassen; er könnte mit einem solchen Menschen alle Vertraulichkeit haben, die er je mit einer Kreatur unterhielt. Wenn anders er ihn nur jetzt bereit findet, so sieht er nicht an, was er vorher gewesen ist. Gott ist ein Gott der Gegenwart. Wie er dich findet, so nimmt und empfängt er dich, nicht als das, was du gewesen, sondern als das, was du jetzt bist. Alle Unbill und alle Schmach, die Gott durch alle Sünden widerfahren könnten, die will er gern erleiden und viele Jahre erlitten haben, auf daß nur der Mensch hernach zu einer großen Erkenntnis seiner Liebe komme und damit seine eigene Liebe und Dankbarkeit um so größer und sein Eifer um so feuriger werde, wie das ja natürlicherweise und oft nach den Sünden geschieht.
Darum duldet Gott gern den Schaden der Sünden und hat ihn schon

res und Gutes zu wirken.[82] Selbst *mit offenbaren schanden*[83] ruft Gott den Sünder; dieses Erziehungsmittel ist der Demut und der Askese gleichrangig. Seuse erblickt im gepeinigten Christus das Antlitz der herrlichsten Weisheit.

Ist dieses christliche Entlastungs- und Kompensationssystem mit seiner – nun marquardisch gesagt – »Malitätsbonisierung«[84] nicht eine gigantische Verharmlosung des *malum*? Ich möchte antworten: als philosophisches System, das dem Mangelwesen und »Defektflüchter« Mensch – dem *homo compensator* – die Lebensbedingungen angenehmer macht[85], ja; als *reductio in mysterium* bei gleichzeitig gesteigerter Wahrnehmung und Abschaffung des *malum* ist zu antworten: nein. Aber das signalisiert dann schon die prekäre Situation des Glaubenden und nicht des Wissenden.

oft geduldet und alleröftest über die Menschen kommen lassen, die er dazu ausersehen hat, sie nach seinem Willen zu großen Dingen emporzuziehen. Sieh doch: Wer war unserm Herrn je lieber und vertrauter als die Apostel? Keinem von ihnen blieb es erspart, in Todsünde zu fallen; alle waren sie Todsünder gewesen. Das hat er auch im Alten und im Neuen Bunde oft an denen bewiesen, die ihm nachmals bei weitem die Liebsten wurden; und auch heute noch erfährt man selten, daß die Leute es zu Großem bringen, ohne daß sie zuerst irgendwie fehlgetreten wären. Und damit zielt unser Herr darauf ab, daß wir seine große Barmherzigkeit erkennen und er uns mahne zu großer und wahrer Demut und Andacht. Denn wenn die Reue erneuert wird, wird auch die Liebe stark gemehrt und erneuert werden« (nach Q, wie Anm. 31, 71 f.).

82 *V* 408, 37; 245, 22; 67, 3; 198, 25, 27. Vgl. Weilner (wie Anm. 60), S. 156.

83 *V* 65, 18.

84 Marquard, *Entlastungen* (wie Anm. 7), S. 21.

85 Ebd., S. 26 ff.

Ludwig Hödl
Die metaphysische und ethische Negativität des Bösen in der Theologie des Thomas von Aquin*

Im Kontext der Metaphysik des Todes stellt M. Heidegger in seinem Frühwerk »Sein und Zeit« auch die Frage nach der »ontologischen Klärung von Übel und Negativität überhaupt«.[1] Es genügt nicht, nur zu klären, »wie und wann der Tod ›in die Welt kam‹, welchen Sinn er als Übel und Leiden im All des Seienden haben kann und soll ...«, vielmehr muß in einer »Ontologie des Alls des Seienden im Ganzen« das ›malum‹, die Negativität, im besonderen zur Sprache gebracht werden. In seiner Schrift »Was ist Metaphysik«, die seine Freiburger Antrittsvorlesung von 1929 enthält, nahm er den Begriff des »Nichts« auf und deutete das der Theologie vertraute »ex nihilo« des biblischen Schöpfungsberichtes existenzial-philosophisch.[2] In dieser Auslegung erlangte das ›nihil‹ geradezu transzendentale Bedeutung. Den Zugang zum Verständnis der Negativität des ›malum‹ eröffnet es um so weniger, als dieses transzendentale ›nihil‹ eine positive Bestimmung der Existenz des Menschen ist.

K. Barth nahm in seiner Kirchlichen Dogmatik III.3,50 »Gott und das Nichtige« den Begriff des Nichts und des Nichtigen aus der Existenzphilosophie auf, um das Böse und die Sünde in der Schöpfung Gottes zu beschreiben.[3] Dabei mußte er sich selbstredend von der existenzialphilosophischen Deutung des Nichts entschieden und kritisch distanzieren. In der dialektischen Eindeutung des Begriffes des Nichts und Nichtigen erfuhr er aber seinerseits Kritik, gegen die er in Band IV.3 seiner Dogmatik Stellung nahm.[4]

In seiner »Einführung in die Metaphysik«, die Heidegger als Vor-

* Die philosophisch-theologischen Abkürzungen entsprechen: S. Schwertner, *Theologische Realenzyklopädie*, Abkürzungsverzeichnis, Berlin 1976.

1 M. Heidegger, *Sein und Zeit*, [1]1927, Tübingen [11]1967, S. 248.

2 Ders., *Was ist Metaphysik?*, Frankfurt [9]1965.

3 K. Barth, *Kirchliche Dogmatik III.3*, Zürich 1950, S. 327-425.

4 Ebd., IV.3,1, Zürich 1959, S. 203 f.

lesung in Freiburg im SS 1935 hielt[5], rührte er mit dem Begriff des »Dämonischen«, »des zerstörerisch Bösartigen« an das offene Problem der Negativität des Bösen (allerdings in einer zeitgeschichtlich verengten Perspektive) und bestimmte dieses als »Mißdeutung des Geistes in vierfacher Hinsicht. Diese von Heidegger so genannte »Weltverdüsterung« durch das »Heraufkommen« der Dämonie ließe sich von der mittelalterlichen Theologie her kontextuieren.

In den letzten Jahrzehnten ist eine Reihe von philosophischen Untersuchungen zum Problem des Bösen erschienen. Erwähnung verdienen die bemerkenswerten Aufsätze von Oeing-Hanhoff. Bemerkenswert sind sie, weil sie zum Teil aus der persönlichen Leid- und Todeserfahrung heraus geschrieben wurden und weil sie versuchen, das ›malum‹ in seiner umfassenden Erscheinungsweise in acht zu nehmen. Er achtete nicht nur auf das seit Leibniz unterschiedene physische und moralische Übel, er wies ebenso auf das ›malum‹ der Technik (der Artefakte) und der Wirtschaft hin.[6] In seinem Aufsatz »Verzeihen, Ent-schuldigen, Wiedergutmachen«[7] stellte er sich auch der personalen freien Verantwortung des Menschen gegenüber dem Bösen in der Welt. In der ethisch-religiösen Bewältigung des ›malum‹ gewinnt die objektivierende phänomenologische Sicht ihre letzten Dimensionen. Oeing-Hanhoff stützte sich in seiner Arbeit immer wieder auch auf Thomas von Aquin, in dem er mit Recht einen Denker des Ganzen sah, der das ›malum‹ in seiner Schuld (›culpa‹), Strafe (›poena‹) und Tat (›peccatum‹) umgreifenden Bedeutung analysierte.

Eine theologiegeschichtliche Untersuchung über das ›malum‹ ist aus einem zweifachen Grund notwendig. In der Geschichte der Theologie des Spätmittelalters brach der komplexe Traktat über das Böse auseinander. Den fundamental-dogmatischen Ausführungen über das ›malum‹ in der Schöpfungstheologie wurde nur in der sogenannten Urstandlehre (»Sündenfall-Geschichte«) Beachtung geschenkt; der Traktat über das Böse in der Welt wan-

5 M. Heidegger, *Einführung in die Metaphysik*, Tübingen [6]1966, S. 35 (= Gesamtausgabe Bd. 40, 1983, S. 49 f.).

6 L. Oeing-Hanhoff/W. Kasper, *Negativität und Böses. Christlicher Glaube in moderner Gesellschaft*, Bd. 9, 1981, S. 147-201 (Lit. S. 200); K. Forster (Hg.), *Realität und Wirksamkeit des Bösen*, 1965.

7 L. Oeing-Hanhoff, »Verzeihen, Ent-schuldigen, Wiedergutmachen«, in: *Gießener Universitätsblätter* 11, 1978, S. 68-80.

derte endgültig in die spirituelle Theologie und deren Betrachtungen »über die böse Welt« ab. Noch in der Barocktheologie wurde diese Betrachtung »o böse Welt!« angestellt. Der moraltheologische Traktat über das Böse der Sünde machte ausschließlich ethische Gesichtspunkte geltend. Wesentliche Perspektiven des Bösen in der Lebenswelt des Menschen gingen verloren. Die Bibeltheologie hat entscheidende Anstöße zu einer ganzheitlichen Betrachtung des Bösen gegeben. Die Geist-Enzyklika des Papstes »Dominum et Vivificantem« hat diese komplexe Sicht des Bösen in der Welt wieder aufgenommen.[8] Weil die fundamentale Betrachtung des Bösen durch die Theologie verkümmerte, mußte sie sich auch den philosophischen Bemühungen um das Theodizeeproblem anschließen. Der Begriff »Theodizee« beleuchtet das Problem: Die Negativität des Bösen in der Welt fällt auf Gott zurück. Die Nathandichtung G. E. Lessings hat aber die Theodizeefrage einer religiösen Klärung näher gebracht als das philosophische Essay von G. W. Leibniz.[9]
Thomas behandelte das Problem des ›malum‹ an zwei verschiedenen literarischen Orten. Zu Beginn der Schöpfungslehre, vor der dogmatischen Urstandslehre, fragt er nach der kosmischen Vielfalt des Geschöpflichen und anschließend sofort nach der ›distinctio‹ von ›bonum‹ und ›malum‹. Diese zweifache Unterscheidung, die auf den ersten Blick völlig heterogen erscheint, betrifft Unterscheidungslehren der christlichen Weltanschauung, die in der aufkommenden Auseinandersetzung mit dem philosophischen Determinismus den Charakter von Streitfragen erlangten. Die moraltheologischen Ausführungen über das sittlich Böse folgen im 2. Teil der Summa, in der Moraltheologie. An beiden Orten steht das theologische Problem des Bösen zur Diskussion. Die Schöpfungstheologie achtet auf das ›malum‹ in der Schöpfungsordnung und beantwortet die Frage nach der Vorsehung Gottes in einer Welt, die von Leid, Tod und Schuld bestimmt ist. Die Moraltheologie beantwortet die Frage nach der Freiheit und Verantwortung des Menschen in dieser Welt, in der auch Erkennen und Wollen des Menschen nach dem Verständnis vieler Philosophen determiniert sind.

8 Deutsche Übersetzung: *Verlautbarungen des Apostolischen Stuhles*, 71.
9 *Essais de théodicée sur la bonté de Dieu, la liberté de l'homme et l'origine du Mal* (1710), Gesamtausgabe v. C. J. Gerhardt, Bd. 6, 1885.

In den 16 Quaestiones disputatae De malo, die Thomas als Magister der Theologie wahrscheinlich am Ende seiner italienischen Lehrtätigkeit 1267-68 begann, in Paris aber vollendete und um 1270 bzw. 1272 veröffentlichte, erörterte er das umfassende Problem des ›malum‹ und bemühte sich um einen Begriff des ›malum‹, der für die beiden Bereiche der Theologie Gültigkeit hat: das Böse in seiner metaphysischen und ethischen Negativität.
Die Zeit der Entstehung und der Veröffentlichung dieser Quaestiones disputatae wurde seit dem Mittelalter kontrovers diskutiert. Bartholomaeus von Lucca, ein Begleiter des Thomas von Aquin während dessen italienischer Lehrtätigkeit, berichtet, daß dieser die Quaestiones De malo unter dem Pontifikat Papst Klemens' IV. (1265-68) ca. 1267/68 an der Kurienhochschule diskutierte.[10] Der Stamser Katalog und die offiziellen Schriftenverzeichnisse führen hingegen diese Quästionen über das Böse am Ende der Liste der Quaestiones disputatae an, so daß sie in die 2. Pariser Lehrtätigkeit fielen (1269-1272). Diese Kontroverse wurde auch in der jüngsten Vergangenheit fortgeführt.
Die kritische Ausgabe der Leonina klärte die Textgeschichte insoweit, als sie in dem durch die Universität Paris aufgelegten Exemplare die älteste uns erreichbare Textgestalt aufwies. Ein Autograph dieser Disputationes ist leider nicht auf uns gekommen. Die Veröffentlichung der Universität geschah in zwei Etappen, nämlich kurz vor 1270 und 1272 wie M. Gils, einer der verantwortlichen Editoren zeigt.[11] Wenngleich die Veröffentlichung und möglicherweise auch die Vollendung der Quaestiones disputatae De malo in die 2. Pariser Lehrtätigkeit des Thomas fällt, so brauchen wir doch die Nachricht des Bartholomaeus de Lucca nicht als unglaubwürdig abzutun. Thomas konnte sehr wohl die Disputationes De malo im Schuljahr 1267/68 begonnen haben, in Paris aber ergänzt und vollendet und dort auch publiziert haben. Dafür spricht nicht nur die Nachricht des Bartholomaeus von Lucca, sondern auch die unterschiedliche Textüberlieferung. Die 6. Quästion, die nur einen einzigen Artikel hat, ist nach der Meinung von

10 M. Grabmann, *Die Werke des heiligen Thomas von Aquin. Eine literarhistorische Untersuchung*, BGPhMA Bd. 22,1-2, Münster ³1949, S. 275-282.

11 S. Thomae de Aquino, *Quaestiones disputatae de malo. Opera omnia*, Bd. XXIII, Rom 1982.

M. Gils sicher in Paris entstanden.[12] Die Frage betrifft das Problem der menschlichen Wahlfreiheit: »Besitzt der Mensch die freie Wahl seiner Akte oder wählt er aus Notwendigkeit.«[13] Dieses Problem hat Thomas bereits im 3. Artikel der 1. Quästion angeschnitten. Die neuerliche Behandlung der Freiheit ist aus Glaubensgründen notwendig geworden, weil ›quidam‹, manche averroisierenden Philosophen, alles, auch den Willen des Menschen einem natürlichen Determinismus unterwarfen.[14]
Thomas hat im 4. Artikel der 1. Quaestio De malo die Glaubensüberlieferung geltend gemacht, daß die sündige Tat den Menschen straffällig und schuldig macht und daß unter der Sünde die begnadete Endlichkeit des Geschöpfes zur gnadenlosen Begrenztheit wird. Schöpfungsordnung und Vorsehung Gottes in der Welt bilden den Kontext dieser Disputation. In der 6. Quästion bekämpfte Thomas eine »opinio haeretica«, nämlich die These des universalen Nezessitarismus, die in den siebziger Jahren des 13. Jahrhunderts von den Pariser Philosophen und Theologen diskutiert wurde.[15]
Die Disputatio der 1. Quaestio De malo fällt zeitlich zusammen mit der Abfassung der Pars 1ª der Summa, die Thomas in Rom bzw. in Viterbo (von ca. 1266 an) verfaßte. Die Quaestionen 48 und 49 dieses Teiles der Summa, die über das Böse handeln, entsprechen thematisch der 1. Quaestio der Disputatio De malo. Möglicherweise konnte Thomas bei der Abfassung der genannten Quaestionen der Summa die 1. Disputatio De malo benutzen. Dem steht aber nicht im Wege, daß Thomas die Quaestiones disputatae De malo erst in Paris veröffentlichte. Getreu seiner Methode verkürzte er in der Summa die Argumentenliste und straffte auch das Corpus articuli.[16]

S. th. 1 q. 48 a. 1 arg. 1	= Quaest. disp. De malo q. 1 a. 1 arg. 12
S. th. 1 q. 48 a. 3 arg. 1	= Quaest. disp. De malo q. 1 a. 2 arg. 1
S. th. 1 q. 48 a. 3 arg. 4	= Quaest. disp. De malo q. 1 a. 2 arg. 12

12 M. Gils, »L'edition critique des questions disputées ›De malo‹ de S. Thomas d'Aquin«, in: *Bull. Phil. méd.* 22, 1980, S. 81-85.

13 Thomas v. Aquin, *Quaest, disp. De malo*, q. 6 a. un.: »Utrum homo habeat liberam electionem suorum actuum, aut ex necessitate eligat.«

14 Ebd., q. 1 a. 4.

15 Ebd., q. 6 a. un.

16 Vgl. Thomas v. Aquin, *S. th. Pars 1a, Prologus.*

S. th. 1 q. 48 a. 5 ad. 2	= Quaest. disp. De malo q. 1 a. 4 ad 10
S. th. 1 q. 48 a. 6 arg. 1,2,4	= Quaest. disp. De malo q. 1 a. 5 arg. 1,2,3
S. th. 1 q. 49 a. 1 arg. 1,2	= Quaest. disp. De malo q. 1 a. 3 arg. 1,4

1. Die Frage nach dem Bösen in der Welt im Sentenzenbuch des Petrus Lombardus und dessen Kommentaren

Im Ganzen der Schöpfungstheologie des 2. Sentenzenbuches behandelte der Magister Petrus Lombardus zuerst das Sechstagewerk der Schöpfung und die Sündenfallgeschichte der Genesis. Er fragt dann nach der Ursünde des Menschen und deren Wirkungsgeschichte in der Menschheit. Von der Urschuld des Menschen ausgehend und im Hinblick auf die aktuale Sündigkeit des Menschen stellte sich für den Magister der Domschule die Frage nach der Bedingung der Sünde.[17] Die Frage nach der Ursünde, der einen, einzigen und einzigartigen Sünde Adams, von der wir keine historische Nachricht haben können – und dies ist kein Einwand gegen die Geschichte! – und die Frage nach der Sündigkeit des Menschen geben die Frage nach dem Bösen als Grund der Möglichkeit der Sünde auf. Die Kommentatoren des theologischen Lehrbuches hielten bei Distinctio 34 (des 2. Buches), in der der Magister nach dem ›malum‹ in der Schöpfung fragt, inne und vergewisserten sich des Systemgedankens des ganzen 2. Buches und vor allem des Übergangs zu diesem neuen Hauptstück.

Bonaventura gab in der Einleitung zur 34. Distinktion einen Überblick über die theologische Sündenfallgeschichte und leitete über zur Darlegung der infralapsarischen Ordnung der schuldverfallenen Geistnatur des Menschen. In der Urgeschichte der Sünde korrumpierte Adams Sünde die Geistnatur des Menschen, in der fortan die freie und ungehinderte Selbstüberschreitung unmöglich ist und in welcher der Selbstverlust in den Tatsünden vorgegeben ist. »... persona corrumpit naturam, ... natura corrumpit personam ... persona corrumpit se ...«.[18] Mit diesen begrifflichen Unterscheidungen verdeutlichte Bonaventura den für jeden mit-

17 Petrus Lombardus, *Sententiae II*, d. 34-35, ed. Rom 1971, S. 525-536.
18 Bonaventura, *Sent. II*, d. 34; divisio textus, ed. min. 829.

telalterlichen Theologen selbstverständlichen Zusammenhang zwischen Ursünde, Schuldverfallenheit der Menschheit und Sündigkeit des Menschen. Das ›malum‹ in seiner Sünde, Schuld und Strafe umfassenden Wirklichkeit muß von diesem Zusammenhang her analysiert werden. Von Haus aus haben Sünde und Tod in der Schöpfung keinen Ort; sie sind in die Welt hineingekommen, wie Paulus in Röm. 5,12 schreibt.

Weil die geistbegabte Kreatur in jedem freien Akt des sittlich guten Handelns die Grunddynamik des Willens, die Hinneigung zu Gutem konkretisiert, so wie sie in jedem wahren Urteil die transzendente ewige Wahrheit mitbejaht, wird in der bösen Tat des Sünders dieser unentfaltete, grundlegende Gottbezug des Willens verdunkelt und verwirkt. Personale Akte der Treue und der Liebe, der freien Hingabe und des Einsatzes sind nicht x-beliebig wiederholbar, denn sie hängen nicht allein von unserem eigenen Wollen ab, sondern von der Gnade der Erstberufung in einer bestimmten Situation der Entscheidung. Gottes Gnade ist reuelos, und die Verheißung der ursprünglichen Rechtheit und Heiligkeit wurde von Gott nicht zurückgenommen. Der Mensch war aber nicht stark und frei genug, um sich der Mächtigkeit des Ursprungs gewachsen zu zeigen. Die scholastische Theologie unterschied zwischen dem »Sündenfall« des reinen Geistes und des leibhaftigen Geistes in der Welt. Der Engelsturz ist die radikale Transzendenz nach unten, die unumkehrbar ist, weil sie unveränderlich, unbekehrbar ist; der Sündenfall des Menschen hat säkulare, geschichtsmächtige Bedeutung. Freiheit und Geistnatur des Menschen sind von anfänglicher Schuld des Menschen betroffen. Sie sind nicht mehr der freie und offene Spiegel der Herrlichkeit der Kinder Gottes; sie sind der blinde Spiegel, der nicht mehr die Gnade der Berufung spiegelt. Die Sünde des Menschen hat die Geistnatur korrumpiert, so daß sie nicht mehr willens und fähig ist für die ursprüngliche Rechtheit. Die verderbte und korrumpierte Geistnatur korrumpiert die Person! In dieser Situation der Schuldverfallenheit erweckt und erwirkt das uns umgebende Göttlich-Gute nicht mehr die freie Hinwendung zu Gott; auf sich bezogen, in sich verkrümmt (›curvatus‹) spiegelt die Geistnatur nur ihre eigenen Maßstäbe. Das Subjekt korrumpiert sich selber.

Das ›malum‹ in der Schöpfung hat für die mittelalterlichen Theologen diese doppelte Gestalt: das ›malum‹ der Schuld und das der Strafe, das Straf-Übel und das Schuld-Übel. Beides darf aber nicht einfach kausal verknüpft werden. Das ›malum‹ hat in der Schöpfungsordnung auch den Charakter der Strafe, weil es »damnum sive nocumentum sive laesionem« bedeutet, wie Bonaventura schreibt.[19] Es verhindert die freie Entscheidung, schädigt die Bereitschaft zum Guten, blendet Geist und Herz, die nichts mehr vom Glanz der Wahrheit und des Guten spiegeln. Im Straf-Übel und im Schuld-Übel wird das ganze Unheil des Sünders offenbar.

In einer zweifachen Frontstellung mußten die scholastischen Theologen diese Lehre vom doppelten ›malum‹ begründen und verteidigen. In der Frontstellung gegen die Katharer und Waldenser, bei denen die alte manichäische Lehre vom prinzipiell Bösen tradiert wurde, standen die christlichen Theologen vor der schwierigen Aufgabe, das Böse in der Welt nicht zu verharmlosen, die Welt als Schöpfung aber auch nicht in eine solche des Guten und des Bösen aufteilen zu lassen. Andererseits warf Bonaventura in seinen Streitschriften gegen die averroisierenden Philosophen und Theologen (vor allem in den Collationes in Hexaemeron), diesen Weltverfallenheit vor, die sich einem naturalen Wissen gefangen gaben, das keine Heilsordnung und darum auch keine Schulderkenntnis kannte.[20]

Im Sentenzenkommentar mußte er sich gegen die manichäischen Tendenzen wehren, die in den Kreisen religiöser Bewegungen seiner Zeit offensichtlich weit um sich griffen[21]:

> Da sind Ungebildete, welche sich die Auslegung der Heiligen Schrift anmaßen, welche doch die tiefgründigste aller Schriften ist, die ein bestimmtes ehrenvolles Gehaben zeigen und die Lebensweise aller anderen Menschen verachten, durch ihren doppelten Hochmut geblendet, sind sie diesem bösen Irrtum verfallen, und durch ihn sind sie so sehr geblendet, daß sie nicht zwischen Gut und Böse zu unterscheiden vermögen ...; in dieser großen Verblendung haben sie sozusagen den Gebrauch des Verstandes verloren, sind durch keine Argumente zu überzeugen, durch keine Gewalt zurückzuhalten, und keine Fürbitte kann ihnen die Augen öffnen, es sei denn durch eine ganz besondere Gnade.

Bonaventura spielt hier offensichtlich auf die Katharer an, die in den Albigenserkriegen des 12. und des 13. Jahrhunderts unerbittlich verfolgt wurden. Sie widersetzten sich ebenso der Bekeh-

19 Bonaventura, *Sent. II*, d. 34 a. 1 q. 2.
20 *Collationes in Hexaemeron*, visio 1, coll. 4, ed. Delorme S. 98-108.
21 Bonaventura, *Sent. II*, d. 34 a. 2 q. 1.

rungspredigt wie der Gewalt und haben vielfach ein heroisches Zeugnis ihres Glaubens gegeben. Bonaventura ereiferte sich gegen diesen »pessimus error«, ein prinzipiell Böses in der Welt anzunehmen; er fand aber kein Wort der Anklage oder der Verurteilung gegen diesen Holocaust des 13. Jahrhunderts. Die Umkehrpredigt ist ohne Zweifel etwas Gutes, und die Katharer bedurften dieser Predigt. Gewaltsame Bekehrung ist aber die Verkehrung des Guten. »Corruptio boni pessima!« Diesen Grundsatz kannte auch Bonaventura. Die Verkehrung des Guten ist allemal das Schlechteste.

Bonaventura verstand die ›privatio‹ des Bösen nicht als ontologische und ethische Negativität, sondern als formale Negation, als Verlust der Vollkommenheit und verfehlte Sittlichkeit. Er konnte darum auch von einem »substanciari malum« sprechen[22], eine Ausdrucksweise, die Thomas von Aquin niemals verwendet hätte. Das viel diskutierte Argument, das Böse könne nach dem Widerspruchssatz, der »regula dialecticorum«, nicht zusammen am nämlichen Subjekt bestehen, entkräftet er mit dem Hinweis, daß das Böse ein habitueller Gegensatz zum Guten ist, sofern die sittliche Befähigung des Menschen (›habilitas‹) negativ ausgeformt wird.[23] Das ›malum‹ raubt die Orientierung und verfinstert das Auge des Geistes und des Herzens. Die Geistnatur des Menschen ist ebenso für das Gute wie für das Böse aufnahmefähig, »indifferens ... ad bonum et ad malum«[24], wiederum ein Gedanke, der so für Thomas nicht faßbar war. Das Böse deformiert Wille und Freiheit des Menschen; es kann – formal betrachtet – gar nicht so böse sein, daß nicht auch etwas Gutes verbliebe zur Bereitschaft für das Gute; es kann aber auch nicht so böse sein, daß nicht noch Böseres sein könnte.[25] Das Böse kann in seiner pervertierenden Kraft gar nicht ergründet werden; aber es ist keine letztgültige, prinzipielle Macht.

22 Ebd., a. 2 q. 2.
23 Ebd.
24 Ebd.
25 Ebd., q. 1: »... nihil esse ita malum quin habeat aliquid de bono.« »... nihil enim est adeo malum, quin posset esse peius ...«

2. Die augustinische Bestimmung des Bösen als »privatio boni« im Verständnis des Thomas von Aquin

Augustins Bestimmung des Bösen als »privatio boni« hat Petrus Lombardus mit der ganzen frühscholastischen Theologie in sein Sentenzenbuch aufgenommen und der ihm folgenden Schultradition überliefert.[26] Augustin verband mit dieser Bestimmung des Bösen drei wichtige Gedanken, die in der Schultheologie des Mittelalters lebendig blieben:

1. Das Böse hat kein Wesen; es ist das Wesenlose, das Sinnlose. Das Böse ist darum ontologisch gesehen ein Unding.
2. Es kann darum auch nicht von Gott stammen, denn Gott ist das vollkommene Sein. Er läßt das Böse zu, läßt es geschehen, und zwar in der Geschichte, die seine Vorsehung lenkt.
3. Weil das Böse ein Unding ist, kann es nicht für sich bestehen. Es kann sich nur durch Okkupation am Wirklichen und am Guten behaupten. Das Böse ist Besatzungsmacht, und als solche macht es sich geltend. So einleuchtend diese Bestimmung des Bösen im Ganzen einer neuplatonischen Formphilosophie ist, so schwierig wird diese Bestimmung im Rahmen der aristotelischen Philosophie. Fehl und Mangel der Form sind kategorial bestimmbar; das fehlende Sein ist begrifflich nicht zu fassen.

Thomas von Aquin behandelte in allen systematischen Werken der Theologie das ›malum‹ in der augustinischen Grundbestimmung der Entleerung und Entmächtigung des Wirklichen und des Guten. In den verschiedenen Schriften hat er aber diesen Grundgedanken in unterschiedlichem Kontext ausgeführt. Ich greife drei Werke heraus: In der Summa contra gentiles, die nach der alten und glaubwürdigen Überlieferung zwischen 1261-64 während der 1. italienischen Lehrtätigkeit entstanden ist, stehen die Ausführungen über das Böse am Beginn des 3. Buches, in dem er vor allem Gottes Vorsehung gegen das muslimische Notwendigkeitsdenken verteidigte.[27] In der italienischen Lehrzeit um 1266-68 begann Thomas seine Arbeit an der Summa, Pars 1. In den

26 Petrus Lombardus, *Sententiae II*, d. 34 c. 3, ed. S. 526.

27 Zur Diskussion über die Entstehungszeit der Summa contra gentiles vgl. H. Kleber, »Glück als Lebensziel. Untersuchungen zur Philosophie des Glücks bei Thomas von Aquin«, in: *BGPhMA*, Bd. 31, Münster 1988, S. 212.

Quästionen 48-49 erörterte er das Problem des Bösen im Ganzen der Schöpfungsordnung. Gut und Böse sind eine Grundunterscheidung in der Schöpfungswelt.[28] In den Quaestiones disputatae De malo, welche Thomas 1267/68 (bzw. 1266/67) an der Kurienhochschule disputierte (in Paris aber vollendete)[29], stehen die Aussagen über das Böse für sich. Thomas hat das nämliche Thema in der systematischen Darstellung der Summe und in der wissenschaftlichen Disputation behandelt.

a. Auch in der Summa contra gentiles wiederholte Thomas diesen Grundgedanken: das Böse ist das Sinn-lose, das als solches nicht erstrebt, intendiert werden kann. »Malum praeter intentionem agentis«[30], stellte er immer wieder fest. Gleichwohl ist aber das Böse nicht zufällig oder schicksalhaft notwendig. Beide Mißverständnisse muß er gegenüber den »gentiles« ausschließen. Jedwedes Seiende intendiert im Handeln das Gute. Der ontologische Grund des freien Wollens ist die Hinneigung zum allumfassenden Guten (»bonum universale«). Diese Grunddynamik muß im konkreten Wollen spezifiziert werden. In jedem spezifizierenden Willensakt muß diese Grunddynamik mitvollzogen werden, in jeder Gewissensentscheidung hören und bezeugen wir sie. Die spezifizierenden Akte sind aber das weite Feld der Wahl, und damit auch das Feld der Bewährung, der Täuschungen, Verwechslungen, Irrungen. Partikuläre Ziele, Sinngebungen und Vorstellungen verdecken und verfälschen die Grundordnung des guten Wollens und Erkennens. Weil unser Erkennen und freies Entscheiden grundsätzlich, prinzipiell offen sind für das uns umgebende, unbegrenzte Gute und Wahre, darum kann dieses Erkennen und Wollen auch so grenzenlos irregeleitet werden, wie wir dies aus der täglichen Lebenserfahrung wissen.[31] Niemals kann das freie Subjekt die Befähigung zur Entscheidung verlieren, auch wenn Surrogate des Guten intendiert werden. Die Verantwortung für das Böse trägt das Subjekt, weil es in Ermangelung seiner Freiheit handelt. Die schuldhaft schuldig gebliebene Antwort eines vordergründigen Taktierens trifft das Subjekt als Schuld und Strafe. Daß auch das physische Übel, etwa die Mißgeburt, gegen die ei-

28 Vgl. Thomas v. Aquin, *S. th.* I q. 47, Prolog. und q. 48 Prolog.

29 A. Gauthier, »La date du Commentaire de s. Thomas sur l'Éthique à Nicomaque«, in: *RThAM* 18, 1951, S. 66-105.

30 Thomas v. Aquin, *S. c. g.* III, c. 3, 4, 5, 6 u. ö.

31 Vgl. ebd., c. 12.

gentlichen Intentionen der Natur entsteht, folgt aus dem finalen Naturverständnis der Philosophie. Die Gefährdung dieser naturalen Zielstrebigkeit in der Schöpfung durch die Ausbeutung des Menschen lag nicht im Gesichtskreis des Thomas. Wir müssen sie aber im Sinne der thomasischen Philosophie sehr kritisch beurteilen, weil nicht alle Artefakte der Sinngebung des Handelns und der Sinnerfüllung des Lebens dienen. Hier gilt der scholastische Grundsatz: »Corruptio boni pessima«, die Verkehrung des Guten ist Unheil.

Wird aber durch das ›malum‹, das der eigentlichen Intention des frei Handelnden entgegen ist, die Vorsehung und Fürsorge Gottes in der Schöpfung ausgeschaltet? Das Böse ist auf der ganzen Linie eine gottwidrige Macht, aber keineswegs ein ebenbürtiger Widerpart Gottes. Die Verdrängungen und die Ersatzobjekte des Guten können die Präsenz des Spiritus Creator nicht aufheben. Der Schöpfer-Gott ist der Erlöser-Gott, der die todverfallene Welt zur Vollendung bringt. Gott braucht keine bessere Welt erschaffen zu haben, weil er diese Welt zur Teilhabe an seiner Herrlichkeit führt. Die neuzeitliche Frage nach der bestmöglichen Welt ist für Thomas keine ernste Frage, weil sie sich von der Schöpfungstheologie und von der Eschatologie her erübrigt.

b. An zwei ganz verschiedenen Orten handelt Thomas in seiner Summa über das ›malum‹: Im Rahmen der Schöpfungstheologie analysierte er zuerst den Begriff der Schöpfung und fragte dann nach der Vielfalt und Verschiedenheit der Geschöpfe und daran anschließend nach dem Grundverschiedenen von Gut und Böse.[32] Im 1. Hauptteil der Moraltheologie (I^{a} II^{ae}) stellte er die Frage nach der »bonitas et malitia« der sittlichen Handlungen des Menschen.[33] In der Schöpfungstheologie ging es Thomas in der Auseinandersetzung mit den monistischen und dualistischen Systemen des 13. Jahrhunderts um das fundamentaldogmatische Problem der christlichen Schöpfungstheologie: Gott hat das Vollkommene und das Unvollkommene geschaffen, und dieses letztere kann auch die Gestalt des Bösen haben. Diese Frage nach dem Unvollkommenen und Bösen beantworteten die religiösen Bewegungen und die philosophischen Weltanschauungen deterministisch.

32 Vgl. Thomas v. Aquin, *S. th.* Ia, q. 477 prolog.: »Post productionem creatura in esse, considerandum est de distinctione earum ... de distinctione rerum in communi ... de distinctione boni et mali ...«

33 *S. th.* I^{a} II^{ae} q. 18.

Thomas mußte einen anderen Zugang zum Verständnis des Bösen in der Welt erschließen. Er ging dabei von dem ihm selbstverständlichen Gedanken aus, daß die Ordnung des Universums nicht nur das Vollkommene umfaßt, das von der Fülle des Seins nicht abfallen kann, sondern auch das Unvollkommene, das von der Fülle des Seins absteht und abfallen kann. »Das Ganze aber, das Universum der Geschöpfe, ist besser und vollkommener, wenn es in ihm auch Geschöpfe gibt, die vom Guten abfallen können und mitunter auch abfallen, ohne daß es Gott verhindert.«[34] Im Ganzen einer auf Freiheit und Wahrheit gegründeten Ordnung hat auch das Unvollkommene seine unvergleichliche Dignität. Es ist, was es ist, auch in der Gefährdung durch das Böse und muß im Fehlen und Fallen, im Mangel dies bezeugen, daß es nur sein kann, was es ist in der Freiheit vom Bösen. In der Gefährdung durch das Böse und im Mangel des Guten steht die Geistnatur des Menschen in der Ordnung und Schöpfung, in der sie der kreativen Herrlichkeit des Geschöpfes ermangeln, aber nicht entsagen kann. Sie kann diese Geist-Freiheit nur so verlieren, daß sie ihrer ermangelt, sie jeden Augenblick verlieren muß. Der Begriff ›privatio‹ besagt beides, den Mangel und die Bedürftigkeit.

Seiner allgemeinsten Bestimmung nach ist das ›malum‹ Mangel. Dieser Mangel betrifft unsere Endlichkeit, ist aber nicht mit ihr identisch. Die geschöpfliche Begrenztheit und Bedürftigkeit sind Anzeige der Verwiesenheit hin auf Gott, des Angewiesen-Seins auf seine kreative Macht und Güte. Die Potentialität alles material Seienden, die zu den Konstitutiven des Seins gehört, ist die Möglichkeit zum Sein, Werden und Wirken und also eine positive Bestimmung des Seienden. Aber nur im Über-ein-kommen mit der es umgebenden Ordnung kann das Wirkliche die Fülle und Vollendung erlangen, im Gegensatz und Widerspruch verliert es sein Wesen, seine Wirkmacht, seine Sinnfülle. Unter der Schuld der Sünde wird die Bedürftigkeit zum unaufhebbaren poenalen Mangel, die in der Schöpfungsordnung gesegnete Endlichkeit wird zur verdunkelten, verfinsterten Endlichkeit.

Die reale Möglichkeit der Verderbnis der menschlichen Kreatürlichkeit bedeutet für Thomas nicht, daß die Geistnatur als solche nichtig ist, sie bedeutet aber auch nicht, daß sie in der jetztzeitigen

34 Ebd., I^{a} q. 48 a. 2 ad 3; q. 49 a. 2; q. 22 a. 2.

Geschichte heil und ungebrochen ist. Das schöpfungstheologische Axiom »quod quaedam sint quae deficere possint et interdum deficiant« kommt von weit her, wie R. Schenk gezeigt hat.[35] Der aristotelische Grundgedanke aus De coelo et mundo lautet: »Corrumpitur igitur quandoque corruptibile«[36]; das Vergängliche geht auch zugrunde. Thomas kontextuierte den kosmologischen Satz des Aristoteles von der biblischen Schöpfungsordnung her: Im Ganzen der Schöpfungsordnung hat auch das Defiziente – das Abständige und Abfallende – seine Dignität, und die Ordnung als Ganzes muß diesen Abfall begründen. In der ps.-dionysischen Fassung lautet das genannte Axiom: die endliche Freiheit ist fehlbar und fällt.[37] Die göttliche Vorsehung wird um so weniger aufgehoben, als sie auch die gefallene Freiheit unterfängt. Thomas nahm beide Überlieferungen auf; er konnte sich in der aufnehmenden Überlieferung bald dieser, bald jener mehr zuwenden. Beide aber überhöhte er, indem und insofern er die Defizienz als Ermangelung und Bedürfen auslegte. Daß in der angelsächsischen Philosophie dieses Axiom als Zeugnis eines »ironischen Pessimismus« gefeiert wird[38], hat mit dem thomasischen Denken ebensowenig zu tun wie seine Auslegung im Sinne eines naiven Pragmatismus hierzulande. Die vielfachen naturalen Defekte und auch der Sündenfall des Menschen heben die ursprüngliche Bestimmung nicht auf. Noch im Mangel des ›malum‹ muß das freie Geschöpf im Verlust und in der Bedürftigkeit diese Bestimmung offenbaren. Und wie im Mangel ›per negationem‹ der Ursprung bezeugt wird, wird in der ›superabundantio‹ der rettenden befreienden Gnade das Heil offenbar. Die Hilfsbegriffe ›natürlich‹ – ›übernatürlich‹ dürfen das Gefälle zwischen Mangel und Gnade nicht verdecken. Die Rede von der ›guten Natur‹ ist ebenso verfänglich wie die Gegenthese von der ›verkommenen‹ Natur. Der Mangel kann nicht verlieren, wessen er unablässlich bedarf, und die überschießende Gnade nicht vergessen, woher sie kommt. Die theologische Tradition des 14. Jahrhunderts hat diese kritische Sicht, die nicht auf die einfache Unterscheidung ›natürlich‹ –

35 R. Schenk, »Die Gnade vollendeter Endlichkeit. Zur transzendentaltheologischen Auslegung der thomanischen Anthropologie«, in: *FThSt*, Bd. 135, Freiburg 1989, S. 345-358.

36 Ebd., S. 337; vgl. Aristoteles, *De coelo*, 1 c. 12, 283 a 2.

37 Thomas v. Aquin, *De divinis nominibus*, c. 4 lect. 23.

38 Vgl. R. Schenk, a. a. O. (Anm. 35), S. 336 Anm., 141.

›übernatürlich‹ gebracht werden kann, einseitig akzentuiert. Bekanntlich ist Dantes Satz, den er in der Divina Comedia Marco Lombardo im Purgatorio sagen läßt:

Ben puoi veder che la mala condotto è la cagion che il mondo ha fatto reo.
E non natura che in voi sia corrota.
Wohl kannst du sehen, daß nur die schlechte Führung der Grund ist, daß die Welt so bös geworden, und nicht Natur, die in euch wär verdorben.[39]

Martin Luther hat bekanntlich die spätmittelalterliche These von der heilen Natur gewaltig korrigiert. Thomas trifft diese Kritik nicht. Er versuchte das ›malum‹ in seiner ontologischen und ethischen Dimension zu ergründen. Im All des Seienden muß das Privative den Mangel vorzeigen und aufweisen, das Bedürftigsein dessen, was das Geschöpf schuldhaft entbehren muß. Dieser schuldhafte Mangel trifft die Geistnatur des Menschen doppelt als Straf-Übel und als Schuld-Übel. Das kosmologische Axiom »defectibile quandoque deficit« dient Thomas dazu, den Ort des ›malum‹ aufzuweisen, nicht seinen Grund. Alle Probleme, die Thomas in den 6 Artikeln der 48. Quästion der Pars 1ª der Summa darlegte, diskutierte er ausführlich in der 1. Quästion der Disputationes De Malo, die ungefähr zur selben Zeit entstanden sind wie die Quästionen der Summa (Pars 1ª). Diese 1. Quästion, die formal und wesentlich ›De malo‹ handelt[40], hat ihre genauen Entsprechungen in der Summa.

c. In diesen Disputationen über das Böse ging es um eine Ontologie des Negativen, um eine moderne Wendung zu gebrauchen. Diese Ausführungen werden in der Thomas-Auslegung mitunter zu eilfertig und kurzschlüssig auf das Problem des Sittlich-Bösen, die Sünde, bezogen.[41] Dabei kommt aber das Nächstliegende, das Problem der Inhärenz des Bösen und der Differenz von Straf-Übel und Schuld-Übel kaum noch zur Geltung. Die metaphysische Untersuchung des ›malum‹ kann dieses in seinem Unwesen und in seinen Erscheinungsweisen nur vom Sein her verstehen,

39 Dante, *Die Göttliche Komödie*, italienisch–deutsch von H. Gmelin, 2. Teil, 16. Gesang.

40 Vgl. *Quaest. disp. De malo*, q. 2 a. 9 ad, ed. Leonina: »... ut supra dictum est in quaestione de malo ...«

41 Der umfangreiche Artikel über das ›malum‹ im *HWP V*, 1968, S. 674–682 (V. 2 von K. Reisenhuber) trägt der Metaphysik des Bösen wenig Rechnung und konzentriert sich sofort auf das sittlich Böse.

dessen transzendentale Strukturen der Einheit, der Wahrheit und Gutheit im Bösen negiert werden. Diese Negation bedeutet nicht einfach die Nihilierung, denn das Sein ist und kann nicht zugleich nicht sein. Das ›malum‹ verneint aber das Sein des Seienden in seiner Offenbarung, Wirkkraft und Sinnfülle und stellt somit das Sein des Seienden in seinem Bestand und in seinem Anwesen in Frage. Das ›malum‹ ist nicht einfach Nichts, denn Nichtiges könnte seinerseits gar nicht erstrebt werden.[42] In der Negation und in der Opposition hält das Böse Wesen, Wirklichkeit und Sinn des Seienden nieder und bringt sich so im Gegensatz und Widerstreit zur Geltung.

Wie kann aber das ›malum‹ dem ›bonum‹ inhärieren, wenn es nur als dessen ›privatio‹ begriffen werden kann? Fallen im Subjekt Gutes und Böses zusammen? Wird damit der Satz vom Widerspruch außer Kraft gesetzt? »... illa regula dialecticorum deficit«, schrieb Augustin im Enchiridion, und Petrus Lombardus nahm diese Sentenz in sein theologisches Lehrbuch auf und stellte sie der scholastischen Theologie zur Diskussion.[43] Präpositinus, der bekannte Magister in Paris zu Beginn des 13. Jahrhunderts, war der Meinung, daß ›virtus‹ und ›vitium‹ nichts gegensätzlich Widersprüchliches sind, sondern derselben Gattung angehören und damit gar nicht aus dem Rahmen der Kategorien fallen.[44] Der gleitende Übergang vom Widerspruch und Gegensatz im lateinischen Ausdruck »contraria« verleitete offensichtlich diesen Lehrer der Theologie dazu, ›privatio‹ als Gegensätzliches derselben Gattung zu verstehen.

Thomas hatte sich in diesem Zusammenhang mit den Ausführungen des Aristoteles in dessen Kategorienschrift zu befassen, denn in den sog. Postprädikamenten bezeichnete der Philosoph Gut und Böse als konträre Gattung mit eigener Wesensform.[45] Unmöglich konnte Thomas diese Meinung für die Theologie des Bösen gelten lassen. In der Summa contra gentiles entkräftete er dieses Argument mit dem Hinweis, Aristoteles führe hier die Meinung der Pythagoräer an, die Gutes und Böses als unterschied-

42 Thomas v. Aquin, *Quaest. disp. De malo*, q. 1 a.

43 Augustinus, *Enchiridion ad Laurentium*, c. 14, CChr. SL 46,55; Petrus Lombardus, *Sent. II*, d. 34 c. 5, ed. 528.

44 Präpositinus, Summa, Cod. lat. 98, Bibl. Com. Todi, fol. 99vb: »Utrum virtus et vitium sint de contrariis«.

45 Aristoteles, *Categoriae*, c. 11.

liche Prinzipien betrachteten.[46] In der Summa wiederholte Thomas diese Erklärung und bekräftigte sie mit dem Hinweis, daß Aristoteles gerade in den logischen Schriften die Meinungen seiner Zeitgenossen anführe, die nicht unbedingt seine eigene Lehre waren. Er fügte aber dann eine andere Lösung an, indem er auf das 4. Kapitel des 9. Buches der Metaphysik hinwies.[47] Dort bezeichnet der Philosoph »hexis kai steräsis«, »habitus et privatio« als erste konträre Gegensätze »protä de enantiosis«, »prima vero contrarietas« lasen die Lateiner, »oberster Gegensatz« übersetzte Gohlke, »konträrer Gegensatz« übersetzte Rolfes.[48] ›Steräsis‹ ist der Mangel, der die materiale Werdewelt bestimmt, denn diese ist in Bewegung, unterwegs durch die Form. Weil keine Form die materiale Möglichkeit ausschöpft, bleibt die ›privatio‹ ein konstitutives Element des Wirklichen. Die aristotelische Unterscheidung betrifft die metaphysische Struktur des Werdens und läßt sich darum nicht auf den Widerspruch des Guten und Bösen anwenden. Etwas anderes ist es, vom Noch-Nicht-Sein der Möglichkeit den Weg der Formvollendung zu finden, und etwas anderes, von dieser Möglichkeit des Wirklichen in die Leere und Öde sinnentstellter Wirklichkeit abzufallen. Der aristotelische Begriff der ›privatio‹ ist darum nicht geeignet, die ›privatio‹ und ›negatio‹ des Bösen zu bedeuten. Das ›malum‹ ist der Widerspruch, der dem Wirklichen anhaftet und dieses entmachtet.

In den Quaestiones disputatae De malo las Thomas die Kommentare des Simplicius und Porphyrius zu dieser Stelle der Postpraedicamenta.[49] Am Ende ließ er aber den Hinweis stehen, Aristoteles zitiere hier die Meinung der Pythagoräer: »... non oportet ponere quod malum sit aliquid.« Mit jedem Gedanken wehrt sich Thomas, das Böse als ein ›aliquid‹ zu bezeichnen und es in den Rang des Seienden zu erheben. Von zwei verschiedenen Richtungen näherte sich aber Thomas einer anderen Lösung, das privative Sein in seiner Negativität zu bestimmen. »... bonum et malum non sunt differentiae nisi in moralibus.«[50] Für das sittliche Handeln ließ Thomas (mit Aristoteles) die Differenz von Gut und

46 Thomas v. Aquin, *S. c. g.* III c. 9.

47 Aristoteles, *Metaphysik*, IX c. 4 1055 a 34.

48 Aristoteles, *Metaphysik*, übers. von P. Gohlke, Paderborn 1951, S. 301; übers. v. E. Rolfes, 1904, S. 43.

49 Thomas v. Aquin, *Quaest. disp. De malo*, q. 1 a. 1 ad 11.

50 Ebd., ad 12, q. 2 a. 4 ad 10.

Böse als konstitutive, begründende Unterscheidung gelten. Und Thomas sprach ebenfalls in den Disputationes über das Böse vom »esse morale«, und zwar an beiden Stellen in den Argumenten.[51] Das »esse morale« ist das operative Sein im sittlichen Handeln, weniger ein positives Sein, vielmehr positionales Dasein. Weil das geistmächtige und geistfreie Handeln »actio immanens« ist, die ihre Erfüllung in sich trägt, konstituiert sich das Subjekt handelnd in seinem moralischen Sein, das wir heute auch personales Sein nennen.

Der Mangel des Bösen kann den Willensentscheid immer nur »per accidens et inquantum est bonum deficiens« treffen[52], nicht in seiner Grundausrichtung hin auf das Gute. Sofern das Böse den Willensentscheid auf die Ebene des Mangels zieht, ist die Defizienz seine Bestimmung. Das Woraufhin der Entscheidung ist ebenso defizient wie das Worin der Entscheidung. Die Ersatzobjekte vermögen den Willen nicht zu erfüllen, er versiert im Leeren und Nichtigen. Diese frustrierende Leere unerfüllten und desorientierten Erkennens und Entscheidens schafft seine eigene Welt, in der sich menschliches Wollen und Entscheiden selbst zum Maßstab werden muß.[53] Vor der eigentlichen Entscheidung muß es in der Wahl zu Veränderungen, Vertauschungen und Verirrungen kommen, damit der Wille das vermeintlich Gute wählen kann. Mit der sehr spröden Feststellung »per accidens et inquantum est bonum deficiens« rührt Thomas an das Problem der psychologischen und tiefenpsychologischen Analyse des menschlichen Wollens.[54]

51 Thomas von Aquin, *Quaest. disp. De malo*, q. 2 a. 4 arg. 3; q. 3 a. 6 ad 3.
52 Ebd., q. 1 a. 3.
53 Ebd.
54 Ebd.: »... in voluntate oportet praeconsiderare aliquem defectum ante ipsam electionem deficientem, per quam eligit secundum quid bonum, quod est simpliciter malum ...«

3. Das Böse als ›Straf-Übel‹ und ›Schuld-Übel‹ in der Welt des Menschen

a. Der Modus des defizienten Seins muß in zweifacher Hinsicht näher bestimmt werden: das ›malum‹ ist ›Straf-Übel‹ und ›Schuld-Übel‹, ›poena et culpa‹. Die sittliche Handlung hat ihren Ursprungsort in der freien Geistnatur des Menschen und ihren Bestimmungsort in der freien sittlichen Handlung. Geistnatur und freie Handlung stehen im Verhältnis von ›perfectio prima‹ und ›perfectio secunda‹ bzw. von ›actus primus‹ und ›actus secundus‹.[55] Der Mangel des Bösen trifft Geistnatur und Handlungsfreiheit des Menschen gleichermaßen. Hier in der freien Handlung hat das ›malum‹ den Charakter der Schuld, dort in der Geistnatur hat es den Charakter der ›poena‹. Schuld und Strafe machen das ganze Unheil aus, das den Menschen in der Sünde treffen kann. In den Disputationen über das Böse machte Thomas einen dreifachen Bezug von Strafe und Schuld in der Sünde geltend: das Straf-Übel der Sünde schädigt die Geistnatur, es baut dem Wollen Widerstände auf, bringt Last und Leid.[56] Das Straf-Übel trifft den Handelnden in seiner Bereitschaft und Freiheit, es lähmt den Willen. In der Summa faßte Thomas seine Gedanken sehr knapp zusammen: das ›malum‹, welches die Geistnatur in ihrer ›integritas‹, Ganzheit, trifft, ist das Straf-Übel des Widerwillens, das sich der freien Entscheidung entgegenstellt; das Böse der Handlung ist die Schuld.[57]

»Dies ist der Inhalt der Glaubensüberlieferung«, schrieb Thomas in den Quaestiones disputatae de malo, »kein Schaden (nullum nocumentum) hätte die geistbegabte Natur treffen können, weder seelisch noch leiblich, noch äußerlich, wäre nicht die Sünde zuvorgekommen ...«[58] Zweimal berief sich Thomas in diesem Zusammenhang auf die »traditio fidei« bzw. sprach von einer »sententia fidei catholicae«. In den Ausführungen der Summa fehlt diese kirchliche Bezeugung.[59] Warum war für Thomas Einheit und Differenz des ›malum‹ als Straf- und Schuld-Übel so gewichtig,

55 Ebd., a. 4; *S. th. I* q. 48 a. 5.
56 Ebd., a. 4.
57 *S. th. I*, q. 48 a. 5.
58 *Quaest. disp. De malo*, q. 1 a. 4: »Habet autem hoc traditio fidei ...«
59 Vgl. *S. th. Ia*, q. 48 a. 5.

daß er dafür eine Glaubenstradition geltend machte? Thomas machte mit allem Nachdruck geltend, daß die Endlichkeit des Menschen, die Vergänglichkeit und Hilfsbedürftigkeit nicht der Schatten des Bösen trifft; von Haus aus haben diese Bestimmungen eine andere Bewandtnis, vermelden eine andere Botschaft. Erst in der Sündenverfallenheit der geistbegabten Kreatur erlangten diese Daten des Geschöpflichen den Charakter des ›malum‹, weil sie vom Menschen nicht mehr in der Integrität der Geistnatur und in der Freiheit des Willens bewältigt werden, weil sie vielmehr umgekehrt zur Last fallen als das Widersetzliche, Widerständige, Böse. Thomas blieb mit dieser Sentenz Röm 8,20 auf der Spur. »Der Nichtigkeit ist die Schöpfung unterworfen, nicht freiwillig, sondern durch den, der sie unterworfen hat – freilich auf Hoffnung.« Thomas begründete in den beiden theologischen Werken, in der Summa und in den Disputationes, die Unterscheidung von Straf-Übel und Schuld-Übel mit der metaphysischen Unterscheidung von ›actus primus‹ und ›actus secundus‹, die für die Anthropologie sehr bedeutsam ist.[60] Erst in der Differenz von Straf-Übel und Schuld-Übel wird das Unwesen und das Unheil der Sünde offenkundig. Der Sünder ist doppelt verloren und geschädigt: er ruiniert seine Geistnatur und sein moralisches Sein. Das ›malum‹ verfälscht und depraviert die Schöpfungswirklichkeit. Thomas berief sich auf das Glaubenszeugnis der Tradition. Diese Berufung steht möglicherweise im Zusammenhang mit der theologischen Diskussion über das ›malum‹ in der Vorsehung Gottes. Allzu optimistisch wurde von den neuplatonischen Theologen das Böse in der jetzigen Schöpfungsordnung betrachtet und dafür der Gesichtspunkt des höheren Nutzens, der Zweckdienlichkeit und umfassenden Gerechtigkeit geltend gemacht. »Malum auget decorem in universo!«[61] Albert d. Gr. hat entschieden dagegen Stellung genommen. Er verstand diese Argumentation nicht, denn was dem einzelnen Geschöpf fehlt, fehlt auch dem Ganzen; das numerisch Selbige kann der eine nicht verlieren und der andere emp-

60 *Quaest. disp.*, q. 1 a. 4 S. th. q. 48 a. 5; vgl. *S. th. I*, q. 73 a. 1; I^a II^ae q. 3 a. 2.
61 W. Hübner, »›Malum auget decorem in universo‹. Die kosmologische Integration des Bösen in der Hochscholastik. Die Mächte des Guten und Bösen. Vorstellungen im XII. und XIII. Jh. über ihr Wirken in der Heilsgeschichte«, in: *MM 11*, Berlin 1977, S. 1-26.

fangen.[62] Der Schöpfungsordnung ist von Haus aus das ›malum‹ fremd und feindlich; es kann und darf darum auch in der jetzigen infralapsarischen Ordnung der Schöpfung nicht domestiziert werden.

b. Der letzte Problemkreis, den Thomas in den Quaestiones ordinariae diskutierte, ist für uns heute keine Frage; aber Thomas müßte uns ebenso wie seine Schüler vor einer voreiligen Antwort warnen. Vergleicht man ›poena‹ und ›culpa‹ in ihrem unterschiedlichen Wesen, so scheint es gar keine Frage zu sein, daß die Schuld, die Sünde, das größere und eigentliche Übel ist.[63] Die Schuld macht den Menschen böse, weil sie ihm das moralische Sein raubt.[64] Die personalen Handlungen bilden nicht einfach eine Reihe oder Kette von Aktionen; sie fügen sich zur moralischen Wirklichkeit des frei verantwortlichen Subjekts, das mit der Schuld seine freie Würde preisgibt. In den Disputationes über das Böse führt Thomas eine Reihe von Gründen an, die zeigen sollen, daß die Schuld »habeat plus de ratione mali«.[65] Gut und böse ist allererst, urtümlich und ursprünglich, das sittliche Handeln des Menschen. Das Ganz-Gute, das wir immer nur in den Teil-Gütern, und das Letzt-Ziel, das wir immer nur in den vorgegebenen sekundären Teilzielen erstreben können, bestimmen das sittliche Handeln und das personale Sein. Weil alles Wirkliche um seines Handelns willen ist, was es ist, darum ist die bleibende und entscheidende Wirklichkeit des Menschen die im sittlichen Handeln vollzogene.[66] Sie entscheidet auch über sein Glück, seine Seligkeit und über sein Verderben.

Das letzte Argument für die These, daß das Schuld-Übel das eigentliche ›malum‹ ist, stammt aus der religiös-personalen Ausrichtung der Ethik des Thomas:

Das ›malum‹ des Bösen, das im Akt des Wollens gründet, widerstrebt direkt dem Akt der Liebe; sie ist die erste und prinzipielle Vollkommenheit des Willens. Die Liebe (caritas) ordnet den Willensakt auf Gott hin, und zwar nicht nur in der Weise, daß der Mensch das Göttlich-Gute

62 Albertus M., *Sent. 1*, d. 46 a. 6, ed. Borgnet, Bd. 26, 435: »Sed istam solutionem aut ego non intelligo aut omnino videtur falsa ...«

63 *Quaestiones disp. De Malo*, q. 1 a. 5; *S. Th. 1* q. 48 a. 6.

64 Vgl. Anm. 51.

65 *Quaest. disp. De malo*, q. 1 a. 4.

66 *S. th.* 1^{a} 11^{ae} q. 3 a. 2: »Manifestum est autem quod operatio est ultimus actus operantis; unde et ›actus secundus a Philosopho nominatur‹ ...«.

genießt, dies bezieht sich auf die strebende Liebe, auf das Begehren, sondern (sie ordnet) auf das Göttlich-Gute, das in Gott besteht, und das ist die freundschaftliche Liebe.[67]
Einer Person muß Gott sein freies Liebeangebot machen, an seinem seligen Leben teilzunehmen. Dieses Angebot kann die freie Person aber unbeachtet lassen, sie kann sich versagen und das Gnadenangebot Gottes ablehnen, das wegen seiner Übernatürlichkeit als Anerbieten des wahren höchsten Glückes verkannt werden kann.[68]

Schuldhaft schuldig gebliebene Liebe trifft den Menschen in seiner Freiheit; er wird unfähig, Liebe zu empfangen und Liebe zu schenken. Das Schuld-Übel, die Sünde, ist darum für Thomas der eigentliche Kern des ›malum‹ überhaupt.
Zu Anfang des Hauptteiles dieses Artikels warnte aber Thomas vor einer eilfertigen Antwort auf die Frage, ob Strafe oder Schuld das eigentliche Wesen des Bösen ausmachen.[69] Wenn man unter Straf-Übel nur etwas Äußeres, Sinnfälliges versteht, erscheint es selbstverständlich, die Schuld als das eigentliche ›malum‹ zu betrachten. Dabei würde man aber übersehen, daß letztlich auch die ›privatio gratiae‹, die ›privatio‹ des Liebesangebotes Gottes, Strafe für den Sünder ist. Wenn das ›malum‹ theologisch in seiner allgemeinsten Bedeutung als ›privatio‹ zu bestimmen ist, dann muß an dieser Grundbedeutung auch bei der Erklärung von Schuld und Sünde festgehalten werden. Wir sammeln darum noch einmal die ›privatio‹-Aussagen des Thomas im 4. Artikel der 1. Quästion über das Böse. Das ›malum‹ ist Mangel, Mangel an sittlicher Kraft: »privatio actionis«, »... in agente«.[70] Wir sind nicht stark genug, dem Anspruch der Wahrheit und der Freiheit zu genügen. Der uns treffende Anspruch des ›bonum universale‹, der für jede Entscheidung maßgebend sein soll, ist der Anruf der Freiheit in der Wahrheit. Das ›malum‹ in der doppelten Gestalt des Schuld- und Straf-Übels lähmt die sittliche Kraft. Die freie Betätigung des Subjekts besteht nur noch darin, seine eigenen Maßstäbe zu setzen und seine eigene Lebensordnung zu schaffen. Das ›malum‹ ist

67 *Quaest. disp. De malo*, q. 1 a. 4.
68 L. Oeing-Hanhoff, »Die Philosophie und das Phänomen des Bösen«, in: *Realität und Wirksamkeit des Bösen*, hg. von K. Forster (= Studien und Berichte der Kath. Akademie in Bayern, Heft 34), Würzburg 1965, S. 37-68.
69 *Quaest. disp. De malo*, q. 1 a. 4.
70 *Quaest. disp. De malo*, q. 1 a. 4 ad 8;

Mangel, Mangel des sittlich-personalen Seins, »privatio formae aut habitus«.[71] Das sittliche Sein gerät auf die Ebene, die, wie Heidegger es ausdrückt, »einem blinden Spiegel gleicht, der nichts mehr spiegelt, nichts mehr zurückwirft«[72], weil der moralische Positivismus das Gesetz des Handelns ist. Das Sein durch Teilhabe (participatione) an der sittlichen Lebensordnung wird privatives Dasein, dürftiges Dasein in den Bedürftigkeiten des alltäglichen Lebens. Das ›malum‹ ist Mangel, Mangel der Gnade, »privatio gratiae«[73], die das Frei-und-Gerne der sittlichen Entscheidung im Man-Muß eines allgemeinen Verhaltensmusters verdrängt hat. Das ›malum‹ ist Mangel auf der ganzen Linie: »privatio modi, speciei, ordinis«.[74] Der antike-augustinische Ternar faßt alles Privative des Bösen zusammen. Inwendige Form, offenbarende Gestalt, umfassendes Ganzes der Ordnung sind die Elemente und Prinzipien der mittelalterlichen Literatur, Baukunst und des Lebens, weil sie auch für das trinitarische Leben in Gott gelten. Nur wer um Gott weiß, weiß, daß das ›malum‹ Mangel ist.

Zusammenfassung

In fünf Quaestionen und Gedankenschritten versuchte Thomas in den Disputationes De malo das Themenfeld durchzugehen. Im schrittweisen Durchgang baut er das Thema auf; vom Ende her überblicken wir seine Gedanken und fassen sie in 5 Gesichtspunkten zusammen, um das Ganze seiner Untersuchungen zum Begriff des ›malum‹ zu verstehen:

1. Das ›malum‹ in seiner umfassenden Bedeutung des Straf- und Schuld-Übels gipfelt auch für Thomas im ›malum‹ der Schuld und der Sünde. Das Verständnis der Schuld als ›privatio‹ und das Selbstverständnis der Geist-Freiheit des Menschen bedingen sich. Der schöpferische Grund der Freiheit ist das uns umgebende, orientierende Geheimnis des Göttlich-Guten in der Schöpfung. Die Schuld ist die Negation dieser Orientierung, dieser Auf- und Ausrichtung hin auf das ›bonum universale‹. Indem sich das freie

71 Ebd., corp. art.

72 M. Heidegger, *Einführung in die Metaphysik*, Tübingen ³1966, S. 35.

73 Thomas v. Aquin, *Quaest. disp. De malo*, q. 1 a. 4 ad 5.

74 Ebd., ad 7.

Subjekt dem Anspruch und Angebot des Guten versagt, ruiniert es zugleich sein eigenes »esse morale«, sein personales Sein, und depraviert im bösen Handeln immer auch das Wirkliche in seinem verkannten Wahr-, Gut- und Schön-Sein. Die Distinktion der begrenzten und abgestuften Vollkommenheit der Schöpfungswirklichkeit wird durch den Zwist und Zwiespalt des menschlichen Handelns zum Riß, der durch die ganze Schöpfung geht, der mitten durch unser Leben und Handeln geht. Dieser Riß ist die Schuld des Menschen, die uralte Schuld Adams, wie die kirchliche Liturgie sagt[75]; sie gehört zur anfangenden Geschichte. Wer sie nicht am Anfang der Geschichte wahrnimmt, kann sie in der fortlaufenden Geschichte der Freiheit des Menschen nicht mehr verifizieren. Dieser Anfang liegt aber der Zeit-Geschichte voraus.
Wenn sich Thomas in der Schöpfungstheologie dem Nächstliegenden einer kreatianischen Begründung von Freiheit und Schuld zuwandte, so wollte er gewiß nicht den christologischen Horizont der Deutung ausblenden. Die schöpferische Zuwendung Gottes im ›bonum universale‹ der Schöpfungsordnung und die Selbstmitteilung Gottes in Jesus Christus in der Gnadenordnung gehören zusammen. Und ebenso müssen die ontologische Negativität des Bösen und die soteriologische Positivität der Gnade zusammen gesehen werden. Die Untersuchungen zum Negativen und Privativen des Bösen gehören zum Kontext der Gnadentheologie.
2. Die Schuld wendet sich immer zugleich auch gegen den Menschen. Sie ist nicht nur ein Verstoß gegen eine objektive vorgegebene Ordnung, sie ruiniert das ›esse morale‹ des Menschen. Der Sünder ist nicht nur der Räuber des lukanischen Gleichnisses (Luk. X), sondern zugleich auch der unter die Räuber Gefallene und Ausgeplünderte. Er haftet mit Gut und Leben der Freiheit für die Sünde. Das Straf-Übel deckt das ganze Übel der Schuld auf. Nicht die Endlichkeit und Gebrechlichkeit des Menschen, seine Hilfsbedürftigkeit bedeuten für den Menschen ein ›malum‹, sie wären ebenso auch gesegnete Endlichkeit, kein Schaden für den Menschen, wie Thomas ausdrücklich aus der Glaubensüberlieferung heraus argumentierte. Die Schuld macht die Endlichkeit frustrierend, die Angewiesenheit des Menschen hilflos und das selige Ende zum schreckhaften Ende. Thomas spekulierte nicht

75 Vgl. das Exsultet der Osternacht-Liturgie: »... et veteris piaculi cautionem pio cruore detersit.«

über eine heile Welt ohne Sünde, aber er begriff diese Welt nur in ihrer Erlösungsbedürftigkeit und in ihrer Erlösungswürdigkeit.

Das Straf-Übel darf aber nicht als äußere Strafe verstanden werden, die im kausativen Verhältnis zur Schuld vorgestellt wird. Dieses Mißverständnis verkürzt ebenso das Verständnis der Schuld wie das der Strafe. Der ungeordnete Geist muß sich selber zur Strafe werden. Wenn das weite Feld der sekundären Ziele, die das Teil-Gute ausmachen, auch das Feld der Täuschungen, Verdrängungen, Vertauschungen ist, dann zeigt gerade dieses Fehlverhalten in der Schuldverfallenheit zugleich die Strafhaftung an. Thomas suchte in der Moralpsychologie der II^{a} II^{ae} auch dem Problem der Schuld- und Strafverhaftung nachzuspüren. Die moderne Forschung hat allerdings bessere Methoden entwickelt (einschließlich der Tiefenpsychologie).

3. Mit der kategorialen Bestimmung des ›malum‹ als ›privatio‹ hatte Thomas in allen seinen Schriften große Schwierigkeiten. Einerseits war die Kategorialanalyse die notwendige philosophische Verantwortung gegenüber jedwedem Seienden; andererseits mußte Thomas unter allen Umständen vermeiden, das ›malum‹ in den Rang des Seienden zu bringen. Zur aristotelischen Lehre vom Gegensatz zwischen Gut und Böse (in den Postpraedicamenta) las er die klassischen Kommentatoren, zog die Metaphysik des Aristoteles zu Rate; Thomas wollte die eigentliche und die wahre Meinung des Philosophen zu diesem schwerwiegenden Problem erfahren. Es blieb in den Disputationes De malo bei einem ›non liquet‹. Er lehnte ebenso entschieden die pythagoräische Zweiprinzipienlehre ab wie auch jeden metaphysischen Monismus. Das Böse ist der ontologische Widerspruch und Widersinn zum Sein. Jede zwischen Gut und Böse versuchte Synthese müßte sich am Ende mit irgendeiner Einheit von Gott und Teufel arrangieren.[76]

Thomas verwendete für den Begriff ›privatio‹ gelegentlich auch den von ›negatio‹.[77] K. Barth bestimmte in seiner Kirchlichen Dogmatik das Böse der Schuld und der Sünde als das Nichtige.[78] Er grenzte sich aber deutlich vom Sprachgebrauch der deutschen und der französischen Existenzialphilosophie ab, für die der Be-

76 R. Guardini, *Der Gegensatz. Versuche zu einer Philosophie des Lebendig-Konkreten*, Mainz ^{2}1955, S. 156.

77 Vgl. Thomas v. Aquin, *Quaest. disp. De malo*, q. 1 a. 3.

78 K. Barth, *Kirchliche Dogmatik* III.3, 1950, S. 342-355.

griff des Nichts und des Nichtigen eine inhaltlich positive Bedeutung hat. Das Böse-Sein des Menschen zieht aber eine eindeutig negative Grenze, die wesentlich anders liegt als die der Endlichkeit. Es zieht eine andere Leuchtspur als die der Bedürftigkeit und Verwiesenheit. Das ›malum poenae et culpae‹ zieht die Feuerspur des Gerichts, das der Sünder mitvollziehen muß. Die Begrenztheit und Endlichkeit des Geschöpfes werden dem Sünder zum Unheil, zum Ärgernis und Anstoß. Es ist nicht nur die Unfähigkeit, sich mit den Grenzen und Bedingungen des Lebens abzufinden, das ›malum‹ verleitet zur Aggression gegenüber diesen Grenzen. Die Bedürftigkeit und Verwiesenheit des Geschöpfes werden dem Sünder zum Anstoß der vielfältigen, unstillbaren Umtriebe in der Maßlosigkeit der Bedürfnisse. Und die Grenzen des Geschöpflichen provozieren im Sünder Lebensangst und Verzweiflung. Die Schuld- und Strafverfallenheit im Bösen kann darum nur mit dem Begriff der ›privatio‹, der Verneinung von Sein und Sinn, ausgesagt werden.

4. Die Frage nach dem ›privativen Sein‹ läßt sich von der aristotelischen Philosophie her kaum beantworten. Die metaphysische Begründung der ›steräsis‹ hat für die Philosophie prinzipielle positive Bedeutung, so daß sie den theologischen Begriff ›privatio‹ nicht erhellen kann. Thomas faßte das Unterscheidende des moralischen Seins ins Auge, ohne den Begriff ›esse morale‹ als eigentlichen Terminus zu verwenden. Er wußte, daß die Unterscheidung von ›bonum‹ und ›malum‹ im Bereich des Sittlichen und nur in diesem Bereich sachliche Bedeutung hat: »... bonum et malum non sunt differentiae nisi in moralibus«.[79] Die sittlichen Akte des Menschen haben ihre besondere unterschiedliche Aktualität. Diese Qualität weist auf die eigene und eigentümliche Struktur des Geistes hin, der ohne seine Erfüllung durch das Wahre und Gute nicht recht existieren kann. Dieses »Nicht-recht-Existieren« ist keine ›res‹, aber eine Realität.

J. Ratzinger hat in seiner Untersuchung »Der Wortgebrauch von Natura und die beginnende Verselbständigung der Metaphysik bei Bonaventura« nachgewiesen[80], daß sich (nach dem Verständnis dieses Theologen) das moralische Sein nicht unter den allgemei-

79 *Quaest. disp. De malo*, q. 1 a. 1 ad 12; q. 2 a. 4 ad 10; *S. th. I*, q. 48 a. 1 ad 2; q. 49 a. 1 ad 1; vgl. I^a II^{ae} q. 18 a. 5.

80 *Die Metaphysik im Mittelalter, ihr Ursprung und ihre Bedeutung*, in: *MM* Bd. 2, Berlin 1963, S. 483-498.

nen Naturbegriff subsumieren läßt. Im Bereich des Geistigen und des Sittlichen überschreitet der Mensch den Bereich der Natur, des abgeschlossenen in sich ruhenden Seins hin auf die Offenheit des Geistes. Was aus der Sicht des substanzial-wesenhaften Seins immer nur als akzidentell-privatives erscheint, kann nun als offenbare, sich erschließende und als verschlossen-verlassene Wirklichkeit erkannt werden. Die sittliche Handlung erschließt und verschließt den Lebensraum des Menschen. Im freien und guten Handeln schafft das Subjekt für sich die Schöpfungs- und Lebensordnung; wahres Erkennen und freies, gutes Handeln partizipieren am Schöpfungswerk. Das geistbegabte Geschöpf kann diese Ordnung der Wahrheit und der Freiheit nur dadurch negieren, daß es die Güter dieser Ordnung vertauscht und das wahre Gut verdrängt. Thomas hat den psychologischen Vorgang dieser Güterverdrängung nicht beschrieben, sondern nur deren Auswirkung in der ›privatio‹ bedacht. Die Negativität dieser moralischen ›privatio‹ ist die Entleerung und Entmächtigung des ›esse morale‹.

5. In den Disputationes De malo stellte Thomas auch die Frage nach dem Begründungsverhältnis von ›bonum‹ und ›malum‹: »Utrum bonum sit causa mali«.[81] In der Summa hat Thomas diese Frage in 3 Artikeln selbständig behandelt.[82] Hier wie dort spricht er aber mit keinem Wort vom Teufel oder von den Dämonen. Später im Zusammenhang der Sündenfallgeschichte handelte er auch vom Teufel.[83] Hier zu Beginn der Schöpfungstheologie sprach Thomas von der kosmischen Differenz des Vielfältigen und auch von der Grunddistinktion des Guten und des Bösen. Da wollte er Gott und den Teufel nicht »in einem Atem genannt wissen«, wie es K. Barth im Vorwort zu seiner Schöpfungslehre ausdrückte.[84] Das Gute in seiner kosmischen Fülle und Verschiedenheit des Mehr-und-minder-Guten, und das Gute in seiner ›privatio‹ durch das Böse gehören zum All des Seienden. Die Verschiedenheit der Dinge in der hierarchischen Stufung des Universums und die Zweiheit von Gut und Böse bestimmen die Schöpfungsordnung und deren Geschick im Heil und Unheil. Die kos-

81 *Quaest. disp.*, q. 1 a. 3.

82 *S. th. I*, q. 49 a. 1-3.

83 Vgl. Thomas v. Aquin, *S. th. I*, q. 63 und 64: I^{a} II^{ae} q. 80; *Quaest. disp. De malo*, q. 3 a. 3-5.

84 K. Barth, *Kirchliche Dogmatik III*.3, Zürich 1950, VI.

mische Verschiedenheit bedeutet nicht die das All des Seienden bedrohende Zwistigkeit; diese aber bedrückte und beherrschte jene!

Das ›malum‹ hat seinen Sitz im Guten und kann sich immer nur als dessen ›privatio‹ behaupten. Weil es aber die Entmächtigung und Entleerung des Guten ist, verkehrt, verdrängt und verfälscht es dessen Sinngebung und Bedeutung. Das ›malum‹ hat seinen Bestimmungsort im ›Schuld-Übel‹ des geschöpflichen Geistes, seinen Erfüllungsort aber im ›Straf-Übel‹. Als Bestimmung, besser: als Mißstimmung des endlichen Geistes ist das ›malum‹ die Schuld des Menschen, des Geschöpfes. Auch als ›privatio‹ muß das ›malum‹ die Praedominanz des Guten bezeugen. Der Anfang dieser Entzweiung liegt nicht in der Geschichte, sondern geht ihr in der Urgeschichte voran. Er ist darum geschichtlich nicht greifbar.

Kurt Victor Selge
Luther und die Macht des Bösen

I

Anknüpfend an die vier Bedingungen, die Herr Colpe bei der Behandlung Zarathustras für die weltgeschichtliche Entstehung einer neuen Einsicht formuliert hat – klar umschriebene Zeit, Raum, kreative Person und überindividuelle Vermittelbarkeit der Entdeckung[1] – kann man sagen: alle vier Bedingungen sind bei zwei so erstrangigen Gestalten in der Geschichte der Auffassung des Bösen wie Augustin und Luther erfüllt. Anders als Zarathustra stehen sie beide im hellen Licht der geschichtlichen Überlieferung und haben ein gewaltiges literarisches Werk hinterlassen, das von ihrem Denken genauestes Zeugnis ablegt, und die Aufgabe der Auslegung ist es vor allem, den embarras de richesse zu überwinden. Nicht so sehr die – beträchtliche – Schwierigkeit der Textauslegung steht speziell bei Luther dem Verständnis im Wege als die Fülle der Texte und die Geschichte der Lutherauslegung[2] zum Zwecke der Selbstidentifikation von vier Jahrhunderten protestantischer Menschen mit der Versuchung, im Lutherzitieren – möglichst von sprachgewaltigen frühneuhochdeutschen Lutherworten mit ihrer Patina des Archaisch-Modernen – steckenzubleiben.[3]

Wenn man die 100 Bände der Weimarer Ausgabe der Lutherschriften, die seit 1883 erscheint (abgekürzt: WA), von außen ansieht, kann man wohl den Eindruck einer nahezu übermenschlichen Schaffenskraft Luthers gewinnen. Man muß aber in Rechnung stellen, daß er schreibend gelebt hat, für ein Publikum, das ständig auf ihn wartete, und daß überdies sehr vieles, was er predigend und redend von sich gab, aufgezeichnet wurde. Leben und Publi-

1 S. o. S. 16ff.

2 Heinrich Bornkamm, *Luther im Spiegel der deutschen Geistesgeschichte*, Göttingen ²1970.

3 Das archaisierende, philologisch bis in sinnlosen Buchstabenbestand getreue Zitat ist ein Kennzeichen besonders der »Lutherrenaissance« seit den zwanziger Jahren unseres Jahrhunderts.

zieren fiel bei ihm zusammen. Dann reduziert sich das Maß seiner denkerisch-schöpferischen Produktion doch auf die Dimensionen dessen, was ein präziser, disziplinierter und ungehemmter erstrangiger Intellekt im Laufe von 35 Jahren konzipieren kann; der Rest geht aufs Konto der Wiederholung in der Alltagsproduktion – der Predigt und Vorlesung – und der immer neuen Aktualisierung im Kampf. Das entspricht etwa der planmäßigen und sorgfältigen Manuskriptproduktion Augustins. Beide schrieben übrigens für die Mit- und Nachwelt, obwohl die irdische Welt für beide keine beträchtliche Zukunft mehr hatte. Die Abwertung des Zeitlichen beim christlichen Platoniker Augustin hinderte ihn ebensowenig, der Zeit nach ihm ein Corpus sorgfältig korrigierter und approbierter Schriften zu hinterlassen, wie die Erwartung des nahen »lieben jüngsten Tages« Luther daran hinderte, den Nachkommen eine gutgeordnete kleine territoriale protestantische Welt mit Hausstand, Schulen, Predigtstand und gutem Regiment als »Ring oder Zirkel wider den Teufel« (man beachte die apotropäische Wortwahl)[4] aufzubauen und auch einer Gesamtausgabe seiner deutschen und lateinischen Schriften seine Zustimmung nicht zu versagen.[5] Dieser literar- und überlieferungsgeschichtliche Befund ist in sich schon ein Beweis, daß beider Theologen schwarze Auffassung von der überwältigenden Macht des Bösen für sie nicht bedeutete, daß es hoffnungslos wäre, in der Zeit und für die Zukunft zu arbeiten. Sie haben vom Manichäismus gelernt – Augustin direkt, Luther über Augustin vermittelt –, sind aber keine Manichäer. Gott als Schöpfer der Welt und als ihr Erlöser steht über und auch – verborgen – *hinter* dem Satan als dem »Fürsten dieser Welt«, der die Welt beherrscht und doch nicht beherrscht. Die Macht des Schöpfers ist überlegen und in den irdischen Niederlagen paradox siegreich. Es gibt die Schar der Erwählten, es gibt die Glaubensgemeinschaft der wahrhaft Demütigen, und auf diesen festen Glauben gestützt haben Lehre, Kin-

4 Von den Konziliis und Kirchen (1539), WA 50, 652,8. Der Herausgeber in der Weimarer Ausgabe (1914) gibt zur Stelle die harmlose, ›neuzeitliche‹ Erläuterung: »dieses Gebiet, Kreislauf, Wechselbeziehungen«. Sie ist auch durch die von ihm angeführten Parallelen nicht gedeckt. Man verstand Luther ohne den Teufel, unmittelalterlich.

5 Vorrede zum 1. Band der Wittenberger Ausgabe der deutschen Schriften, 1539; WA 50, 657,31-658,20; Vorrede zum 1. Band der lateinischen Schriften, 1545; WA 54, 179, 2-21.

dererziehung, Sorge um gute Regierung und Ökonomie ihren Sinn – bei Luther noch in einem irdisch konkreteren weltgestaltenden Sinn als bei Augustin. Luther lebt in einer anderen, weltgestaltend produktiven Welt als der spätantike Afrikaner Augustin, einer neuen Welt diesseitiger Effizienz, wie sie sich seit der Wende der ökonomischen Geschichte des Abendlandes im 11./12. Jahrhundert herausgebildet hat und mit unaufhaltsamen Schritten bis zu unserer Gegenwart vorangeht. Er gehört dieser Welt an, ist Kleinunternehmersohn und Angehöriger der Sphäre der Räte, Erzieher und christlichen Lehrer, deren das christliche Landesfürstentum und Stadtregiment seiner Übergangszeit zur frühen Neuzeit bedurfte.[6]

Aber in diesem Rahmen ist er nun ausschließlich Theologe, der in bestimmten Denk- und Erfahrungsprozessen gegenüber bestimmten Fronten der zeitgenössischen Wirklichkeit im Anschluß an Paulus und Augustin die Auffassung des Christentums, der Kirche, des Christenmenschen, Gottes und der Gegenmacht verändert oder reformierend wiederherstellt. Dabei ist sein Paulinismus und Augustinismus keine historisierende Wiederholung der Gedanken des Paulus und Augustins, sondern durch den Traditions- und Anreicherungsprozeß der mittelalterlichen Theologie- und Frömmigkeitsgeschichte hindurchgegangen. Das wird auch in den satanologischen Vorstellungsformen seiner augustinischen Erbsündenlehre sichtbar. Man braucht das für seinen Teufelsglauben wohl nicht besonders zu belegen: er hat Ausdrucksformen, die bei Augustin undenkbar sind. Bemerkenswert ist, daß der Teufel und die vielen Teufel, deren die Welt voll ist, in seinen deutschen Texten kräftiger erscheinen als in der theologischen Disziplin der lateinischen Schriften zumal seiner produktiven

6 Volker Press, »Martin Luther und die sozialen Kräfte seiner Zeit«, in: Erwin Iserloh/Gerhard Müller (Hg.), *Luther und die politische Welt*, Stuttgart 1984, S. 189-217; vgl. auch mein anschließendes Korreferat; Dieter Stievermann, »Sozial- und verfassungsgeschichtliche Voraussetzungen Martin Luthers und der Reformation – der landesherrliche Rat in Kursachsen, Kurmainz und Mansfeld«, in: V. Press/D. Stievermann (Hg.), *Martin Luther. Probleme seiner Zeit*, Stuttgart 1986, S. 137-176; Eike Wolgast, »Luthers Beziehungen zu den Bürgern«, in: Helmar Junghans (Hg.), *Leben und Werk Martin Luthers von 1526 bis 1546. Festgabe zu seinem 500. Geburtstag*, 1, Berlin 1983 (Lizenzausgabe Göttingen 1983), S. 601-612.

Werdejahre bis 1520/1525. Die Sündenlehre seiner lateinischen Schriften enthüllt den emotional-phantastischen Vorstellungsuntergrund, den Luther aus dem Spätmittelalter ererbt hat, erst voll in der deutschen Polemik, und Polemik – in der Luther es, wenn sie ernst wurde, immer mit dem Satan zu tun hatte – erfüllte seine Existenz von 1514/15, vor allem aber von 1520 an bis zu seinem Tode. Der Teufel will Gottes Werk zunichtemachen und die christliche Kirche in die Hölle ziehen – zuerst indem er die Masse der Christen zu sich zieht und gerade die Frömmsten, die Mönche, verführt[7], dann indem er seine Herrschaft als Antichrist in der Kirche aufrichtet, in der widerchristlichen Herrschaft des Papsttums als des falschen Vicarius Christi, dann unter dem wechselnden falschen Namen des neuverfälschten Evangeliums, dann in der Verführung zum Abfall unter dem Türken und schließlich in der christlichen Verharmlosung der Lästerung Christi, die die Juden, die ersten Feinde Christi[8], in christlichem Lande begehen, womit Gottes Zorn über das Land hervorgerufen wird, das solche Lästerung duldet.[9]

Ich habe damit schon die irritierenden Züge genannt, die Luthers Teufelsbild in concreto annimmt; er dämonisiert alle seine Gegner, wo er die Reinheit der Predigt des Evangeliums und damit das schöpferische Werk Gottes bedroht sieht, das sich in seinem eigenen Werk der Bibelauslegung und Neugestaltung der christlichen Kirche Bahn gebrochen hat: Gott hat dies alles durch die erneuerte Klarheit seines Wortes selbst getan, und die Verwischung dieser Klarheit des Wortes ist immer Satanswerk. Das ist alles ganz unaugustinisch, spätmittelalterlich, mönchisch und volksabergläubisch zugleich, aber transformiert zum Interpretationsmittel für den großen, Europa erfüllenden Kampf für das erneuerte Evangelium und wider dies Evangelium. Jedes Wort ist zeitgeschichtlich geladen in dem Lied, das die Protestanten so gedankenlos überzeitlich zu singen pflegten:

7 So ist der Befund in der ersten Psalmenvorlesung von 1513-15.

8 Diese Sicht der Juden ist vom ersten Psalmenkolleg an konstant; vgl. Tarald Rasmussen, *Inimici Christi. Das Ekklesiologische Feindbild in Luthers ›Dictata super Psalterium‹ (1513-1515) im Horizont der theologischen Tradition*, Leiden – New York – København – Köln 1989.

9 Eine besonnene, freilich die satanologischen Züge nicht besonders hervorhebende Übersicht der Kämpfe Luthers findet sich in der Biographie von Martin Brecht, *Martin Luther*, 3 Bde., Stuttgart 1981, 1986, 1987.

»Der alte böse Feind
Mit Ernst er's *jetzt* meint;
groß Macht und viel List
sein grausam (furchterregende) Rüstung ist;
auf Erd ist nicht seins gleichen.

Die Welt ist voller Teufel und will uns verschlingen. *Aber:*

Der Fürst dieser Welt (das ist der Teufel)
wie saur er sich stellt (mit welch angsterregender
Teufelsfratze er auch auf uns losfährt)
tut er uns doch nicht;
das macht, er ist gericht':
ein Wörtlein kann ihn fällen.«

Die Übermacht des lebentötenden satanischen Weltherrn bricht vor einem ihm – fast wie ein Amulett – entgegengehaltenen Glaubenswort des Evangeliums in nichts zusammen, selbst wenn er »Leben, Gut, Ehre, Kind und Weib« vernichten kann. »Das Reich muß uns doch bleiben.« Die Seele des Glaubenden ist gerettet und damit das Werk Gottes, das Reich Gottes. Der Gegenstreiter in diesem »Wörtlein« des Glaubens ist Jesus Christus, der machtlos-allmächtige »Herr Zebaoth«, d. h. der Herr der Heerscharen Gottes, wie Luther in theologisch wahrhaft kühner Identifizierung des in seinem Wort gegenwärtigen machtlosen Erlösers mit dem alttestamentlichen Herrn der himmlischen Heerscharen dichtet.

II

Hinter dieses sehr spätmittelalterlich-reformationsgeschichtliche Bild von dem Kampfgeschehen zwischen Gott und dem Teufel muß man nun aber doch zurückgehen, um auf den Grund der Dämonisierung des Bösen zu kommen, die sich für Luther zugetragen hat. Die Satanspolemik, möchte ich sagen, ist nur das freilich völlig ernst erfahrene, nicht metaphorisch zu verharmlosende Ausdrucksmittel, das ihm aus seiner religiösen Vorstellungswelt erwächst, für einen nicht nur begrifflich-theologischen Kampf um die wahre Natur der christlichen Kirche als der Heilsveranstaltung Gottes auf Erden. Die begriffliche Herausarbeitung dieser Natur der Kirche ereignet sich in der Weise, daß dabei eine ganze real existierende und praktizierende Kirchenanstalt als widergöttlich erscheint. Dies ist also kein bloß akademisch-theoretischer Prozeß, sondern Luthers Theologisieren zieht Kreise; von der Sünden- und Gnadenlehre ausgehend, wird im Lauf weniger Jahre ein Stück der anstaltlichen Kirchenpraxis nach dem anderen in die Erörterung hineingezogen, bis das Zentrum und die Basis der ganzen Institution in Gestalt der mit bestimmten fundamentalen Vollmachten ausgestatteten päpstlichen Stellvertreterschaft Christi demontiert ist. Der Kern dieser grandiosen und über ein Jahrhundert europäischer Geschichte bestimmenden Destruktion ist die Aussage, daß das im Papsttum institutionalisierte Christusvikariat in Wahrheit und prinzipiell der Vernichtung des christlichen Heilsglaubens dient. Die aus alter Tradition stammende geschichtstheologische Ausdrucksform dafür lautet, daß das Papsttum also der als letzter Verfolger der Christen geweissagte endzeitliche Antichrist sei, an dessen künftigem Auftreten nach Augustins Wort ja »kein Christ zweifelt«.[10] Diese Erkenntnis gewinnt Luther abschließend im Jahr 1520, und der Denk- und Auseinandersetzungsprozeß, der dahin führt, erfüllt die sechs Jahre ab 1515. Es ist ein eklatantes Beispiel für die Herausbildung einer neuen Gesamterkenntnis in einem zeitlich, räumlich und personell klar umgrenzten Komplex, und daß die vierte Bedingung, nämlich die universale Übersetzbarkeit dieser Erkenntnis, in gewissen Grenzen auch gegeben ist, zeigt sich in der europäischen Resonanz und der Herausbildung weiterer Typen evangelischer Theologie – bis zu dem Franzosen Calvin – auf der generellen Basis der Lehre Luthers.

Freilich kann man sagen, daß es sich nur um eine begrenzte Universalität handelt; sie prägt die Geschichte Europas nur für anderthalb Jahrhunderte. Das gilt speziell für die satanologischen und dämonologischen Züge und die Auffassung vom endgeschichtlichen Antichrist, die der »Entzauberung« der Welt und der Auflösung des heilsgeschichtlichen Weltbildes in der Aufklärung zum Opfer fallen. Nicht so eindeutig ist die zeitliche Begrenzung aber für die grundsätzliche und neuartige Erneuerung der augustinischen Lehre vom Bösen, die bei Luther am Anfang des reformatorischen Prozesses steht. Denn sie ist zwar auch von der protestantischen Theologie der Aufklärung zeitweilig aufgegeben

10 Augustin, *De civitate Dei* XVIII, 52; CSEL 40,2 (E. Hoffmann), S. 356,21; CC lat. 47 (Dombart/Kalb), S. 652,67.

worden, hat aber doch im 19. und 20. Jahrhundert erneut ihre einflußreichen Vertreter gefunden[11], und auch im Katholizismus des 17. Jahrhunderts hat es in der Form des sogenannten »Jansenismus« eine mächtige Gegenströmung gegeben gegen den Hauptstrom des antiprotestantischen Synergismus, des offenen jesuitischen und des verklausulierten dominikanischen.

III

In einem dritten Abschnitt ist von der Bildung der Auffassung Luthers von Sünde, Gnade, Willensfreiheit und Willensknechtschaft zu reden. Die Jahre, in denen sich dies vollzieht, sind präzise zu bezeichnen: 1514 bis 1517, d. h. von der Mitte der ersten Vorlesung über den *Psalter* über die *Römerbriefvorlesung* bis zu zwei großen akademischen Disputationen: »Über das Vermögen des menschlichen Willens abgesehen von der Gnade« (1516), und generell »Gegen die scholastische Theologie« (1517). In diesen Jahren vertieft Luther auch seine Augustinkenntnis durch Originallektüre über die selbstverständliche Kenntnis hinaus, die er schon durch die vielen Augustinzitate der Scholastik mitbrachte. Er wird zum produktiven Erneuerer der extremen antipelagianischen Erbsünden- und Gnadenlehre Augustins. Ich betrachte dies im Unterschied zu vielen neueren Lutherforschern bereits als die grundlegende erste reformatorische Wende in Luthers Entwicklung, stelle aber nicht in Abrede, daß ganz zentrale reformatorische Folgerungen aus dieser Wende erst 1518 bis 1521 gezogen worden sind in einer zweiten, neuen Phase, die damit beginnt, daß Luther mit dem bis 1517 erreichten Stand seiner Theologie in die Auseinandersetzung mit dem Gesamtgefüge der sakramentalen Praxis und der Verfassung der lateinischen Kirche gerät. Eine so zentrale Lehre wie die von dem *Verheißungswort* Gottes als dem einzigen Glaubensgewißheit gewährenden Gnadenmittel ist erst 1518 in der Auseinandersetzung mit der scholastischen Bußlehre ausformuliert worden. Aber die Sünden-, Gnaden- und Willenslehre mit der Kernaussage von der *Glaubensgerechtigkeit* stand

11 Ich denke besonders an die europäische ›Erweckungsbewegung‹ des 19. und an die neureformatorische Theologie des 20. Jahrhunderts.

vorher fest.[12] Ferner entsteht in dieser zweiten Phase der öffentlichen Auseinandersetzung von 1518 bis 1520 erst die zentrale These von dem Papsttum als einer falschen, *gegen Christus gerichteten Stellvertreterschaft Christi*, als der Erscheinung des endzeitlichen Antichrist, der ja Diener und Manifestation des Teufels ist. Es kommt also auch für die Auffassung des Bösen noch etwas hinzu; aber dies ist doch nichts prinzipiell Neues gegenüber der 1517 schon erreichten Erkenntnis, sondern nur eine Konkretisierung in der Wahrnehmung des Bösen, nämlich seine historische Enthüllung. Man kann jedoch sagen – und dies ist für das Gesamtthema belangvoll – daß die vorher mehr oder weniger latenten dämonologischen Elemente in Luthers spätmittelalterlicher Mentalität durch diese historisch-polemische Konkretisierung aktualisiert werden, hervortreten und fortan nicht mehr hinwegzudenken sind. Luthers Existenz wird zu einer öffentlichen Kampfexistenz gegen den einen facetten- und listenreichen Satan, der von allen Seiten und immer neu auf die Christenheit einstürmt. Vorhanden ist dieser Widersacher in seinem Bewußtsein aber auch vorher. Jedoch führt Luther in der ersten Phase 1514 bis 1517 die theologische Auseinandersetzung um das Verständnis von Sünde und Gnade nicht in satanologischen Formen. Er glaubt *nur*, fundamentalen *Irrtümern und* Irrlehren auf die Spur gekommen zu sein, die sich im Raum der christlichen Kirche disputativ richtigstellen lassen; nicht aber glaubt er bis dahin, es mit einer prinzipiellen und aggressiven Pervertierung des Christentums unter dem Namen des Christentums, also mit einem radikalen Bösen oder dem Satan selbst zu tun zu haben. Die *satanologische Zuspitzung der Lehre vom freien Willen* als der antichristlichen Grund-

12 Der Streit um die Frühdatierung (1514) oder Spätdatierung (1518, mit Varianten) der reformatorischen Erkenntnis Luthers hat zu einer nur für Spezialisten verständlichen uferlosen Literatur geführt. Vgl. für die zuerst von Ernst Bizer 1958 verfochtene Spätdatierung die in dieser Hinsicht eingehendste und abschließende Arbeit von Oswald Bayer, *Promissio. Die Geschichte der reformatorischen Wende in Luthers Theologie*, Göttingen 1971, Darmstadt [2]1989. Meine teilweise abweichende und weiter differenzierende Sicht werde ich in einem Lutherbuch entfalten. Vgl. vorerst auch Otto Hermann Pesch, *Hinführung zu Luther*, Mainz 1982. Zutreffend und gedrängt stellt den Sachverhalt m. E. dar Reinhard Schwarz, *Luther*, Göttingen 1986 (Die Kirche in ihrer Geschichte, III J).

irrlehre ist, theologisch gesehen, der Kern des Reformationsereignisses, soweit es die Lehre vom Guten und Bösen betrifft. Es handelt sich bei dieser Zuspitzung um nichts von vornherein Feststehendes, sondern um eine echte und nur unter Mühen erfolgte Entdeckung. Luther sagt später gelegentlich:

Als ich zuerst mit dem Evangelium anfing, habe ich nicht geglaubt, daß die Welt so böse sei. Ich hätte gedacht, wenn ein Bürger hört, er solle vor Gott von Gesetzesforderungen frei sein und er sähe einen Pfarrer diese Christenfreiheit predigen, er würde 10 Meilen weit hinlaufen. Ich dachte, Bischöfe und Lehrer würden es von Herzen angenommen haben. Hätte ich es damals gewußt, wie sie in Wahrheit sind, hätte ich den Mund gehalten und gesagt: fahrt hin vor 1000 Teufeln, wie ihr seid. Wir lernen also erst aus dem Evangelium den Teufel und seine Glieder recht kennen, nämlich daß er und alle, die ihm anhängen, Feinde sind. Das hätte ich vorher nicht geglaubt.[13]

Oder schon 1519:

Je mehr mein Ruf geschädigt wird, desto mehr gewinne ich Zuversicht: die Wahrheit, d. h. Christus, muß wachsen, ich abnehmen. Ich bin gewiß, daß die Menschen, die dem Anschein nach meine Gegner sind, nicht die Urheber des Übels sind, und ich hasse sie nicht, sondern der Behemoth, jener Fürst des Übels, den ich in dem Schatten erkenne, den er wirft, möchte mir fürchterlich werden und aus Anlaß meiner die Wahrheit aus ihrem Reich vertreiben. Aber der in uns ist, ist größer als der in der Welt ist; unter seiner Leitung wird jener Feind nichts vermögen. Amen. Die Nachwelt wird besser urteilen.[14]

Womit setzt Luther sich 1514 bis 1517 auseinander? Er arbeitet in der zwei Jahre lang vorgetragenen ersten Psalmenvorlesung am Verständnis der christlichen Herzensbuße oder des wahren Christusglaubens, wie sie zumal im Mittelpunkt der mönchischen Existenz stehen; aber die mönchische Existenz ist hier immer bereits der Prototyp der christlichen Existenz überhaupt. Indem er nach dem wahren Mönch und Kloster fragt, fragt er nach dem wahren Christen und der wahren Kirche Christi. Ihre Züge enthüllen sich in Strukturanalogie zum Wesen Christi; der wahre Christ lebt in

13 1535; WA 41,3,18 ff. Vgl. Gerhard Ebeling, *Lutherstudien II: Disputatio de homine, Dritter Teil: Die theologische Definition des Menschen*, Tübingen 1989, S. 257 f., Anm. 153. Vgl. den ganzen § 43 »Der Mensch unter der Macht des Teufels«, § 44 »Luthers Reden vom Teufel« (S. 229-271).

14 WA 2,435.

einem Glauben an Christus, der Konformität mit Christus bedeutet, und dasselbe gilt für die wahre Kirche, die deshalb definitorisch als populus fidelis, christusgläubiges oder christusgetreues, christuskonformes Volk bezeichnet wird.[15] Diese Glaubenskonformität oder »fides Christi« wird mit der festen mittelalterlichen Tradition seit Augustin auch als Demut, humilitas, bezeichnet. Demut und Überhebung, superbia, sind seit Augustin die Merkmale der beiden die Weltzeit durchziehenden Menschentypen. Ihr Ursprung liegt in der Himmelswelt, im Gegensatz der guten und der durch Vermessenheit gefallenen Engel; auf Erden haben sie mit Kain, der ein Brudermörder, aber auch ein Städtebauer war, und Abel, dem ersten Gerechten, begonnen.[16] Um das Verständnis der *humilitas* also geht es in der ganzen Arbeit Luthers am Psalter, und am Ende steht eine Neuformulierung, die den Sprengsatz zur gesamten weiteren reformatorischen Entwicklung in sich enthält. Demut besteht für Luther zunächst und bleibend in dem Glauben, der dem Wort Gottes, das den Sünder *richtet*, rechtgibt. Dies *Gerichtswort* Gottes über die Sünde ist in der Kreuzigung Christi, die um der Sünde der Welt willen erfolgt ist, anschaubar zusammengefaßt. Gottes Gerichtswort anerkennen und im *Selbstgericht* auf sich nehmen, ist darum identisch mit dem Glauben an Christus. Damit wird der, der sich so demütigt, mit dem gekreuzigten Christus gleichförmig. Und da er sich hiermit in Übereinstimmung mit dem Urteil Gottes befindet, ist er ein Christusgläubiger und damit *im Selbstgericht gerecht*. Der Verurteilte, der sein Urteil annimmt, ist gerecht. Diese mönchisch-vorreformatorische Dimension des Gottesgerichts, das zum Selbstge-

15 Joseph Vercruysse, *Fidelis populus*, Wiesbaden 1968. Ich nenne aus der reichhaltigen Literatur über Luthers 1. Psalmenvorlesung nur dies besonnene Buch und die neueste Arbeit von T. Rasmussen (Anm. 8). Zu meiner eigenen Sicht vgl. meinen Aufsatz: »Ekklesiologisch-heilsgeschichtliches Denken beim frühen Luther«, in: Kenneth Hagen (Hg.): *Augustine, the Haroest, and Theology (1300-1650)*. Essays Dedicated to Heiko Augustinus Oberman in Honor of his Sixtieth Birthday, Leiden–New York–København–Köln 1990, S. 259-284.

16 Den himmlischen Ursprung der beiden Bürgerschaften Gottes und des Teufels bei Augustin hat Dietmar Wyrwa hervorgehoben: *Christus praesens. Ekklesiologische Studien zu Augustin und Leo dem Großen*, Theolog. Habilitationsschrift (Kirchliche Hochschule Berlin), Berlin 1987.

richt wird, ist eine bleibende Dimension auch des späteren reformatorischen Verständnisses von Sünde und Gnade. Der früheste Luther führt in dieser Frage des rechten Verständnisses der Demut eine hartnäckige Auseinandersetzung mit der mönchischen und gemeinchristlich-frommen Demut, die *sich selbst als Demut* und damit als ersten Schritt auf dem Wege der wahren Frömmigkeit *reflektiert.* Demut, die sich als Frömmigkeit auffaßt, ist aber versteckter Hochmut. Wahre Demut heißt dagegen, vor dem Urteil Gottes zunichte werden und sich nackt als gerichteten Sünder erkennen. Nur so ist sie Christusglaube und Gleichförmigkeit mit dem am Kreuz Gerichteten.

Die erste sogenannte reformatorische Wende vollzieht sich sodann in diesem Rahmen, als Luther den zweiten Zentralbegriff der ersten Psalmenvorlesung neben dem Begriff des *Gerichtes Gottes*, den Begriff der *Gerechtigkeit Gottes*, die nach dem Pauluswort, das ihm lange Schwierigkeit bereitete, »im Evangelium offenbar« wird (Röm. 1,17), bibelexegetisch in diese Auffassung einzubeziehen lernt. Sich selbst in Übereinstimmung mit Gottes Urteil als Sünder richten, ist Demut; es ist Christusglaube und bewirkt die Gleichförmigkeit mit Christus als dem Gerichteten. Aber offenbart nun auch das *Evangelium* nichts anderes als diesen gerecht richtenden Gott, der den Sünder richtet und den Guten belohnt, also kurz gesagt, niemanden belohnt? Ist der Inbegriff des *Evangeliums* nichts als Gericht über den Sünder, und ist Gerechtigkeit nichts anderes als sich selbst so auf dieser tiefsten Stufe erkennen?

Luther streicht von dieser Erkenntnis nichts ab; aber er hört von jetzt an neu, daß Gott darin gerecht ist, daß er dem *Glauben,* ohne irgendeine Forderung an die Eigenleistung des Menschen zu stellen, die Gerechtigkeit zuspricht. Die Demut hat im Selbstgericht die Qualität der frommen Eigenleistung verloren, und daß Gott diesem Glauben und dieser Demut – beide werden hier Wechselbegriffe – die Gerechtigkeit zuerkennt, ist kein Akt des Belohnens mehr, sondern ein reines Geschenk, und eben dies bezeugt das *Evangelium.* Gott ist gerecht, indem er nicht nur den Sünder richtet, sondern dem Glaubenden die Gerechtigkeit zuerkennt und unverdient schenkt. Glaube und Selbstgericht sind nur Anerkenntnis dessen, wo *der Mensch vor Gott real steht*, und Annahme der Gerechtigkeit, die vor Gott gilt, als eines Geschenkes. Wo diese Erkenntnis vollzogen ist, eröffnet sich vor Gott der Raum einer neuen Existenz. Über dem Nichts an Selbstmächtigkeit vor Gott eröffnet sich das Alles der geschenkten neuen Glaubensexistenz. Beides gehört zusammen, keines ist ohne das andere. Das Evangelium setzt nicht gute Leistung voraus, sondern Erkenntnis der Nichtigkeit dieser Leistung; so aber ist es schenkendes Evangelium und nicht mehr eine neue Forderung.

IV

Von hier aus eröffnet Luther alsbald 1515/16 die Auseinandersetzung mit der spätscholastisch-ockhamistischen Lehre von Sünde, Verdienst, freiem Willen und Gnade; davon zeugt die anschließende zweite Vorlesung Luthers über den Römerbrief; zu ihrer Vorbereitung gehört die Vertiefung in den antipelagianischen späten Augustin, bei dem Luther für den erreichten Erkenntnisstand Bestätigung fand. Für unser Thema ist das, was aus dem Psalmenkolleg hervorgehoben wurde, das grundlegend Wichtige. Es begründet die antiockhamistische und generell antischolastische Festlegung in der theologischen Anthropologie mit der charakteristischen Auffassung von der Macht der Sünde, deren Hauptformeln gleich zu nennen sind.

Aber das Psalmenkolleg zeigt darüber hinaus einen sehr viel reicheren Kosmos an Gedanken über die Konformität von Christus, wahrer Kirche und recht wahrgenommenem kirchlichem Lehramt und über die Zeitenabfolge von Verfolgungen und Anfechtungen, in denen diese wahre Kirche steht. Der Widersacher, der Evangelium und Kirche vernichten will, ist in wechselnden Gestalten als Antichrist und Erzeuger von Antichristen immer am Werk, und auch die endzeitliche Zuspitzung dieses Satanswerkes in der Gegenwart ist durchaus schon im Bewußtsein; in alter Tradition, die sich ebenfalls ansatzweise auf Augustins Aussagen in der Zeit der ersten Massenchristianisierung um 400 zurückführen läßt und im Mittelalter, bei Bernhard von Clairvaux und vielen anderen, also im 12. Jahrhundert, breit entfaltet ist, wird die Gegenwart der Kirche als die Zeit der Masse bloßer *Namenschristen* gesehen[17]; ein Spezifikum, das Luther hinzubringt, ist die Parallelisierung

17 Vercruysse, S. 130.

der Namenschristen mit den scheinbar demütigen, in Wahrheit versteckt hochmütigen *überfrommen Christen*, bei denen er insbesondere an die mönchische Reformbewegung der strengen Regelobservanz auch in seinem eigenen Orden denkt.[18] Der gemeinsame Nenner beider – der Namenschristen und der Überfrommen – ist, daß der Christenname eine nichtchristliche Wirklichkeit deckt, in der die Menschen in Wahrheit auf eigener Leistung aus menschlichen Kräften fußen, seien es nun Werke besonderer Frömmigkeit oder seien es sittliche oder zivile Leistungen aus der Naturanlage des Menschen, wie die philosophische Ethik etwa des Aristoteles sie beschreibt.[19] In dieser generellen Diagnose des gegenwärtigen, dritten und letzten Verfolgungszeitalters der Kirche unter dem Kennzeichen eines *falschen Friedens* oder eines Christentums aus eigener menschlicher Kraft steht schon das Vorstellungsmaterial bereit, aus dem sich in den Kampfjahren ab 1518 mit der Diagnose des Antichrist in der Kirche selbst die Grundform des reformatorischen Denkens Luthers, wie er als »Mensch zwischen Gott und Teufel« beschrieben worden ist[20], abschließend herausstellt. Und ich erinnere noch einmal daran, daß die lebendige Satansvorstellung nicht nur untergründig auch beim frühen Luther vorhanden ist: der emotionale Untergrund der lateinischen Texte enthält all das, was später in den polemischen deutschen Texten sprachgewaltigen Ausdruck findet. Daß der gelehrt lateinisch schreibende Luther ein elementar volkssprachlich empfindender Mensch war, zeigt sich schon von früh an auch daran, daß ihm an einigen charakteristisch zugespitzten Stellen seiner frühen Vorlesungen und Predigten kurze deutsche Formulierungen und Ausrufe einfließen, so einmal im Römerkolleg, am

18 H. A. Oberman (Anm. 20) S. 149-153. Belege in meinem in Anm. 15 genannten Aufsatz, S. 256 f., 270 f.

19 Noch in der Auslegung des 9. Psalms wendet Luther den Begriff der distributiven Gerechtigkeit, die Verdienst belohnt und Missetat straft, auf die Gerechtigkeit Gottes an; WA 55,II,1; S. 109,7 ff. Das ändert sich in der Auslegung des 70. und 71. Psalms, wobei Römer 1,17 zitiert wird; WA 3,462, 31-463,2. In der Auslegung von Röm. 1,17 stellt Luther die schenkende Gerechtigkeit Gottes der Definition des Aristoteles gegenüber, »nach dem die Gerechtigkeit aus gerechten Akten folgt und entsteht«; WA 56,172,8 ff.

20 Heiko A. Oberman, *Luther – Mensch zwischen Gott und Teufel*, Berlin 1982.

Kernpunkt der Willenslehre im Zusammenhang von Sünde und Gnade: »O Sautheologen«.[21]

V

Im Römerkolleg 1515/16 also setzt Luther sich mit der Bußlehre der Scholastik auseinander, wie er sie von früh an in den Werken des ockhamistischen Tübinger Theologen *Gabriel Biel* in sich aufgenommen hat. Die Theologie des Selbstgerichts und der dem Glauben geschenkten Gerechtigkeit, wie sie Luther nun als die Substanz der biblischen Texte erscheint, tritt in offenen und kontradiktorischen Gegensatz zu dem sorgfältig ausbalancierten System des sogenannten Anfangsverdienstes einer bloßen generellen Bereitwilligkeit zum Glauben, etwa aus Tradition, und des zweiten, eigentlicheren Verdienstes oder Anspruchs auf ewigen Lohn, den der durch Glauben und sakramentale Gnade geheiligte Mensch mit seinen guten Werken gemäß dem Gesetz Gottes erwerben kann.[22] Diese Lehre von dem doppelt gestuften Verdienst ist in der späten Scholastik in ihrem gemeinten Sinn freilich keine wirkliche Verdienst-, sondern auch eine Gnadenlehre; denn jedwedes dieser sogenannten Verdienste ist ein Verdienst nur darum, weil Gott es in seiner freien gnädigen Anordnung sozusagen als vom Menschen unverdientes Verdienst anzusehen und dem Menschen so einen Heilsweg zu eröffnen beschlossen hat. Die ganze Lehre ist bei Gabriel Biel ausdrücklich antipelagianisch akzentuiert; alles hängt an Gottes gnädiger Anordnung, es so halten zu wollen.[23] Der Mensch darf mit seinen schwachen Kräften kommen; Gnade ist es, daß er dann in den eigentlichen Prozeß der Neuformung durch die Gnade hineingenommen werden soll, wobei seine guten Werke langsam schon besser werden und positi-

21 WA 56,274,14; WA 1,50,14-25.

22 H. A. Oberman, *The Harvest of medieval Theology. Gabriel Biel and late medieval Nominalism*, Cambridge/Mass. 1963; deutsch: *Spätscholastik und Reformation*, Zürich 1965.

23 Gabriel Biel, *Collectorium circa quattuor libros Sententiarum*, hg. von W. Werbeck/U. Hofmann, 1, Tübingen 1973, Dist. 17, E/F (S. 417). Vgl. meine Äußerung in E. Iserloh (Hg.), *Confessio Augustana und Confutatio. Der Augsburger Reichstag 1530 und die Einheit der Kirche* (Reformationsgeschichtliche Studien und Texte 118), Münster i. W. 1980, S. 382 f.

vere Gestalt als christliche Werke annehmen können. Aber als menschliche Werke bleiben sie auch dann immer noch völlig inkommensurabel dem ewigen Lohn. Sie sind des Lohnes nur darum wert, weil Gott sich selbst gebunden hat, ihnen Lohn zu schenken.

Ich sehe diese paradoxe Verdienstlehre, die eine Gnadenlehre sein will, in ihrer tatsächlichen Funktion als eine pädagogische massenkirchliche Gnadenlehre oder als ein großes System der Erziehung zur Gnade und sittlichen Besserung an. Hier kann aus jedem noch etwas gemacht werden – vorausgesetzt, er ist nicht wirklich ein von Gott und allen guten Geistern Verlassener. Insofern ist es eine glänzende Theorie zur Begründung einer anstaltskirchlichen Praxis in einer Gesellschaft, in der alle getauft und irgendwie erfaßt wurden. Und wohlgemerkt, an diesem Punkt der Massenkirche haben Luther und die Reformation ja auch nichts geändert, obwohl es für Luther von früh bis spät nun schlechterdings undenkbar war, daß alle Welt wahrhaft Christen würde. Daraufhin erzogen werden mußten sie dennoch, wenn auch mit anderer Theologie und anderen Mitteln.

Also nicht der Erziehungswille und nicht der Wille, eine antipelagianische Gnadenlehre zu formulieren, trennt Luther von seinen theologischen Gegnern, sondern die gegensätzliche Diagnose der im Menschen gegebenen Anknüpfungsmöglichkeit für die Gnade oder, kurz gesagt, die Auffassung von der Macht des Bösen über den Menschen. Und zwar nicht als eine »opinio«, über die man so oder so streiten konnte, sondern als Auffassung der biblischen Worte mit der Frage, ob sie selbst in ihrem Gewicht zur Sprache und zum Adressaten kommen und ihm Gericht und Gnade unverstellt als Gotteswirklichkeit vor Augen stellen würden.

Luther bekämpft als Hauptinstanz und Haupthäresie den Satz: »Gott versagt dem, der das tut, was in seinen Kräften steht, die Gnade nicht«. Die gesamte Scholastik hatte gemeint, mit diesem Satz Bibelworten zu entsprechen, mit denen Gott zu Buße und Bekehrung rief, z. B.: »Bekehrt euch zu mir, dann will ich mich zu euch bekehren«.[24] Das war ein scholastisches Axiom geworden, und frühzeitig war es – z. B. von Alexander von Hales[25] – so ausge-

24 Sach. 1,3; Biel, a. a. O. II (1984), Dist. 27 K (S. 517,11); III (1979), Dist. 27 Q (S. 505,61 ff.).

25 Biel, a. a. O. II, Dist. 27 K (S. 518,32 ff.).

legt worden, daß der Mensch als Geschöpf wisse, daß er sich nicht selbst geschaffen habe und aus diesem angeborenen Wissen auch die natürliche Konsequenz ziehen könne und müsse, sich auf den Urheber seines Daseins hinzubewegen. Der Wille kann sich dem angeborenen Wissen fügen, sei es auch in rudimentärer Form. In der Spätscholastik wurde daraus der Satz, grundsätzlich könne der geschaffene Mensch aus seinen Naturkräften Gott als das höchste Gut erkennen und insofern auch zu ihm hinstreben, oder ihn über alles Geschaffene lieben. Der Wille sei auch unter der Sünde zu diesem prinzipiellen Akt der Zuwendung zu Gott frei.

Auch Luther bleibt immer dabei, daß der Mensch – nur der Mensch – zum Bilde Gottes geschaffen, der Gnade fähig sei.[26] »Nicht für die Gänse hat Gott den Himmel geschaffen«, sagt er.[27] Die Differenz liegt in der aus Luthers Bibelexegese folgenden Aussage, daß der Mensch, so wie er jetzt unter dem Einfluß der Sünde beschaffen ist, diese Fähigkeit immer nur so realisiert, daß er seinem eigenen Tun Erlösungsqualität beimißt, und der fundamentale Irrtum der Scholastik und der Papstkirche, die sich zu ihr bekennt, ist es, daß sie den Menschen in diesem Irrglauben prinzipiell bestärkt. Der ganze fragwürdige Apparat des sakramentalen Synergismus in all seinen Facetten ruht auf diesem unbiblischen Irrglauben. Man darf an dieser Stelle meines Erachtens aber Luther nicht nur mit dem weitausgebauten Apparat der spätmittelalterlichen kirchlichen Anstalt der sakramentalen Gnadenvermittlung befaßt sehen, dessen Theorie und Gesetzbuch Scholastik und Kirchenrecht sind; sondern untergründig ist ihm auch die laikal-humanistische Welt von Kultur und Politik gegenwärtig. Ohne mich wäre die Welt »epikureisch« geworden, sagt er einmal.[28] Die Welt ist auf dem Weg einer von Gott emanzipierten autonomen Entwicklung, die aber – theologisch gesehen – das Merkmal aufweist, daß der Mensch sich in ihr unausgesprochen zu seinem eigenen Gott und Erlöser setzt.

26 Disputatio de viribus et voluntate hominis sine gratia (1516); WA 1,145,10.18; 146, 3.

27 De servo arbitrio; WA 18,636,21 (Sprichwort). Mit Augustin: »nicht für Steine, Holz, Vieh«; WA 1,145,21.

28 »Wo die Welt hätte länger so stehen sollen, wie sie vorhin stund, wäre gewiß alle Welt Mahometisch oder Epicurisch worden und wäre kein Christen mehr blieben«; WA, Deutsche Bibel XI,2; S. 380,25 ff. Vgl. jetzt Gottfried Maron, *Martin Luther und Epikur*, Hamburg 1988.

Daher kommt Luther zu der zugespitzten These, daß der Mensch nach dem Eintritt der Sünde keinen freien Willen mehr hat.[29] Er hat einen Willen, der – kurzsichtig betrachtet – frei zu sein scheint und es auch ist; aber das, wozwischen er wählt, ist niemals Gott oder der Satan. Es ist immer nur der Satan als der »Fürst dieser Welt«, es ist immer das offene Böse oder das scheinbar oder wirklich Gute, das aber als ein immanentes Gutes dem Menschen, so wie er jetzt ist, das gute Gewissen verbürgt, vor Gott etwas Gutes getan zu haben.[30] Nur der Mensch ist als Geschöpf Gottes der Gnade fähig; als Mensch unter der Macht der Sünde aber will er Gnade nicht empfangen, sondern bewirken. So werden die besten Werke zu Todsünden, weil es zur zweiten Natur des Menschen geworden ist, sich vor Gott zu vermessen.[31] Es ist wider die zweite Natur des Menschen unter der Erbsünde, sich vor Gott zu bescheiden. Er kann das Gute, das er bewirkt, nicht mehr ohne die Prämisse tun, daß es ihn absolut und vor dem Urteil Gottes als gerecht dastehen läßt.

Damit fällt das Kernstück der scholastischen Gnadenlehre seit dem 12. Jahrhundert, die aus der aristotelischen Ethik entlehnte Lehre von der Vorbereitung oder Disposition des natürlichen Menschen für den Gnadenempfang.[32] Ihr legitimer, an Aristoteles orientierter Sinn bleibt erhalten: für die Gnade geeignet ist nur das menschliche Geschöpf, das allein das Bild Gottes an sich trägt. Aber aktualisieren kann der Mensch diese Fähigkeit nicht; denn er will sein Heil nicht empfangen, sondern schaffen. Gegen die Zu-

29 Heidelberger Disputation 1518, These 13: »Der freie Wille ist nach dem Eintritt der Sünde ein leeres Wort (»res de solo titulo«), und wenn er tut, was in seiner Macht steht, begeht er Todsünde.« WA 1,354.

30 A. a. O., These 3: »Auch von den ansehnlichsten und als gut erscheinenden Werken der Menschen muß man annehmen, sie seien Todsünden.« These 11: »Vermessenheit läßt sich nicht vermeiden, wahre Hoffnung kann nicht vorhanden sein, wenn man nicht bei jedem Werk das Verdammungsurteil fürchtet.«

31 Disputatio contra scholasticam theologiam 1517, These 7-9: »vitiata natura« im Sinne Augustins, nicht der Manichäer.

32 A. a. O., These 29: »Die einzige Disposition für die Gnade liegt in Gottes ewiger Erwählung und Prädestination.« Thesen 40 und 41: »Wir werden nicht durch Tun des Gerechten gerecht« (Nikomachische Ethik III,7), sondern »tun gerechte Taten, wenn wir zu Gerechten geworden sind. Fast die ganze Ethik des Aristoteles steht (dem Wirken) der Gnade feindlich gegenüber.«

mutung, sein Heil zu empfangen, rebelliert er. »Auf Seiten des Menschen geht dem Empfang der Gnade nicht Disposition, sondern Indisposition, nein vielmehr: Rebellion gegen die Gnade voran.«[33] »Ohne die Gnade tut der menschliche Wille mit Notwendigkeit« und willentlich »das Böse«[34], selbst wenn er das tatsächlich Gute tut. Das ist die Macht des »Fürsten dieser Welt«, dessen Gefangener der Mensch, und zwar mehr der gute als der offenkundig böse Mensch ist.

VI

Die scholastische Willens-, Gnaden- und Verdienstlehre als die Theorie einer kirchlichen Anstalt pädagogischer Gnadenvermittlung für alle ist damit 1516/17 von Luther als eine Lehre im Widerspruch zur biblischen Rede von Gott und Mensch definiert worden. Den zeitgeschichtlichen Horizont dieser Auseinandersetzung bildet nicht nur die spätmittelalterlich-synergistische Frömmigkeitspraxis mit ihren parasitären Wucherungen wie Ablaßkampagnen[35], Nothelferglauben, Wallfahrtswesen usw., sondern der Kern des kirchlichen Beicht- und Bußwesens und darüber hinaus die frühneuzeitliche laikale Entwicklung mit der sich ankündigenden Emanzipation vom kirchlich vermittelten Heilsglauben. Luther kämpft mit seiner Erneuerung der Lehre vom radikalen Bösen des menschlichen Herzens an der Front, an der eine ganze Welt, kirchlich oder nichtkirchlich, sich immanent und autonom zu verstehen begonnen hat, selbst unter dem verbal festgehaltenen Schein des Gottesglaubens. Er kämpft gegen die Verabschiedung Gottes in einen fernen Himmel und wahrt damit auf seine Weise die Glaubensüberlieferung der christlichen Kirche. Mittel und Preis sind die radikale Neubestimmung des Menschen unter der nur von Gott aufzuhebenden überwältigenden Über-

33 A. a. O., These 30.
34 A. a. O., These 7.
35 Bernd Moeller, »Die letzten Ablaßkampagnen. Der Widerspruch Luthers gegen den Ablaß in seinem geschichtlichen Zusammenhang.« In: Hartmut Bockmann/B. Moeller/Karl Stackmann (Hg.), *Lebenslehren und Weltentwürfe im Übergang vom Mittelalter zur Neuzeit* (Abhandlungen der Akademie der Wissenschaften in Göttingen, Phil.-hist. Kl., 3. Folge, 179), Göttingen 1989, S. 539-568.

macht des Bösen, und in der konkreten Ausformung dieses Glaubens ist der Teufel in tausend Gestalten gegenwärtig. Es ist seine Natur, immer an unerwarteter Stelle und in der Maskierung des Guten da zu sein. Ich möchte sagen, es ist die Zentralbestimmung des Bösen bei Luther, daß der Mensch sich aus sich heraus praktisch immer Gott gegenüber autonom setzen muß. Erst in der Gestalt der Buße, die sich selbst als Buße reflektiert, dann in der Gestalt einer kirchlichen Stellvertreterschaft Christi, die sich der Bibel kirchenlenkend bemächtigt und ihre anredende Kraft als Gotteswort depotenziert, schließlich in der Form vernünftiger Schriftauslegung oder auch eines zum selbstverständlichen Besitz gewordenen Evangeliums: Formen evangelischen Christentums, die vergessen, womit der Mensch es in der Dimension von Heil und Unheil eigentlich zu tun hat. »Sie hoffen alle, daß der Teufel sei jenseits des Meeres, und Gott sei in unserer Tasche.«[36] »Wehe und aber wehe all unseren Lehrern und Buchschreibern, die so

36 Wider die Antinomer (1539); WA 50,473,26-474,8: »Ach, ich sollte ja billig vor den Meinen Frieden haben; es wäre an den Papisten genug. Es möcht einer schier mit Hiob und Jeremia sagen: Ich wollt, daß ich nie geboren wäre; so möcht auch ich schier sagen: Ich wollt, daß ich mit meinen Brüdern nicht kommen wäre, fragt auch nichts danach, möcht leiden, daß sie alle schon wären untergangen und solcher hohen Geister Schrift feil stünden in allen Buchläden, wie sie gern wollten, damit sie der schönen Ehre ja satt würden. Wiederum muß ich auch nicht besser mich achten denn unsern lieben Hausherrn Jesum Christum, der auch hin und wieder klagt: Umsonst habe ich gearbeitet, und meine Mühe ist verloren. Aber der Teufel ist Herr in der Welt, und ich habe es selbst nie können glauben, daß der Teufel sollt Herr und Gott der Welt sein, bis ich nunmals ziemlich erfahren, daß es auch ein Artikel des Glaubens sei: Princeps mundi, Deus huius seculi. Es bleibet aber (Gott lob) wohl ungeglaubt bei den Menschenkindern, und ich selbst (es) auch schwächlich glaube; denn einem jeglichen gefället seine Weise wohl und hoffen alle, daß der Teufel sei jenseits dem Meer, und Gott sei in unserer Taschen.
Aber um der Frommen willen, so da selig werden wollen, müssen wir leben, predigen, schreiben, alles tun und leiden. Sonst, wo man die Teufel und falschen Brüder ansiehet, wäre es besser, nichts gepredigt, geschrieben, getan, sondern nur bald gestorben und begraben; sie verkehren und lästern doch alle Ding, machen eitel Ärgernis und Schaden draus, wie sie der Teufel reitet und führet, es will und muß gekämpft und gelitten sein, wir können nicht besser sein denn die lieben Propheten und Apostel, denen es auch also gangen ist.«

sicher daherfahren ... die da meinen, der Teufel sei derweil zu Babylon oder schlafe neben ihnen wie ein Hund auf einem Polster, und denken nicht, daß er um sie her ist mit eitel giftigen feurigen Pfeilen ..., welches sind die allerschönsten Gedanken, mit der Schrift geschmückt ...« (1527).[37] Bei dem allen darf aber nicht vergessen werden – wovon hier nicht die Rede sein kann –, daß Luther zugleich eine ganz positive Auffassung der Schöpfungswirklichkeit hat, die hinter ihrer Verkehrung durch das Wirken des Bösen steht. Nur der Glaube befreit zur unverstellten Wahrnehmung der Welt unter ihrer radikalen Verderbnis als Gottes Schöpfung, frei von dem Wahn, in ihr selbstmächtig Heil und Erlösung finden zu können.

VII

Um die Gemeinsamkeit und den durch 1100 Jahre bedingten Unterschied zwischen Augustin und Luther in der Auffassung des Bösen spürbar zu machen, schließe ich mit zwei Texten beider. In ihnen wird erstens deutlich, wie bei beiden hinter der Macht des Bösen Gott selbst als der Allwirkende steht, neuplatonisch-überweltlich gefärbt bei Augustin, ockhamistisch-weltordnend bei Luther. Zweitens ist bei Luther, anders als bei Augustin, gut spätmittelalterlich, sozusagen schon »der Teufel los« (Apc. 20,7). Die Welt ist nicht bloß alt geworden, sondern die Endzeit und der Endkampf sind da. Schließlich ist der durch die jahrhundertelange mittelalterliche Entwicklung bedingte Unterschied auch, daß das Böse bei Augustin in der *Welt* als der civitas diaboli wirkt, in der sich die Kirche befindet, während der Teufel bei Luther außerdem und allermeist *in der Kirche selbst* sein Werk treibt.[38] Die Kirche

37 Daß diese Worte Christi »Das ist mein Leib« noch feststehen (1527); WA 23,70,17ff. Die Pointe ist hier, daß der Teufel sich hinter der heiligen Schrift versteckt, die angeblich ausgelegt, in Wirklichkeit nur als Ornament für vernünftige, d.h. vom »Gott dieser Welt« eingegebene Gedanken verwendet wird.

38 Daß der Antichrist sich am Ende als Christus verkleidet, ist ein alter eschatologischer Gedanke, der aufs Neue Testament zurückgeht. Im Hochmittelalter, zwischen Bernhard von Clairvaux (gest. 1153) und den Franziskanerspiritualen (um 1300), wird dies Geschehen als gegenwärtige Wirklichkeit in der Kirche erfahren. Die Voraussetzung

selbst ist im augustinischen Sinn weltlich geworden oder in die babylonische Gefangenschaft geraten.
Als Augustintext wähle ich einen Predigtausschnitt, den Karl Löwith seinem Buch über »Weltgeschichte und Heilsgeschehen« als Motto vorangestellt hat.[39]

Die Welt ist jetzt wie eine Kelter: es wird ausgepreßt. Bist Du Ölschaum, so fließt Du in die Kloake; bist Du Öl, so bleibst Du im Ölgefäß. Daß gepreßt wird, ist unumgänglich. Nur beachte den Schaum, beachte das Öl. Pressung geht in der Welt vor sich: durch Hungersnot, Krieg, Armut, Teuerung, Not, Sterben, Raub, Geiz; das sind die Drangsale der Armen und die Mühsale der Staaten: wir erleben es ... Da finden sich Leute, die in solchen Drangsalen murren und sagen: »Wie schlecht sind die christlichen Zeiten ...« Das ist der Schaum, der aus der Presse fließt und durch die Kloaken rinnt; sein Ausfluß ist schwarz, weil sie lästern; er glänzt nicht. Das Öl hat Glanz. Da findet sich nämlich ein anderer Mensch in derselben Presse und in der Reibung, die ihn zerreibt – war es denn keine Reibung, die ihn so blank rieb?

Bei Luther klingt dasselbe anders. Er schreibt in seiner Auslegung des Johanneswortes, in dem Christus sich den Weinstock, seine Jünger die Reben nennt (Joh. 15,1 f.)[40]:

Demnach lerne nun , wer da lernen kann, daß ein jeglicher in seiner Verfolgung und Anfechtung also denke; die Welt, Teufel, Tod und alles Unglück sei nichts anders denn Gottes Hacken und Hippen (= Sense), ebenso alle Lästerung und Schmach, so den Christen widerfähret, sei Gottes Düngen, und sage: Dank habe der fromme (= gerechte) Gott, der des Teufels und seiner Bosheit kann also brauchen, daß es uns muß alles zum Besten dienen; sonst (wo es an seinem bösen Willen läge), würd er uns bald mit seinem Messer erwürgen und mit seinem Mist erstänken und ersticken. Nun aber nimmt ihn Gott in seine Hand und spricht: Teufel, du bist wohl ein Mörder und Bösewicht, aber ich will dein brauchen, wozu ich will; du sollst nur meine Hippen sein, die Welt und was an dir hanget

hierfür ist die diesseitige Verrechtlichung und Institutionalisierung der Civitas dei, also die westlich-mittelalterliche Umformung des augustinischen Gedankens der Civitas dei, die bei Augustin (neuplatonisch gefärbt) die jenseitige Wirklichkeit der Kirche der Prädestinierten im Himmel und auf Erden ist. Vgl. Ulrich Duchrow, *Christenheit und Weltverantwortung*, Stuttgart ²1983.

39 Stuttgart 1953 (zuerst englisch unter dem Titel »Meaning in History«, Chicago 1949). Jetzt in Karl Löwith, *Sämtliche Schriften* 2, Stuttgart 1983. Der Augustintext ist Sermo 24,11 (ed. Denis); Migne, PL 46,929.

40 WA 45,638,24-639,7.

soll mein Düngemist sein zu meinem lieben Weingarten, daß er desto besser werde.
Das mag ja ein feiner Meister heißen, der diese Kunst kann, daß er des Teufels Bosheit und aller Welt dazu brauchet, daß es muß dienen dem Weinstock zu Nutz und nicht zu Schaden noch zu Verderben, wie sie doch im Sinn haben. Aber er sagt also dazu: Ihr habt's böse genug im Sinn, seid sehr bitter und zornig und meinet den Weinstock auszurotten; aber ich will und muß euch haben zu meinem Werkzeug an dem Weinstock, daß er bearbeitet und zugerichtet werde. Darum schneidet, hauet und hacket nur getrost, aber nicht weiter denn ich will; denn so weit soll es nur gehen, daß es meinen Weinstock nicht verderbe, sondern nütze und bessere.

Richard van Dülmen
Die Dienerin des Bösen
Zum Hexenbild in der frühen Neuzeit

I

Zehntausende Frauen und Männer sind in der frühen Neuzeit als Teufelsdienerin bzw. als Diener des Bösen verbrannt worden. Dieser radikale Vernichtungskrieg war zweifellos von unterschiedlichsten Kräften und Interessen des einfachen Volkes wie des weltlichen Staates mitgetragen, zunächst aber und vor allem Ausfluß einer Kampfeshaltung der christlichen Kirche, die in der Überwindung des Bösen in der Welt das Ziel ihres Glaubens und ihrer Mission sah. Die ideologische Grundlegung der Hexenverfolgung lieferte die mittelalterliche Theologie, ihre ersten Opfer waren die spätmittelalterlichen Sekten, die die Kirche erstmals als eine Verschwörung des Satans interpretiert hatte. Die Idee des gewaltsamen Kampfes gegen das Böse in den Hexenprozessen war keineswegs ein Produkt einiger pathologischer Kirchenmänner und Fanatiker, sondern Konsequenz einer Ideologisierung des Christentums, eines universellen Lebensgestaltungsanspruchs, der in allen heterodoxen und nonkonformistischen Verhaltensweisen die Wirksamkeit des Satans witterte. Da der Teufel mit allen Mitteln die Vernichtung der Christenheit anstrebte, mußte er mit Feuer und Schwert der christlichen Obrigkeit bekämpft werden.[1]

Die Hexenprozesse und Hexenverfolgung waren unter dieser Rücksicht die Konsequenz einer Verchristlichungskampagne des Spätmittelalters, die keineswegs mit der Reformation aussetzte, sondern im Gegenteil erst recht eine Ausweitung und Systemati-

1 Allgemein vgl. J. Hansen, *Zauberwahn, Inquisition und Hexenprozeß im Mittelalter und die Entstehung der großen Hexenverfolgung*, Neudr. 1964; K. Baschwitz, *Hexen und Hexenprozesse. Die Geschichte eines Massenwahns und seiner Bekämpfung*, 1963; J. C. Baroja, *Die Hexen und ihre Welt*, 1967; G. Schormann, *Hexenprozesse in Deutschland*, 1981; W. Behringer, *Hexenverfolgung in Bayern. Volksmagie, Glaubenseifer und Staatsräson in der Frühen Neuzeit*, 1987.

sierung über alle Konfessionen hinweg erfuhr. Die Angst vor der Macht des Teufels beherrschte die Menschen in keiner Zeit mehr als im 15. und 16. Jahrhundert. Insofern muß die Geschichte der Hexenverfolgung im Zusammenhang gesehen werden mit der Verbreitung des Teufels- und Höllenglaubens.[2]

Wenn im folgenden versucht wird, die frühneuzeitlichen Hexenbilder zu rekonstruieren, so bezieht sich die Studie bewußt nicht auf die breite Palette der vom sozialen Kontext letztlich losgelösten Bilder, wie sie in Zaubersprüchen oder Erzählungen überliefert sind oder auch in theologischen Traktaten bzw. in der bekannten dämonologischen Literatur sich äußern, sondern auf die Hexenbilder, die in der Hexenverfolgung bzw. in den Hexenprozessen relevant wurden und am deutlichsten die soziokulturelle Wirklichkeit der Opfer wie der Täter widerspiegeln. Denn wir können einmal (1) beobachten, daß das Hexenbild, das in den Hexenprozessen zum Tragen kam und Leitbild der Strategie von Richtern und Theologen war, keineswegs identisch war weder mit dem der ›heidnischen‹ Zaubersprüche noch mit dem der ›christlichen‹ Dämonologen; dann (2) können wir feststellen, daß das volkstümliche Hexenbild sich seinerseits auch wieder wesentlich von dem der Dämonologen unterscheidet. Während die volkstümliche Hexe als Mittäterin des Teufels, wenn nicht selbst als Täterin auftrat, war die dämonologische Hexe nur noch Ausführungsorgan satanischer Macht und gleichzeitig ihr Opfer. Wenngleich schließlich (3) alle in den Prozessen relevanten Hexenbilder noch lange nebeneinander existierten, wurde doch das volkstümliche Bild nach und nach immer stärker dämonologisch überformt; erst die dämonologisierte Hexe bildete die Grundlage der sich ausweitenden Hexenverfolgung.[3]

Zwar wird die Hexe stets mit dem Bösen in Verbindung gebracht, alles, was sie tut, ist böse, doch verschieben sich im Laufe der Zeit die Akzente in der Weise, daß das ›Hexistische‹ immer weniger allein im Schaden, den die Hexe verursacht, begründet ist, als in

2 I. Delumeau, *Angst im Abendland. Die Geschichte kollektiver Ängste im Europa des 14. bis 18. Jahrhunderts,* 1985; vgl. auch: G. Roskoff, *Geschichte des Teufels. Eine kulturhistorische Satanologie von den Anfängen bis ins 18. Jahrhundert,* Neudr. 1987.

3 R. van Dülmen (Hg.), *Hexenwelten. Magie und Imagination vom 16.-20. Jahrhundert,* ²1987; bes. ders., »Imagination des Teuflischen. Nächtliche Zusammenkünfte, Hexentänze, Teufelssabbat«, ebd., S. 94 ff.

ihrer Teilnahme an einem teuflischen Kult; aus der Schadenstifterin wird die Ketzerin und Dienerin des Teufels, dessen Macht nur durch den Tod der Hexe gebrochen werden kann.

Dementsprechend sollen im folgenden zunächst vier Hexenbilder vorgestellt werden, die die Entwicklung der Hexenverfolgung in den vier entscheidenden Stufen widerspiegeln. In unserem Zusammenhang werden sie freilich etwas verkürzt dargestellt, sind aber durchaus repräsentativ.

II

Zunächst die Vorstellung der Hexe in einem Zaubereiprozeß: 1459 wurde in Andermatt am St. Gotthard Katharina Simon »wegen ihrer grosen sünden und wohlverdienter schuld, betröffend der leidigen hexerei und unholdery« zum Tode verurteilt.[4] Die Kunst des Zauberns hatte sie, wie sie vor Gericht bekannte, von einer Frau und einem Mann gelernt, die ihr eine Salbe vermachten, um sich in einen Fuchs, in eine Katze oder einen Wolf zu verwandeln. In solcher Gestalt traf sie sich fortan mit anderen Frauen, um Gott und allen seinen Heiligen abzuschwören und einen »rat, wie sy etwa bosheit tettind«, zu halten.[5] Ihre Tochter, die sie bei den vielen Flügen begleitete, hatte sie dem Teufel übergeben. Im Mittelpunkt der Anklage standen aber nicht die Kunst der Zauberei und die Tierverwandlung als solche sowie die partielle Zusammenarbeit mit dem Teufel, sondern die vielen Schäden, die die Angeklagte allein oder mit anderen Frauen auf ihren Flügen als Füchse, Katzen oder Wölfe verursacht hatte. Vor allem werden – entsprechend der Naturlage – Fels- und Lawinenstürze genannt, dann lassen die Hexen das Vieh abstürzen oder beißen es tot, nehmen dem Vieh die Milch, verursachen mit ihren Salben allerlei Krankheiten, vor allem aber wird ihnen die Tötung von Kindern zur Last gelegt, die sie erwürgen oder verderben lassen. Erfolgreich waren die Unholdinnen allerdings nicht immer, manchmal mißlang ihnen ein Schadensflug, was ebenso ausführlich beschrie-

4 Zit. nach J. Hansen (Hg.), *Quellen und Untersuchungen zur Geschichte des Hexenwahns und der Hexenverfolgung im Mittelalter*, Neudr. 1963, S. 571-575, hier 575.

5 Ebd., S. 572.

ben wird. Weil Zauberei ein schweres Malefizverbrechen war, wurde Katharina Simon hingerichtet.
In diesem Zaubereiprozeß stand die Aufdeckung der verschiedenen Schäden ganz im Vordergrund, sie werden einzeln aufgeführt. Die vielen verheerenden und gefährlichen Fels- und Lawinenstürze bedurften ebenso einer Erklärung wie die hohe Kindersterblichkeit. Die Zauberin war die Schuldige. Zwar taucht der Teufel auf, aber er spielt nur eine periphere, jedenfalls keine substantielle Rolle. Es fehlen der Teufelspakt und die Teufelsbuhlschaft, nur böse Absprachen zwischen den Frauen finden sich. Der Teufel fliegt bzw. reitet manchmal mit, aber die Zauberkunst der Hexe ist nicht von ihm und seiner Macht abgeleitet, sondern sie hat sie von anderen Zauberinnen erlernt, wie die Angeklagte auch ihre Tochter in diese Kunst einführt. Wichtig dabei ist die Beherrschung bestimmter Rituale, die Fähigkeit, sich in Tiere zu verwandeln und die Kenntnis von Rezepten zur Herstellung unheilstiftender Salben, die nicht unbedingt vom Teufel stammten. Was diese Frauen taten, waren böse Taten, im wortwörtlichen Sinn, sie bewirkten Schaden, Krankheit und Tod, nicht durch Abhängigkeit vom Teufel, sondern durch die Kraft ihrer eigenen Person. In diesen frühen Zaubereiprozessen ist die Hexe bzw. die Zauberin noch nicht Dienerin des Bösen, sie selbst ist Täterin, sie tut Böses dank ihrer speziellen Kunst: das Böse steckt in ihr selbst. Daß diese Zauberin mit der Aufdeckung der Tat getötet werden muß, versteht sich von selbst; mit der Tötung erhofft die Gesellschaft bzw. das Gericht, weitere Schäden zu verhüten. In diesem Fall reicht es nicht, nur den Kopf vom Körper zu trennen und die Teile zu Pulver und Asche zu verbrennen, sondern die Asche wird in einen Fluß geworfen, »damit kein wytern schaden darvon entstandy und ergebi«.[6] Dasselbe Schicksal der Verbrennung und der völligen Vernichtung erleiden später mit einer anderen Begründung allerdings auch die »Hexen«.
Diese Zauberprozesse sind im 15. Jahrhundert vielfältig belegt, werden auch noch im 16. Jahrhundert praktiziert, dann aber durch Hexenprozesse verdrängt bzw. durch dämonologische Leitbilder überformt. Auch wenn bereits früh der Begriff der Hexe Verwendung findet, fehlt in den Prozessen des 15. Jahrhunderts jede Spur dämonologischer Interpretation von Zauberei.

6 Ebd., S. 575.

Unter einer Hexe versteht man noch nicht die Person, die durch den Teufel mächtig ist, Böses zu tun, sondern sie kann kraft ihrer erlernten oder ererbten Kunst Schaden verursachen. Damit sie dies überall tun kann, muß sie natürlich auch über die Fähigkeit des Fliegens verfügen. Dies entspricht ganz der volkstümlichen Vorstellung von Hexen.[7]

Erste Umbildungsansätze schälen sich erstmals um 1500 heraus; der Einfluß der Dämonologen begann mit der Verbreitung der Idee des Teufelspaktes und der Ausformung der Vorstellung vom Hexentanzplatz, beides Vorstellungen, die auch das einfache Volk nachvollziehen konnte.

Der zweite Fall soll ein Bild von der volkstümlichen Hexe vermitteln: 1540 wurde in Tirol die Unholdin Barbara Pachler wegen »Zauberey« angeklagt und zum Tode verurteilt.[8] Sie hatte 30 Jahre zuvor in einer Pfingstnacht von ihrer Mutter die Zauberkunst erlernt, damit sie reich würde und viel Gutes erhalte. Dafür mußte sie Gott, allen seinen Heiligen sowie dem christlichen Glauben abschwören und sich dem Teufel mit Leib und Seele ergeben; während sie sich durch Zauberei zu bereichern suchte, schädigte sie ihre Nachbarn. Vom Teufel erhielt sie eine Salbe, mit der sie einen Besenstiel einrieb, um damit zu fliegen, wohin sie wollte. Zunächst betrieb sie die Zauberei allein, dann aber gewann sie weitere Frauen, die sie in ihre Kunst einführte und dem Teufel übergab. Gelegentlich traf sie sich an Pfingsttagen mit ihrer »Gespielschaft«, um gemeinsam mit dem Teufel reichlich Mahlzeit zu halten. Gelegentlich buhlte sie mit dem Teufel, der hier als der böse Feind erscheint, ohne daß aber weiter von einem Teufelspakt die Rede ist. Ihre Salbe hatte sie zu Hause verborgen, zu ihrem Zauberzeug zählten außerdem eine Büchse schwarzen Pulvers, das Bein eines kleinen Kindes, ein Menschenhaarbüschel, eine Nadel und ein Lärchen- und Eichenbüschel. Dies alles brauchte sie, um mit ihren Gespielinnen umherzufliegen und allerlei Schaden zu stiften – was ihnen Freude bereitete. Das Protokoll enthält eine große Liste begangener Vergehen: Zwar wurden auch hier Kühe und Kinder durch Zauber getötet, nicht zuletzt, um sie bei

7 F. Byloff, *Hexenglaube und Hexenverfolgung in den österreichischen Alpenländern*, 1934; neuerdings C. Ginzburg, *Hexensabbat. Entzifferung einer nächtlichen Geschichte*, 1990.

8 I. Zingerle, *Barbara Pachlerin, die Sarnthaler Hexe und Matthias Perger. Zwei Hexenprozesse*, 1858, S. 3-20, hier 20.

den Treffen zu verzehren, vor allem aber bewirkte die Hexe große Mäuseplagen, die das Getreide zerstörten, ebenso schlechtes Wetter mit Hagel. Selbst ein verheerender Schneefall im Sommer wurde der Unholdin angelastet.
Auch in diesem Fall geht es primär um die verschiedenen und zahlreichen Schäden, deren die Pachler bezichtigt wurde. Durch ihre Hinrichtung sollte weiterer Schaden vom Land genommen werden. Zwar hat auch sie die Hexerei bzw. Zauberei erlernt, so wie sie ihre Kunst anderen Frauen beibrachte, ohne Einfluß des Teufels, der aber nun doch stärker in den Vordergrund tritt. Ein eigentlicher Pakt mit dem Teufel fehlt, ihre böse Macht und Kraft erwuchs nicht aus einer Verbindung mit ihm, doch konnte sie mit seiner Unterstützung rechnen; er besorgt ihr die Salbe, er fliegt mit und, was neu ist, er feiert gemeinsam mit den Zauberinnen die Pfingstnacht. Es gibt reichlich zu essen, Beutegut von den Schadensflügen der Frauen. Ebensowenig wie die Teufelsbuhlschaft bereits ein zentraler Anklagepunkt ist, tritt auch das Abschwören von Gott nicht als Hauptverbrechen in den Vordergrund. Denn nicht wegen Gotteslästerung und Sodomie steht die Hexe vor Gericht, sondern ausschließlich als Schadenstifterin, als Zauberin. Auch hier ist die böse Tat Ausfluß der Zauberei, Produkt der bösen Kräfte und des bösen Geistes der Frau, aber sie wäre nicht erfolgreich, wenn der Teufel ihr nicht helfen würde. Es gibt zwar erstmals einen Hexentreffpunkt, doch eine zentrale Rolle im Kult des Bösen nimmt er nicht ein.
Auch dieses Hexenbild ist im 16. Jahrhundert reichlich belegt, wenn auch mit unterschiedlichsten Ausformungen.[9] Es reflektiert verstärkt das Vordringen des Teufels in der Vorstellung von Buhlschaft und Hexentanzplatz, wie wir sie um diese Zeit auch in der Literatur und Ikonographie finden. Eine klare Wende trat dann ein, als Theologen anfingen, das Hexentreiben systematisch als eine Verschwörung des Satans aufzuschlüsseln und in der Teilnahme am Hexensabbat das entscheidende Indiz zur Überführung als Hexe zu sehen. Sukzessive wird aus der Hexe als Stifterin des Bösen die Dienerin und Vollstreckerin teuflischer Macht. Mit dem dritten Fall kommen wir zu den Anfängen dämonologischer

9 Beispiele in: E. Hoffmann-Krayer, »Luzerner Akten zum Hexen- und Zauberwesen«, in: *Schw. Arch. f. Volksk.* 3, 1899, S. 22-329; L. Rapp, *Die Hexenprozesse und ihre Gegner in Tirol*, 1891.

Uminterpretation der traditionellen Zauberin: 1611 wurde Catharina Bruch aus Lebach im Saarraum wegen des abscheulichen Lasters der Zauberei zum Tode verurteilt und »zue reparacion und wolverdienter straff auch andern zum abscheulichen exempel« öffentlich verbrannt.[10] Sie war als Teilnehmerin einer Zaubereigesellschaft angezeigt worden und gestand nach peinlichem Verhör, daß sie vor 18 Jahren, als einmal ihr Mann fort war, einen jungen Mann getroffen habe, der ihr viel Geld versprach, wenn sie sich seinem unzüchtigen Willen unterwerfen würde. Als sie dies tat, entpuppte er sich als der böse Feind, verlangte von ihr, Gott abzusagen und ihm zugetan zu sein. Ein Teufelssiegel bestätigte den eingegangenen Bund. Schon den nächsten Tag kam der böse Feind wieder und brachte einen schwarzen Bock mit, auf den sie gesetzt wurde, um zusammen mit dem Teufel auf den Tanzplatz zu fahren. Dort sollte die Hochzeit gefeiert werden. Als sie dort ankam, mußte sie sich an seine linke Seite setzen. Es wurde Hammelfleisch gegessen und Weißwein getrunken, ohne Brot und Salz, worauf sie ein anderer Teufel verehelichte. Dann tanzte und buhlte sie in Anwesenheit vieler Nachbarn. Abschließend wurde vereinbart, viel Schaden an Mensch und Tier zu verüben. Diese Ausfahrt wurde mehrfach wiederholt. Zwar werden in diesem Prozeß viele Schäden aufgedeckt, Kühe waren verzaubert worden, schlechtes Wetter wurde gemacht, Häuser verbrannt, Früchte und Äcker verdorben. Aber ihre Auflistung erfolgt knapp; um so intensiver berichtet das Protokoll über die Teilnehmer und Vorgänge bei der Feier auf dem Hexentanzplatz.

Dieser Fall stellt einen völlig neuen Typus des Hexenprozesses dar; obwohl die Quelle nur über das Laster der Zauberei berichtet, handelt es sich doch um einen ausdrücklichen Hexenprozeß, so wie die früheren zwar auch gelegentlich von Hexerei sprachen, aber nur traditionelle Zauberei meinten. Zauber- und Hexenprozeß werden selten sauber getrennt, obwohl in der Regel erst von Hexenprozessen gesprochen wird und werden kann, wenn der Teufel als zentrale Figur auftritt. Im Mittelpunkt des Hexenprozesses von 1611 in Lebach stand nicht mehr allein die Aufdeckung der Vergehen und Schäden, die das Hexenweib verursacht haben

10 Vgl. R. van Dülmen, *Imaginationen des Teuflischen*, S. 108 f. Vgl. auch E. Labouvie, *Zauberei und Hexenwerk. Ländlicher Hexenglaube in der frühen Neuzeit*, 1991.

sollte, sondern vor allem das Interesse an den Personen, die an der Teufelsverschwörung auf dem Hexentanzplatz teilgenommen hatten und im Bund mit dem Teufel bzw. im Auftrag des Teufels Schäden verursacht hatten. Dementsprechend will das Gericht auch in allen Einzelheiten wissen, wie das Verhältnis der Frau zum Teufel war, um sie dann als Teufelsdienerin zu verurteilen. Man wollte wissen, auf welche Weise er sich ihr näherte, wann und wie sie sich fleischlich vermischten, mit welchen Worten sie ihm die Treue schwor. Das mit dem Erscheinen dämonologischer Literatur seit Ende des 16. Jahrhunderts verbreitete neue Hexenmuster wird hier erstmals deutlich. Dazu gehörte der Teufelspakt mit dem Einbrennen eines Siegels und dem Beischlaf als Zeichen ewiger Verbundenheit, die Hexenausfahrt auf einem Bock und das Teufelsfest auf dem Hexentanzplatz, auf dem es wie auf einem Jahrmarkt zuging, sowie der Auftrag, wo immer es möglich war, Schaden zu verursachen. Die Suche nach ketzerischem Verhalten, der Nachweis eines Abfalls von Gott dominierte vor der Suche nach dem gestifteten Schaden. Nur allzuoft interessierte weniger das Schicksal der vor Gericht stehenden Hexe als die Nennung aller Teilnehmer einer Hexenversammlung, um so ihrer aller habhaft zu werden. Beschränkte sich der Zaubereiprozeß immer auf eine Person, weitete sich ein Hexenprozeß zumeist auf eine ganze Gruppe aus, die der Verschwörung bezichtigt wurde. Im Urteil der 1589 verurteilten Rebecca Lemp aus Nördlingen heißt es:

> Die fünf Weibspersonen Barbara Wörlerin, Margreta Frickhingerin, Rebecca Lempin, Margretha Hümlin und Anna Sengin, so hernieden gefangen und gebunden zu sehen, sein nit allein ihrem selbst (eigenen) beharrlichen Bekennen und darüber eingezogener beständiger Erkundigung nach von dem allmächtigen ewigen Gott, ihrem erkannten und bekannten allerheiligsten Schöpfer und Erlöser unmenschlich und verzweifenlich abtrinnig worden und (haben) derselben göttlichen Majestät abgesagt, sondern (sie haben auch) mit dem Erzfeind der werten Christenheit, mit dem höllischen bösen Geist zu Schmach und Schaden göttlichen und menschlichen Wesens ein ewiges Bündnus und Gemeinschaft gemacht und gehabt, demselben sich mit Seel und Leib zu Eigen und ewigen Diensten ergeben und darauf, soviel ihnen immer möglich, durch Anstiftung und Anleitung des erzmörderischen Satans viel alte und junge Menschen und Viech mit Gift und in ander Weg wirklich getötet und beschädigt.[11]

11 G. Wulz, »Nördlinger Hexenprozesse«, in: *Rieser Heimatverein* 20 (1937), S. 71.

Die überführte Hexe trat in diesem Hexenbild nicht mehr als eine aus eigener Kraft Böses stiftende Zauberin auf, sondern als eine Verführte des Teufels, der durch die Hexe das Werk des Bösen verwirklicht, d. h. die Menschen vom Christentum abzubringen versucht. Durch den Teufelspakt partizipiert die Hexe zwar an der dämonischen Macht, wird ihr aber ebenso willenlos unterworfen, wie alle auf dem Tanzplatz Versammelten.

Die Täuschung und Unfreiwilligkeit werden als Indizien der neuen Übermacht des Bösen gewertet. Damit sind zweifellos entscheidende Weichen für eine Radikalisierung im Sinne der Dämonologen gestellt. Was hier aus den Angeklagten herausgepreßt wird, ist allerdings noch vielfältig von volkstümlichen Vorstellungen geprägt. Denn den Teufelskult, sodomitisches Treiben und sexuelle Exzesse gibt es noch nicht. Das wilde Treiben auf dem Hexentanzplatz wird in diesem Muster noch wie ein Bauernfest der frühen Neuzeit beschrieben, auf dem viel getanzt, getrunken und gegessen wurde. Eine Scheu, sich hierzu zu bekennen, gibt es kaum.

Zwar gibt es hier verschiedenste Varianten, aber die meisten Prozesse sind von diesem Bild geprägt.[12] Da nun nicht mehr der Schadensprozeß entscheidend war, sondern die Besagung, die Anzeige aller Teilnehmer an einer Hexenversammlung, diese als eine unter dem Satan stehende Verschwörung gegen das Christentum begriffen wurde, weitet sich gerade dieses Muster als ideales Instrument der weltlichen Obrigkeit aus, allen Teufelsdienern auf die Spur zu kommen.

Der letzte Fall illustriert das diabolische Hexenbild: Catharina Zahner aus dem Schwyzer Kanton bekannte 1695 nach peinlichem Verhör, daß sie drei Jahre zuvor sich mit einem grau gekleideten Mann, weder alt noch jung, eingelassen hatte, weil er ihr viel Gutes versprach. Nachdem sie mit ihm geschlafen hatte, gab er sich als Teufel zu erkennen und verlangte von ihr, Gott, alle Heiligen und die Mutter Gottes zu verleugnen und einen Pakt mit dem Teufel zu unterzeichnen. Er prägte auf ihren Körper ein Zeichen und taufte sie in aller Teufel Namen auf den neuen Teufels-

12 Vgl. u. a. W. Krämer, *Kurtrierische Hexenprozesse im 16. und 17. Jahrhundert vornehmlich an der unteren Mosel,* 1959; B. Wangner, »Hexenprozesse aus den Jahren 1635-1636 Löffingen-Blumberg«, in: *Oberdt. Zs. f. Volksk.* 9 (1935), S. 101-125; E. Balzer, »Die Bräulinger Hexenprozesse«, in: *Alemania* 3 (1910), S. 1-42.

namen Cicilla. Darauf mußte sie sich mit ihm auf einen Stecken setzen und durch die Luft auf einen Tanzplatz fliegen, wo sie einen »abschewlichen Teüffel in gestahlt Eines wüesten gefotzleten Thiers olsr Hundts« in einem Sessel sitzen sah, dem sie Reverenz erweisen mußte. Während der drei Tage auf dem Hexensabbat habe sie mit vielen anderen getanzt und gebuhlt. Sie mußte dem Oberteufel sich ergeben und ihm schwören, künftig nur noch Böses zu tun. Mitgebrachte Hostien wurden angespuckt und mit den Füßen getreten. Sogar ein Kreuz wurde auf den Boden geworfen. »In Summa sie habe dem Teüffel anloben müssen, alles was nur faul undt böses zue thuen, an Ihme allein zue glauben und nitt an Gott«. Dabei aber blieb es nicht. Die Versammelten taten alles »Böses, so nur zu ersinnen gewessen«.[13] Es kam zu sexuellen Exzessen zwischen allen, wilden Tänzen und Eßgelagen, die aber nun nicht mehr als angenehm geschildert werden. Das Teufelsfest endete mit einer Huldigung an den Oberteufel, die mit einem Kuß auf den Hintern besiegelt wurde. Wieder nach Hause zurückgekehrt, begannen alle Teilnehmer des Hexensabbats, mit allen Mitteln Schaden zu stiften: zum einen machten sie Hagel, verdarben Pferde und Kühe – eine lange Liste berichtet einzeln und ausführlich von den Untaten –, zum anderen stifteten sie Unfrieden zwischen Menschen, vor allem zwischen Ehepaaren, verdarben Kinder, ließen deren Füße anschwellen und Frauen unfruchtbar werden.

Auch in diesem Fall geht es zweifellos um das Aufspüren von Schäden. Diesmal wurde den Hexen nicht nur vorgeworfen, Ernte und Vieh zu verderben, sondern auch das Zusammenleben der Menschen zu stören. Daneben tritt aber ganz eigenständig die Hexe als explizite Teufelsdienerin, ihre böse Macht und Kraft wird nicht mehr aus dem bloßen Teufelspakt abgeleitet, sondern aus dem auf dem Hexensabbat praktizierten Satanskult. Dieser Satanskult besteht nicht nur im Abfall von Gott, sondern im gotteslästerlichen Verhalten, nicht nur im Schwur auf den Herrn der Hölle, sondern auch in der völligen Unterwerfung unter die Macht des Bösen, in einer Umkehrung aller christlichen Lebensnormen.

Die Vorstellung des Hexensabbats mit seiner expliziten Teufelsverehrung, den sodomitischen Orgien und der schwarzen Messe

13 A. Dettling, *Die Hexenprozesse im Kanton Schwyz*, 1907, hier S. 104.

Spaltung

war eine vom Hexentanz eindeutig abgehobene Vorstellung des Hexentreibens. Die Hexe agierte in diesem vierten Muster nicht mehr primär als Schadenstifterin, sondern vorrangig als Mitglied einer Teufelssekte, als Abtrünnige, sowohl in theologischer wie sittlicher Hinsicht, was nie zu trennen ist.
Aufschlußreich an diesem Hexensabbat ist zum einen, daß hier Vorstellungen einer antichristlich-teuflischen Sekte, wie sie in der Waldenserverfolgung im Spätmittelalter in Südfrankreich erstmals auftauchten und später von den Theologen und Hexenjägern Martin Del Rio und Pierre de Lancre zu einem geschlossenen Bild geformt wurden und nun auch im deutschen Raum Verbreitung fanden, zum anderen, daß hier eine vollkommene Ritualisierung des Hexentreibens unter der Perspektive eines nächtlichen Teufelskultes stattfand.[14] Das Unabgeschlossene der Hexentanzveranstaltung, in der noch verschiedene Vorstellungen nebeneinander Platz hatten, keine strikte Ordnung gegeben war und kultische Züge nur ansatzweise vorhanden waren, wurde nun verdrängt durch eine mehr oder weniger strenge Liturgie der Teufelsverehrung und Sabbatfeier, bei der die Reihenfolge der Handlungen genau geregelt war. Die Utopie eines ungebändigten wollüstigen Vergnügens wurde überformt durch die Idee eines Lebens der verkehrten Welt unter der Herrschaft eines autokratischen Satans, der die Hexen zu willenlosen Dienerinnen macht und durch sie Unheil und Tod über die Welt bringt.
Sosehr dämonologische Theologen und Juristen des 16. Jahrhunderts alle Häresievorstellungen in ihr neues Muster zu integrieren versuchten – sie konnten das Hexentreiben nur noch als Verschwörung des Satans interpretieren –, behielten ungeachtet dessen die früheren Hexenbilder weitgehend ihre eigenständige Bedeutung. So gab es nach wie vor den Schadenzauber allein aufgrund der bösen Macht in der Zauberin selbst oder aufgrund von Buhlschaft und Pakt mit dem Teufel in den unterschiedlichsten Ausprägungen sowie den Schadenzauber verbunden mit dem Hexentanz. Diese Vorstellung blieb im deutschen Raum sogar vorherrschend, wenngleich mit der Rationalisierung sowohl des Hexenbildes wie der Hexenprozesse nach 1600 auch Hexensab-

14 K. R. H. Frick, *Die Satanisten. Satan und die Satanisten*, 1985; H.-J. Wolf, *Hexenwahn und Exorzismus. Ein Beitrag zur Kulturgeschichte*, 1980.

batvorstellungen in die deutschen Prozesse eindrangen, ohne allerdings jemals das Ausmaß südfranzösischer Phantasien zu erlangen.[15] Insofern täuscht die reiche Ikonographie über das Hexentreiben um 1600 ein falsches Bild vor. Die deutschen Richter wollten nicht in erster Linie einer Teufelssekte nachspüren, sondern primär Beweise für die konkrete Hexerei der Angeklagten erhalten bzw. natürlich auch weitere Schuldige für Schadensdelikte aufspüren. Dies gilt unabhängig von der ständigen Betonung, daß der Abfall schwerer wiege als der ganze Schadenzauber, und aus diesem Grund Hexen sowohl wegen Zauberei und Schädigung als auch wegen Abgötterei und Unzucht verurteilt wurden.

III

Das frühneuzeitliche Hexenbild war keinesfalls einheitlich, es war nicht notwendig mit einer expliziten Sabbatvorstellung, Teufelsverehrung und sodomitischen Umtrieben verbunden. In der Geschichte der Hexenprozesse vom 15. bis 18. Jahrhundert sind im großen und ganzen vier verschiedene Vorstellungen nachweisbar; ich typisiere sie unter der Rücksicht sowohl des Eigengewichts der Hexe wie des rituellen Ausbaus des Hexenkultes. Sie haben alle mit dem Bild der Dämonologie des 16. und 17. Jahrhunderts wenig gemein und variieren in der Ausgestaltung beträchtlich. Letztlich gab es nicht eine, sondern über den ganzen Zeitraum hin vier Vorstellungen, wie Hexen agierten: der Schadenzauber geht einmal ausschließlich auf die Zauberkraft einer Frau (eines Mannes) zurück, die sie kraft ihrer Natur oder erlernter Fähigkeiten besitzt. Zu dieser Kunst zählt auch die Herstellung von Salben und das Fliegen-Können. Dann gab es die Hexe, die zwar mit dem Teufel Kontakt aufnahm bzw. mit ihm einen Pakt schloß, sexuell verkehrte, sich aber nicht unter seiner Macht mit anderen Hexen nächtens traf. Weiterhin sind Hexen zu nennen, die, nachdem sie einen Pakt mit dem Teufel geschlossen hatten, sich auf dem Hexentanzplatz mit anderen Hexen trafen, wilde Feste feierten und neue Schadensflüge im Auftrag und mit Unterstützung des Teufels planten. Diese Vorstellung finden wir am häufigsten in

15 Einziger Fall: M. Kunze, *Straße ins Feuer. Vom Leben und Sterben in der Zeit des Hexenwahns*, 1982.

deutschsprachigen Prozessen. Schließlich gab es dann die Hexen, die durch einen regelrechten Teufelskult auf dem Hexensabbat der Macht des obersten Teufels in Gestalt zumeist eines Bocks unterworfen sind, rituellen Kindsmord und sodomitische Orgien treiben.

Diese vier Vorstellungsweisen existierten später zwar auch noch durchaus nebeneinander, sie entstanden aber zum anderen als Muster in einem langen Prozeß nacheinander. Die Vorstellung, daß Hexen Böses bewirken und dazu fliegen können, ist recht früh bezeugt, fliegende Hexen sind schon im 12. Jahrhundert belegt. Die Idee der Teufelsbuhlschaft und des Teufelspaktes entwikkelte sich im späten 13. Jahrhundert. Die ältesten Bilder stammen von 1300. Die Kombination mit Tanz und Mahl, wozu viele, zumindest mehrere Hexen nachts zusammenkamen, bildete sich hingegen erst zu Ende des 15. Jahrhunderts bzw. um 1500 heraus. Ein Pakt mit dem Teufel verlangte ein kollektives Mahl. Einzelne diabolische Elemente tauchen zwar schon früh auf, aber die explizite Vorstellung des Hexensabbats mit Teufelsanbetung und sodomitischen Orgien entstand erst zu Ende des 16. Jahrhunderts, wenig später finden wir auch in deutschen Quellen bereits die erste Spur. Aus den alten Zauberinnen der ›archaischen‹ Gesellschaft waren Mitglieder einer Teufelssekte im Zeitalter der ›Glaubenskriege‹ geworden, die sich verschworen hatten, die Christenheit zu vernichten. Wurde die Zauberin beherrscht von bösen Kräften, Geistern, so war die Teufelsdienerin in der Gewalt des Satans.

Eine dritte Feststellung schließt sich an: In diesem Wandel kommen zwei universelle soziokulturelle Prozesse zum Tragen.[16] Einmal erfolgte eine Dämonologisierung der traditionellen Zauberei wie des Zauberers bzw. der Zauberin in der Weise, daß die alte Überzeugung, ein Zauberer könnte allein kraft seiner persönlichen Fähigkeit, kraft bestimmter Zaubersprüche oder der Anwendung magischer Rituale zaubern, zugunsten der Vorstellung, daß allein der Teufel so etwas vermag, zurückgedrängt wurde. Die Dämonologisierung der Zauberkunst und damit auch des Zauberers bzw. der Zauberin führte zu einem Machtverlust des volksmagischen Weltbildes. Der Teufelsglaube tritt an die Stelle des zauberischen Aberglaubens. Die Menschen können aus sich selbst – das ist sehr wichtig – weder Heil noch Unheil stiften, entweder

16 Näher: van Dülmen, *Imaginationen des Teuflischen*, S. 128 f.

handeln sie im Namen Gottes oder des Teufels. Zum anderen erfolgte eine sukzessive Durchdringung der magischen Vorstellungen und auch der Riten menschlichen Lebens mit christlichen Normen, die jede ›Weltlichkeit‹ in Festlichkeiten, Mahlzeiten und Tanzvorstellungen, sexuellem Verkehr verurteilten, soweit sie nicht dem Ausbau einer christlich-puritanischen Gesellschaft dienten. Im Kult des Bösen auf dem Hexensabbat entsteht eine Gegenwelt zum kirchlich organisierten Christentum. Der Hexenprozeß dient in diesem Sinne der Unterdrückung bzw. Diskriminierung all dessen, was die neuen Kirchen als böse definiert hatten; zur Unterdrückung von weltlicher Sinnlichkeit und Sexualität, häuslicher Unordnung und von den Kirchen nicht sanktionierten Lebensformen. Damit hatte sich auch eine Erweiterung des Begriffs »böse« ergeben; ursprünglich hieß »böse« in den Zaubereiprozessen, jemand tut der menschlichen Gemeinschaft Böses an im Sinne der genannten Schäden; nun aber bezieht sich der Begriff zusehends auf den inneren Habitus einer Person, böse ist derjenige, der von Gott abfällt und ein unordentliches Leben führt.

Die Hexenvorstellung der frühen Neuzeit entsprach keinesfalls einem christlichen Verständnis von Hexe: in sie gingen sowohl verschiedenste volkskulturelle wie gelehrte theologische Traditionen imaginärer Vorstellungen ein. Ihre einzelnen Elemente finden wir oft recht früh, in ihrer dämonologisierten Kombination erscheinen sie allerdings recht spät. Unter den gesellschaftlichen Gegebenheiten des Spätmittelalters und der frühen Neuzeit hatte zwar kaum jemand Schwierigkeiten, sich die Vorstellungen der nächtlichen Zusammenkünfte anzueignen, obwohl an einzelnen Elementen immer gezweifelt wurde. Vor allem betraf dies den Flug. Während es wenig Probleme gab, die Vorstellung eines Paktes und einer Buhlschaft selbst in Verbindung mit dem nächtlichen Tanz mit der alltäglichen Lebenserfahrung in Einklang zu bringen, stieß der explizite Teufelskult auf dem Hexensabbat beim einfachen Volk auf Schwierigkeiten. Für die Theologen und Gelehrten besaß er durchaus einen rationalen Kern, sofern sie in Kategorien des Abfalls von Gott bzw. der perversen Häresie dachten. Dem Volk dagegen fehlte die Vorstellungsfähigkeit für die Details, auch wenn es einzelne Momente aus Erzählungen kannte. Was Hexen auf dem Sabbat trieben, war durch Gerichtsurteile und Predigten bekannt, aber diese Berichte in Verbindung

mit konkreten bekannten Personen zu bringen, das überstieg die Phantasie der einfachen Leute.
Böse Menschen bzw. das Böse sahen sie primär in dem, was an Bösem geschah. Wer die Ernte vernichtete, Tiere verdarb und den Menschen Krankheiten anzauberte, galt als Hexe, und daß diese etwas mit dem Teufel zu tun hätte, war klar – aber weiter beschäftigten sich die Leute nicht mit dem Grund des Bösen. Die Idee eines bösen Prinzips, auch eines fast gottgleichen Satans, war ihnen fremd. In ihrer Vorstellungswelt gab es zwar den Teufel, aber er galt nicht als sehr mächtig, jedenfalls konnten ihn die Menschen trickreich überwinden. Bestenfalls glaubte man noch an den Teufel in der Hölle. Im Unterschied dazu konnten Theologen radikal böse Taten nur als Werk des Satans interpretieren, sie hielten den Menschen mehr oder weniger nur für eine Marionette, denn so ungewöhnliche Taten und schreckliche Werke konnten sie ohne einen diabolischen Bund mit dem Teufel nicht tätigen. Nicht der Mensch, d. h. die Hexe tat eigentlich das Böse, sondern der Satan, und nicht materielle Schäden waren das eigentliche Ziel, sondern die Vernichtung des Christentums. Das Böse bestand nicht nur in den Untaten. Das Böse war das Prinzip des alle Werte des Christentums umkehrenden Satans.
Dieser Tatbestand spiegelte sich auch in der öffentlichen Beurteilung und Abstrafung wider.[17] Zwar erlitten Zauberinnen wie Hexen die Strafe des Verbrennens, aber während die Zauberin verurteilt wurde als Schadensstifterin, erlitten die Hexen die Todesstrafe vor allem als Satansanbeterinnen. Diese Unterscheidung weist auf eine unterschiedliche Funktion der öffentlichen Verbrennung: Im ersten Fall ging es um Schadensbekämpfung durch Bannung zauberischer Kräfte, die durch den Tod bzw. die Vernichtung der Hexe erreicht wurde, im zweiten Fall sollte durch den Tod der Hexe sowohl der Zorn Gottes besänftigt werden, die Welt weiterhin mit Schrecken zu strafen, wie auch die Macht des Satans gebrochen werden. Beide Vorgehensweisen beinhalten Unterschiedliches. Abschließend bleibt noch ein Problem anzusprechen, das die Forschung immer wieder diskutierte, ohne aber eine restlose Klärung zu erreichen. Wenngleich in den Zaubereiprozessen ebenso viele Männer wie Frauen angeklagt und verurteilt wur-

17 R. van Dülmen, *Theater des Schreckens. Gerichtspraxis und Strafrituale in der frühen Neuzeit*, ³1988.

den und in den Hexenprozessen vor allem zu Anfang und zu Ende der Hexenverfolgung auch viele Männer unschuldig hingerichtet wurden, bleibt es doch auffällig, daß die Hexenverfolgung insgesamt doch hauptsächlich die Frauen traf. Nicht nur die Obrigkeit und die Kirche, sondern auch das einfache Volk brachte die Frau stärker als den Mann in Verbindung mit dem Bösen und dem Teufel. Daß es gerade zur Zeit der Hexenverfolgung zu einer verhängnisvollen Verteufelung der Frau kam bzw. die bekannte Verteufelung der Frau in der spätmittelalterlichen und frühneuzeitlichen Gesellschaft zu der schrecklichen Hexenverfolgung führte, bedarf einer besonderen Erklärung. Es sei hier nicht die bekannte Beweisführung wiederholt[18]: Zweifellos wirkte sich das christliche Frauenbild verhängnisvoll aus, das der Malleus maleficarum mit der Behauptung auf die Spitze trieb, die Natur der Frau sei schlecht, weil die Frau im Glauben weniger standhaft, leichtgläubiger und sinnlicher sei als der Mann und deshalb dem Laster der Hexerei leichter verfalle. Wenn man jedoch zugleich bedenkt, daß prinzipiell alle, Männer und Frauen, Alte wie Junge, Reiche wie Arme der Hexerei angeklagt werden konnten, reicht der Hinweis auf die ideologische Voraussetzung zur Erklärung nicht aus, warum dominant Frauen als Hexen hingerichtet wurden.
Hier können vielleicht zwei Gesichtspunkte weiterhelfen: Wenn man die bösen Taten, die Schäden, die im Prozeß dominant den Hexen vorgeworfen werden, untersucht, so stellen wir fest, daß deren Verwaltung traditionell überwiegend in den Händen der Frauen lagen. Wenn eine Kuh keine Milch mehr gab oder ein Kind starb, überhaupt Schäden mit einer Salbe verübt wurden, lag es nahe, die Frauen zu verdächtigen. Es waren oft spezielle weibliche ›Untaten‹.[19] Zum anderen, wenn Frauen vorherrschend wieder von Frauen der Hexerei bezichtigt wurden, vor allem andere Frauen denunzierten, auf dem Hexensabbat gewesen zu sein, so weist dies ebenfalls auf die Lebenswelt der Frauen, die ja im Alltagsleben weniger mit anderen Männern als mit anderen Frauen zu tun hatten; wen hätten sie denn anzeigen können, wenn nicht ausschließlich Leute, die sie kannten. So nimmt es auch nicht

18 Bes. abwegig: G. Heinsohn/O. Steiger, *Die Vernichtung der weisen Frauen*, 1985.

19 Weiterführend neuerdings E. Labouvie, »Männer im Hexenprozeß. Zur Sozialanthropologie eines ›männlichen‹ Verständnisses von Magie und Hexerei«, in: *Gesch. u. Gesellsch.* 16 (1990), S. 56-78.

wunder, wenn Theologen und Juristen wie auch Zeugen die Dominanz von Frauen in der Hexerei auffiel. Vorgefaßte traditionell überlieferte Ansichten über Frauen wurden durch diesen Befund bestätigt und tradiert, wenn nicht sogar verstärkt. Die Verteufelung der Frau im 15. und 16. Jahrhundert war Folge gesellschaftlicher Konflikte, deren Ursache den Frauen angelastet wurden, weil sie zur Erfahrungswelt der Frauen zählten.

Walter Sparn
Mit dem Bösen leben
Zur Aktualität des Theodizeeproblems

Überraschend hat sich in den letzten Jahren ein neues Interesse an Problemen entwickelt, die mit dem Stichwort »Theodizee« assoziiert sind.[1] Sie werden allerdings unterschiedlich wahrgenommen, und ihre Bedeutung wird oft gegensätzlich beurteilt. Längst vorbei die Zeiten, in denen klar schien, um welche Gegenstände es sich dabei handle und mit welcher Absicht sie aufgenommen würden: »die Güte Gottes, die Freiheit des Menschen und der Ursprung des Übels«, wie der Untertitel von G. W. Leibniz' »Essais de Théodicée« (1710), und: »die Verteidigung der höchsten Weisheit des Welturhebers gegen die Anklage, welche die Vernunft aus dem Zweckwidrigen der Welt gegen jene erhebt«, wie I. Kants Aufsatz »Über das Mißlingen aller philosophischen Versuche in der Theodizee« (1791) bündig festgestellt hatte. Vorbei auch die Zeit, in der eine mißlungene »doktrinale« immerhin durch eine »authentische« Theodizee ersetzt werden konnte, ja die letztendliche Einheit der »Sache Gottes« und der »Sache der Vernunft« so gewiß schien, daß G. W. F. Hegel die Theodizee »das letzte Ziel und Interesse der Philosophie« nennen konnte.[2] Seither hat sich der Topos ins Vieldeutige und Unscharfe der »Menschheitsfrage« nach dem Warum des Leidens ausgefranst.

Wo der begriffliche Gehalt des Theodizeeproblems nicht ohnehin im »Kampf der Weltanschauungen« des »Optimismus« und des

1 Vgl. die Sammelbände von Willi Oelmüller (Hg.), *Leiden. Religion und Philosophie*, Bd. 3, Paderborn 1986; Marco M. Olivetti (Hg.), *Teodicea oggi?*, Archivio di Filosofia LVI, Padova 1988; sowie die Problemgeschichte von Hans-Gerd Janßen, *Gott – Freiheit – Leid. Das Theodizeeproblem in der Philosophie der Neuzeit*, Darmstadt 1989.

2 Gottfried Wilhelm Leibniz, *Essais de Théodicée, Sur la bonté de Dieu, la liberté de l'homme et l'origine du mal*, 1710, Titel, §§ 1 f.; Immanuel Kant, *Über das Mißlingen aller philosophischen Versuche in der Theodizee*, 1791, hier A 194f; Georg Wilhelm Friedrich Hegel, *Vorlesungen über die Geschichte der Philosophie*, 1805/06 u. ö., 3. Teil, 3. Abschnitt, E. Resultat, in: *Werke* in 20 Bänden, Frankfurt/M. 1971, Bd. 10, S. 455.

»Pessimismus« aufgerieben wurde[3], fand es sich hin und her geschoben zwischen der *Philosophie*, die es für eine überständige Erblast des Christentums ansah, und der *Theologie*, die es als unerwünschte Metaphysik loswerden wollte. Allerdings gibt es Philosophen, die dem theologischen Verdikt zustimmen und die neuzeitliche Theodizee für den Versuch halten, die Theologie durch Metaphysik zu ersetzen; anderen gilt sie für die Unmöglichkeit, mittels der Annahme der Willensfreiheit den Theismus zu begründen; wieder andere begründen mit derselben Annahme die Vereinbarkeit natürlicher und moralischer Übel in der Welt mit der Existenz eines allmächtigen und zugleich guten Gottes, führen also eine regelrechte Theodizee. Ebenso gibt es unter den Theologen (unter den evangelischen des 20. Jahrhunderts mehrheitlich) solche, die jeden Versuch einer Theodizee als gröblichste Verfehlung der theologischen Aufgabe ansehen[4], aber auch und neuerdings vermehrt solche, die das Theodizeeproblem zur fundamentaltheologischen Aufgabe erklären; nicht mehr nur katholische, sondern auch evangelische Theologen, zumal solche, die sich den Phänomenen »empirischer Theodizee« und ihrer biographischen Bedeutung zuwenden.[5]

Die Unübersichtlichkeit kommt nicht von ungefähr. Sie spiegelt die Vieldeutigkeit des Zusammenhangs von *Theodizeeproblem* und *Neuzeit*. Das Theodizeeproblem ist (wie noch zu erklären) einerseits ein spezifisch neuzeitliches, und zwar neuzeitlich unvermeidliches Problem; andererseits ist (unnötig zu sagen) seine

3 Innerhalb der Theologie vgl. Wilhelm Gaß, *Optimismus und Pessimismus. Der Gang der christlichen Welt- und Lebensansicht*, Berlin 1876, bes. S. 188 ff.; Chr. Ernst Luthardt, *Die modernen Weltanschauungen und ihre praktischen Konsequenzen*, Leipzig 1880, bes. S. 186 ff.; vgl. Helmut G. Meier, *›Weltanschauung‹. Studien zu einer Geschichte und Theorie des Begriffs*, Diss. Münster 1967, bes. S. 177 ff.

4 Prononciert Karl Barth, *Kirchliche Dogmatik* III/1, Zollikon 1945, § 42,3; kritisch vgl. Wolfgang Huber, »Theodizee«, in: Enno Rudolph, Eberhard Stöve (Hg.), *Geschichtsbewußtsein und Rationalität*, Stuttgart 1982, S. 371-406, hier 397 ff.; Hendrik J. Adriaanse, »Menschliches Leiden nach Karl Barth«, in: *Teodicea oggi?* (Anm. 1), S. 147-161.

5 Beispielweise Johann B. Metz, *Jenseits der bürgerlichen Religion*, Mainz 1981; Oswald Bayer, »Unangepaßte Wissenschaft«, in: *EvKomm* 20 (1987), S. 387 f.; Karl E. Nipkow, *Erwachsenwerden ohne Gott?* München 1987, bes. S. 43 ff.; J. A. van der Ven, »Theodicy or cosmosdicy: a false dilemma«, in: *Journal of Empirical Theology* 2 (1989), S. 5-27.

Lösung im aufklärerischen »Jahrhundert der Theodizee« zweifellos gescheitert. Der Zusammenhang von Theodizeeproblem und Neuzeit ist daher ein *ambivalenter*; je nach Einschätzung der aufklärerischen Neuzeit (und der eigenen Zugehörigkeit zu ihr) kann man ihn nach beiden Seiten pro und contra wenden. Allzu einfach wäre es freilich, die Ambivalenz auf eine Alternative zu reduzieren und die Neuzeit entweder als Projekt der zielstrebigen Befreiung der Welt von ihren Übeln, d.h. etwa als deontische Geschichtsmetaphysik, oder aber als vorurteilsfreie Tatsachenwahrnehmung und nüchterne Pragmatik zu stilisieren.[6] Es ist vielmehr sowohl ein theologisches als auch ein philosophisches Interesse[7], daß die Partie zwischen Neuzeit und Theodizeeproblem offen bleibt. Denn im Theodizeeproblem stehen zugleich die Sache der Vernunft und die Sache des christlichen Glaubens zur Debatte, sofern beide mit Ansprüchen zu tun haben, die das Wort »Neuzeit« konnotiert.

1. Neutralisierung?

Dieser These widerspricht auf den ersten Blick allerdings eine aktueller als je scheinende Tradition der Kritik an der neuzeitlichen Befassung mit dem Theodizeeproblem. Seit den ersten Erfahrungen mit der Dialektik der Aufklärung haben viele der Meinungsführer Europas das Erklärungsangebot der Leibnizschen Theodizee und bald auch ihre Modifikationen in Kants Moralphilosophie und in Hegels Geschichtsphilosophie nicht mehr akzeptieren wollen. In dem Maße, in dem jene Erfahrungen bis zur Unerträglichkeit verschärft empfunden wurden, ist ihnen nicht nur die theoretische Leistungsfähigkeit abgesprochen, sondern sind auch ihre praktischen Motive disqualifiziert worden. Dann galt schon die Formulierung eines Theodizeeproblems als Äuße-

6 Vgl. Wilhelm Schmidt-Biggemann, *Theodizee und Tatsachen. Das philosophische Profil der deutschen Aufklärung,* Frankfurt/M. 1988, bes. S. 7ff. Ich akzeptiere die hier ironisch eingeführte dritte Position des Hermeneuten und historischen Phänomenologen, der beide, den »Tatsachenfetischisten« und den »Projektemacher«, von ihren (christentumsgeschichtlichen) Voraussetzungen her zu begreifen sucht.

7 Vgl. Paul Ricœur, *Le Mal. Un défi à la philosophie et à la théologie,* Genève 1986.

rung der Harmlosigkeit, ja, wie zuerst A. Schopenhauer leidenschaftlich eingewandt hat, der Ruchlosigkeit und des bitteren Hohns auf die namenlosen Leiden der Menschheit. Seitdem überdies der metaphysische Erklärungsrahmen zerbrochen ist, innerhalb dessen dieses Leiden wenigstens einen Strafsinn haben mochte[8], seitdem man daher von »sinnlosem« Leiden spricht, liegt auf jedem Interesse am Theodizeeproblem von vornherein der ungute Verdacht auf feige, mit fingiertem Sinn betrügende Distanzierung vom wirklichen Leiden. Wofern man nicht eine »christliche Philosophie« als Kompensation des theoretischen Anspruchs der Metaphysik einsetzen will (wie das, unter dem Titel »Theodizee«, die neuscholastische natürliche Theologie versucht hat[9]), so scheint ein moralisch akzeptables Interesse am Theodizeeproblem sich darauf beschränken zu müssen, seine vermeinte theoretische Dignität zu destruieren.

Diese Absicht ist in neuerer Zeit vor allem von der Frankfurter *Kritischen Theorie* verfolgt worden. Sie verstand unter der Theodizee den euphemistischen, ja zynischen Versuch, das erlittene Böse ins gute Ganze der Geschichte einzufügen und so die radikale Negativität des wirklichen Leidens in Positivität umzulügen. »Nach Auschwitz«, wo das Ganze sich als das Unwahre offenbart hat, wo schon die Worte dafür ihre Unschuld verloren haben, verbietet sich jeder Versuch einer Sinngebung des Sinnlosen – die Henker triumphierten noch einmal über ihre verstummten Opfer. Ein Gerichtshof der Vernunft könnte nur die Herrschaft des rationalen Ganzen über das ihm sich nicht fügende Einzelne potenzieren. Der Herrschaftswille auch der aufklärerischen, doch abstrakt sich mit dem Guten identifizierenden Vernunft verurteilt dieses Einzelne zum Tode; eine Theodizee würde dieses Urteil noch mit dem Schein des Rechts versehen. Zur Philosophie zwingt nur die unablässige Selbsterneuerung der Schuld des Lebens an sich selbst, so daß wahres Denken heutzutage auch gegen

8 Arthur Schopenhauer, *Die Welt als Wille und Vorstellung*, 1819/1858, I §§ 56-59, hier: § 59 Schluß; § 63 erklärt das Leiden der Individuen, am Maß einer ewigen, die Welt beherrschenden Gerechtigkeit, als Strafe für die Individualisierung als solche, so daß auch hier die Weltgeschichte das Weltgericht exekutiert; das Wort »sinnlos« kommt darum noch nicht vor.

9 Vgl. noch Joseph Donat, *Summa Philosophiae Christianae, VI: Theodicea*, 7. Aufl. Innsbruck 1936, 8. Aufl. Heidelberg 1945.

sich selbst denken muß. Das Pathos des »ungemilderten Bewußtseins der Negativität« der wirklichen Welt nährt sich daher von der Möglichkeit, die Idee des Besseren oder doch die Sehnsucht nach dem »ganz Anderen« und »Transzendenten«, und sei es in Gestalt der Furcht seines Ausbleibens, festhalten zu können.[10] Nicht ideologiekritisch, sondern rein analytisch motiviert ist die Neutralisierung des Theodizeeproblems, auf welche die funktionale Erklärung der Bewältigung erfahrener Irrationalität hinausläuft. Spricht man *sozialwissenschaftlich* von dem Theodizeeproblem überall dort, wo die Vorstellungen eines Einen Gottes der Welt und eines ihm gegenüber verantwortlich handelnden Menschen so weit ausgebildet sind, daß die Erfahrung der unvollkommenen Welt zur Frage an einen der beiden Täter werden muß, dann tritt es schon in der altägyptischen Literatur, beim hebräischen Hiob oder bei dem Griechen Aischylos auf, wenn auch in je eigenartiger Wendung und Lösung (deren radikalste im Buddhismus vorliegt, der die Voraussetzung zurücknimmt, die das Problem erst aufwarf).[11] Wissenssoziologisch oder systemtheoretisch präzisiert heißt Theodizee dann jede reflexive Gestalt des gesellschaftlich unabweislich gewordenen Prozesses der Integration von kontingenten und anomischen Erfahrungen; sie entspricht der tatsächlichen und lebensnotwendigen, Orientierungs- und Praxisfähigkeit erneuernden »Kontingenzbewältigungspraxis« individueller und sozialer Systeme. Das Theodizeeproblem wird also immer auch gelöst, solange gegebener Sinn im Blick auf leidvolle Erfahrungen reproduziert werden kann, solange also die Gesellschaft fortbesteht.[12]

Neuestens wird freilich auch behauptet, das Theodizeeproblem indiziere Häresie. Das ist kein theologisches Verdikt – »ja, lieber Mensch, wer bist du denn, daß du mit Gott rechten willst?« –, sondern die *religionsphilosophische* These, daß jegliche Reflexionsbemühung in Sachen Theodizee der Religion geradewegs zu-

10 Theodor W. Adorno, *Negative Dialektik*, Frankfurt/M. 1966, hier S. 352, 355 f., 393; ders., *Minima Moralia. Reflexionen aus dem beschädigten Leben*, Frankfurt/M. 1969, hier S. 21, 57.

11 Max Weber, *Wirtschaft und Gesellschaft*, hg. v. J. Winckelmann, Tübingen 1922, [5]1972, S. 314-319.

12 Peter L. Berger, *Zur Dialektik von Religion und Gesellschaft. Elemente einer soziologischen Theorie*, Frankfurt/M. 1973, S. 53-78; Niklas Luhmann, *Funktion der Religion*, Frankfurt/M. 1977, S. 182-224.

widerlaufe. Wenn Religion Kontingenzbewältigungspraxis besagt, mithin eine Praxis der Anerkennung des Gegebenen, soweit es nicht Gegenstand unserer Praxis sein kann, dann behauptet, wer eine Theodizee versucht, eo ipso die Möglichkeit, die Kontingenz des Leidens sei theoretisch doch noch zu unterlaufen, d. h. es könne eben seines Kontingenzcharakters entkleidet werden.[13]
Gegenstandslos wird gar das Interesse am Theodizeeproblem, wenn man es als primär seminaristischen, logisch interessanten aber praktisch harmlosen Stoff zur Übung analytischer Kompetenzen einstuft. Und diese Lage verbessert sich nicht, wenn die *logische Analyse* zum Ergebnis kommt, daß die Existenz von Übeln in der Welt zwar keine schlüssige Widerlegung der Existenz eines allmächtigen und vollkommen guten Gottes erlaubt, daß jedoch die Behauptung der Existenz Gottes mit Hilfe der Annahme der Willensfreiheit des Menschen zur Verursachung von Übeln scheitern muß. Damit wäre das Theodizeeproblem in der Tat erledigt[14] – wenn damit nicht auch die Frage nach der möglichen Bestimmtheit menschlichen Handelns durch Gott erledigt wäre, das Dilemma von Determinismus und Indeterminismus also bloß notiert würde.
Alle diese Argumente haben ihre regionale Plausibilität; sie reichen jedoch nicht zu, das Theodizeeproblem als solches zu neutralisieren. Schon die Tatsache, daß sie sich gegenseitig bestreiten, läßt befürchten, daß jeweils bestimmte Motive und Elemente der Problematik abgedrängt sind. Vor allem fragt sich, ob dem praktischen Ernst und dem theoretischen Anspruch des neuzeitlichen Theodizeeproblems Genüge geschieht.
In ihrer Aufmerksamkeit auf den Skandal menschlichen Leidens übergehen der moralische Protest und die funktionale Deskription das nicht weniger ernsthafte Problem des bösen *Handelns*. Sie sehen davon ab, daß Leiden durch menschliche Täter von Bösem verursacht wird, auch davon, daß das Opfer seinerseits Täter von Bösem war oder sein wird. So wird die Frage ausgegrenzt, ob

13 Hermann Lübbe, *Religion nach der Aufklärung*, Graz/Wien/Köln 1986, S. 195-205; ders., »Theodizee als Häresie«, in: *Leiden* (Anm. 1), S. 167-176.

14 Ders., in: »Theodizee« (Anm. 13), S. 241; John L. Mackie, *Das Wunder des Theismus (The Miracle of Theism*, 1982), Stuttgart 1985, hier S. 239-281; ähnlich Norbert Hoerster, »Zur Unlösbarkeit des Theodizeeproblems«, in: *ThPh* 60 (1985), S. 400-409.

und wie gutes Handeln in der wirklichen, auch vom Bösen geprägten Welt möglich sei. Genau diese Frage aber stellt das neuzeitliche Theodizeeproblem: Erst das von freien Menschen verursachte *malum morale* macht, wie von Anfang an betont wird, Gottes Sache so anfechtbar. Nicht erst die Unbegreiflichkeit des menschlichen Leidens, sondern vor allem die Unbegreiflichkeit freien aber bösen menschlichen Handelns nötigt dem neuzeitlichen Denken das Theodizeeproblem auf.[15]

Die bloße Dekonstruktion des Problems vernachlässigt zudem, daß die neuzeitlichen Theodizeen erklärtermaßen auch *religiöse Motive* haben. Ob diese Motive sich unterschiedlos als christliche identifizieren lassen, ist eine andere Frage; sie muten jedenfalls dem Denken zu, die Existenz des Bösen (das denn auch mit dem Wort »Sünde« bezeichnet wird) mit einer Erwartung zu kontrastieren, die zunächst dem christlichen Glauben daran eigentümlich ist, daß ein guter und allmächtiger Gott die bestehende Welt erschaffen hat und regiert. Ohne die mit diesem Glauben verbundenen *Erwartungen* an die Welterfahrung läßt sich nicht erklären, daß sich der Anspruch der neuzeitlichen Vernunft auf Selbstübereinstimmung auch auf ihr Weltbewußtsein erstreckt, wie das eben die Formulierung des Theodizeeproblems impliziert. Dessen Beurteilung muß daher den Erwartungshorizont berücksichtigen, in dem das böse Handeln des Menschen der menschlichen Vernunft allererst zur Aporie wird.

II. Neuzeitlichkeit

Trotz der Ausweitung des populären und des wissenschaftlichen Gebrauchs von »Theodizeeproblem« für die überall und unablässig sich erneuernde Frage nach dem Warum widerfahrenen Leidens sollte, schon um der religionsanalytischen Trennschärfe willen, diese neuzeitliche Selbstbezeichnung der Reflexion der Erfahrung des Übels (das Wort hat bekanntlich erst Leibniz in Anspielung auf Römer 3,4f. gebildet) nicht beliebig ausgeweitet werden. Vor allem ist gerade das Theodizeeproblem ein starkes Argu-

15 Gottfried W. Leibniz, *Essais* (Anm. 2), §§ 1, 27, S. 107ff.; als hier völlig unverdächtigen Zeugen vgl. auch Karl F. Bahrdt, *System der moralischen Religion*, Berlin ²1790, Kap. XXVII.

ment dafür, die *Neuzeit* als Erfahrungswelt eigener Prägung zu differenzieren. Nicht nur die ausgeführten Theodizeen, sondern auch das Problem, dessen Lösung sie zu sein behaupteten, ist ein eigentümlich neuzeitliches Problem.[16] Dies soll zunächst an seiner theoretischen Konstellation gezeigt werden, sodann an dem praktischen Engagement, das es rechtfertigen muß und befördern soll.

Selbstverständlich hat das Theodizeeproblem eine lange *Vorgeschichte* in der antiken Philosophie und in der christlichen Theologie. Nicht zufällig hat P. Bayle, der die »Essais de Théodicée« provoziert hat, das Problem, Gott angesichts der wirklichen Welt entweder als allmächtigen, aber willkürlichen oder als guten, jedoch ohnmächtigen denken zu müssen, im Epikur-Artikel seines »Dictionnaire historique et critique« (1695/97) formuliert (um dann die Unterwerfung der Vernunft unter den Glauben an den Gott der christlichen Offenbarung zu fordern).[17] Dieses Problem ist in der Tat ein Bestandteil der Religionskritik Epikurs, und es ist in der christlichen Theologie tradiert worden, seitdem Laktanz' »De ira Dei« (ca. 311) es zitiert hat – als vom Glauben an den gnädigen Gott überholtes.[18]

Beide Traditionen, die philosophische und die theologische, sammeln zumal in ihrer ontotheologischen Synthese die problematische Masse an, die dann im Übergang zur Neuzeit, eben in Gestalt des Theodizeeproblems, kritisch wird.

1. Die *philosophische* Vorgeschichte läßt sich stilisieren als den fortwährenden Versuch, jenes Problem zu vermeiden. Schon Plato hat im Rahmen seiner politischen Metaphysik die tragische Vor-

16 Diese Einsicht scheint sich in letzter Zeit durchzusetzen, vgl. Willi Oelmüller, *Die unbefriedigte Aufklärung*, Frankfurt/M. 1969, bes. S. 194, 314; Hans-Gerd Janßen, *Das Theodizeeproblem der Neuzeit*, Frankfurt/M. 1982, bes. S. 69 f.; Odo Marquard, »Idealismus und Theodizee« (1965), in: ders., *Schwierigkeiten mit der Geschichtsphilosophie*, Frankfurt/M. 1973, S. 52-65; ders.: »Entlastungen. Theodizeemotive in der Philosphie der Neuzeit« (1984), in: ders., *Apologie des Zufälligen*, Stuttgart 1986, S. 11-32, bes. 14 ff.; P. Ricœur (Anm. 7), bes. S. 26; so auch der Material- und Kommentarband zum Theodizeeproblem von Walter Sparn, *Leiden – Erfahrung und Denken*, München 1980.

17 Im Blick auf die These der prästabilierten Harmonie sind hier auch die Artikel »Manichéens« und »Rorarius« zu nennen, vgl. G. W. Leibniz, *Essais* (Anm. 2), Préface.

18 Epikuros, Fr. 136; L. C. F. Lactantius, *De ira Dei* 13, 20.

stellung bestritten, die Götter in ihrer Unbeständigkeit oder ihrem Zwist untereinander seien die Ursache menschlicher Leiden; am Bösen in der Welt sei allein der wählende Mensch schuldig: »Der Gott aber ist schuldlos.«[19] Voraussetzung dieser Unterscheidung zweier Täter war die Analogie zwischen dem göttlichen Urheber der Welt und dieser selbst als Kosmos und schöner Ordnung jenseits der Unterscheidung von Gutem und Bösem. Sie wurde hinfällig, als jene Entsprechung unter den Gesichtspunkt der *Vernünftigkeit* rückte: Einer göttlichen Weltvernunft und ihrer »Vorsehung« schien das menschliche Leiden nun allerdings zu widersprechen. Die Folge war eine Ethik der Leidensvermeidung; sei es, als praktische Entsprechung zum Desinteresse der Götter, in der direkten epikuräischen Form, sei es, als Entsprechung zum kosmologischen Monismus, indirekt im stoischen »Ertrage und entsage!«[20]

Diese *Vermeidungsstrategie* schließt allenfalls Götterkritik ein, erfordert und erlaubt jedoch keine Anklage gegen einen Gott. Denn nur dem Menschen selbst, seinem bösen Tun und Lassen, kann Leiden zugerechnet werden; wo er von der naturalen Norm des Gebrauchs seiner Handlungsfreiheit abweicht, bestätigt er gerade die Rationalität des (sei's göttlichen sei's gottlosen) Kosmos. In diesem Kontext können und müssen die schlechten Erfahrungen in der wirklichen Welt aus ihrer ontologischen Korrelation zu deren Gutheit erklärt werden, mithin als partikular und akzidentell auftretender Mangel, als *privatio boni*, wie das die neuplatonische Philosophie, in ihrem Gefolge auch die christliche Theologie seit Augustinus und, mit der Annahme einer prästabilierten Harmonie der Welt, noch die Leibnizsche Theodizee getan haben.[21]

Zur problematischen Masse, die in der neuzeitlichen Theodizee kritisch wird, trägt ebenso eine *jüdisch-christliche* Vorgeschichte bei. Sie überliefert zum einen die Möglichkeit der *Klage* des leidenden Menschen über Gottes Verhalten, und zwar vor Gott selbst, nämlich in Erinnerung seiner Verheißungen. Eine solche

19 Platon, *Politeia* 617e.

20 T. Lucretius Carus, *De rerum natura*, III, Z. 831 ff.; V, Z. 156 ff.; Epiktetos, Fr. 179.

21 Beispielsweise Aurelius Augustinus, *Enchiridion de fide spe et caritate* (ca. 421), 11; (malum metaphysicum) G. W. Leibniz, *Essais* (Anm. 2), § 21.

Klage war Bestandteil der kultischen Praxis, wie in den Klagepsalmen, der prophetischen Existenz, wie bei Jeremia, und auch der literarischen Reflexion, wie im Buch Hiob, wo die Klage sich einer weisheitlichen Lebensorientierung verweigert, die sich auf die Rationalität des Tun-Ergehen-Zusammenhangs verläßt. Noch pointierter bezieht sich eine solche Klage in der christlichen Frömmigkeit auf göttliche Verheißung. Seit dem (Psalm 22,2 zitierenden) »Warum?« Jesu am Kreuz und seinen vielfältigen Wiederholungen in der christlichen Kreuzesnachfolge und der sie reflektierenden Gebetspraxis, Erbauungsliteratur, Ikonographie und Musik durch die Jahrhunderte nimmt die Klage, dem endzeitlichen Charakter des Christentums entsprechend, die Form des Seufzens an: »Wie lange noch?«[22] Kritische Funktion übt sie daher nicht nur gegenüber moralischer Rationalität aus, sondern auch gegenüber jeder historischen Situation, in der die Klage nötig bleibt.

Zum anderen hätte sich das neuzeitliche, metaphysischen Monotheismus voraussetzende Theodizeeproblem ohne die Vorgeschichte des *Schöpferglaubens* nicht schürzen können. Die (theologische und christologisch bekräftigte) Annahme einer freien, guten und allmächtigen Ersten Ursache der Welt im ganzen und einzelnen schloß den mythischen Dualismus aus, mit dem die gnostischen und manichäischen Bewegungen der Spätantike auf das Auseinandertreten von Heilserwartung und Unheilserfahrung reagiert hatten. Die Depotenzierung des Satans oder Demiurgen verschob jedoch den Anstoß böser Erfahrung vom *Leiden* unter Bösem auf das *Tun* des Bösen. Ersteres konnte, wenn schon nicht kosmologisch, so doch pädagogisch, insbesondere heilsökonomisch erklärt, letzteres dagegen mußte in ein Vorauswissen und -wollen des Schöpfergottes integriert werden. Dessen Providenz erforderte, entweder die Möglichkeit von exorbitantem Verhalten eines Geschöpfes, also seine Freiheit, aus der Schöpfung auszuschließen oder aber die Wirklichkeit eines solchen Verhaltens auf die Ursächlichkeit seines Schöpfers zurückzuführen.

War aber das Dilemma von *Determiniertheit* und *Indeterminiertheit* des menschlichen Handelns einmal eingetreten, so ließ sich das böse Handeln nicht mehr in kosmische Harmonie zurückneh-

22 Vgl. Oswald Bayer, »Erhörte Klage«, in: *NZSTh* 25 (1983), S. 259-272, bes. 261 f.; Hermann Häring, *Das Problem des Bösen in der Theologie*, Darmstadt 1985, S. 78 ff., 182 f.

men. Es erforderte umgekehrt die *Anklage* (nicht bloß Gottes durch den Menschen, sondern) Gottes im Namen Gottes: die Klage gegen seine Allmacht im Namen seiner Güte. Anwalt dieser Güte (und damit auch der unter der göttlichen Allmacht Leidenden) wurde der Mensch kraft seiner moralischen Kompetenz – die Weisheitsfreunde, die gegen die Klage Hiobs zugunsten Gottes hatten sprechen können, mußten kraft derselben Weisheit nunmehr zu Anklägern Gottes werden.

Die christliche Theologie hat diese Konsequenz zwar nicht ziehen müssen, hat das zugrundeliegende Dilemma aber auch nicht auflösen dürfen: weder in der Ausbildung der Trinitätslehre im Gegenüber zum philosophischen (gerade im Blick auf das äußere Werk der Schöpfung theologisch pointierten) Monotheismus; noch in der Einführung dieses Kontrastes in den theologischen Monotheismus, d.h. der Unterscheidung einer »ordentlichen« von einer »absoluten Allmacht« oder eines »offenbaren« von einem »verborgenen Gott«; noch auch in der theologischen Prädestinationslehre, d.h. in der Unterscheidung eines »nachfolgenden«, Heil und Unheil determinierenden Willens von einem »voraufgehenden«, universalen Heilswillen – auf alle diese Figuren konnte noch Leibniz' Theodizee zurückgreifen.[23]

2. Der mit dem neuen Titel gemeinte Rechtsstreit jedoch konnte erst jetzt, in der Neuzeit, zum Austrag kommen. Solange galt, daß die hier konfligierenden Täter ihre Taten noch nicht vollbracht hätten, durfte ein abschließender Prozeß nicht geführt werden. Solange das *theatrum mundi* andauerte, konnte ein *Gerichtshof* (so die neue Metapher) noch nicht inszeniert werden. Erst im Licht des Weltgerichts und der zukünftigen Herrlichkeit würden sich die wahren Verhältnisse zwischen dem göttlichen und dem menschlichen Handeln herausstellen.[24] Kurz, es war der eschatologische Charakter des christlichen Glaubens, der einen Theodizeeprozeß unnötig machte, aber auch ausschloß: Kraft seiner frommen (Nah-)Erwartung göttlichen Handelns und kraft seines Bewußtseins des temporalen Index' von Wahrheit.

23 G.W. Leibniz, *Essais* (Anm. 2), §§ 22f., 119, 128; vgl. Walter Sparn: »Das Bekenntnis des Philosophen«, in: *NZSTh* 28 (1986), S. 139-178, hier 150f.

24 Vgl. Martin Luther, *De servo arbitrio* (1525), WA 18, S. 685f., 784f.; G.W. Leibniz, *Essais* (Anm. 2), Discours de la conformité de la raison avec la foi, §§ 67, 82.

Die Annahme eines geschlossenen Gerichtshofes, in dem die Rollen des Anklägers, des Verteidigers und des Richters von ein und derselben Vernunft in ihrem Vermögen gespielt werden, in dieser Sache verschiedene Parteien zu vertreten, kann man mit Fug eine Ungereimtheit nennen: Sie identifiziert zwei heterogene Fragen, die griechische nach der Vernunftordnung der Welt und die christliche nach dem allmächtigen Schöpfergott.[25] Beide hatten sich in der vorneuzeitlichen Ontotheologie jedoch so weit überlagert, daß die Frage nach der Gerechtigkeit Gottes nicht nur durch das passive menschliche Leiden, sondern immer gewichtiger durch das freie, aber sündige menschliche Handeln angestoßen wurde. Dieser Anstoß mußte in dem Augenblick das Theodizeeproblem konstituieren, in dem das praktische Gottesverhältnis *entzeitlicht* und der Gottesbegriff *naturrechtlich* modifiziert wurde: in der »Neuzeit«. Derart konstituiert, verlangte das Theodizeeproblem freilich sogleich auch seine Lösung: die »Theodizee«. Insofern die Neuzeit religionsgeschichtlich charakterisiert ist durch ihren atemporalen Theismus, ist die Theodizee die neuzeitliche Philosophie schlechthin.[26] Wenn man noch den unlösbaren Zusammenhang der Theoriebildung mit ihrem praktischen Zweck einbezieht, kann man die Theodizee die der Neuzeit nötige Theorie ihrer selbst nennen.

III. Engagement

Zweifellos haben die neuzeitlichen Theodizeen sich von erfahrenem Leiden distanziert; vielleicht setzen sie auch schon eine Abnahme des unmittelbaren Leidens- und Mitleidensdruckes voraus.[27] Wie auch immer: Sie bedeuten dennoch keine Flucht aus der

25 So zu Recht Peter Henrici, »Von der Ungereimtheit, Gott zu rechtfertigen«, in: *Teodicea oggi?* (Anm. 1), S. 677.

26 Dies ist nicht ganz dasselbe wie die »Neutralisierung der Erlösungseschatologie«, von der O. Marquard spricht: »Entlastungen« (Anm. 16), S. 16; denn die christliche Zukunftshoffnung wird in ihrer Verknüpfung mit der menschlichen Arbeit am Fortschritt der Menschheit, für die Neuzeit gerade konstitutiv. Vgl. auch Anm. 27.

27 So O. Marquard, »Entlastungen« (Anm. 16), S. 14f.; ders., »Bemerkungen zur Theodizee«, in: *Leiden* (Anm. 1), S. 213-218, hier 213f. Die Konstatierung der neuzeitlichen »Weltverbesserungstheodizee«

Lebenspraxis in eine abstrakte Theorie. Im Gegenteil, es handelt sich um Theorien der zweideutigen menschlichen Freiheit, welche die wünschbare *Praxis des Guten* anleiten sollen. Allerdings emanzipieren sie dabei die Frage nach dem menschlichen *Bösen* aus der religiösen Praxis, in der sie bislang ihren Ort hatte, somit aus dem eschatologischen Horizont, in dem sie zugleich beantwortet und offengehalten worden war. Dies hat zur Folge, daß das Böse zu stehen kommt als das, was in jeder Gegenwart bloß *terminus a quo* des in die Zukunft fortgehenden guten Handelns ist. (In der Perspektive der christlichen Dogmatik: Die Zumutung fortdauernder und im zukünftigen Bösen fortwirkender Erbsünde wird in eine unbedingte Verpflichtung zum guten Handeln übergeführt.[28] Wegen dieser Selbstverpflichtung sind die neuzeitlichen Theodizeen, weit entfernt von optimistischer Projektion, ein dezidiert praktisches Unternehmen – gleichwohl mit aporetischen Folgen.

1. Leibniz' Formel für das (kaum überspitzt gesagt) existentielle Engagement seiner Theodizee, eine Formel für die Verknüpfung von größtem Realismus der gegebenen Verhältnisse und stärkster Motivation für ihre Veränderung, heißt *fatum Christianum*.[29] Solch tätiges Gottvertrauen wird von ihm noch christlich – wahre Frömmigkeit, lebendiger Glaube, brennende Liebe – beschrieben; daß aber die hier gemeinte Handlungsnötigung nicht einfach der christlichen Verpflichtung zu guten Werken der »Heiligung« entspricht, läßt das zugleich ausgesprochene *Klageverbot* eindeutig erkennen. Dieses Verbot ergibt sich unweigerlich aus dem Nachweis, daß die verwirklichten Möglichkeiten von Welt die summa summarum besten denkbaren sind. So wird zwar die dualistische Drohung angesichts der Übel in der Welt gegenstandslos; aber, da das Prinzip von Wirklichkeit unter der Bedingung der Einheit der

(ebd. S. 217) widerspricht der mit Hans Blumenberg (*Die Legitimität der Neuzeit*, Frankfurt/M. 1966, S. 78 ff.) übereinkommenden mentalitätshistorischen These, die Neuzeit bzw. ihre Theodizee sei als (nach dem nominalistischen Mittelalter!) zweiter Versuch, die Gnosis zu überwinden, notwendig geworden und dann auch gelungen, »Entlastungen« (Anm. 16), S. 15 f.

28 Vgl. Wilhelm Schmidt-Biggemann, »Geschichte der Erbsünde in der Aufklärung« (1980), in: *Theodizee und Tatsachen* (Anm. 6), S. 88-116.

29 G. W. Leibniz, *Essais* (Anm. 2), § 58; gegen raison paresseuse und fatum muhametanum ebd., Préface.

Vernunft gedacht wird, steht auch die Kompatibilität aller erfahrenen Wirklichkeit *a priori* fest. Jedes aposteriorische Argument gegen die Optimalität der wirklichen Welt verliert seine theoretische Kraft; es gilt allenfalls relativ zu einem noch nicht erreichten Stand der Verwirklichung des möglichen Besten. Gegenüber der jeweils wirklichen Welt wäre Klage sinnlos; vernünftig ist allein das praktische Postulat, das jeweils wirkliche Böse tätig hinter sich zu bringen.

Die Konzentration des Theodizeeproblems auf das gesollte gute Handeln des Menschen ist durch die Kritik der »doktrinalen«, sich theoretisch übernehmenden Theodizee noch akzentuiert worden. Die »authentische« Theodizee des Kantschen Aufsatzes (1791) verzichtet nur auf den Nachweis kosmologischer Kompatibilität, auf die ›griechische‹ Physikotheologie; sie läßt jedoch die Ansprüche der nun reinen *Ethikotheologie* um so unverhüllter zutage treten. Denn diese rekurriert auf den »Machtspruch der Vernunft«, deren moralischer Glaube ein Handeln erfordert, welches das Böse jederzeit als Abstoßungspunkt des guten Handelns betrachten darf. Dieser Machtspruch radikalisiert daher Handlungszwang und Klageverbot. Kants Bezug auf Hiob meint keineswegs den klagenden und fluchenden, sondern den bescheidenen Aufrechten, der den Grund seines Leidens redlicherweise gar nicht einzusehen beansprucht.[30]

Diese »Religion des guten Lebenswandels« unterstellt, die christliche Erbsündenlehre in der Voraussetzung eines »radikalen Bösen« aufnehmend und in der gesinnungsrevolutionären »Zumutung der Selbstbesserung« gegen sich selbst wendend, ein ›bekehrtes‹ Subjekt guter Praxis. Von der moralisch gläubigen Vernunft als Garant ihrer Selbstübereinstimmung beansprucht, hat Gott mit dem Bösen schlechterdings nichts zu tun; es ist allein der moralisch handelnde Mensch, der die *Versöhnung* zwischen der bisherigen Wirklichkeit und dem geforderten guten Handeln tätigt. Dies verursacht Leiden, da der neue, moralisch gute Mensch mit dem alten, am Bösen schuldig gewordenen Menschen koexistieren muß. Aber im Leiden am empirischen Menschen ist der moralische Mensch nicht nur sein eigener Richter, sondern auch

30 I. Kant (Anm. 2), A 213-217; dementsprechend wird Seufzen und Bitten aus dem auf Moralität gegründeten Glauben verbannt: ders., *Die Religion innerhalb der Grenzen der bloßen Vernunft* (1793), S. 302 ff.

sein Stellvertreter, Priester und Erlöser. In diesem Kontext stellt noch Leiden eine *Tätigkeit* dar (im Unterschied zur oboedientia activa Christi freilich die der Selbstbestrafung). Kants Interpretation der christlichen Versöhnungslehre[31] zielt daher auf eine exklusiv praktische Disziplinierung des Verhältnisses zum Bösen. Wie schon G.W. F. Hegel oder J. Burckhardt bemerkt haben, folgt daraus allerdings eine Art *Verfeindungszwang*. Sozusagen säkularpietistisch wird das Böse, nicht länger der äußere »altböse Feind«, innermenschlich abgespalten – das Leiden des neuen am alten Menschen exekutiert einen geradezu manichäischen Dualismus.[32]

Soll es nicht tatsächlich zur dualistischen »Verzweiflung der Vernunft«[33] kommen, dann gibt es, die mögliche Lösung des Theodizeeproblems vorausgesetzt, nur die Alternative seiner *Rechristianisierung*. So kritisiert G. W. F. Hegel die bisherigen Theodizeen – ein abstrakt monotheistischer Gottesbegriff und eine ebenso abstrakte Subjektivität menschlicher Handlungsfreiheit paralysierten sich gegenseitig. »Gott« wurde bloß als Grund der jeweils wirklichen Welt begriffen, und so blieb für die Theodizee, trotz ihrer neuen Aufmerksamkeit auf das menschliche Handeln, die Kategorie natürlicher Ursächlichkeit dominant. Das zu lösende Problem: die Disparatheit der wirklichen Welt und der gesollten Welt bzw. das Dilemma von Determinismus und Indeterminismus, wurde nur scheinbar gelöst – in dem unnachsichtigen Praxis- und Verdrängungszwang dieser Theodizee. Die christologische und trinitarische Revision der Theodizee in Gestalt einer *Theorie der Weltgeschichte* rechtfertigt demgegenüber nicht nur die nachrevolutionäre Mäßigung des geschichtlich erforderten Handelns, sondern auch die ungeschönte Wahrnehmung der wirklichen Konflikte in der menschlichen Freiheitsgeschichte, d. h. eine herbe Einschätzung der Glücksansprüche des Menschen

31 Ders., *Die Religion* (Anm. 30), S. 84-101; vgl. Gunther Wenz, *Geschichte der Versöhnungslehre in der evangelischen Theologie der Neuzeit*, Bd. 1, München 1984, S. 224 ff.

32 Vgl. O. Marquard, »Wie irrational kann Geschichtsphilosophie sein?«, in: *Schwierigkeiten* (Anm. 16), S. 66-82, hier 77-80.

33 Friedrich Wilhelm Joseph Schelling, *Philosophische Untersuchungen über das Wesen der menschlichen Freiheit und die damit zusammenhängenden Gegenstände* (1809), in: *Sämmtliche Werke*, Bd. I/7, S. 331-416, hier 354.

am Maß seiner tatsächlichen Leidenserfahrungen.[34] Freilich, diese Freiheitsgeschichte erscheint nun in einem tragischen Licht, und auf das individuelle Subjekt von Freiheit, für das ein Klageverbot nach wie vor besteht und das in einen objektiven Verfeindungszwang verflochten wird, legt sich ein fatalistischer Schatten.
Nicht umsonst nimmt die Hegelsche Theodizee die für Leibniz heilsökonomisch noch mögliche, für Kants Ethikotheologie jedoch inakzeptable christliche Integrationsformel für die Sünde, *felix culpa*, wieder auf: Wirkliche Freiheit enthält Position und Negation, und ohne ihre Schuld gibt es gar keine geschichtliche Bewegung; ja selbst das göttliche Leben bliebe leer. Die Theodizee wird daher zur *Theogonie*, in der das menschliche Leiden Gottes ein wesentlicher Faktor des Werdens Gottes ist. Sie beschränkt zwar die menschliche Handlungsverpflichtung, impliziert für die zwischenmenschliche Geschichte erst recht unvermeidliche Feindschaft. Denn daß die Weltgeschichte selbst zum *Weltgericht* wird, macht die individuellen Subjekte zum Instrument objektiver historischer Konflikte. Weil die einst kosmologisch denkbare Kompensation für erlittenes Unrecht angesichts der Irreversibilität der Geschichte als Fortschritt ausfällt, entbehrt eine Klage jeglichen Sinnes. Die Versöhnung, die im Prozeß der weltgeschichtlich realen Theodizee erarbeitet wird, mag im Blick auf das Ganze die einst empfangenen Wunden narbenlos heilen lassen; die in dieser Arbeit geopferten Individuen bleiben jedoch unversöhnt zurück, und ihr Leiden bleibt hoffnungslos ungetröstet.[35]
2. Die neuzeitlichen Theodizeen haben sich anheischig gemacht, das gute Handeln in der wirklichen Welt als von dieser verschiedenes nicht bloß anzuleiten, sondern dieses Handeln schon als gelingend, ja als gelungen zu begreifen; wo sie gar das Ende der göttlich-menschlichen Freiheitsgeschichte antezipieren, befreien sie sich aus der Angewiesenheit auf kontingente Zukunft.[36] Aber

34 G. F. W. Hegel, *Vorlesungen über die Geschichte der Philosophie*, in: *Werke* (Anm. 2), Bd. 12, S. 33-36, 41 f.
35 Ebd. S. 540, 559; ders., *Phänomenologie des Geistes* (1807), in: *Werke* (Anm. 2), Bd. 3, S. 492; zum »Begriff eines menschlich leidenden Gottes« vgl. F. W. J. Schelling (Anm. 33), S. 403.
36 Diese Peripetie bei G. F. W. Hegel, *Phänomenologie* (Anm. 35), 24, S. 591; ders., *Grundlinien der Philosophie des Rechts* (1820), Vorrede,

der Vorgriff der Theorie auf die Praxis hat seinen Preis: die *Moralisierung* oder die *Fatalisierung* der erfahrenen Wirklichkeit. Man nimmt die Ambivalenz der Freiheit zum Guten oder aber zum Bösen nur mehr rückblickend wahr, als jeweils schon entschiedene. Da das Böse nur als *terminus a quo* des Guten zugelassen ist, wird der böse Täter abstrakt negiert; das weiterhin auch böse Handeln verleitet dazu, von seinen Opfern wegzusehen. Die mangelnde Sensibilität der neuzeitlichen Theodizeen rührt daher, daß ihr Subjekt stets der freie, vernünftigerweise sich auf das gute Handeln verpflichtende Täter ist. Weil sie überspielen, daß die Ambivalenz der Freiheit fortdauert, bleibt das Opfer des Bösen ohne Hoffnung auf verändernde Erfahrung, und der Täter des zukünftigen Guten vergißt, daß er weiterhin mit dem Bösen, auch dem eigenen, leben muß.

Die Selbstüberforderung der neuzeitlichen Theodizeen darf jedoch ihre Leistungsfähigkeit im Blick auf die Wahrnehmung des anstehenden Problems nicht vergessen machen: die *Aporetik der Freiheit*.[37] Die historistischen und materialistischen Alternativen zur gescheiterten Theodizee blieben im Blick hierauf durchaus defizitär, denn sie zogen sich auf die Gleich-gültigkeit alles Wirklichen vor Gott zurück beziehungsweise potenzierten die Fatalisierung des geschichtlichen Fortschritts auf Kosten des Individuums im Übergang zu revolutionärer Praxis.[38] Demgegenüber hatte die bisherige Arbeit am Theodizeeproblem die Frage ernstgenommen, wie gesolltes menschliches Handeln in einer Welt zu begründen sei, in der die menschliche Freiheit sich als ihr eigener Feind begegnet, nämlich in Gestalt des getanen Bösen. Sie kritisierte daher, zunehmend klarsichtig, den monokausalen Theismus eines neuzeitlichen Weltbegriffs, der im Blick auf das menschliche Handeln das Dilemma von Determinismus und Indeterminismus bloß eskamotierte. Ein Rückgang auf kosmologische Mimesis kam freilich nicht mehr in Frage, und so mußte die mögliche Realität des gesollten Guten im weitesten Rahmen von Kompati-

in: *Werke* (Anm. 2), Bd. 7, S. 24-27; vgl. H.-G. Janßen (Anm. 1), S. 98 ff., 127 ff.

37 Zu dieser Formel vgl. Jörg Splett, »Die Absolutheit Gottes und die Kontingenz der Schöpfung«, in: *ZKTh* 101 (1979), S. 147-162; vgl. ders., »Gottes Gerechtigkeit«, in: *ThuPh* 55 (1980), S. 404-417.

38 Vgl. O. Marquard, »Entlastungen« (Anm. 16), S. 19; zu Karl Marx vgl. H.-G. Janßen (Anm. 1), S. 156-165.

bilität des Wirklichen begründet werden. Galt die Vernunft nun als das suffiziente Prinzip der Erkenntnis der Wirklichkeit, dann mußte die äußere Welt nicht nur als gesetzhaft verfaßte *Natur*, sondern auch als durch freies Handeln bestimmte *Geschichte* begriffen werden können.

Das neuzeitliche Theodizeeproblem stellt sich mithin nicht schon angesichts der Frage, wie das faktische Sosein der Welt zu erklären sei. Darauf bezieht es sich vielmehr schon kritisch, indem es das Defizit der naturwissenschaftlich-neuzeitlichen Kategorie der (sei's mechanischen, sei's organisch evolutionären) Kausalität anmahnt. Sie fordert die *Vernünftigkeit gesollten Handelns* in der gegebenen Welt ein und, im Blick auf die neuzeitlich-deistische Reduktion des Schöpfungsglaubens, die *Gerechtigkeit Gottes* angesichts des Bösen in der Welt.[39] Im Blick auf den neuzeitlichen Naturalismus stellt das neuzeitliche Theodizeeproblem bereits eine Selbstkritik des neuzeitlichen Denkens dar. Die neuzeitlichen Theodizeen sind allerdings gescheitert als ein mit ontotheologischen Mitteln sich überforderndes praktisches Denken. Aber ihr Problem, die Aporetik der Freiheit, behält seine theoretische Dignität und sein praktisches Interesse über dieses Scheitern hinaus – erst recht gegenüber den vielen weltanschaulichen Residuen der Theodizee, mittels deren noch heute die alltäglichen Dezisionen sich höheren Sinn zusprechen.

IV. Die Sache der Vernunft, die Sache des Glaubens

Auch wenn die Komplexität, in die sich die Neuzeit in Gestalt des Theodizeeproblems verwickelt hat, die Bereitschaft strapaziert, dieses Problem offen zu halten: Genau dies ist die Aufgabe des Denkens, solange die »Neuzeit« selbst es etwa angeht. Das Theodizeeproblem stillzulegen, sei es durch seine moralische Abweisung oder logische Erledigung, sei es durch seine Formalisierung zu einer psychosozialen Funktion, kann nicht der Weisheit letzter

39 Mit Hans-Gerd Janßen, *Das Theodizee-Problem der Neuzeit. Ein Beitrag zur historisch-systematischen Grundlegung politischer Theologie*, Frankfurt/M. – Bern 1982; ders., *Gott* (Anm. 1), bes. S. 11 ff., 173 ff.

Schluß sein, weder der philosophischen noch der theologischen – es sei denn, man gäbe alle normativen Konnotationen von »Neuzeit« oder »Moderne« auf und historisierte diese Begriffe zur vergehenden, ja schon vergangenen Epoche ohne irgendwelche Ansprüche an oder Chancen für das gegenwärtige Handeln und Denken. Gegen die Versuchung, das Ende der Neuzeit oder die Postmoderne herbeizureden, ist gerade das Theodizeeproblem ein gutes Antidotum. Es stellt zur Debatte, worin die Sache der Vernunft in ihrer Korrelation mit der Erfahrung der neuzeitlichen Welt besteht, und es erfordert zugleich die Frage, inwiefern sie zugleich Sache des christlichen Glaubens ist. In philosophischer und theologischer Perspektive gleichermaßen bilden das *Theodizeeproblem* und das *Neuzeitproblem* eine Konfiguration, sowohl im Blick auf das Selbstverständnis des Denkens als auch im Blick auf sein Verhältnis zu seinem praktischen, zumal religiösen Kontext.

1. Nicht zuletzt das Scheitern der neuzeitlichen Theodizeen erinnert daran, daß die Erfahrungen des bösen Tuns und des Leidens am Bösen nicht sogleich und unmittelbar gedacht werden können. So viel Schwieriges diese Erfahrungen allerdings zu denken geben, so eindeutig beginnt dieses Denken, schon das Sprechen, erst in einem gewissen Abstand, als Rückblick und als (gefährlicher, weil Distanz einschließender und doch Solidarität heischender) Seitenblick. Wesentlich für die Formulierung des Theodizeeproblems ist es daher, ihre *Erfahrungsferne* (nicht zu zitieren, sondern) an ihr selbst zu vollziehen. Dies erfordert zuallererst die Selbstunterscheidung der Reflexion von andern Medien der Äußerung und Verarbeitung der Erfahrungen des Tuns und Erleidens des Bösen.

Es ist nicht zufällig, daß die wirksamere Kritik der überzogenen Ansprüche der neuzeitlichen Theodizeen sich nicht theoretisch, sondern im Medium der *Künste* artikuliert hat. Nicht nur, daß so der weltanschaulich behauptete, politisch gewollte oder auch bloß technokratisch exekutierte Optimismus wirksamer zu treffen war; auch seine theoretisch immunisierte Form wurde so genauer in ihrer wahren Schwäche entlarvt, eben in ihrer Theorieform. Voltaires »Candide«, Georg Büchners »Woyzeck«, Fjodor Dostojewskis »Die Brüder Karamasoff«, Albert Camus' »Die Pest«, Arno Schmidts »Leviathan«, Elie Wiesels »Night«: literarische Dekompositionen der Theodizee als Theorie, um das Theodizeeproblem offenzuhalten.[40] Daher gelingt auch die Formulierung der bösen Erfahrung und der Frage nach ihrem Warum der dichterischen, musikalischen und theatralischen Inszenierung hilfreicher; das ist der in dieser Sache weder philosophisch noch auch theologisch einholbare Vorsprung nicht nur von J. S. Bachs »Matthäuspassion«, A. Dvořaks »Biblischen Liedern« oder J. Brahms' »Vier ernsten Gesängen«, sondern auch von R. Wagners »Ring des Nibelungen« oder L. Bernsteins »Requiem«.[41] (Dagegen entfalten gewisse Aussagen von Künstlern – »die einzige Entschuldigung Gottes ist, daß es ihn nicht gibt« (H. B. Stendhal), »das Leiden ist der Fels des Atheismus« (G. Büchner) – ihrer eigenen Theorieform wegen kein theodizeekritisches Potential.)

Vom Denken der Erfahrungen des Tun und Erleidens von Bösem verschieden ist aber auch der *religiöse Umgang* mit ihnen. Denn er realisiert eine spezifische temporale Struktur, die das Jetzt der Erfahrung in ein Gefälle zwischen Erinnerung und Erwartung zieht. Schon das Hiobbuch stellt heraus, daß die Alternative zum Rationalismus der Freunde nicht eine richtigere Theorie über Erfahrung sein kann, sondern die Erfahrung, daß die Klage durch neue Erfahrungen überholt wird. Die Gottesrede aus der Schöpfung rechtfertigt Gottes Verhalten nicht einmal in Ansätzen, sondern stellt diesen Gott dar, wie er ist. Der Prozeß zwischen Hiob und Gott wird nicht abgebrochen, bevor er richtig begonnen hat, weil er als Prozeß nicht zu führen wäre, wie das die dualistische Resignation nahelegt; er wird vielmehr angehalten durch ein anspruchsvolles Warten auf neue Erfahrung. Die Aporie der Vernunft angesichts der wirklichen Welt wird im Horizont religiöser Praxis sowohl festgehalten als auch, im Übergang von erinnerter Gotteserfahrung zu erhoffter Gotteserfahrung, in concreto aufgelöst.

Wenn dieser religiöse Horizont beschrieben wird, wie es das Hiobbuch ja tut, und noch, wenn er theologisch erklärt wird, kann sich das *Denken* der Temporalität religiöser Erfahrung

40 Was keineswegs ausschließt, daß eine Theodizee, als literarischer Text, ihrerseits eine dekonstruktive Lektüre erlaubt; im Anschluß an J. Derrida vgl. David Jasper, *The Study of Literature and Religion,* Minneapolis 1989, S. 117-135.

41 Vgl. Hans Blumenberg, *Matthäuspassion,* Frankfurt/M. 1988, bes. S. 46 f.; Peter Wapnewski, *Der traurige Gott. Richard Wagner in seinen Helden,* Stuttgart 1982.

durchaus angleichen – in der Form der Unterscheidung von ihr. Seine eigene Form ist dann, wie erstmals in Augustinus' Ontotheologie, die einer offenen Theorie. Die (noch mögliche) kosmologische Kompensation des Mangels an Gutem wird hier nicht monistisch stabilisiert; der Horizont der Integration des Bösen ist nicht die Welt als Kosmos, sondern als Heilsgeschichte. In diesem zeitlich definierten Ordo läßt sich ein Anspruch auf die Einheit der Erfahrung rechtens formulieren; gleichwohl geht dies nicht in eine Theodizee über, die den Anspruch auf das Gutwerden des nicht mehr oder noch nicht Guten in der Form eines abschließenden Rechtsstreites einzulösen erzwänge. Vielmehr bindet sich seine Artikulation, auf die erinnerte Zusage und die erwartete Zukunft des Handelns Gottes als etwas vom Denken Verschiedenes hinweisend, an kontingente religiöse Praxis. Allerdings, das neuzeitliche Theodizeeproblem konstituiert sich erst im Gefolge gerade der theorieförmigen Überlagerung von Metaphysik und christlichem Glauben; nur deshalb können die neuzeitlichen Theodizeen die Differenz von Denken und Religion sogleich unterlaufen – ihr Praxisbegriff absorbiert entweder oder aber dementiert religiöse Praxis. Die aktuelle Frage ist daher, ob und wie in einem Denken neuzeitlichen Anspruchs das Theodizeeproblem offengehalten werden kann.

2. Für wissenschafts- und kulturtherapeutisch plausibel gelten zur Zeit zwei Optionen. Die eine will nach all den falschen religiösen Emanzipationen wieder auf die alteuropäischen Muster teleologischer Metaphysik zurückgreifen, die nun einmal einer christlich fundierten oder doch im Horizont der geschichtlichen Erfahrung des Christentums formulierten Seinsauffassung angehören. Die andere will gerade nach dem Scheitern der neuzeitlichen Theodizeen gleichwohl ihre Motive übernehmen; sie bezieht ihre Plausibilität jedoch daraus, daß jene Motive beispielsweise bewirkten, daß der Gerichtshof der Vernunft den göttlichen Welturheber und -lenker nur rechtfertigen konnte, indem er ihn für nicht vorhanden erklärte: »Atheismus ad majorem Dei gloriam«, oder auch: »Theodizee gelungen, Gott tot«.[42]

Auch eine *Theologie*, die nicht zwischen »christlicher Philoso-

42 Vgl. Robert Spaemann, »Die christliche Sicht des Leidens«, in: *Leiden* (Anm. 1), S. 104-110; Ludger Oeing-Hanhoff, »Thesen zum Theodizeeproblem«, in: ebd., S. 218-228; bzw. O. Marquard, »Bemerkungen« (Anm. 27), S. 217.

phie« und philosophischem Atheismus wählen muß, kann doch nicht auf jenen Monotheismus zurückgreifen, dessen Kritik schon in der logischen Konsequenz der neuzeitlichen Theodizee selbst lag, zumal im Blick auf die Prädikate der Autarkie und der Apathie, die eine absolute Antithese von Handeln und Leiden fixierten. Im Gefolge F. W. J. Schellings oder A. N. Whiteheads liegt es daher nahe, diese Prädikate zu konkretisieren und etwa anzunehmen, daß Gott erst im Prozeß der Weltwerdung allmächtig werde; das abstrakte Prädikat könnte dann reformuliert werden als die Macht der göttlichen Liebe, die zugefügtes Leiden, ja Ohnmacht jetzt noch einschließt.[43] Freilich kann auch dies auf eine metaphysische Prädikation hinauslaufen, die der gescheiterten Theodizee e contrario verhaftet bliebe. Wirklich nicht metaphysisch, sondern theologisch würde von einem »leidenden Gott« erst gesprochen, wenn die Formulierung des Theodizeeproblems auf die *Praxis des Glaubens* bezogen wird – eines Glaubens, der aus erinnerter Zusage der Klage und der Frage: »Wie lange noch?« zur Sprache verhilft, der als Liebe für die Verminderung menschlichen Leidens sich abmüht und der als Hoffnung auf Gottes Zukunft sich in der Geduld übt, das zugeschickte Leiden in der Nachfolge des Gekreuzigten zu tragen. Auch das theologische Denken bleibt nur im Hören auf diesen Glauben fähig, die Frage nach dem guten Handeln in der wirklichen Welt ohne Verdrängung menschlicher Schuld einerseits, ohne Auflastung unerfüllbarer Handlungszwänge andererseits offenzuhalten, also wirklich »gute Werke« anzuleiten. Nur in der Selbstunterscheidung von der lebendigen Frömmigkeit bleibt das theologische Denken offen für die Klage des Leidenden, aber auch für die Verwirrung des Bösen – und schützt beide vor dem Handlungsdiktat einer moralistisch oder technokratisch immunisierten Rationalität.

Die Rücksicht der Formulierung des Theodizeeproblems auf eine gegebene religiöse Praxis hindert aber nicht, daß sie auch für die *Philosophie* eine eigene Aufgabe darstellt. Normative Ansprüche, die für eine selbstkritische, verwandelt neuzeitliche Vernunft[44] als

43 Vgl. Jürgen Moltmann, *Der gekreuzigte Gott*, München 1972, bes. S. 184 ff.; Dorothee Sölle, *Leiden*, Stuttgart 1973, bes. S. 178; dies., »Gottes Schmerz und unsere Schmerzen«, in: *Teodicea oggi?* (Anm. 1), S. 273-289; Hermann Häring, *Das Problem des Bösen* (Anm. 22), S. 166 ff.

44 Vgl. Odo Marquard, »Vernunft als Grenzreaktion. Zur Verwandlung

unverzichtbar gelten dürfen, können vielleicht sogar nur im Theodizeeproblem namhaft gemacht werden.
Dies dürfte zunächst im Blick darauf wahrscheinlich sein, daß die Begründung guten Handelns in der wirklichen Welt sich mittlerweile offensichtlich von der Vorstellung lösen muß, das Leiden gehe dem Denken (nur) voran, sondern sich vernünftigerweise mit labiler, *interimistischer Gewißheit* begnügt. Da eine solche Begründung nicht nur mit dem Mißlingen des Gutgemeinten, sondern auch mit dem fortdauernd bösen Handeln von Menschen rechnen sollte, muß sie die Frage nach der Vernünftigkeit gesollten Handelns in der wirklichen Welt stellen, ohne sie im Vorgriff auf die Zukunft endgültig zu beantworten. Indem sie derart das Theodizeeproblem offenhält, bewahrt sich die Vernunft vor der Verzweiflung eines Dualismus, der den Antagonismus von Gut und Böse mythologisch oder historisch-praktisch projiziert und so oder so nicht ohne den Teufel auskommt, erträumt sich aber auch nicht die Seligkeit einer abgeschlossenen, die vollendet gute Welt anschauenden Theodizee. Sie bleibt damit dem unruhigen Herzen treu, das die Zeitgenossen des ausgehenden 20. Jahrhunderts auszuhalten haben.
Ferner dürfte die im neuzeitlichen Theodizeeproblem zum Zuge kommende Kritik *technokratischer Rationalität* weniger verzichtbar sein als je. Ein Handeln, das abstrakt kausierend auftritt, ist zwar formal immer gut, muß aber das Böse als das Gewesene oder als das Böse der Andern zu verdrängen suchen; es kennt daher nur die Alternative zwischen der reinen Beherrschung und der bloßen Anerkennung des Faktischen. Die Unbegreiflichkeit des menschlichen, Menschen opfernden Handelns kann so nicht einmal benannt werden; der handelnde Mensch könnte nur entweder der schlechthin und unverbesserlich Böse oder aber das unschuldig-tatenlose Opfer sein. Die Formulierung des Theodizeeproblems, die sich der abstrakten Trennung von Tätern und Opfern verweigert, respektiert ein erschrockenes Herz, das angesichts des Mißerfolgs auch des besten Willens gegenüber dem fortgezeugten Bösen vor neuen Schrecken nicht gefeit ist.
Wer den Anspruch auf den Sinn guten Handelns in der wirklichen

der Vernunft durch die Theodizee«, in: Hans Poser (Hg.), *Wandel des Vernunftbegriffs*, Freiburg/München 1981, S. 107-133; P. Henrici (Anm. 25), S. 677 f.

Welt festhält, wird schließlich auch der im neuzeitlichen Theodizeeproblem erhobenen Kritik an der Präsumtion *abstrakter Freiheit* zustimmen. Nur wer sich der Bedingungen erinnert, unter denen sich frei handelnde Subjekte gegenseitig anerkennen können, einschließlich ihres gegenseitigen Mißbrauchs der Freiheit, fällt nicht auf einen manichäischen Dualismus der Opfer und der Täter zurück (theologisch: nicht auf den prädestinatianischen Dualismus von Berufenen und Verworfenen). Wer nicht von der Angeklagtenbank auf die Anklägerbank und umgekehrt flüchten und dem Verfeindungszwang nicht erliegen will, der das Böse immer neu provoziert, muß das Theodizeeproblem offenhalten. Sein wenn auch nie vorweg zu befriedigendes Desiderat kommunikativer Subjektivität läßt nicht zuletzt die Stimme eines versöhnlichen Herzens zu Wort kommen.

3. Auch wenn die analoge Bedeutung des Theodizeeproblems plausibel erscheint, so doch nicht schon der Gebrauch des Wortes *Gott*. Es gibt aber einen theologisch und philosophisch gleichermaßen annehmbaren Grund dafür, auf ein Wort für »Gott« nicht zu verzichten, solange ein solches religiös-praktisch gebraucht wird: Es wird damit angezeigt, daß das »Herz« als ein vom Denker weder absorbierbarer noch dementierbarer Tatbestand gelten soll. Diese Selbstunterscheidung des Denkens von religiösem Verhalten pointiert dann den aporetischen Charakter der Erfahrungen, die hier zu denken geben. Im Wissen, daß wir mit dem Bösen leben und trotzdem das Beste daraus machen sollen, benennt sie, mit andern Worten, das Böse vollends als unbegreiflich.[45]

Der Gebrauch religiöser Sprache in der Formulierung der Aporetik der Freiheit bedeutet keineswegs die Subordination der philosophischen Fragestellung unter die Antworten der christlichen Theologie. Er betritt jedoch den gemeinsamen Raum des Verstehens und Streitens, den im Blick auf das menschliche Handeln und Erleiden seit alters die Verhältnisbestimmung von Glauben und Wissen, den seit dem Übergang zur Neuzeit eben das Theodizeeproblem darstellt. Damit ist zugleich wahrgenommen, was kulturgeschichtlich der Fall ist: daß das Theodizeeproblem der neuzeitlichen Welt des Christentums zugehört. Die philosophi-

45 In diesem Sinne gilt nach wie vor: Si Deus est, unde malum? Si non est, unde bonum? A. T. S. Boethius, *De consolatione philosophiae,* 1, 4p.; G. W. Leibniz, *Essais* (Anm. 2), § 20. Vgl. H. Häring (Anm. 22), S. 5 ff.; H. J. Adriaanse (Anm. 4), S. 161.

sche Arbeit an einer aktuellen Formulierung des Theodizeeproblems hat der zeitgenössischen Theologie vielleicht sogar etwas voraus: die größere Bereitschaft zum Abschied von einem göttlichen Täter, dessen Unmenschlichkeit in der Konkurrenz eines menschlich-übermenschlichen Täters in der Neuzeit zu schrecklicher Evidenz gekommen ist. Dieser Abschied muß auch theologisch willkommen sein, denn recto oder verso handelt es sich um einen *Untäter*: »... ein Plan hinter allem, ein Schuldiger, Traum der Menschheit«, wie Jacopo Belbo schwärmt.
Der gemeinsame Widerstand gegen die Entschlüsselung der Welt in der manichäistischen Form des Kriminalromans erfordert umgekehrt von der Theologie, die spätneuzeitliche Vielheit der Antworten auf das Theodizeeproblem hinzunehmen. Aber die synkretistische oder »polytheistische« Vielfalt religiöser Praxis spiegelt genau diejenigen Erfahrungen, die das Theodizeeproblem nach wie vor aufzuwerfen nötigen und die weltanschaulich nur scheinbar ›bewältigt‹ werden.[46] Unbeschadet der besonderen theologischen Aufgabe, der christologischen, bleibt es daher eine so fromme wie vernünftige Pflicht des Denkens, das Böse als Feind des Menschen zu benennen – unter der Bedingung, nicht den bösen Menschen als Feind zu verteufeln. Dann ist das philosophische wie das theologische Denken »solidarisch mit Metaphysik im Augenblick ihres Sturzes«.[47]

46 Für die Philosophie vgl. Willi Oelmüller, »Statt Theodizee: Philosophisches Orientierungswissen angesichts des Leidens«, in: *Teodicea oggi?* (Anm. 1), S. 635-645, hier 643; O. Marquard, »Entlastungen« (Anm. 16), S. 28 f.; ders., »Lob des Polytheismus« (1979), in: ders., *Abschied vom Prinzipiellen*, Stuttgart 1981, S. 91-116, bes. 106 ff. Für die Theologie sei wenigstens erinnert an die im Kontext des Theodizeeproblems stehende Rede von der »Polyphonie des Lebens« bei Dietrich Bonhoeffer, *Widerstand und Ergebung*, hg. v. Eberhard Bethge, München 1970, S. 331 f., 333 f., 340 ff.
47 Theodor W. Adorno, *Negative Dialektik*, (Anm. 10), S. 398.

Peter Michelsen
Mephistos »eigentliches Element«
Vom Bösen in Goethes »Faust«

»Auch in Gott entdeck' ich Fehler.«[1]

Wir alle wissen, daß es ›Böses‹ gibt. Aber gibt es *das* Böse? Gibt es, heißt das, eine Wesenheit, die das, was wir ›böse‹ nennen, substanziell in sich enthält? Die Frage bewegt sich, wie man bemerkt, in Richtung auf platonische Entitäten, ›Ideen‹, und ich werde mich hüten, sie zu beantworten. Für unsere Zwecke genügt es, das Evidente festzuhalten: daß die Menschen immer wieder von der Vorstellung der Existenz einer solchen Wesenheit beherrscht wurden. Wenn gar weiter nicht nur ›das‹ Böse, sondern ›der‹ Böse im Licht des menschlichen Bewußtseins anzutreffen ist, so fragt es sich, ob wir es dabei mit einer Personifikation des Kategorialen zu tun haben – der Teufel wäre dann, wie der Feuerbachsche Gott, nichts anderes als ein personifizierter Gattungsbegriff –, oder ob umgekehrt, im Zuge einer Verbegrifflichung und Verwissenschaftlichung des menschlichen Denkens, die Kategorialisierung eines ursprünglich Personhaften stattgefunden hat. Auch diese Frage lasse ich offen. Halten wir uns an die Zeugnisse aus der Religions-, Gesellschafts- und Literaturgeschichte. Und da besteht bekanntlich kein Mangel an derartigen Personen; es wimmelt geradezu von bösen Geistern, Dämonen, Satans- und Teufelsgestalten. Obgleich in der Neuzeit, zumindest seit der Aufklärung, niemand mehr so recht an die Leibhaftigkeit dieser Personalitäten glauben mochte, schienen sie der Imagination weiter ganz unentbehrlich zu sein. Es ist das ein höchst merkwürdiger Sachverhalt, dem man noch nicht die Beachtung geschenkt hat, die er verdient: bei einem Schwinden des Glaubens an die Person des Bösen in der Neuzeit findet gleichzeitig – von Milton über Dostojewski bis zu Thomas Mann – eine immer intensivere Beschäftigung mit ihr in der Dichtung statt. Es ist, als ob der Teufel, dem der Einlaß in den menschlichen Geist durch das herrschaftliche Hauptportal der Ratio

1 Hofrat Wilhelm Friedrich Hüsgen zum jungen Goethe (*Dichtung und Wahrheit* I, 4; WA I, 26, S. 255)

verwehrt wurde, sich durch die Hintertür der Einbildungskraft in das Gemüt des Menschen Eingang verschafft hat. Man kann sich des Eindrucks nicht erwehren, daß die hochgemute Überzeugung des autonomen Subjekts »Wenn ich nicht will, so darf kein Teufel sein« (Faust, V. 6791)[2] oft genug durch ein hinterhältiges Beinstellen desselben erbärmlich zu Fall gebracht wird.

Nun hat das soeben aus der Baccalaureus-Szene des »Faust II« Zitierte einen Mann zum Verfasser, dem als einem Sohn des aufklärerischen 18. Jahrhunderts so etwas wie ein blinder Teufelsglaube kaum wird nachgesagt werden können, eher schon – wenn wir ihn selbst beim Wort nehmen dürfen – ein »entschiedenes Heidentum«.[3] Der von ihm geschaffenen Teufelsfigur – der bekanntesten nicht nur, sondern zugleich komplexesten, unterhaltsamsten und hintergründigsten der Weltliteratur – haben die Faustkommentatoren (im Unterschied übrigens zu den Schauspielern!) seltsamerweise sehr viel weniger Aufmerksamkeit geschenkt als ihrem Opfer, dem Doktor Faust: als verstünde der Teufel sich von selbst. Aber versteht dieser auch nur sich selbst von selbst?

Gehen wir an den Text des Faust-Dramas heran, so hat es zunächst wohl den Anschein, als habe Mephisto mit seinem Selbstverständnis keinerlei Schwierigkeiten. Denn bei seinem ersten Auftreten vor Faust in Menschengestalt, im Studierzimmer, gibt er eine Definition seines Wesens, deren entscheidende Passage lautet:

> So ist denn alles was ihr Sünde,
> Zerstörung, kurz das Böse nennt,
> Mein eigentliches Element. (V. 1342-45)

Es ist geboten, bei dieser Formulierung – wie bei Goetheschen Formulierungen stets – genau hinzuhören. Mit der »Sünde« einerseits und der »Zerstörung« andererseits werden zwei Seiten des ›Bösen‹ genannt: die im freien Willen wurzelnde Seite, derzufolge das Einschlagen einer verfehlten Richtung des Wollens als der im Geist liegende Ursprung des Übels – insofern als das ei-

2 Ich zitiere Goethes »Faust« durch bloße Angabe der Verszahl nach dem von Erich Schmidt besorgten Text der Weimarer Ausgabe (1. Abteilung; Band 14, 15, 1 + 2; Weimar 1887, 1888). Auch andere Goethe-Zitate erfolgen nach dieser Ausgabe (Sigel: WA).

3 Brief an Friedrich Heinrich Jacobi vom 7. Juli 1793 (WA IV, 10, S. 90).

gentliche Übel – erscheint (das malum morale); und die objektive Seite, das in der Welt sich ereignende Werk der Annihilierung von Seiendem (das malum physicum), das freilich nicht als unbedingt böse wird eingestuft werden können. Aber so sehr Mephistopheles mit solcher seit den Kirchenvätern geläufigen Unterscheidung vertraut zu sein scheint (der Teufel ist bekanntlich ein guter Theologe), so unwichtig ist sie ihm: ist sie doch nichts als Menschenwerk, Menschenwahn. Denn das ist das Auffälligste an seinen Worten, daß er gar nicht ›das‹ Böse als sein »eigentliches Element« bezeichnet, sondern nur dasjenige, »was *ihr* ... das Böse nennt«.
Es ist unverkennbar: Mephistopheles lehnt die absolute Charakterisierung des von ihm verkörperten Prinzips als ›böse‹ ab; nur eine relative Geltung aus der beschränkten Sicht der Sterblichen gesteht er ihr zu. Er selbst hat ein anderes Wertesystem, wie aus den der zitierten Stelle unmittelbar voranstehenden Worten deutlich hervorgeht:

> Ich bin der Geist der stets verneint!
> Und das mit Recht; denn alles was entsteht
> Ist wert daß es zu Grunde geht;
> Drum besser wär's daß nichts entstünde. (V. 1338-41)

Das, was die Menschen ›das Böse‹ nennen, bestimmt Mephisto als Negation, genauer: als Privation. Denn die Verneinung, der er huldigt, ist evidentermaßen nicht als eine dem Denken angehörige Relation im Vergleich verschiedener Dinge zu verstehen, sondern als eine dynamisch-kraftvolle Leugnung, Absprechung, Beraubung von Seiendem. Der Negationsakt ist Realrepugnanz, Abstoßung von Wirklichkeit. So hat man in der philosophisch-theologischen Tradition das Böse auch immer wieder definiert. »Le mal«, heißt es bei Leibniz, der dabei ausdrücklich Augustinus heranzieht, »est une privation de l'être«[4]. Nur freilich: Mephisto sieht diese Seinsberaubung keineswegs als ›böse‹ an: sie geschehe »mit Recht«.
Man kann es sich natürlich leicht machen und solch stolze Negativitätsideologie als satanische Arroganz abtun; doch bedenkt man das unentrinnbare Geschick der Vergänglichkeit, dann erscheint der mephistophelische Standpunkt dem des Predigers Sa-

4 God. Guil. Leibniz, *Essais de Théodicée sur la Bonté de Dieu, la Liberté de l'Homme et l'Origine du Mal*, Nouv. Edition, Berlin 1840, Tom. 1, § 29, S. 153.

lomo nicht gar so fern, der bekanntlich alles Innerweltliche für ganz eitel erklärt (Eccl. 1,2). Im Lichte des Geschaffenen, der Schöpfung und der Geschöpfe, mag das wohl eine – wie der Autor des »Faust« die salomonische Weisheit schalt – »falsche, ja gotteslästerliche« Lehre sein[5], aber kann man das auch sub specie aeternitatis sagen? Wenn Mephisto sich als Advokat des Nichts vorstellt, so nimmt er diese Ewigkeits-Sicht ein: er beruft sich auf die Tatsache des Zugrundegehens aller entstehenden Dinge. Da in der Tat die Zukunft alles dessen, was der Fall ist, das Futurum exactum ist – es wird einmal gewesen sein –, folgert er die Wert-Nihilität alles Gewesen-Seins, alles Seins. Schließlich spreche letzten Endes, allerletzten Endes – vom Ende, heißt das, der letzten Dinge her – sogar das Recht des Faktischen für das Nichts. Woran Mephisto Anstoß nimmt, ist, daß es doch einmal *war*. So bleibt ihm die Postulierung des Nichts als eines Nie-Gewesen-Seins, gar nicht erst zum Sein Gekommenen, eines sich dem Kreislauf der Existenz entziehenden »Ewig-Leeren« (V. 11603), ein gänzlich utopisches Ideal, von dem er nur im Konjunktiv Irrealis schwärmen kann: »Drum besser *wär*'s, daß nichts entstünde.« Doch hat er damit eine höchste Wertnorm gesetzt, ein teuflisches summum bonum, das es in der Welt zwar nicht gibt und nicht geben kann, das aber gegenüber dem, was ist, immer wieder als eine Maxime der Seinsbestreitung ins Feld geführt werden müsse.

Die Unmöglichkeit, die Schöpfung als eine nie geschehene rückgängig zu machen, ist eine Sache; eine andere aber ist die Anstrengung, sie in ihren Einzelphänomenen zu Fall zu bringen. Faust bringt diese grundsätzliche Unzulänglichkeit der diabolischen Unternehmungen, deren Beschränkung auf Teilziele, in ironischer Überlegenheit – allzu selbstsicher, möchte man meinen – auf die Formel:

> Du kannst im Großen nichts vernichten
> Und fängst es nun im Kleinen an. (V. 1360 f.)

Über diese Bemühungen im Kleinen gibt Mephisto im weiteren Auskunft. Allerdings sind – das ist stets zu beachten! – seine entsprechenden Auslassungen, wie überhaupt fast alle seine Äußerungen, mit Vorsicht aufzunehmen und jeweils auf ihren Wahrheits-, oder besser: Wahrhaftigkeitsgehalt hin zu überprüfen, da sie oft (wenn er sie nicht in einem Monolog oder Aparte an sich selbst oder

5 *Dichtung und Wahrheit* IV, 16, WA I, 29, S. 10.

an das Publikum richtet) von der Wirkungsabsicht auf seinen Gesprächspartner gefärbt erscheinen. So hatte er schon übertrieben, als er sich als »der« Geist, der stets verneint, vorstellte; aus dem Munde des Herrn wissen wir nämlich, daß er nur einer ist der »Geister die verneinen« (V. 338). Später, bei seiner nächsten Begegnung mit Faust, gesteht er auch ein: »Ich bin keiner von den Großen« (V. 1641). Offensichtlich wollte er sich zunächst vor Faust in einer wichtigeren Rolle brüsten, als ihm gebührt. Andererseits gebärdet er sich vor ihm aber in einer gleichfalls nicht ganz glaubhaften Haltung der Bescheidenheit und Ohnmacht, die Faust zu seinem eigenen Schaden für bare Münze nimmt:

> Was sich dem Nichts entgegenstellt,
> Das Etwas, diese plumpe Welt,
> So viel als ich schon unternommen,
> Ich wußte nicht ihr beizukommen... (V. 1363-66)

Und so weiter (es folgt noch eine lange Lamentation über seine vergeblichen Bemühungen, die Welt, besonders die des Lebendigen, ins Verderben zu stürzen).

Daß diese Klagen Mephistos, seine Anstrengungen seien von vornherein völlig, ja geradezu sisyphushaft aussichtlos, nicht ernst genommen werden dürfen, daß sie vielmehr nur dazu bestimmt sind, Faust in Sicherheit zu wiegen, das geht zur Genüge aus einer Reihe von sonstigen durchaus siegesgewissen Selbsteinschätzungen Mephistos hervor, vor allem auch aus der Wette, die er dem Herrn anbietet, und für die ihm »gar nicht bange« ist (V. 331). Man kann sich fragen, worauf Mephistopheles – der uns doch unter dem »Gesinde« des Herrn begegnet war (V.274), also letztlich gar keine selbständige Macht zu repräsentieren scheint – eigentlich seine Zuversicht gründet. Die Hinweise, die er selbst zur Beantwortung dieser Frage gibt, reichen – auch wenn man dabei ein gewisses Maß an Selbsttäuschung wird in Rechnung stellen können – in kosmologische Dimensionen, denen Beachtung zu schenken ist.

In eben seiner Vorstellungs-Szene im Studierzimmer, in der es ihm so sehr darum geht, sich verkleinernd darzustellen und seine Teilhaftigkeit, Ermangelung der Totalität, zu betonen, deutet Mephisto auf seine Provenienz, auf seine Zugehörigkeit zu einem Bereich des Ursprungs, in den, wie er meint, alles einst wieder einzugehen bestimmt sei:

Bescheidne Wahrheit sprech' ich dir.
Wenn sich der Mensch, die kleine Narrenwelt,
Gewöhnlich für ein Ganzes hält;
Ich bin ein Theil des Theils, der Anfangs alles war,
Ein Theil der Finsterniß, die sich das Licht gebar,
Das stolze Licht, das nun der Mutter Nacht
Den alten Rang, den Raum ihr streitig macht,
Und doch gelingt's ihm nicht, da es, so viel es strebt,
Verhaftet an den Körpern klebt.
Von Körpern strömt's, die Körper macht es schön,
Ein Körper hemmt's auf seinem Gange,
So, hoff' ich, dauert es nicht lange
Und mit den Körpern wird's zu Grunde gehn.
(V. 1346-1358)

Der Opposition des Etwas zum Nichts fügt Mephisto eine neue hinzu: die des Lichts zur Finsternis. Damit bewegt er sich auf den Pfaden einer Metaphorik, in die man von alters her das Verhältnis des Guten zum Bösen gekleidet hat; und als Vertreter der Finsternis behauptet er deren Vorrang. Die Ernsthaftigkeit, ja Pathetik, mit der er hier eine Position einnimmt, die er ausdrücklich als die »Anfangs« – in der ἀρχή – allgültige bezeichnet, widerspricht durchaus der Bescheidenheitsgestik, mit der er einsetzt.
Auch ist Mephistos Behauptung seiner Partikularität, die er ironischerweise der Mikrokosmos-Konzeption, dem Ganz-sein-wollen, ›Sich-für-ein-Ganzes-halten‹ des Menschen entgegensetzt, Ausdruck der Feindschaft gegenüber allem, was, ans Licht tretend, entsteht. Als Teil der Finsternis – und das heißt ja auch: an ihr teilhabend – pocht er auf die Macht, die in heidnischer Mythologie in der Tat als die ältere galt. Gleich zu Beginn der »Götterlehre der Alten« des Goethe auch persönlich gut bekannten Carl Philipp Moritz von 1791 konnte man folgende Zusammenfassung griechischer mythologischer Vorstellungen lesen:

Gleich im Anfange dieser Dichtungen [der Mythologie] vereinigen sich die entgegengesetzten Enden der Dinge; an das Furchtbarste und Schrecklichste grenzt das Liebenswürdigste. – Das Gebildete und Schöne entwikkelt sich aus dem Unförmlichen und Ungebildeten. – Das Licht steigt aus der Finsternis empor. – Die Nacht vermählt sich mit dem Erebus, dem alten Sitze der Finsternis, und gebiert den Äther und den Tag. Die Nacht ist reich an mannigfaltigen Geburten, denn sie hüllt alle die Gestalten in sich ein, welche das Licht des Tages vor unserm Blick entfaltet.
Das Finstere, Irdische und Tiefe ist die Mutter des Himmlischen, Hohen

und Leuchtenden. Die Erde erzeugt aus sich selbst den Uranos oder den Himmel, der sie umwölbet. Es ist die dunkele und feste Körpermasse, welche, von Licht und Klarheit umgeben, den Samen der Dinge in sich einschließt und aus deren Schoße alle Erzeugungen sich entwickeln.[6]

In diesen von Moritz resümierten ältesten Bezügen, wie sie uns vor allem die Hesiodsche Theogonie überliefert hat, sieht sich Mephisto als »des Chaos wunderlicher Sohn«, wie ihn Faust nennt (V. 1384), und wie er selbst es in der Maske der Phorkyaden in der klassischen Walpurgisnacht bestätigt (er gefällt sich dort als »des Chaos vielgeliebter Sohn« [V. 8027]).

Die Problematik dieser, wie es den Anschein hat, recht offenherzigen Bekenntnisse Mephistos (sie dürften auch zur Verlokkung Fausts zum Bösen nicht eben viel beigetragen haben) liegt darin, daß er sich, wenn auch nur partizipierend, als Repräsentant einer Macht darstellt, die unabhängig von der Gottes existiert oder zu existieren vorgibt. Und mag er sich mit seiner Hoffnung eines schließlichen Triumphes der Finsternis auch einer Illusion hingeben; augenfällig ist eines: daß seine Argumentation[7] nur möglich ist auf der Grundlage dualistisch-manichäistischer Vorstellungen zweier permanent miteinander im Kampf liegender Urprinzipien, deren jedes mit einem jeweils parteiisch-einseitigen Streben zur Hegemonie über das andere ausgestattet ist. Dieser Eröffnung gegenüber verschlagen Mephistos Faust einlullende Vergeblichkeitsfloskeln wenig: entscheidend ist vielmehr die Überzeugung des eigenen Rechtes. Nicht als ›böse‹ empfindet er sich selbst und seine Zielsetzung. Wenn also »teuflisch« – nach Immanuel Kant – nur eine Gesinnung

6 Karl Philipp Moritz, *Götterlehre oder Mythologische Dichtungen der Alten,* in: *Werke,* hg. von Horst Günther, Band 11, Frankfurt/M. 1981, S. 616 f.

7 Auf die Argumentation selbst gehe ich nicht ein. Es handelt sich dabei um einen nicht uninteressanten Beweisgang (dem die Faust-Forschung, soweit ich sehe, nur wenig Aufmerksamkeit geschenkt hat), mit dem Mephisto sich aus dem metaphorischen in den eigentlichen Bereich begibt. Er beruft sich nämlich auf physikalische Gesetzmäßigkeiten, die – wie Hans Arens bemerkt (*Kommentar zu Goethes ›Faust I‹*, Heidelberg 1982, S. 160) – Goethe 1791 in seinen »Beiträgen zur Optik« konstatiert hatte: »wir werden es [das Licht] gewahr als die Wirkung eines bestimmten Gegenstandes, der sich in dem Raum befindet und durch ebendiese Wirkung andere Gegenstände sichtbar macht« (§ 23; WA II, 5, 1, S. 14 f.).

genannt werden kann, die »das Böse *als* Böses zur Triebfeder in [ihre] Maxime« aufnimmt[8], dann dürfte Mephistopheles nach seinem eigenen Selbstverständnis sich einen ›teuflischen‹ Charakter gar nicht zuschreiben. Vielmehr nimmt er eine einseitig parteiische Position ein, der man, aus seiner Sicht gesehen, eine gewisse Plausibilität nicht wird absprechen können.

Merkwürdig erscheint sie nur, wenn man sich überlegt, in welchem Zusammenhang er seine Überzeugungen vorträgt. Denn man darf nicht vergessen – ich habe es bis jetzt unterschlagen –, daß alle die zitierten Worte Erläuterungen darstellen zu der ersten, von Mephisto auf Fausts Frage »wer bist du denn?« gegebenen Erklärung seines Wesens: »Ein Theil von jener Kraft, / Die stets das Böse will und stets das Gute schafft.« (V. 1335 f.) Diese mephistophelische Selbstcharakterisierung erschien Faust näherer Bestimmung bedürftig. »Was ist mit diesem Räthselwort gemeint?« (V. 1337) fragt er ganz zu Recht. Und wir werden diese Frage aufnehmen und erweitern müssen: wie ist mit diesem Rätselwort die darauf folgende Erläuterung dieses Wortes durch Mephisto zu vereinbaren?

Im allgemeinen hat man angenommen, Mephisto sei momentweise aus seiner Rolle gefallen, habe die Teufelsebene verlassen und eine übergeordnete, ihm im Grunde gar nicht zukommende Wahrheit – ähnlich der des Herrn im »Prolog im Himmel« – verkündet, derzufolge das Böse nur eine dienende Stellung zugunsten des allgemeinen Guten in der besten aller Welten einnehme.[9] Aber widerspräche solche Annahme nicht allzu eklatant den unmittelbar folgenden erklärenden Worten Mephistos, die als das von ihm Erwünschte und Erstrebte und das schließlich, wie er hofft, auch die Oberhand Gewinnende drastisch und unzweideutig das Nichts, die Zugrunderichtung der »plumpen Welt« proklamieren?

8 Immanuel Kant, *Die Religion innerhalb der Grenzen der bloßen Vernunft*, Erstes Stück III, in: *Sämtliche Werke*, Band VI, Leipzig 1921, S. 440.

9 Wäre eine solche Äußerung seitens Mephisto nicht auch insofern außerordentlich unglaubwürdig, als das darin zum Ausdruck kommende Bewußtsein eines absoluten Auseinanderklaffens zwischen eigenem Wollen und Vollbringen eine völlige Lähmung des Willens und des Tuns zur Folge haben müßte? Von einer solchen Lähmung kann aber bei Mephisto bekanntlich keine Rede sein.

Viel einleuchtender ist die Vermutung[10], Mephisto gebrauche den Terminus ›das Böse‹ von vornherein in dem einschränkenden Sinne aus bloß menschlicher Perspektive, so daß sich das »Rätselwort«, mit dem er sich vorstellt, ganz verständlich übersetzen ließe: Mephisto ist »ein Teil von jener Kraft, die Zerstörung und Sünde (was ihr das Böse nennt) will und das tote Nichts (das im teuflischen Sinne Gute) schafft«.[11] Faust hätte hier wohl aufmerken sollen. Aber man hat leider nicht den Eindruck, als ob er – dessen Wißbegierde nach dem, »was die Welt / Im Innersten zusammenhält« (V. 382 f.), uns doch als ganz unermeßlich geschildert wurde – sich für diese so bedeutenden wie problematischen mephistophelischen Eröffnungen sonderlich interessiere. Das dürfte damit zusammenhängen, daß der wohl schon hier »vom Wissensdrang geheilte« (V. 1768), weil vom Erdgeist in die Schranken der Menschheit zurückgestoßene »Übermensch« (V. 490) an den ihm, wie er glaubt, ins Garn gegangenen »Lügengeist« (V. 1854) ganz andere – keine metaphysischen, sondern praktische – Erwartungen heranträgt. (Ich werde darauf noch zu sprechen kommen.)

Doch bleiben wir bei der Mephisto-Gestalt: sie sorgt nämlich, je mehr man sich in den Text des »Faust«-Dramas vertieft, für immer neue Überraschungen. (Auch als Interpret sollte man die Mahnung im Ohr behalten: »Bedenkt: der Teufel der ist alt, / So werdet alt, ihn zu verstehen!« [V. 6817 f.]) Die Überraschung, auf die zunächst einzugehen ist, findet sich bei dem erneuten Besuch Mephistos in Fausts Studierzimmer, nach Abschluß des Paktes und der Wette. Denn was soll man davon halten, wenn dort der gleiche Mephistopheles, der sich als Vertreter einer radikalen Welt-Feindschaft eingeführt hatte, als einer, der alles Geschaffene wieder zunichte zu machen, ins Nichts zurückzustoßen die Hoffnung hegt, nunmehr Faust eine gut christliche, katechismuskonforme Belehrung über die Schöpfung zuteil werden läßt (auch wenn er sich dabei – unter Zuhilfenahme der biblischen Vorstellung des »Sauerteigs« – recht burschikos auszudrücken beliebt)?[12]

10 Sie wurde von Oskar Seidlin 1944 vorgetragen, in: *Germanic Review* 19, 1944, S. 170-75; Wiederabdruck in: *Aufsätze zu Goethes ›Faust I‹*, hg. von Werner Keller (= Wege der Forschung 145), Darmstadt 1974, S. 362-368.

11 Seidlin; in: Keller (wie Anm. 10), S. 366.

12 Die Burschikosität ergibt sich dadurch, daß die »Sauerteig«-Metapher

O glaube mir, der manche tausend Jahre
An dieser harten Speise kaut,
Daß von der Wiege bis zur Bahre
Kein Mensch den alten Sauerteig verdaut!
Glaub' unser einem, dieses Ganze
Ist nur für einen Gott gemacht!
Er findet sich in einem ew'gen Glanze,
Uns hat er in die Finsterniß gebracht,
Und euch taugt einzig Tag und Nacht.
(V. 1776-1784)

Man sollte sich beim Lesen dieser Worte die besondere Ironiewürze – eine ziemlich deftige Prise, muß man schon sagen – der mephistophelischen Imperative nicht entgehen lassen! Jenem, der, wie wir erfuhren, in der Osternacht die gute Botschaft ungläubig vernahm (»Die Botschaft hör' ich wohl, allein mir fehlt der Glaube« [V. 765]), soll jetzt der Glaube, der ihm fehlte, ausgerechnet vom Geist des Bösen eingetrichtert werden. »O glaube mir ...«; »Glaub' unser einem ...« – wenn du sonst niemandem glauben magst: und danach folgt nicht etwa eine hämisch-teuflische Einflüsterung, Verführung zur Sünde und zur Übeltat, nein: eine mit Hilfe der Licht-Metaphorik einfach-klare Unterweisung über die Beschaffenheit des Kosmos und der darin eingebetteten conditio humana im christlichen Sinne. Nicht gezweifelt wird an der Suprematie Gottes über das Ganze, das nur diesem völlig verständlich sei; die Mächte der Finsternis haben keine selbständige Eigengewalt, sondern sind nach dem luziferischen Abfall vom Höchsten zu höllisch-unerleuchteter Separation verdammt worden, während der Mensch in seiner bedingten Existenz sich den Einwirkungen von oben wie von unten ausgesetzt sieht.
Man fragt sich: wie kann sich Mephisto diese erstaunliche Darlegung ausgerechnet demjenigen gegenüber erlauben, den er seine »Straße sacht zu führen« die entschiedene Absicht bekundet hatte (V. 314)? Nun, man wird erkennen müssen, daß derartige Äußerungen (dergleichen findet sich noch öfter) seiner Absicht keineswegs, wie man meinen mag, zuwider sind. Sie sind wirklich *dia-*

mit der Stoffwechsel-Bildlichkeit des ›Kauens‹ und ›Verdauens‹ verbunden wird. Die Bedeutung des »Sauerteiges«, übrigens, sollte man an dieser Stelle nicht überfrachten; Mephisto dürfte im wesentlichen nichts anderes darunter verstehen als den Mensch und Welt in Gang haltenden Gärungsstoff der Schöpfung.

bolischer Natur: Mephistopheles leistet sie sich immer dann, wenn er sicher sein kann, daß sie entweder überhaupt nicht beachtet oder abgelehnt werden. In diesem Fall ist es so, daß Faust – der von Anfang an sich gegen die Entsagungs- und Entbehrungs-Lehre des Lebens empörte – sich der Einsicht menschlicher Bedingtheit widersetzt: nicht mit einem wie auch immer gearteten Argument, sondern (»pro ratione voluntas«) mit der ihn mehr als alles andere kennzeichnenden, hochfahrenden Velleitätsäußerung: »Allein ich will!« (V. 1785), der Mephisto mit ironischer Befriedigung seinen Beifall gibt: »Das läßt sich hören!«.
Auch in der Hexenküche (um nur ein weiteres Beispiel anzuführen) kann Mephisto es sich leisten, Faust ein nicht-teuflisches, natürliches Verjüngungsmittel vor Augen und zur Wahl zu stellen – das in selbst-auferlegter Beschränkung zu vollziehende Arbeitsleben des Menschen nämlich –, weil er weiß, daß sein Kontrahent (sein Vertragspartner, meine ich)[13] nicht daran denkt, darauf einzugehen. Die Maxime, die Mephisto bei diesen wie anderen Gelegenheiten befolgt, ist die gerissener Politiker, die, um ganz sicher zu gehen, daß die Leute etwas nicht glauben, ihnen die Wahrheit sagen. Das ist nicht etwa eine geistreiche Unterstellung des Interpreten: Goethe war sich vielmehr dieses mephistophelischen Leitsatzes sehr bewußt, wie aus einem Paralipomenon aus dem Nachlaß klar hervorgeht, das wohl gerade wegen der allzu deutlichen Sprache von Goethe nicht in den Text aufgenommen wurde:

Wenn du was recht verborgen halten willst
So mußt du's nur vernünftig sagen.[14]

Die Wahrheit zu sagen, ist also für Mephistopheles ganz risikolos: niemand glaubt sie. Nur freilich: die Wahrheiten, die er an den genannten (und einigen anderen) Stellen verkündet, sind nicht die seinen. Die göttliche Weltordnung – vor allem das in ihr beschlossene Ergehen des Menschen »auf der Erde« – hält er für »herzlich

13 Daß man den korrekten Gebrauch eines seit langer Zeit gebräuchlichen Wortes im Deutschen ausdrücklich erläutern muß, um richtig verstanden zu werden, ist eigentlich grotesk. Doch es wirft ein Licht auf die zunehmend schludrige Art, wie seit einiger Zeit mit unserer Sprache umgegangen wird.

14 Paralipomenon 75, WA 1, 15, 2, S. 182. Man vergleiche auch Paralipomenon 61, WA 1, 14, S. 313.

schlecht«, wie er dem Herrn ins Gesicht sagt (V. 296); seine gelegentlichen biederen Ratschläge, sich mit dem menschlichen Geschick abzufinden und sich zu bescheiden, sind also pure Heuchelei. Wenn er derartige Wahrheiten sagt, lügt er; dagegen sagt er die Wahrheit – *seine* Wahrheit – dann, wenn er lügt, wenn er im Hinblick auf die »ewige Zier« (v. 11297) der »unbegreiflich hohen Werke« (V. 249) des Herrn die Unwahrheit sagt.

Daß Mephisto in diesem Sinne als »Lügner« (V. 1334) zu gelten hat, ist Fausts vorgängig ganz richtige Meinung; Mephisto bestätigt sie in einem seiner Monologe, in welchem er sich selbst als »Lügengeist« charakterisiert (V. 1854). Überraschend ist nur wiederum, in welcher Weise er sich, als ständiger Begleiter auf dem Lebenswege Fausts, *praktisch* im Lügen und Betrügen zu betätigen pflegt. Man wird – wenn ich das abschweifend einfügen darf – bei der Beurteilung der Mephistopheles-Figur ein grundsätzliches Produktionsprinzip Goethes nicht außer acht lassen dürfen. In den Schemata zum siebenten Buch von »Dichtung und Wahrheit« findet sich die (auf Milton und Klopstock bezogene) Notiz: »Conflict des bösen und guten kann nicht ästhetisch dargestellt werden: denn man muß dem Bösen etwas verleihen und dem Guten etwas nehmen, um sie gegeneinander ins Gleiche zu bringen.«[15] Aus ästhetischen Gründen also (welchen? wäre keine ganz müßige Frage ...) darf die in der religiös-moralischen Welt gültige Antithetik nicht allzu scharf ins Blickfeld rücken. Etwas genauer hatte Goethe diesen Grundsatz schon in einem Brief an Schiller, anläßlich der Lektüre von Miltons »Paradise Lost«, ex negativo formuliert: »Der Hauptfehler, den er [Milton] begangen hat, nachdem er den Stoff« – einen »abgeschmackten« Stoff, wie Goethe meint – »einmal gewählt hatte, ist daß er seine Personen, Götter, Engel, Teufel, Menschen, sämmtlich gewissermaßen unbedingt einführt und sie nachher, um sie handeln zu lassen, von Zeit zu Zeit, in einzelnen Fällen, bedingen muß.«[16] Positiv gewendet, auf das eigene Vorhaben der Behandlung des Faust-Stoffs bezogen (eines übrigens, aus der Sicht des klassischen Goethe gesehen, kaum minder »abgeschmackten« Stoffes), heißt das demnach, daß die gewählten Personen von vornherein äußeren oder inneren Bedingungen zu unterwerfen waren. So kam es Goethe

15 WA I, 27, S. 389.
16 Brief an Schiller vom 3. 8. 1799; WA IV, 14, S. 142 f.

bei der dichterischen Ausgestaltung des Mephistopheles nicht so sehr auf dessen absolute Position an (auch wenn er davon, wie wir gesehen haben und noch sehen werden, nicht ganz schweigen konnte) als vielmehr auf die verschiedenen, in Raum und Zeit materialisierten Verkörperungen der Figur. Auch deren »eigentliches Element«, das von den Menschen so genannte »Böse«, konnte und sollte dabei nur in unterschiedlichen Brechungen ans Licht des Dramas treten, in Verkleidungen, Maskierungen, Vermummungen, in allerlei Uneigentlichkeiten, die, alles in allem, wohl den Erscheinungsweisen des Bösen in dieser Welt sehr viel genauer entsprechen mögen als satanische oder pastorale Direktheiten.

Dieses vorausgeschickt und vorausgesetzt, bleibt aber immer noch vieles, das auf den ersten Blick höchstes Erstaunen hervorrufen muß (oder müßte). Denken wir an ein zum Sprichwort gewordenes Dictum im »Faust« wie:

Grau, theurer Freund, ist alle Theorie,
Und grün des Lebens goldner Baum. (V. 2038 f.)

Ein beherzigenswerter Grundsatz, möchte man denken. Aber wer spricht ihn? Mephistopheles, der gerade »wieder recht den Teufel« zu »spielen« gedachte (V. 2010) und eben mit solchem Leitspruch den Schüler nicht eigentlich »sacht« auf seinen Weg schickt. Es handelt sich dabei auch nicht etwa um einen Ausrutscher, ein Versehen des Autors, der diese schöne Sentenz irgendwo unterbringen wollte und sie, da sich ihm nichts anderes anbot, mehr schlecht als recht seiner Teufelsfigur in den Mund legte. Denn ganz ähnlich lautet ja auch der Ratschlag, den Mephisto Faust gibt:

Drum frisch! Laß alles Sinnen sein,
Und g'rad' mit [= mitten] in die Welt hinein!
Ich sag' es dir: ein Kerl, der speculirt,
Ist wie ein Thier, auf dürrer Heide
Von einem bösen Geist im Kreis herum geführt,
Und rings umher liegt schöne grüne Weide.
(V. 1828-1833)

Die Ironie dieser Worte ist kaum überhörbar. Denn der »Kerl, der speculirt«, ist natürlich der im Studierzimmer sich verzweifelt den Kopf zerbrechende Faust, wie wir ihn aus den ersten großen Monologen kennen. Daß eben dieser, der von Mephisto noch nicht aufgesucht worden war, »von einem bösen Geist im Kreise herum geführt« wurde, während er jetzt, von Mephistopheles geleitet, in fruchtbarere Gefilde aufbreche: dieser Gedanke entbehrt sicherlich nicht diabolischer Originalität. Er entspricht aber – und darauf kommt es entschieden an – sowohl der Intention Fausts als auch dem Programm Mephistos.

Diese beiden – Intention des einen und Programm des anderen – kommen nämlich in *einer* Zone überein. Ihre Kreise decken sich nicht, aber sie überschneiden sich; sonst könnte eine Verbindung zwischen beiden – der Pakt oder die Wette; oder: der Pakt und die Wette – gar nicht zustande kommen. Das gemeinsame Interessenfeld beider ist das *Leben*. Faust sucht die Hilfe des Bösen nicht etwa aus unmäßigem Wissensdrang; im Gegenteil: eben aus Verzweiflung an der Möglichkeit einer Wesenserkenntnis, so daß er auf dem Osterspaziergang »Geister in der Luft« beschwört, die ihn »zu neuem buntem Leben« wegführen sollen (V. 1118-1121). Genau diesem Wunsch entspricht Mephistos Angebot, Faust ins menschliche Treiben zu geleiten, »Damit du, losgebunden, frei, / Erfahrest was das Leben sei« (V. 1542 f.); und zu eben diesem Zweck ist er bereit, Faust als Diener zur Seite zu stehen und ihn in »die kleine, dann die große Welt« (V. 2052) einzuweisen.

Daß Mephisto während der ganzen irdischen Existenz Fausts, wie sie Goethes Werk gestaltet hat, im Namen des *Lebens* auftritt und agiert, ließe sich im einzelnen zeigen; Goethe hat es zudem selbst in seinem Weimarer »Maskenzug« von 1818 in wünschenswertester, ja plakativer Klarheit zur Protokoll gegeben. Mephistopheles, den Goethe dort Revue passieren läßt (zusammen mit anderen seiner, aber auch Schillerscher, Wielandscher Gestalten), stellt Faust und sich selbst, sowie ihr Verhältnis zueinander, in folgenden Worten vor:

> Gequält wär' er [Faust] sein Lebelang [nämlich als Wissenschaftler];
> Da fand er mich auf seinem Gang.
> Ich macht' ihm deutlich, daß das Leben,
> Zum Leben eigentlich gegeben,
> Nicht sollt' in Grillen, Phantasien
> Und Spintisirerei entfliehen.
> So lang man lebt, sei man lebendig!
> Das fand mein Doctor ganz verständig.[17]

17 Maskenzug 1818, V. 622-629, WA 1, 16, S. 286.

Es ist nicht zu verhehlen, daß der Autor in diesen Gelegenheitsversen den Mephistopheles bei seinem Publikum (einem höchst erlauchten übrigens: »Bei Allerhöchster Anwesenheit Ihro Majestät der Kaiserin Mutter« von Rußland)[18] sich einschmeicheln lassen möchte, zumal wenn man den unverkennbaren Anklang an das Goethe so teuere Spinozistische »memento vivere« im Ohr hat. Es kommt sogar noch schöner. Treuherzig kommentiert Mephisto die von ihm protegierte Liebesbeziehung Fausts zu Gretchen mit den Worten:

> Im Alter Jugendkraft entzünden,
> Das schönste Kind dem treusten Freund verbinden,
> Das ist gewiß nicht schwarze Kunst.[19]

Die – wie man gestehen muß – reichlich deplacierte Kennzeichnung Fausts als »treusten Freund« (es sei denn, man wolle die ›Treue‹ auf die Verbindung mit Mephisto beziehen) gliedert sich einer Entdämonisierung der Mephisto-Gestalt ein, die im Faust-Drama selbst nur partiell, aus dem Blickwinkel mehr Fausts als Mephistos, Platz greift. Für Faust nämlich ist Mephisto der Mentor der Diesseitigkeit: unter der Devise, sich um das »Drüben« möglichst wenig zu kümmern, auf »dieser Erde« und unter »dieser Sonne« es sich wohl und wehe sein zu lassen (V. 1660 ff.), läßt er sich auf das Bündnis mit dem Vertreter des Bösen ein. »In diesem Sinne kannst du's wagen«, gibt dieser auch sogleich beruhigend zu verstehen (V. 1671).

Nun ist aber Fausts Entschluß, sich mit Hilfe Mephistos dem Leben – statt der Erkenntnis – hinzugeben, von zwei Zusatzbestimmungen begleitet: dem Angebot von seiten Mephistos und den Erwartungen von seiten Fausts, die beide komplementär zueinander stehen. Das mephistophelische Angebot ist schon in den zitierten Worten »Damit du, *losgebunden, frei,* / Erfahrest was das Leben sei« (V. 1542 f.) unauffällig enthalten; und es zeigt in dem Verführerisch-Verlockenden zugleich den Pferdefuß. Denn die ›Freiheit‹ als ›Losgebundenheit‹ ist nichts anderes als ein Freisein von den der menschlichen Existenz anhängenden Bedingungen. Das Versprechen solcher Freiheit versucht Mephisto einzulösen durch den Einsatz magischer Mittel. Als Herrscher von Naturkräften, Zauberer und Hexenmeister – als Magie-Sachverständi-

18 WA I, 16, S. 233.
19 V. 647-649, WA I, 16, S. 287.

ger sozusagen – gebietet er über Mittel, mit deren Hilfe er dem Lebensdurst Fausts eine möglichst weitgehende Verfügungsgewalt über Welt und Menschen einzuräumen vermag, ohne daß Faust seinerseits ihnen gegenüber eine verpflichtende Bindung eingehen muß. Fausts Erwartungen auf der anderen Seite gehen grundsätzlich *nicht* auf Befriedigung seiner Wünsche aus; in der berühmten Wettbedingung schließt er diese ja geradezu aus. Und wenn er sich in paradoxen Wendungen – »Speise die nicht sättigt« (V. 1678), usw. – stets *Nicht*-Befriedigendes, ja geradezu Tantalusqualen erhofft (Hoffnungen, die Mephisto mit Leichtigkeit zu erfüllen in Aussicht stellt: »Mit solchen Schätzen kann ich dienen« [*V.* 1689]), dann ist darin von vornherein ein Sich-nicht-einlassen-Wollen auf das von ihm Ergriffene enthalten. So kommt Faust der von Mephisto angebotenen Bindungsfreiheit mit seiner Erwartung entgegen: der jede Verweilung des Augenblicks von sich Weisende, Gegenwartslose, »Unbehaus'te«, alles »ohne Zweck und Ruh« (V. 3348 f.) Ergreifende, doch nie Haltende, stets nur »nach dem Abgrund zu« (V. 3351) mit sich Reißende, vollzieht mit dem Abschluß des Teufelspaktes die Besiegelung seiner Unseligkeit in diesem Leben. *Darauf* (daran ist nicht zu zweifeln) kann Mephisto sich stützen, wenn er meint, Faust »schon unbedingt« – d. h. ohne die Pakt- und Wettbedingungen – in seinen Krallen zu haben (V. 1855), alldieweil er den von einem »ungebändigten« Geist Getriebenen (v. 1856 f.) in dauernder Gier und »Unersättlichkeit« (V. 1863 f.) »durch das wilde Leben« schleppen wird (V. 1860). Durch das *Leben*! Derjenige, dem es um Vernichtung geht – »Die Elemente sind mit uns verschworen, / Und auf Vernichtung läuft's hinaus« (V. 11549 f.) –, ist doch in seinen Aktivitäten auf das Leben ausgerichtet. Diese Ausrichtung ist schon im »Prolog im Himmel« angelegt. In dieser – bekanntlich dem Eingang des Buches Hiob nachgestalteten – Szene wird eine Art Vereinbarung zwischen dem Herrn und Mephistopheles getroffen. Ähnlich wie in der biblischen Darstellung Gott seinen Knecht Hiob in die Hand Satans legt, wird vom Herrn im »Prolog im Himmel« Faust Mephistopheles »überlassen« (V. 323). Es ist freilich – das wird leicht übersehen – eine zeitlich limitierte Erlaubnis:

> So lang er auf der Erde lebt,
> So lange sei dir's nicht verboten.
>
> (V. 315 f.)

Doch Mephisto greift in seiner Antwort nicht die Eingrenzung auf, mit der sein Wirken bedacht wird (»so lang«), sondern den Bezug auf die *Lebens*zeit Fausts, den er positiv, ja fast enthusiastisch aufnimmt:

> Da dank' ich euch; denn mit den Todten
> Hab ich mich niemals gern befangen.
> Am meisten lieb' ich mir die vollen frischen Wangen.
> Für einen Leichnam bin ich nicht zu Haus;
> Mir geht es wie der Katze mit der Maus. (V. 318-322)

Mit diesen Worten erweist sich das Verhältnis Mephistos zum Lebendigen als ein besonderes, das mit seinem Negativitätsprinzip in einem eigenartigen, nicht ganz geradlinigen Zusammenhang steht.

Die Katze hat nicht nur das Verzehren ihres Opfers im Sinn, sie spielt vorher noch mit der Maus, hat Freude an diesem Spiel. Für den mit wachem Bewußtsein ausgestatteten Mephisto ist das Entsprechende sicherlich eine boshafte Freude an einem grausamen Spiel, aber doch auch am *Lebendigen*. Es ist Schadenfreude, gewiß, aber es bedarf dazu der sich des Schadens bewußt Werdenden: der Menschen. An ihnen allein ist er – wie er dem Herrn unumwunden erklärt – interessiert; »Sonn- und Welten«, die die Erzengel als die Werke des Herrn priesen, lassen ihn gleichgültig (V. 279). Dieser, man könnte sagen, ›humanistische‹ Zug Mephistos ist der Grund dafür, daß *er* sich keineswegs – wie er vom Herrn behauptet, und wie man wohl auch von dem Erzteufel Luzifer wird annehmen dürfen – »das Lachen abgewöhnt« hat (V. 278). Ganz im Gegenteil! Nicht eigentlich als Satan tritt er auf (auch wenn er gelegentlich so tituliert wird), sondern so, wie ihn der Herr charakterisiert: als »Schalk« (V. 339). Der Schalk – nach Adelung »eine Person, welche die Fertigkeit besitzet, andern bey einem unschuldig scheinenden Verhalten zu schaden«[20] – kann nichts ganz ernst nehmen; Ironie und Spott sind die Hauptingredienzien seines Wesens. Das geht so weit, daß man in manchen Fällen sogar von Ironie in Hinblick auf das von Mephisto verkörperte Prinzip des Teuflischen wird sprechen können: auch zu sich selbst steht er in fast ungläubiger Distanz. Manchmal hat es den Anschein, als bezweifle er nicht nur das Gute, sondern auch Böse.

20 Johann Christoph Adelung, *Grammatisch-Kritisches Wörterbuch der Hochdeutschen Mundart,* Theil III, Wien 1811, Sp. 1339.

Diese skeptische Grunddisposition der Mephisto-Figur dürfte Goethe veranlaßt haben, seine an sich schon weitgehend ausgeführten Satans-Szenen[21] schießlich doch nicht in die »Walpurgisnacht« aufzunehmen. Mit der grandiosen – allerdings auch grandios humorlosen – Satansmesse, die mit ihrem affirmativen Ernst des Widerlich-Schaurigen und ihrer Sexual-Feierlichkeit eine Art Wolfsschlucht-Effekt hätte auslösen können, wäre zweifellos ein »der Erscheinung des Herrn kontradiktorischer Auftritt des häretischen Gegen-Gottes« erfolgt: »Prolog im Himmel« und Satansmesse hätten »durch ihren entschiedenen Gegensatz zueinander einen hochdramatischen Widerspruch gebildet«; zwei »einander widerstreitende Urprinzipien« hätten sich den Augen des »Faust«-Lesers dargeboten.[22] Wenn man solches zu Recht konsta-

21 Paralipomenon 50, WA I, 14, S. 305 ff. Der Abdruck in der WA erfolgte unter Auslassungen, die aus Gründen der Dezenz vorgenommen wurden. Ohne Lücken wurde der Text zuerst 1894 von Georg Witkowski veröffentlicht, der ihn dann in seine weit verbreitete ›Faust‹-Edition (seit 1906 insgesamt 11 Ausgaben!) aufnahm. Der unverfälschte Wortlaut war also im 20. Jahrhundert für jeden am »Faust« Interessierten verfügbar und leicht zugänglich.

22 Die drei im Text als Zitate ausgewiesenen Stellen entstammen der Studie »Walpurgisnacht« von Albrecht Schöne in dessen Buch *Götterzeichen Liebeszauber Satanskult. Neue Einblicke in alte Goethetexte*, München 1982, S. 204, 207. Das Verdienst Schönes liegt darin, daß er erstmalig die Folgerichtigkeit der Paralipomena zur Walpurgisnacht in einer Szenenfolge plausibel gemacht hat, die in der Satansadoration ihre Kulmination und in der Hochgerichtserscheinung ihren Endpunkt erreichen sollte. Er irrt m. E. in der Annahme, Goethe habe diese Szenen wegen der Bedenken, mit ihnen in der Öffentlichkeit Anstoß zu erregen, unvollendet gelassen und aus der »Faust«-Handlung ausgeschlossen (Schöne, S. 210). Diese Bedenken hätten wohl zur Ausmerzung von Formulierungen und Darstellungsteilen der Nachlaß-Szenen führen müssen (wenn auch nicht aller, etwa nicht der Hochgerichtserscheinung), nicht aber zur Aufgabe des »ursprünglichen Plans« (Schöne, S. 204). Eine solche Vermutung wäre um so bedenklicher, als, unter der Voraussetzung nicht nur der ›Ursprünglichkeit‹, sondern der Kongruenz dieses Planes mit der Gesamtplanung des Werkes, ja in der Tat, wie Schöne auch meint (S. 204), mit der Unterdrückung der Satansszenen nahezu eine Unkenntlichmachung der »Grundkonzeption« [!] des »Faust« bewirkt worden wäre. Bei einer solchen Sachlage käme man nicht umhin, Goethes »Faust«-Dichtung in seiner Totalität für mißlungen zu erklären: sie wäre wahr-

tiert, sollte man aber auch erkennen, daß es nicht im Sinne Goethes sein konnte, einen solch krassen und geheimnislosen Dualismus dichterisch zu gestalten. Es ist eben kein Zufall, daß Goethe seinem Faust keinen Miltonschen Satan oder eine sonstwie grimmige, manichäistischen oder naturpaganistischen Vorstellungen verpflichtete Teufelsfratze zur Seite gestellt hat. Nicht die Personifikation des absolut gegengöttlichen Prinzips des Satanischen – das principium maleficum – begleitet Faust auf seinem Wege, sondern eine Figur, die in ihrer Art an die Menschenwelt gebunden ist.[23] Mephisto lebt wesentlich von Negierungen, nicht von Statuierungen. Er ist ein »Geist des Widerspruchs« (V. 4030) auch insofern, als er mit sich selbst im Widerspruch steht. So geht er in der »Walpurgisnacht« seinem höllischen Vorgesetzten, dem Satan, aus dem Wege: die unironische Rigorosität und ungebrochene Eindeutigkeit der Teufelsadoration paßt ihm nicht in den Kram. Lieber begibt er sich auf Seitenwege und Abwege, auf Pfade abstrus verschlungener, ja läppischer Digressionen ...[24]

haftig, wie der Theaterdirektor es sich wünscht, nur ein »Ragout«, ein Stück »in Stücken« (V. 99 f.). Aber sollte Goethe wirklich nicht in der Lage gewesen sein, diese »Grundkonzeption« (wenn er sie denn hatte) auch ohne Verwendung eines – dem damaligen Publikum nicht zumutbaren – Sexualvokabulars zu vermitteln?

23 Übrigens nahm schon zu Lebzeiten Goethes eine berühmte Schriftstellerin – Bundesgenossin Schönes avant la lettre – an der ›Gutmütigkeit‹ und Nonchalance Mephistos Anstoß: »Nahm doch selbst die geistreiche Frau von Staël es übel, daß ich in dem Engelgesang [d. h. dem »Prolog im Himmel«] Gott-Vater gegenüber den Teufel so gutmütig gehalten hätte! sie wollte ihn durchaus grimmiger« (nach dem Bericht J. D. Falks, *Goethes Gespräche*, hg. von Flodoard Freiherr von Biedermann, Band IV, Leipzig 1910, S. 474). Goethe wollte ihn nicht ›grimmig‹. *Daher* mußte die Gräßlichkeit und Schrecken ausstrahlende Satansfigur im »Walpurgissack« des Nachlasses stecken und aus dem Faust-Drama ausgeschlossen bleiben.

24 Daß diese meist zeit- und literatursatirischen Passagen – vor allem auch das zunächst zu ganz anderem Zweck verfaßte »Intermezzo« des »Walpurgisnachtstraums« (V. 4223-4398) – gegenüber den anderen Textteilen in der dichterischen Qualität zurückstehen, ist von den »Faust«-Kommentatoren immer wieder mit Betrübnis festgestellt und bedauert worden. Dennoch sind sie nicht als Ersatz für die weggefallenen Satansszenen anzusehen (unter solchem Blickwinkel müßten sie besonders dürftig erscheinen), sondern als charakteristische Exempel für Mephistos vorwiegendes Interesse am Menschlichen und Allzu-

Die mephistophelische Ausrichtung auf das menschliche Leben kommt auch am Ende der Faustschen Erdentage zu einem Ausdruck, der Überraschung auslösen muß (auch wenn noch niemand darüber seine Überraschung gezeigt hat). Denn was hören wir da? Nachdem ein Choros das zeitliche Abscheiden Fausts als ein bloßes Vergangensein von Gewesenem mit den Worten »Es ist vorbei« erklärt hat, macht Mephistopheles sich melancholische Gedanken über solchen Sieg der Zeit:

Vorbei! ein dummes Wort.
Warum vorbei?
Vorbei und reines Nicht, vollkommnes Einerlei!
Was soll uns denn das ew'ge Schaffen!
Geschaffenes zu nichts hinwegzuraffen!
Da ist's vorbei! Was ist daran zu lesen?
Es ist so gut als wär' es nicht gewesen,
Und treibt sich doch im Kreis als wenn es wäre.
Ich liebte mir dafür das Ewig-Leere.

(V. 11595-11603)

Abgesehen von der uns schon vertrauten Verherrlichung des Nichts als des besseren Seins ist in diesen Worten der Ton eines merklichen Bedauerns über den Hingang seines Gefährten nicht zu überhören. Ein wenig scheint Mephisto demjenigen nachzutrauern, den ins Verderben hinabzustoßen doch sein eifrigstes Bemühen war; und für einen Moment nimmt er sogar – indem er sich der identifizierenden ersten Person Pluralis bedient (»Was soll *uns* denn das ew'ge Schaffen!«) – den Standpunkt der Menschen ein, die all ihr Tun, vom Rückblick des Endes her, als ganz und gar vergeblich erkennen müssen. »Geschaffenes zu nichts hinwegzuraffen«: das war doch gerade Mephistos Hauptgeschäft, das erreicht zu haben eigentlich seinen Triumph und nicht Wehmut über die Vergänglichkeit der Dinge zur Folge haben müßte!
War der Dichter hier vielleicht inkonsequent? Das wäre vorschnell geurteilt. Auch diesen Zug in der Personalstruktur seines Teufels hat Goethe nicht versehentlich eingefügt (als ob er dessen infernalischen Charakter vorübergehend vergessen hätte); er knüpft damit vielmehr an den »Prolog im Himmel« an. Dort

Menschlichen. Insofern sind sie mit der Gesamtkonzeption des »Faust« eher zu vereinbaren als die in den Paralipomena-Szenen entworfene Darstellung »des Bösen ... als des souveränen Gegenspielers Gottes« (Schöne, S. 205).

nämlich schon tritt Mephisto dem Herrn gegenüber – dem er doch kaum etwas dürfte vormachen können – als verständnisvoller Anwalt der Menschen und ihres traurigen Erdengeschicks auf:

> Die Menschen dauern mich in ihren Jammertagen,
> Ich mag sogar die armen selbst nicht plagen. (V. 297 f.)

Es ist in hohem Grade bemerkenswert, daß das Motiv für die sich gegen Gott und seine Welt richtenden Anklagen bei Mephisto weniger in Neid und Stolz liegt (die traditionellerweise als ausschlaggebende Faktoren für den Engelssturz gelten) als vielmehr im Mitgefühl für die Menschen und deren erbärmliches Ergehen auf Erden. Und an einer Stelle im »Prolog« vollzieht er, indem er von den Menschen, sich selbst einbeziehend, als von »uns« spricht (V. 272), gleichfalls den Akt der Identifikation mit den Sterblichen und erfüllt damit als Zuschauer vor der Tragödie des Lebens die von der – wenn nicht aristotelischen, doch Lessingschen – Poetik erhobene Mitleidsforderung.

Als Ankläger greift Mephistopheles also nicht die *Macht* Gottes an – mit ihr hat er sich, so scheint es, insgesamt gesehen, abgefunden: »Und hüte mich mit ihm zu brechen« (V. 351), beteuert er ausdrücklich –, sondern das *Werk* Gottes, dessen Schöpfung. Und zwar sind es die menschlichen Geschöpfe, die ihm besonders mißraten zu sein scheinen. Das Kennwort, das er – das ganze Drama hindurch – immer wieder für sie bereit hält, ist das der Narren. Auch Faust wird von ihm, schon dem Herrn gegenüber, als ein freilich spezifisch gearteter »Thor« bezeichnet (V. 301). Und als er den ohnmächtigen Faust, nach der vergeblichen Helena-Beschwörung am Kaiserhof, auf die Schulter nimmt, bricht er in eine ironische Klage über seine eigene Anteilnahme an diesem törichten Sterblichen aus:

> Da habt ihr's nun! mit Narren sich beladen
> Das kommt zuletzt dem Teufel selbst zu Schaden.
> (V. 6565 f.)

Weswegen aber sind die Menschen in Mephistos Augen mit Fug als Narren zu betrachten? Die Antwort ist einfach: wegen ihres Gebrauches – richtiger: Mißbrauches – des ihnen vom Schöpfer verliehenen lumen naturale, der Vernunft. Die Verantwortung für diesen Mißbrauch bürdet Mephisto dem Herrn auf, dieser habe bei der Erschaffung des Menschen einen Fehler begangen:

Ein wenig besser würd' er [der Mensch] leben,
Hätt'st du ihm nicht den Schein des Himmelslichts gegeben;
Er nennt's Vernunft und braucht's allein,
Nur thierischer als jedes Thier zu sein.

(v. 283-286)

Man muß sehen, daß Mephisto mit dieser Argumentation eine ganz bestimmte Position innerhalb der – das 18. Jahrhundert wie kein anderes beherrschenden – Theodizee-Diskussion einnahm. Sie findet in dem berühmtesten Versuch, den Einklang der Existenz des Bösen in der Welt mit der höchsten Weisheit Gottes vernünftig zu erklären, in Leibniz' »Essais de Théodicée« (1710), ihren Niederschlag in dessen Auseinandersetzung mit Pierre Bayle. Bayle hatte in seiner »Réponse aux questions d'un Provincial« einer Reihe von theologischen Sätzen philosophische »Maximen« gegenübergestellt, in denen er niederlegte, welche Verhaltensweisen man vernünftigerweise von einem unendlich vollkommenen, mit Allmacht und Allgüte versehenen Wesen erwarten könne. In einer (der vierten) dieser Maximen spricht er von den Wohltaten, den »bienfaits«, mit denen Gott seine Geschöpfe ausgestattet habe (er zielt damit vor allem auf die Vernunft ab), und führt dann weiter aus, in welcher Weise die Verleihung der Wohltaten hätte erfolgt sein müssen, wenn sie als mit der Vernunft in Übereinstimmung gedacht werden soll. Unter dieser Voraussetzung der Vernünftigkeit des Göttlichen müsse man sagen:

Il [Gott] ne permet donc pas qu'ils [die Wohltaten] servent à les [seine Geschöpfe] rendre malheureuses; et si le mauvais usage qu'elles en feroient étoit capable de les perdre, il leur donneroit des moyens sûrs d'en faire toujours un bon usage: car sans cela ce ne seroient pas de véritables bienfaits, et sa bonté seroit plus petite que celle que nous pouvons concevoir dans un autre bienfaiteur. (Je veux dire, dans une Cause qui joindroit à ses présens l'adresse sûre de s'en bien servir.)[25]

Daß Leibniz bei dem Unternehmen einer langatmigen Widerlegung dieser Maxime in eine beträchtliche Aufgeregtheit gerät – der Mißbrauch des Guten der Vernunft trete nur begleitungsweise (»par concomitance«) ein, weil er in bezug auf das Universum zu einem größeren Gute führe, usw. –, soll uns hier nicht weiter beschäftigen. Worauf es ankommt, ist zu bemerken, daß eben die-

25 Leibniz zitiert diese Maxime Bayles in seiner *Theodizee*, Teil 1, § 119: Leibniz (wie Anm. 4), T. 1, S. 233 f.

ser der Vernunft entnommene Einwand Bayles gegen die Zulassung einer mißbräuchlichen Verwendung der Vernunft durch die Menschen von Mephistopheles als Anklage gegen den Herrn ins Feld geführt wird.

Der Herr allerdings läßt sich – anders als Leibniz – zu einer Widerlegung des Bayle-mephistophelischen Vorwurfs nicht herab. Statt dessen hat er ein Exempel parat, ein Gegen-Beispiel, das er Mephisto vorhält: seinen »Knecht« Faust (V. 299), der – das muß man ja wohl schließen – seine Vernunft nicht in jener von Mephisto apostrophierten, mißbräuchlichen Weise verwende wie die anderen Menschen. Wenn Mephisto sich nun anheischig macht, diesen Faust – der in seiner »Gährung« (V. 302) im Sinne des Herrn aus der ›Verworrenheit‹ in die »Klarheit« zu gelangen alle Aussicht hat (V. 308 f.) – dem Herrn abspenstig zu machen, so geschieht das durchaus in Konsequenz seiner Mitleids-Rolle mit den sich herum ›plagenden‹ (V. 280) Menschen. Und er nimmt diese Rolle nicht nur als ein in der Schaubühne sitzender, interessierter Zuschauer ein, sondern als ein aktiv Eingreifender. Dabei ist seine ›Aktivität‹ begrenzt: er ist nicht eigentlich ein ›Täter‹. Nur selten tut er selbst ›Böses‹; er schafft vielmehr Gelegenheiten für die Menschen, damit sie einen falschen Gebrauch von ihrer Vernunft zu machen versucht werden. Wie ein Experimentator in den Naturwissenschaften bereitet er die Versuchsanordnungen vor und demonstriert, indem er das Böse geschehen läßt, das Schlecht-geraten-Sein, die Verfehlung der Schöpfung. Wenn sein Experiment gelungen ist, hat er seine »Freude dran« (V. 3543). So erhofft er, in einer konkreten Person, eben der Fausts – die er gut zu kennen scheint (auch übrigens in ihrem »hohen Streben« [V. 1676]) –, das animal rationale von den es umstrickenden Vernunft-Netzen zu befreien und es am Ende »mit Lust« Staub fressen zu lassen (V. 334). Mit anderen Worten: er will es im Status der vernunftlosen, der Last des Intellekts enthobenen Kreatur – gewissermaßen erlöst – in glücklichen Einklang mit sich selbst bringen. Mephistos Unternehmen ist also, mit seinen eigenen Augen gesehen, ein wenn auch nur an einem partiellen Individual-Fall vorgenommener Rettungsversuch aus dem Theodizee-Dilemma, für das er die Verantwortung gänzlich dem Urheber der Schöpfung zuweist. Der ›Böse‹ – richtiger: der Vertreter dessen, was wir böse nennen – bietet sich als Therapeut für die Krankheit an, deren Verkörperung er darstellt.

Nun spricht Mephisto mit dieser, wenn man so sagen darf, aufklärerisch-kritischen Auffassung seiner selbst ohne Frage nicht das letzte Wort im Faust-Drama. Goethe ist kein advocatus diaboli, obgleich er seinen Teufel nicht ›verteufelt‹. Schon der junge Goethe hatte in seiner Rede »Zum Schäkespears Tag« von einem schroff-antithetischen Dualismus der moralischen Welt nichts wissen wollen: »das was wir bös nennen« (ist das nicht auch Mephistos Sicht?), sei »nur die andre Seite vom Guten«.[26] In diesem Sinne erhält Mephistopheles seinen Platz im Schöpfungsplan, oder bescheidener ausgedrückt: seine Rolle im Schauspiel zugewiesen. Er faßt sich selbst in dieser Rolle freilich selbständiger auf, als ihm tatsächlich zukommt. Mit der Wette, die er mit dem Herrn eingehen möchte, will er sich, gleichsam unter der Hand, bei diesem als gleichwertiger Partner insinuieren. Natürlich ignoriert der Herr diesen Wett-Vorschlag vollständig (ein Sachverhalt, den manche Faust-Interpreten genauso übersehen haben, wie Mephisto ihn offenbar übersah oder übersehen wollte). Der Herr nimmt Mephistopheles als einen, der sich ihm als vollgültige Gegen-Instanz, als Anti-These, entgegensetzen möchte, nicht an. Dieses Grundverhältnis ist bei dem in Goethes Drama vor uns abrollenden Welt-Spiel stets im Auge zu behalten. Auch Mephisto ist in all seinen vielfältigen Gesichtern, Masken und Verkleidungen immer auch ein ›Spieler‹: und halb ist er sich dessen wohl bewußt. Er möchte »den Teufel spielen« (V. 2010) – aber völlig gelingt es ihm nicht. In Goethes Theatrum mundi hat der Herr, den keiner »ergründen mag« (V. 268), bei der Verteilung der Rollen den Teufelspart einem Gesellen übergeben, der als ›Reizender‹ und ›Wirkender‹ ein stimulierender Faktor für die Schaffenskraft des Menschen ist (V. 340 ff.), und der daher in allem, was er unternimmt, »frei erscheinen« darf (wie der Herr es, sehr genau abwägend, formuliert [V. 336]).

Ja, man kann und muß wohl noch weiter gehen. Das, wie es scheint, so leicht dahingesprochene Wort des Herrn, mit dem er die kontradiktorische Schärfe seines Widersachers nicht mit Gleichem vergilt: »Ich habe Deinesgleichen nie gehaßt« (V. 337) wirft nämlich ein Licht voraus auf den »Faust«-Schluß. Ich meine damit nicht: auf das Ende Fausts und dessen wie auch immer zu interpretierende himmlische Erlösung (auf diese Frage ist hier nicht

26 WA I, 37, S. 134.

einzugehen), sondern auf den »ausgepichten Teufel« (V. 11839), der sich geprellt und »getäuscht« sieht (V. 11834), so daß sich seiner – er wendet in seinen letzten Worten im Stück das Narrenbild auf sich selber an – ›nicht geringe‹ »Thorheit« bemächtigt (V. 11842 f.). Was war ihm geschehen? Etwas sehr Merkwürdiges und Bemerkenswertes! Der sich von oben »gemächlichen Flugs« (V. 11678) zur Rettung Fausts herbei begebende Engelchor vermag nämlich nicht nur, Rosen streuend und himmlische Flammen verbreitend, die sich um Fausts Leichnam bemühenden Teufel samt Mephistopheles zu verscheuchen, sondern – wunderbarerweise – bei Mephisto selbst eine Veränderungstendenz in Gang zu setzen, der er zwar widersteht, die aber doch so etwas wie eine Entteufelung des Teufels in die Wege zu leiten im Begriffe war. Wie gesagt, er widersteht, er ›faßt sich‹ (vor V. 11809). Verwundet, wie er ist – »Hiobsartig, Beul an Beule« (V. 11809) nennt er seinen ramponierten Zustand und vergleicht diesen nicht ohne Ironie mit dem Hiobs, der einst gerade durch seinesgleichen derartig zugerichtet worden war –, bringt er es trotzdem noch fertig, seine satanische Identität zu bewahren: »Gerettet sind die edlen Teufelstheile« (V. 11813). Indes: die Gefährdung, der er durch das ›überteuflische‹ Flammenelement der Liebe – »Weit spitziger als Höllenfeuer« (V. 11754 f.) – ausgesetzt war, war eine ganz ernsthafte gewesen.

Im Innersten auch des diabolischen Wesens schlummerte ein Kern, der sich als von den »heiligen Gluthen« (V. 11817) des Himmels entzündbar erwies. Wie wäre es wohl, möchte man fragen, ohne solche Voraussetzung auch möglich gewesen, daß im »Prolog im Himmel« der Herr – anstatt jehovahaft seinen Grimm auf seinen ewigen Widersacher auszuschütten – »so menschlich mit dem Teufel« sprach (V. 353)? So läßt sich, was die Engel von der Wirkungsmacht der »liebenden Flammen« (V. 11802) singen, wenigstens im Potentialis auch auf die höllischen Geister beziehen:

Die sich verdammen
Heile die Wahrheit;
Daß sie vom Bösen
Froh sich erlösen,
Um in dem Allverein
Selig zu sein.
(V. 11803-11808)

Sicherlich: in erster Linie wird damit die Entelechie Fausts, dessen »Unsterbliches« (wie es im Text heißt [vor V. 11825]) angesprochen; aber wie kann man bei denen, »die sich verdammen«, diejenigen, die das durch ihren Abfall im eigentlichen Sinne taten, ausschließen? Wie ist der »Allverein« anders als die Vereinigung, Wieder-Vereinigung, *aller* Wesen – einschließlich der sich in das Böse abgetrennten – zu verstehen?

So wird man vom Text her jene Nachricht einer im Gespräch gefallenen Äußerung Goethes, daß in seinem »Faust« schließlich »der Teufel selbst Gnad' und Erbarmen vor Gott« finden solle[27], keineswegs für unwahrscheinlich halten dürfen.[28] Obgleich im vollendeten »Faust«-Schluß solche Aufnahme auch noch des Bösen in den Schoß des Ur-Einen nicht plan und stracks ausgesprochen wird, ist diese doch vorauszusetzen als Ausfluß aus der ›Grenzenlosigkeit der Liebe Gottes‹, von der schon der junge Goethe sprach.[29] Mit dem »Schandfleck des radikalen Bösen« hat Goethe – um ein Wort von ihm selbst über Immanuel Kant abzuwandeln – seinen Poetenmantel nicht »beschlabbert«.[30] Die von ihm geteilte, oder zumindesten mit Sympathie bedachte Lehre von der ἀποκατάστασις πάντων, die von der Kirche nicht akzeptierte Lehre des Origenes von der Wiederbringung aller Dinge, von der (heißt das) in Hinblick auf das Böse Wieder-›gut‹-Machung, der ins Gute Zurückführung des Bösen, liegt – versteckt,

27 Goethes Gespräche (wie Anm. 23), S. 473 (Nr. 3097). Biedermann läßt die Aufzeichnung undatiert; Gräf erschließt als möglichen Zeitpunkt den 21. Juni 1816 (Hans Gerhard Gräf, *Goethe über seine Dichtungen*, Th. II, Band II, S. 224 f.).

28 In meinen Schlußbemerkungen bin ich der bedeutenden Studie Arthur Henkels »Das Ärgernis Faust« (zuerst 1976; dann in: ders., *Goethe-Erfahrungen, Studien und Vorträge*, Stuttgart 1982, S. 163-179) verpflichtet.

29 »Brief des Pastors zu *** an den neuen Pastor zu ***« (1773): »So wenig bin ich indifferent, darf ich deßwegen nicht tolerant sein? Um wie viel Millionen Meilen verrechnet sich der Astronom? Wer der Liebe Gottes Gränzen bestimmen wollte, würde sich noch mehr verrechnen« (WA I, 37, S. 158). In diesem Geiste bekennt sich der Pastor dann zur Häresie des Origenes: »Ihr wißt, lieber Herr Amtsbruder, daß viele Leute, die so barmherzig waren wie ich, auf die Wiederbringung gefallen sind, und ich versichre Euch, es ist die Lehre, womit ich mich insgeheim tröste« (S. 159).

30 Brief an Herder vom 7. Juni 1793: WA IV, 10, S. 75.

aber die Statik des Ganzen sichernd – der Serenität des Weltspiels »Faust« zugrunde. Sie »ermöglicht und trägt« nicht nur die Schlußszenen allein[31], sondern auch die ganze, schillernde Mephistopheles-Gestalt in all ihrem Oszillieren zwischen Anklagen und Bedauern, zwischen Reizen, Verführen, Erniedrigen, Zunichtemachen-Wollen und einem ironisch-maliziös-distanzierten Interesse am Lebendigen, an den Erscheinungen der menschlichen Welt.

(Den vorliegenden Beitrag habe ich unter Benutzung von Vorarbeiten geschrieben, die die »Stiftung Volkswagenwerk« durch ein mir dankenswerterweise gewährtes Akademiestipendium 1986/87 gefördert hat.)

31 »Und es dürfte kaum zweifelhaft sein, daß dieses Theologoumenon als transzendierendes Organon die Schlußszenen des Goetheschen ›Faust‹ ermöglicht und trägt« (Arthur Henkel [wie Anm. 28], S. 168).

Norbert Bolz
Das Böse jenseits von Gut und Böse

The wilderness is gathering
all her children back again.

In Schellings *Philosophie der Offenbarung* findet sich eine erstaunliche Apologie des Satans als »nothwendige(m) *principium movens* aller Geschichte«. Der Böse ist der gute Geist der Möglichkeiten, der stets verneint und widerspricht, weil er allem Starren entgegengesetzt ist. Nur deshalb erscheint er »als Feind der Kreatur«, die nämlich – so Schelling in großartiger Antizipation des Todestriebs – »sich selbst überlassen zur völligen Unbeweglichkeit erstarren würde«. Nur der Stachel des Bösen schützt die Menschengeschichte vor posthistorischer Erstarrung. »Dieß ist die eigentliche philosophische Idee des Satan.« Ohne ihn, so Schelling, würde »die Welt einschlafen, die Geschichte versumpfen«.[1]

Auf den ersten Blick scheint das die heute so beliebte These vom *bonum*-durch-*malum* zu bestätigen: kompensatorische Malitätsbonisierung im Anschluß an die Leibniz-Theodizee nach dem Prototyp der *felix culpa*; Schellings Satan als Teil von jener Kraft, die stets das Böse will und stets das Gute schafft. Doch Schellings Positivierung des Bösen reicht weiter: Er denkt Disharmonie ohne Negation – eine positive Verkehrtheit. Der Grund des Bösen ist keine Unvollkommenheit, kein zu kompensierender Mangel, sondern das höchste Positive der Natur; nur der Mensch, die vollkommenste der Kreaturen, ist ja des Bösen fähig. Die Emergenz des Bösen, d. h. des Geistes der Entzweiung, aus der Erregung des Naturgrundes hat Schelling ins Bild des »aufgereizten Archäus«[2] gebracht. Es geht hier um nicht weniger als einen Angriff auf den

1 F. W. J. Schelling, *Philosophie der Offenbarung. Bd. II*, Darmstadt 1974 (unveränderter reprographischer Nachdruck der Ausgabe von 1858), S. 271, 275.

2 F. W. J. Schelling, *Sämtliche Werke*, Stuttgart/Augsburg 1860, 1. Abt. Bd. VII. S. 366.

Schöpfungsgrund – geführt vom Bösen als Geist. Denn nicht die Leidenschaften des Menschen sind das Böse; es stammt nicht aus dem Leib. Schelling ist weit davon entfernt, die Endlichkeit des Menschen als kompensationsbedürftiges metaphysisches Übel zu konstruieren. Allein im kreatürlichen Geist erreicht das Böse die Macht der Entzweiung, die das Seiende im Ganzen bedroht. »Das Böse ist in gewissem Betracht das reinste Geistige, denn es führt den heftigsten Krieg gegen alles Seyn.«[3] Deshalb legt Schelling größten Wert darauf, die Figur des dämonisch Bösen von allen Assoziationen der Sinnenlust und des Genießens freizuhalten.
Das Böse stammt also nicht aus der Endlichkeit selbst, sondern »aus der zum Selbstsein erhobenen Endlichkeit«.[4] Den Eigenwillen zum Herrschenden zu erheben und das Geistige in sich zum Mittel zu depotenzieren, ist der Versuch des endlichen Menschen, die »ihm nur geliehene« Bedingung seiner Existenz in die Gewalt zu bekommen. Böse ist also nicht die Erregung des Eigenwillens, sondern seine Emanzipation im autonomen Selbst. »Die aktivierte Selbstheit ist notwendig zur Schärfe des Lebens.«[5] Was jene philosophische Idee des Satans für die Geschichte, ist die aktivierte Selbstheit für das einzelmenschliche Leben: Schutz vor der Entropie des Todestriebs.
Damit ist aber die dialektische Selbigkeit von Gut und Böse erwiesen: Das Gute in der Entzweiung ist das Böse, das Böse ist in seiner Wurzel das Gute. Doch diese Selbigkeit erweist sich nur im Kampf; nur der ist des Guten fähig, der in sich die Kräfte zum Bösen (überwunden) hat. Es gibt kein lebendiges Gutes, das nicht ein unterworfenes Böses in sich trüge. Damit formuliert Schelling

3 Ebd., S. 468.

4 Ebd., S. 370 (Anm.) Diese Denkfigur scheint Schelling von Jakob Böhme übernommen zu haben: »aller böser Teuffel als nemlich ein *selbstgefaßter* Wille zur *Eigenheit*, ein *abtrünniger* vom *ganzen* Wesen in eine Phantasey« – J. Böhme, *Von der Gnaden-Wahl. Werke*, Hamburg 1715, c. 2, 12.

5 Ebd., S. 399 f. – Schelling folgt hier Franz Baader; »aktivierte Selbstheit« heißt bei Baader *entzündete Ichheit*; wenn Schelling das Böse an den Versuch, die Versuchung des endlichen Menschen, knüpft, die eigene Existenzbedingung in die Gewalt zu bekommen und den Eigenwillen zum Herrschenden zu erheben, so heißt es schon bei Baader vom »tantalischen Grimm der Selbstsucht«, daß hier das dienende Zentrum *herrschend in die Peripherie* trete.

eine schneidende Antithese zur negativen Moral Kants, für den ja die Leidenschaften ohne Ausnahme böse waren und der sie als Krebsschäden für die praktische Vernunft verfemt hat. Schelling konzipiert das Böse als positive Verkehrtheit; doch das darf nicht als gnostisch mißverstanden werden. Das Böse ist kein Wesen, das an sich Realität hätte, »sondern ein Unwesen, das nur im Gegensatze eine Realität hat«.[6] Philosophisch läßt sich nach dieser ungeheuerlichen Realität des Unwesens zunächst nur als nach dem Sein von Nichtseiendem fragen. Hier erzählt Schelling nun eine dramatische Geschichte vom Einbruch des Nichts ins Sein, der jene böse Realität im Gegensatz, die positive Disharmonie, konstituiert. Weil die Realität des Bösen nur *im Gegensatz* ist, bestimmt Schelling seine philosophische Entsprechung, das Nichtseiende, als *relativ*; der Ausdruck hat also nichts Abschwächendes, sondern besagt lediglich: parasitäres Sein im Gegensatz. So lautet Schellings prägnanteste Definition: »das Böse ist eben nichts anderes als das relativ Nichtseyende, das sich zum Seyenden erigirt, also das wahre Seyende verdrängt. Es ist von der einen Seite ein Nichts, von der andern ein höchst reelles Wesen.« Diese das Seiende verdrängende Erektion des Nichts produziert Schein. Und wenn Schelling sagt, das Böse sei einerseits nichts, andererseits höchst reell, so will er damit die ungeheure Macht des Scheins im Leben charakterisieren. Das Böse ist »nur ein Scheinbild des Lebens [...] – ein Schwanken zwischen Seyn und Nichtseyn«, das »nichtsdestoweniger aber dem Gefühl sich als etwas sehr Reelles ankündigt«.[7]

Der Schein im Leben, also jenes Schwanken zwischen Sein und Nichts, manifestiert, daß es so etwas gibt wie ›Sein des Nichts‹, und zwar gerade als Möglichkeit des Bösen. Wenn sich der böse Wille aber Wirklichkeit verschafft, so kann diese doch nicht als eine Wirklichkeit gelten, die ihrem Begriff entspräche. »Als Erscheinung wirklich, ist ihr Wesen das Nichts des Unwesens.« Die böse Tat produziert gespenstige Nichtigkeit; »dies Scheindasein des Bösen«, sagt Karl Rosenkranz, eröffnet eine »Welt des Nichts«.[8] Dem Bösen wird das Nichts zur Welt; in der *Ästhetik des Häßlichen* wird erstmals ihre Topographie erstellt. Die Welt

6 Ebd., S. 409.
7 Ebd., S. 366, 459.
8 K. Rosenkranz, *Ästhetik des Hässlichen*, Königsberg 1853, S. 324.

des Nichts ist ja nicht nur ethisch-religiös die des Bösen, sondern auch ästhetisch die des Häßlichen. Das Christentum, das ernst macht mit der Erkenntnis des Bösen (gen. subj. und obj.) und seiner Überwindung, hat ja damit auch das Häßliche in die Kunstwelt eingeführt. Hegel und der Teufel sind die Führer auf Rosenkranz' Abstieg in die ästhetische Hölle. Für die Tauglichkeit von Ästhetik als Höllenkunde steht Goethes Mephisto ein, in dem sich »die eigene negative Tiefe« des Bösen selbst ausspricht; gerade die poetische Form ist geeignet es darzustellen, weil sie die »Genesis« des spezifischen Wahnsinns aufzeigen kann, aus dem es entspringt. Denn das diabolisch Böse ist wahnsinnig, sofern es als »selbstbewußtes Zerrbild«[9] des Guten an das gefesselt bleibt, wogegen es opponiert – es grinst ihm entgegen und fletscht die Zähne, sagt Rosenkranz.

Dieser moralische Wahnsinn ist einer des 19. Jahrhunderts. Wahnsinn ist nun nicht mehr wie im Mittelalter an ein Böses in Gestalt imaginärer Transzendenzen gebunden, sondern durch bösen Willen verschuldet: Das Böse ist Emergenz eines Wahnsinns, der in einer ethischen Irre aufbricht.

Rosenkranz interniert nun die Drohung des wahnsinnigen Bösen in einem System dialektischer Bestimmungen: Zwar sei es frei in der Produktion des Bösen, doch zugleich absolut unfrei, weil gefesselt an die Negation der wahren Freiheit; die parasitäre Freiheit des Bösen erschöpfe sich im Willen, das Gute nicht zu wollen. Rosenkranz definiert ihn deshalb als den »Willen, der das Nichts will«.[10] Jenseits von Gut und Böse ist dieses Formular des Bösen dann zum Schlüsselsatz einer ultimativen *Genealogie der Moral* geworden: Lieber noch will der Mensch das Nichts wollen, als nicht wollen...

Der Wille zum Nichtwollen des Guten, das »monströse Wunder« des absoluten Widerspruchs, wird durch seine formale Freiheit kunstfähig – nämlich im Teufel. Rosenkranz hat gesehen, welche spezifisch moderne Möglichkeit darin liegt: Man wird zum Teu-

9 Ebd., S. 360, 363. – Das bestätigt der klinische Befund seit dem 18. Jahrhundert: »Dans la fureur, si souvent mentionnée sur les registres de l'internement, la violence ne soustrait pas à la méchancete ce qui relève de la folie, mais leur ensemble forme comme l'unité du mal livré à lui-même, dans une liberté sans frein.« – M. Foucault, *Histoire de la folie à l'âge classique*, Paris 1972, S. 153.

10 Ebd., S. 371.

fel, um die Hölle des Schönen auszuschöpfen. »Das satanische Subjekt hat einen gewissen Enthusiasmus der Verworfenheit«[11] – das gilt für den Teufel des christlichen Dogmas ebenso wie für den Artisten der Moderne. Und nirgendwo ist Rosenkranz' *Ästhetik des Häßlichen* prägnanter, polemischer und rhetorisch virtuoser als in den Passagen, die den ästhetischen Satanismus seiner Kunstzeitgenossen geißeln: Man schwelgt im Gefühl der Verworfenheit, genießt die Sünde und erbaut sich an der Schönheit des Ekels; die Heroen der ästhetischen Moderne sind *contemplative Teufel*. Und als solche entsprechen sie einem allgemeinen Bedürfnis:

Aus den unruhig ermatteten, genußgierigen, impotenten, übersättigt gelangweilten, vornehm cynischen, zwecklos gebildeten, jeder Schwäche willfahrenden, leichtsinnig lasterhaften, mit dem Schmerze kokettirenden Menschen der heutigen Zeit hat sich ein *Ideal satanischer Blasirtheit* entwickelt.[12]

Rosenkranz' Kritik der Moderne ließe sich also auf die Formel bringen: Ästhetisch souverän ist, wer über den diabolischen Ausnahmezustand entscheidet. Denn diesen in der Welt zu begründen, ist seit je das Ziel des Teufels. Doch sein Anspruch auf absoluten Geist und totale Macht zerschellt an Gottes Ordnungskraft und produziert nur eine komische »Duodezallwissenheit und Miniaturallmacht«. Der Teufel ist so eigentlich immer schon der dumme – und letztlich: der *clown*.[13] Das schreibt Rosenkranz den satanistischen Artisten seiner Zeit – von Schlegel bis Heine – ins Stammbuch.

1853 erschien die *Ästhetik des Hässlichen*. Vier Jahre später erscheinen *Les Fleurs du Mal*. Den Sinn der Formel macht Baudelaire schockhaft deutlich, wo sich in einem Gedicht mit dem poetischen Titel *Une Charogne* »la carcasse superbe / Comme une fleur« erhebt. Der unerhörte, skandalöse Ton dieser Gedichte verdankt sich einem streng satanistischen Programm: der Bewußtheit

11 Ebd., S. 371 f.

12 Ebd., S. 382. – Das ist bekanntlich der Schlüsselbegriff von Simmels Soziologie der Großstädte und des Geisteslebens, vgl. G. Simmel, *Brücke und Tür*, Stuttgart 1957, S. 232: »Es gibt vielleicht keine seelische Erscheinung, die so unbedingt der Großstadt vorbehalten wäre, wie die Blasiertheit.«

13 Ebd., S. 383.

im Bösen – »La conscience dans le Mal!«[14] Der Artist inszeniert sich als der Held, der die Kraft hat, sich an den Reizen des Horrors zu berauschen; planmäßig sucht er nach dem perfekten Monster, gewillt, nur die *crème* des Bösen zu genießen. Dem entspricht eine Erotologie, die nicht Engel vergöttern, sondern Hexen verfallen will; und zwar betet der Artist nicht die tödlichen Frauen an, sondern die schreckliche Passion, die ihn an sie kettet. Den Lockungen dieser Hexen von Paris zu folgen, wird zum Königsweg auf der Suche nach dem Neuen.

Baudelaire ist auf der Spur jener dem klassischen Geschmack unbekannten Schönheiten, die aus Mattigkeit, Schwermut und unbestimmter Sehnsucht geboren werden (beautés inconnues de langueur). Dabei folgt er einer Stimme, die ihn zu Traumreisen verlockt – damals waren das noch Reisen in Träumen, die aus dem finsteren Babel der Bücher aufstiegen. Ausdrücklich führt das Gedicht *La Voix* die verführerische Stimme als Bibliotheksphantasie ein; sie führt im Medium des Traums in singuläre Welten »Au delà du possible, au delà du connu!« Die Welten unbekannter Schönheiten eröffnen sich erst, wenn der Existenzdekor zerreißt; deshalb ist dem Artisten die Welt der Tatsachen eine einzige Lüge: »les yeux au ciel, je tombe dans des trous«.[15] Das ist natürlich ein eminent philosophisches Zitat; zitiert wird der Protophilosoph in seinem Sturz. Denn die Realität des Artisten ist eine Sonderwelt wie die des Astronomen Thales; beide riskieren es, die Sorge um sich zugunsten des Himmelsblicks zu suspendieren. Doch Baudelaires Artist blickt an den Himmel, um abzustürzen; er will ja von der Welt der Tatsachen loskommen und sehnt sich nach dem Sturz in den Abgrund der Träume. Es definiert geradezu die artistische Obsession der Moderne, diesen Sturz ins Loch des Realen als *goût du néant*, als *horreur sympathique* zu genießen; sie sucht nach dem Leeren und Schwarzen, nach dem Obskuren und Ungewissen.

Aus diesem Abgrund, in dem das Göttliche vom Höllischen, die Wohltat vom Verbrechen nicht mehr zu unterscheiden ist, steigt die neue Schönheit auf. Wer auf den Rausch nicht verzichten will, muß es riskieren, vergiftet zu werden; denn alles ist eine Frage der

14 Ch. Baudelaire, *Les Fleurs du Mal. Die Blumen des Bösen*, Darmstadt 1975, S. 214.

15 Ch. Baudelaire, *Nouvelles Fleurs du Mal. Neue Blumen des Bösen*, Darmstadt 1975, S. 60.

Dosierung, des Mischungsverhältnisses von Göttlichem und Höllischem – das gilt für Rauschmittel genauso wie für die moderne Schönheit. Wenn sie nur die Scheußlichkeit des Universums reduziert, ist es gleichgültig, ob die moderne Schönheit, dieses gewaltige, erschreckende Monster, von Satan oder von Gott, vom Himmel oder von der Hölle, stammt – *qu'importe. O Beauté! So what!*

Die Blumen des Bösen wachsen in den künstlichen Paradiesen, die von den ästhetischen Produktivkräften der Natur, nämlich Traum und Rausch, gegen diese Natur selbst erschaffen werden. So wird alles, was die Selbsterhaltung des Menschen bedroht, zum Alliierten des Artisten. Baudelaire nobilitiert den Tod zum Kapitän seiner Traum-Reisen; nur seine höllischen Gifte sind noch taugliche Stimulantien ästhetischer Erfahrung: »Nous voulons [...] / Plonger au fond du gouffre, Enfer ou Ciel, qu'importe? / Au fond de l'Inconnu pour trouver du *nouveau*!«[16]

Bekanntlich eröffnet Baudelaire die *Fleurs* mit einer Ansprache an den Leser, seinesgleichen, jener Langeweile verfallen, die vom Blutgerüst träumt. Sein monströses Begehren nach dem Grauenhaften führt ihn Schritt für Schritt, Gedicht für Gedicht in die Höllentiefe. Baudelaire hat dafür ein großes Bild gefunden: Satan Trismegistos wiegt den verzauberten Geist auf dem Kissen des Bösen. Dreimalgroß hießt er wie jener Hermes-Thot, der die Alchemie begründet haben soll; ihr modernes Pendant ist der ästhetische Satanismus. So wie Gott Herr des Paradies-Gartens der Seligen ist Satan der Patron der Elenden im künstlichen Paradies, »où toute énormité fleurit comme une fleur«.[17]

Baudelaire selbst hat es immer wieder nahegelegt, seinen Kult des Bösen als ästhetische Gnosis, seinen Satan als *deus absconditus* zu verstehen. So folgt auf den berühmten gnostischen Kampfruf, der den verfemten Teil der Heilsgeschichte zum Himmelssturm aufruft –

Race de Caïn, au ciel monte,
Et sur la terre jette Dieu! –,

unmittelbar die Satanslitanei, die den Bösen als vom Schicksal verratenen Gott bekennt: »le plus savant et le plus beau des Anges, Dieu trahi par le sort«.[18] Diesen vom Schicksal verratenen

16 Baudelaire, *Les Fleurs du Mal,* S. 338.
17 Baudelaire, *Nouvelles Fleurs du Mal,* S. 110.
18 Baudelaire, *Les Fleurs du Mal,* S. 312, 314.

Gott hat schon Proudhon als Genius der Revolution gefeiert; sein klügster und schönster Engel heißt Lucifer. In dessen Diensten kämpft Proudhon gegen den Schöpfergott als das Böse selbst. Gott ist der Feind des Menschen, und jeder Fortschritt ist ein Schritt über Gott hinweg. Gottes Wege sind nicht unerforschlich, und was Proudhon auf diesen Wegen findet, ist die Bösartigkeit dessen, der Adam grundlos straft und Prometheus grausam quält: *Jehova, wir kennen Dich.*

Der Aufstand Luzifers gegen Jehova spielt von Anfang an ins Ästhetische. Baudelaires schönster und klügster Engel hieß ja einmal Luzifer, weil er, wie Bonaventura sagte, *prae ceteris luxit, suaeque pulchritudinis consideratio eum excoecavit.* Luzifer ist wesentlich schön und eben damit – religiös beurteilt – böse. Das ästhetische Moment des Luziferischen ist also zentral. Entsprechend wird dann eine ethische Kritik weltsetzender Kunst »das Luciferische als den metaphysischen ›Ort‹ des Ästhetischen«[19] bestimmen. Und gerade die autonome Kunst der Moderne exponiert sich dem Verdacht des Luziferismus. Max Weber hat das in aller Deutlichkeit ausgesprochen und gefragt, »ob das Reich der Kunst nicht vielleicht ein Reich diabolischer Herrlichkeit sei, ein Reich von dieser Welt, deshalb widergöttlich im tiefsten Innern«. Denn in der Moderne konstituiert sich Kunst »als ein Kosmos immer bewußter erfaßter, selbständiger Eigenwerte. Sie übernimmt die Funktion einer, gleichviel wie gedeuteten, innerweltlichen *Erlösung*«.[20] Und zwar erlöst der Luziferismus der reinen Formen zu einer absoluten ästhetischen Bedeutsamkeit.

Bekanntlich hat Baudelaire Richard Wagner und dem ›Tannhäuser‹ in Paris einen großen enthusiastischen Essay gewidmet. Er preist Wagners souveränes Wissen um das Teuflische im Menschen: die satanischen Kitzel der Liebe und die Wollust des Verbrechens; das Übermaß des Begehrens werde bis auf die Höhe einer Gegenreligion getrieben, die das Böse gemäß einer Logik der Hölle entfeßle. Doch erst Nietzsche hat die luziferische Zauberkunst Wagners theoretisch durchdrungen und ist zu einer Theorie des Bösen jenseits von Gut und Böse vorgedrungen. Seine genealogischen Forschungen zielen ja darauf, das Gute, Wahre und

19 G. Lukács, *Werke Bd. 17*, Darmstadt/Neuwied 1974, S. 132.

20 M. Weber, *Gesammelte Aufsätze zur Religionssoziologie Bd. 1*, Tübingen 1963, S. 555; M. Weber, *Gesammelte Aufsätze zur Wissenschaftslehre*, Tübingen 1973, S. 600.

Schöne als Emergenzen des Bösen zu erweisen. So transponiert Nietzsches Genealogie Baudelaires Gedichte auf die Ebene des Begriffs; Adrian Leverkühn hat das dann auf die prägnante Formel gebracht, man müsse »das Gute die Blüte des Bösen nennen – une fleur du mal«.[21] Wie der ästhetische Satanist ist der Genealoge der Moral ein Abenteurer im Bösen.

Nietzsches *Genealogie der Moral* entwickelt eine Zeitdialektik von Gut und Böse: Das Böse ist ein Atavismus des ehemalig Guten und das Gute ein in Dienst genommenes Böses von ehedem. Kultur als Triebverzicht aber transformiert das primitiv Böse ins Soziale: Der Tierquäler wird zum Tierschützer, der kleine Sadist zum Menschenfreund. »Alles Furchtbare in Dienst nehmen, einzeln, versuchsweise, schrittweise – so will es die Aufgabe der Cultur. [...] Überall, wo eine Cultur ihr Böses ansetzt, bringt sie damit ein Furchtverhältniß zum Ausdruck«[22]; sie markiert damit den Bereich des Verbotenen und Feindlichen. Deshalb lautet Nietzsches entscheidende Frage an eine Kultur: Nimmt sie das Böse souverän in Dienst oder verdrängt sie es? Und gerade auch der Prozeß der wissenschaftlichen Neugierde, der diese Frage am Ende des christlichen Zeitalters überhaupt erst zu stellen erlaubt, ist eine Dienstleistung des Bösen. Daß etwas wahr sein kann, obwohl es schädlich und gefährlich ist; daß die Bösen für die Erkenntnis besser disponiert sein könnten als die Guten, weil sie Lust an dem Schnitt ins Lebendige haben, den man Erkennen nennt; daß alles, was die Guten böse nennen, zusammenkommen muß, um eine Wahrheit zu gebären – das sind Zarathustras Wahrheiten, zu denen man schon ›böse genug‹ sein muß.

In Nietzsche verwindet sich die Moralistik zur Sympathie für den Teufel, als welcher der Übermensch den Guten in der Tat erscheinen muß. Sein Privileg ist schwere Schuld; seine Souveränität gründet in absoluter Schuldverantwortlichkeit. Nietzsche lehrt das *transcendens* der Immoralität in einer entmoralisierten, entzauberten Welt. Und wer es wagt, in ihr zu leben, wird das Böse als das Unbesiegte, Tabu erkennen. Im Eis des Fragwürdigen, im Hochgebirge des Verbotenen hat er die verborgene Geschichte der Philosophie geschrieben. Deshalb ist nicht mehr der Sternenhim-

21 Th. Mann, *Doktor Faustus,* Frankfurt/M. o. J., S. 363.

22 Fr. Nietzsche, *Sämtliche Werke (S. W.),* München 1980, Bd. 13, S. 484; vgl. Bd. 12, S. 413, 511 f. und Bd. 9, S. 477.

mel des *contemplator caeli*, sondern der blaue Tageshimmel die Grundmetapher von Nietzsches Philosophie. Denn am Großen Mittag fällt das Licht senkrecht und verkürzt die Schatten; das ist die Zeit der *furchtbarsten Aufhellung*.

So besteht Zarathustras Menschen-Klugheit darin, sich von den Guten und Gerechten den »Anblick des *Bösen* nicht verleiden«[23] zu lassen. Das Böse unter der Sonne des Südens erweckt ein neues *thaumazein*, ein Erstaunen darüber, wieviel Zukunft in dem liegt, was bisher als satanisch verschrien wurde. Daß der Übermensch in den Diskurs der Guten und Gerechten nur als Teufel Einzug halten würde, galt Nietzsche von Anfang an als ausgemacht. »Zarathustra, der erste Psycholog der Guten, ist – folglich – ein Freund der Bösen.«[24] Das gibt der fröhlichen Wissenschaft eine luziferische Färbung. Denn innerhalb des theologischen Registers stellt sich dieser Versuch, die durch den Gottesmord vakant gewordene Stelle durch den Übermenschen zu besetzen, als eine »Vergöttlichung des Teufels« dar. Wer, wenn es einen Gott gäbe, es nicht aushielte, kein Gott zu sein, und daraus schließt, daß es keinen Gott gibt, vergöttlicht das in Gottes Namen Verworfene. Das ist der Klartext des Satanismus: »die Heiligung der mächtigsten furchtbarsten und bestverrufenen Kräfte«.[25]

Jenseits von Gut und Böse wird das Böse als die beste Kraft derjenigen Menschen sichtbar, die über das, was sie sind – eben Menschen –, hinaussteigen wollen. Wer sich von der Moral emanzipiert hat, will das Böse nicht mehr unschädlich machen, sondern instrumentalisieren. Und je größer die »Herrschaft des Bösen«, um so größer auch die Kraft, um die Naturgewalt der Affekte in Dienst zu nehmen. Für Nietzsche sind alle Blumen – und gerade auch die Blume Menschlichkeit – *fleurs du mal*, denn sie wachsen auf einem von wilder Zerstörung bereiteten Grund. »Die schrecklichen Energien – Das, was man das Böse nennt – sind die cyklopischen Architekten und Wegebauer der Humanität.«[26]

Daß Nietzsche in diesem Zusammenhang immer wieder Naturvergleiche anstellt, hat seinen schlichten Grund darin, daß sein Immoralismus am Modell böser, d. h. grausamer, vernichtender

23 Nietzsche, *S. W. Bd 4*, S. 185.

24 Nietzsche, *S. W. Bd. 6*, S. 369.

25 Nietzsche, *S. W. Bd. 12*, S. 11.

26 Nietzsche, *S. W. Bd. 2*, S. 205; Fr. Nietzsche, *Werke. Bd. III*, hg. v. K. Schlechta, München 1969, S. 577.

Natur abgelesen ist. So notiert er Ende 1882 seinen immoralistischen Imperativ: »Man soll das Böse schonen, wie man den Wald schonen soll.«[27] Unermüdlich variiert Nietzsche dieses Bild: Der Baum des starken Individuums wächst um so mächtiger in die Höhe, je tiefer er seine Wurzeln ins Böse treibt. Die Menschen sollen nicht fortschreiten zum Besseren, sondern böser werden; nicht die Entfremdung überwinden, sondern neue Klüfte aufreißen. Der luziferische Befreiungsakt, der das Böse in unser Bestes umtauft, zieht nur die Konsequenz aus der genealogischen Einsicht, daß die Besten die Bösesten sind; denn das feinste Gewissen, das nur die Besten haben, ist eben immer das böse Gewissen, das ihnen die Selbstempfindung aufzwingt, notwendig böse zu sein. »Wer sich aber so empfindet, *ist es auch!*« Deshalb gilt Nietzsches immoralistischer Angriff dem bösen Gewissen, das das Leben im Schein des Bösen befangen hält. »Wenn der Mensch sich nicht mehr für böse hält, hört er auf, es zu sein!«[28]

Der genealogische Modus, das Böse zu schonen, besteht darin, seinen Ressentimentbegriff zu destruieren. Denn als böse erscheint dem Ressentiment jede Macht und Vornehmheit, jede Gefahr und Gewalt der Formveränderung. Deren theoretischer Bonisierung entsprechen Praktiken, die das Gewissen austreiben: Techniken der Selbstbehauptung des Individuums kraft des Bösen gegen die Ressentiment-Moral der Vielen. Die Parole lautet deshalb: Zurück zum Bösen! Denn »wir sind *des Guten müde*« und sehnen uns zurück in jene »›Wildniß‹ der Seele«, aus der uns die Erfinder des Gewissens vertrieben haben: »wir genießen unsre unordentlicheren, wilderen, verrückteren Augenblicke, wir wären im Stande, ein Verbrechen zu begehen, nur um zu sehen, was es mit einem Gewissenbiß auf sich hat.«[29]

Daraus erklärt sich auch, warum Nietzsche die Philosophen heißt, sich einzuschiffen und aufs offene Meer hinauszufahren. Denn von Alters her – und zumal christlich – gilt das Meer als Sphäre bedrohlicher Ungewißheit und damit als Erscheinungsort des Bösen. Die Metapher von der philosophischen Fahrt ins Blaue des offenen Meeres macht besonders deutlich, auf welche Qualitäten Nietzsche in seiner Umwertung des Bösen zielt: das Jenseits der

27 Nietzsche, *S. W. Bd. 10*, S. 191.
28 Nietzsche, *S. W. Bd. 3*, S. 140 und Bd. 9, S. 645.
29 Nietzsche, *S. W. Bd. 12*, S. 310.

Sitten, das Willkürliche, Unvorhersehbare, der Zufall und das Plötzliche. Der Kern des Bösen ist das Unberechenbare – jenes schon von Baudelaire gesuchte schlechthin Neue. Die Philosophen auf den Schiffen treibt nicht mehr Erkenntnisinteresse, sondern Lust am Risiko. Solange der Blitz in Häuser einschlug, war er ein furchtbarer Zufall, der die Furcht vor dem Zufall begründete. Seit es aber Blitzableiter und analoge Sicherungsmechanismen der Zivilisation gibt, schwindet die Angst vor der radikalen, letalen Kontingenz; und was bisher perhorresziert wurde, bildet nun das Medium raffinierter Lüste: der Zufall, das Ungewisse, das Plötzliche. Damit aber verschwindet das Theodizee-Problem, denn nun werden die Weltübel als Stimulantien des Lebens rezipiert. Genau das, was in christlichen Koordinaten das Nein zur Welt provozierte, motiviert jenseits von Gut und Böse das absolute Ja und Amen. Der neue Mensch, der in die Wildnis der Seele, ins Herz der Finsternis zurückgekehrt ist, »genießt das Übel pur, cru, er findet das *sinnlose Übel* als das interessanteste. Hat er früher einen Gott nöthig gehabt, so entzückt ihn jetzt eine Welt-Unordnung ohne Gott, eine Welt des Zufalls, in der das Furchtbare, das Zweideutige, das Verführerische zum Wesen gehört«.[30] Dieser Umdeutung der Weltübel in Stimulantien des Lebens entspricht eine Ästhetik, der Häßlichkeit nicht mehr als Einwand gegen die Welt gilt. Nietzsches Ästhetik ist wieder *aisthesis*, und zwar Weltwahrnehmung unter den Vorzeichen der Umwertung aller Werte. Als solche aber ist sie auch eine Ästhetik des Häßlichen, für die das Bestehende wert ist, daß es zugrunde geht. Das ist ein Radikal des ästhetischen Perspektivismus: »Das Häßliche ist die Betrachtungsform der Dinge, unter dem Willen, [...] einen *neuen* Sinn in das sinnlos Gewordene zu legen.«[31] Zum anderen wird das Reich der Schönheit durch die Abenteuer im Bösen unermeßlich erweitert. Wie für Baudelaire ist auch für Nietzsche Richard Wagner der Columbus neuer ästhetischer Kontinente; die ihm gewidmete IV. *Unzeitgemäße Betrachtung* schwelgt noch in naiven Formeln wie ›übermenschliche Güte‹, ›richtige Empfindung‹ und ›wiederhergestellte Natur‹. Dieser Kontinent jenseits der abendländischen Zivilisation läßt sich nur am Leitfaden des Bösen erforschen. Nietzsches Ästhetik – sie ist ja ausdrücklich

30 Ebd., S. 467.
31 Ebd., S. 113.

Physiologie der Kunst, also Naturwissenschaft – betrachtet den Menschen als ein Stück Natur, das seine spezifische Schönheit nur offenbart, wenn es die zivilisatorische Maske des Moralisch-Guten und Gesetzlichen ablegt. Erst diese Ästhetik jenseits von Gut und Böse erlaubt es uns, »den *bösen* Menschen als eine wilde Landschaft zu *geniessen*, die ihre eigenen kühnen Linien und Lichtwirkungen hat«.[32] Das ist die Perspektive eines Künstlergottes, der seine Schöpfung mit den ästhetischen Ingredienzen Schmerz, Laster, Irrtum und Verbrechen würzt. Hier erreicht Nietzsches Umwertung der Werte ihr satanistisches Extrem: »das schöne Schreckliche«[33] der Untat spricht zugunsten des Täters.
Das schöne Schreckliche der Untat – Entrüstungsformeln wie die, hier tue sich der Abgrund des Ästhetizismus auf, verstellen nur das eigentliche Problem: die Anerkennung einer autonomen Macht der Destruktion. Damit überschreiten wir den Horizont einer Sadeschen Apologie des Verbrechens, von der Jacques Lacan in einem Aufsatz mit dem wunderbar provozierenden Titel *Kant avec Sade* zeigen konnte, daß sie nur eine Form der Unterwerfung unter das Gesetz ist. Sades Diskurs blieb an den Knoten von Gesetz und Begehren fixiert; die begehrte Heftigkeit der Sünde verdankt er ja ganz der Strenge des Gesetzes, das er übertritt. Gesetz und Begehren sind dasselbe. »L'apologie du crime ne le pousse qu'à l'aveu détourné de la Loi. L'Être suprême est restauré dans le Maléfice.«[34]
Nicht Sade selbst ist also der Führer ins Reich des Bösen jenseits von Gut und Böse. Seinen Schülern blieb noch ein weiterer Schritt zu tun. Baudelaire hat immer wieder betont, daß er seine entscheidenden Einsichten in die natürliche Perversität des Menschen, der als Freiherr des Bösen zur Welt kommt und sein Lebtag mit der Faszination der reinen Untat kämpft, die sich wie ein verlockender Abgrund vor ihm auftut – Baudelaire also hat immer wieder betont, daß er diese Einsichten dem Werk Edgar A. Poes verdankt. Poe weiß von einem Geist, den die Arroganz der abendländischen Vernunft bisher zu ignorieren beliebte: »the spirit of *perverseness*. Of this spirit philosophy takes no account.« Perversität sei ein nicht weiter auflösbares, ursprüngliches Vermögen des Menschen,

32 Nietzsche, *S. W. Bd. 3*, S. 280.
33 Nietzsche, *S. W. Bd. 5*, S. 92.
34 J. Lacan, *Écrits*, Paris 1970, S. 790.

das sich in den Wünschen manifestiert, sich selbst zu quälen und das Falsche um des Falschen willen zu tun. Natürlich geht es auch bei Poe um die Lust »to violate that which is *Law*« – doch Perversität läßt sich nicht mehr von jener Dialektik der Überschreitung ködern. Poe hat das in seiner großartigen Erzählung *The Black Cat* deutlich gemacht. Ein unschuldiges, treues Tier nicht im Affekt, sondern langsam und kaltblütig zu Tode quälen – was kann einen Menschen dazu treiben, wenn nicht »a *mobile* without motive, a motive not *motivirt*«: *The Imp of the Perverse*. Im Akt der grundlosen Zerstörung genießt sich der Geist der Perversion in dem Bewußtsein, eine Todsünde zu begehen: »a deadly sin that would so jeopardize my immortal soul as to place it – if such a thing were possible – even beyond the reach of the infinite mercy of the Most Merciful and Most Terrible God«.[35]

Noch heute gibt es Ohren, die derartiges nicht gerne hören. Das ist ein prinzipielles Problem bei Themen wie dem Bösen, der Perversität und dem Destruktionstrieb – solange man sie nicht als Mächte der Wirklichkeit anerkennt, verdrängt man sie; hat man sich aber erst einmal der »Existenz des Bösen« vergewissert, so begreift man nicht mehr, daß man seine Allgegenwärtigkeit so lange übersehen konnte. Mit dieser Überlegung leitet Freud in seiner Schrift *Das Unbehagen in der Kultur* eine kurze Diskussion des Todestriebs ein. Auch Freud konnte sich ja erst spät zur Anerkennung einer autonomen Macht der Destruktion durcharbeiten, und mit hoher Absicht beschreibt er nun das Schicksal dieser Idee *in terms* der analytischen Situation: sie sei stets – auch in psychoanalytischen Kreisen und bei Freud selbst – auf »Abwehr« und »Widerstand« gestoßen.

Denn die Kindlein, sie hören es nicht gerne, wenn die angeborene Neigung des Menschen zum ›Bösen‹, zur Aggression, Destruktion und damit auch zur Grausamkeit erwähnt wird. Gott hat sie ja zum Ebenbild seiner eigenen Vollkommenheit geschaffen, man will nicht daran gemahnt werden, wie schwer es ist, die [...] unleugbare Existenz des Bösen mit seiner Allmacht und seiner Allgüte zu vereinen.[36]

35 E. A. Poe, *The Tell-Tale Heart and Other Writings*, Toronto/New York 1982, S. 10f.; E. A. Poe, *Selected Prose. Poetry and Eureka*, New York/Chicago o. J., S. 89.
36 S. Freud, *Studienausgabe. Bd. IX*, Frankfurt/M. 1974, S. 247f.

Es geht Freud darum, die Wirklichkeit des Bösen ohne das Entschuldigungsformular eines den Gott ökonomisch entlastenden Teufels zu denken. Von Goethes Mephistopheles lernt er dabei zweierlei: daß das böse Prinzip identisch ist mit dem Destruktionstrieb, und daß der derart entzauberte Teufel nicht gegen das Gute, sondern gegen die Kraft der Zeugung kämpft. So tritt an die Stelle des Kampfes zwischen Gott und dem Teufel bei Freud eine Gigantomachia zwischen Eros und Tod. Das ist der mythische Rahmen, in dem die Psychoanalyse die Geschichte des Bösen erzählt. Rekapitulieren wir die wichtigsten Etappen: Daß der Mensch kein ursprüngliches, natürliches Vermögen der Unterscheidung von Gut und Böse hat, zeigt sich schon daran, daß das ›böse‹ Genannte oft ein ganz unschädlicher Gegenstand des Genießens ist. Daß man nun etwas durchaus Erwünschtes dennoch böse heißt, setzt die Unterwerfung unter ein Diktat von außen voraus. Nun gibt es eine für alle lebensprägende Situation, die eine solche Unterwerfung unters Diktat des Anderen motiviert: die Hilflosigkeit des *infans*. Die Anerkennung des Diktats von Gut und Böse aus »Angst vor dem Liebesverlust« wird nun zum *pattern* menschlichen Verhaltens weit über die Situation infantiler Hilflosigkeit hinaus – deshalb spricht Freud auch von sozialer Angst. »Das Böse ist also anfänglich dasjenige, wofür man mit Liebesverlust bedroht wird.«[37]

Seit Platon weiß man, daß sich normale Menschen von Verbrechern lediglich dadurch unterscheiden, daß sie sich damit begnügen, nur zu träumen, was jene wirklich tun. Das Böse zeigt sich, wenn die Verdrängungen abgeworfen werden – das ist im Traum und in der Masse der Fall. Der Schlaf lockert die Zensur, die die bösen Wünsche im Unbewußten hält, für den einzelnen genau so wie es der Krieg für die Masse tut. Im Traum und im Krieg ist die Untat erlaubt. Beide zapfen das Reservoir des Bösen an: das verdrängte Unbewußte. Was wir das Böse nennen, ist also das Infantile, das in der Entwicklung des Menschen abgespalten wurde und nun als Verdrängtes den Kern des Unbewußten bildet. Und Psychoanalyse unternimmt eine kaltblütige Expedition in diese »Hölle« der »bösen, verworfenen Wünsche«.[38]

Freuds Psychoanalyse hat uns damit nicht nur einen Begriff des

37 Ebd., S. 251.

38 S. Freud, *Studienausgabe. Bd. 1*, Frankfurt/M. 1969, S. 154, 221.

Bösen jenseits von Gut und Böse gegeben, sondern zugleich auch die Medien genannt, in denen sich das Böse am unzweideutigsten manifestiert: Traum und Krieg. Es bleibt nun nur noch ein Schritt zu tun: die Verklärung des Bösen in einer Ästhetik des Traums und des Krieges. Was man bisher Gott ohne weiteres zugestand: daß das Böse in ihm sich als lautere Energie erweist, als jene Kraft, aus seiner Selbstgenügsamkeit herauszutreten und sich zu verkörpern – eben das wird jetzt den Menschen vindiziert. Das Böse ist das Geheimnis unserer Energie – und damit auch unseres Besten. »Eine Güte, die sozusagen nicht den Teufel im Leibe hat«, wurde ja schon von Feuerbach als »simpelhafte, schläfrige, breiartige, lederne Güte«[39] abgefertigt. Der antibürgerliche Affekt, der in dem *bonmot* gipfelt, böse Gesellschaft sei besser als schlechte, nährt sich daraus, daß die Bürger den Traum verraten und sich den Rausch nicht gönnen; so bleiben sie vom Energiereservoir des Bösen abgesperrt.

Karl Moor statt Karl Marx – mit dieser Parole betritt 1929 ein abenteuerliches Herz die literarische Szene. Seine Antibürgerlichkeit zielt nicht auf einen wie auch immer gearteten Umsturz der bürgerlichen Ordnung, sondern entwächst der durchdringenden Empfindung des vom Bösen Berauschten, daß Ordnung an sich langweilig ist. Die Langweiligkeit der bürgerlichen Ordnung ist für Ernst Jünger eine direkte Funktion ihrer Verhältnislosigkeit zum Bösen. »Es ist nicht die größte Sünde, böse zu sein, sondern stumpf, und das Wort von den Lauen, welche ausgespieen werden sollen, ist ein herrliches Wort der göttlichen Unbarmherzigkeit.«[40]

Was das abenteuerliche Herz als Langeweile quält, ist ereignislose Vergängnis; die bürgerliche Ordnung raubt uns Zeit, die ohnehin knapp ist. Dagegen kämpft das ästhetisch Böse. Daß jeder Teufelspakt im Kern ein Versuch ist, die Weltzeit der Lebenszeit zu unterwerfen, hat Hans Blumenberg großartig deutlich gemacht: Das Teufelszeug ist ein Inkognito der Techniken, Zeit zu gewinnen. Folglich gilt: »Enge der Zeit ist die Wurzel des Bösen.« Damit aber ist das alte Drama von Gott, Mensch und Teufel in einer Ästhetik der radikalen Endlichkeit säkularisiert: »das von der

39 L. Feuerbach, *Werke. Bd. 11*, Frankfurt/M. 1975, S. 12.
40 E. Jünger, *Sämtliche Werke*, Stuttgart 1979, *Bd. 9: Das abenteuerliche Herz*. Erste Fassung, S. 59.

Kürze seines Spielraums betroffene, eben darum auch zur Daseinsfreude stimulierte Subjekt« rezipiert das Böse als Droge; den Part des versucherischen Teufels übernimmt dabei die »ästhetische Verführung zur Lebensintensität«.[41] Jüngers Intimität mit dem Bösen setzt die ästhetische Säkularisierung des Teufels voraus. Das Schema dafür hat schon Goethes *Faust* geliefert. Bekanntlich tritt Mephistopheles ja als ein *Teil* von jener Kraft auf, die stets das Böse will und stets das Gute schafft. Jünger akzentuiert nun nicht die *bonum*-durch-*malum*-Figur dieses Verses, sondern den Hinweis auf den Teil-Charakter des erscheinenden Bösen. In einer Tagebuchnotiz aus dem Jahre 1979 heißt es: »Unansprechbar [...] ist Satan – Mephisto dagegen nicht. Das absolut und intangibel Böse spaltet ein geistiges Neutron ab.«[42] In diesem strikten Sinne ist Jüngers Ästhetik nicht satanistisch. Gerade indem er das absolut Böse als für das Denken und die Kunst unvollziehbar anerkennt, richtet er alles Interesse auf die Säkularisierung des abgespaltenen Teils: Jünger intimisiert Mephisto zum je eigenen Teufel.

Mehr als Bürger ist ein Mensch für Jünger gerade dadurch, daß er seinen eigenen Teufel hat; er ist der »Feinschmecker der Werte«.[43] Diese Auffassung datiert auf Jakob Böhme zurück. »Der Teufel«, so hat Feuerbach Böhmes Konzeption resümiert – der Teufel ist »der Urkoch des Weltalls; ohne die Spezereien, ohne das *Gewürz* des Teufels wäre alles nur ein geschmackloser Brei«.[44] Durch den Zusatz von Bösem schmeckt der Welt-Brei besser, bekommen die Farben der Erde tiefere Leuchtkraft. Das heißt im Klartext: Das Gute ist diffus, das Böse prägnant.

Hier kommt ein ästhetischer Prozeß zum Abschluß, der mit der frühromantischen »Poetik des Übels« begann. Bei Novalis, der das Märchen zur einzigen Lehre und den Traum zum Erzieher des Menschen erhoben hat, heißt es: »Gut und Böse sind absolut poetische Begriffe.« Märchen und Traum lehren die »Zauberbedingungen«, unter denen Unmögliches möglich wird – der Bär wird zum Prinzen, wenn man ihn liebt. »Vielleicht geschähe eine ähnliche Verwandlung, wenn der Mensch das *Übel* in der Welt

41 H. Blumenberg, *Lebenszeit und Weltzeit*, Frankfurt/M. 1986, S. 71.
42 E. Jünger, *Aus der goldenen Muschel*, Stuttgart 1984, S. 220.
43 E. Jünger, *Sämtliche Werke, Bd. 9*, S. 138.
44 L. Feuerbach, *Werke. Bd. 11*, S. 10.

liebgewänne.«[45] Poe und Baudelaire sind dann dieser Faszinationsspur des Übels gefolgt und haben den Reiz des Grauens entdeckt – die Lust, in den Abgrund zu stürzen. So ist das Böse zur Blume geworden. Und nie ist die Rechnung mit der Freude an ihrem Duft genauer aufgegangen, als im Kultbuch des Zweiten Weltkriegs, das die Poetik des Übels in einer Inszenierung des interesselosen Wohlgefallens am Bösen gipfeln läßt:

Schon sah ich dunkel die Marmorklippen ragen, wie schwarze Riffe am Lavameer. Und während ich die Hunde im Rücken hörte, erklomm ich hastig die schroffe Zinne, von deren Rande unser Auge so oft im hohen Rausche die Schönheit dieser Erde in sich eingetrunken hatte, die ich nun im Purpurmantel der Vernichtung sah. [...] Von allen Schrecken der Vernichtung stieg zu den Marmorklippen einzig der goldene Schimmer empor. So flammen ferne Welten zur Lust der Augen in der Schönheit des Unterganges auf.[46]

45 Novalis, *Schriften. Bd. III*, Stuttgart 1960, S. 389, 417.
46 E. Jünger, *Auf den Marmorklippen*, Stuttgart 1960, S. 126.

Gottfried Lischke
Ist Aggression böse?
Zur Ethologie, Soziobiologie und Psychologie des Kampfes und der Moral

Vorbemerkung

»Ethologie« ist die Lehre von den Verhaltensweisen der Tiere (und als Humanethologie auch die des Menschen). Das Wort leitet sich vom griechischen »Sitte« ab und wurde zu Beginn dieses Jahrhunderts von dem Berliner Zoodirektor und Lehrer von Konrad Lorenz, Heinroth, geprägt. »Psychologie«, die Lehre von der Seele, der dann – ein historischer Unglücksfall – der Gegenstand abhanden kam, ist so alt wie die Philosophie, kam aber in den Sprachgebrauch durch Melanchthon im 16. Jahrhundert und gilt heute als die Lehre vom Verhalten des Menschen und anderer Tiere (Hilgard). Was der Unterschied zwischen diesen beiden Wissenschaften sein soll, kann uns hier nicht beschäftigen – aber beide Vokabeln sind den Gebildeten geläufig.
Nicht so offensichtlich »Soziobiologie«. E. O. Wilson, auf den der Begriff zurückgeht, versteht unter »Soziobiologie« die systematische Erforschung der biologischen Grundlagen allen sozialen Verhaltens. Die Soziobiologie basiert auf der Lehre Darwins von der natürlichen Selektion und fußt als »neue Synthese« vor allem auf der Populationsgenetik. Im Prozeß der Verwissenschaftlichung der Erforschung aller Lebenserscheinungen wird sie im nächsten Jahrtausend *die* Verhaltensbiologie werden und Neurophysiologie, Ethologie, Psychologie, Epistemologie »in aller Tiefe«, Moralphilosophie, Kommunikationswissenschaften, ja sogar die Ästhetik in sich aufnehmen – soweit die Ansicht von E. O. Wilson.
Ich muß zugeben, daß es mir, der ich während meines Zoologiestudiums den Tröstungen eines Konrad Lorenz nur allzugern Glauben schenkte und zudem im Zeichen des Wassermanns anfing anzunehmen, daß vielleicht doch die Liebe der Urgrund des Lebens sei, sehr unheimlich zumute wurde, als ich mich ca. 1980 mit der Soziobiologie auseinanderzusetzen begann. Mit einem

bloßen »das kann doch nicht wahr sein« oder dem Gebet der Frau des Bischofs von Worcester zur Zeit Darwins »und wenn es denn wahr wäre, möge der Herr geben, daß es nicht weiter bekannt werde«, läßt sich aber schlecht Aufklärung betreiben.
Viele mußten schon einsehen, daß Sigmund Freuds Diktum, daß das Glück im Plan für den Menschen nicht vorgesehen sei, einiges für sich habe, und so werden auch Sie als abgeklärte Zeitgenossen den Mut aufbringen, sich mit mir in ein paar Gedankensplittern und Beispielen der Herausforderung der modernen Evolutionsbiologie zu stellen.

1. Die Entstehung des Lebens und das Böse

»Am Anfang schuf Gott Himmel und Erde. Und die Erde war wüst und leer, und es war finster auf der Tiefe...«
So beginnt der biblische Schöpfungsmythos. Gar nicht so verschieden davon – nur von Gott wird abgesehen – der Mythos der Entstehung des Lebens in der modernen Biologie.
»Am Anfang war Einfachheit.« (R. Dawkins) Am Anfang gab es nur die Wüste, Berge, Vulkane, Meere und eine Atmosphäre, in der Stickstoff und Methan, aber noch kein Sauerstoff vorkamen. Stürme tobten, Blitze erleuchteten, Donner erschütterten die Erde. Aber da war kein Leben. Nach endlos langen Zeiträumen geschah es: Die heftigen elektrischen Entladungen, auch vielleicht die Höhenstrahlung bewirkten, daß aus den Bestandteilen der Gashülle sich organische Substanzen bildeten, die sich im Meer anreicherten, in kleinen Tröpfchen schwebend oder als Schaum an den Strand geworfen wurden. Da es damals noch keine Bakterien gab, stand einer immer höheren Konzentration nichts im Wege: Die »Ursuppe« hatte sich gebildet. Immer komplexer wurden die Kohlestoff-Wasserstoff-Stickstoff-Verbindungen; die Proteine erschienen.
Aber noch herrschte Friede auf Erden. Alles durfte entstehen; kaum etwas wurde durch natürliche »Unfälle« vernichtet. Bis eines Tages sich ein ganz sonderbares Molekül in der Ursuppe bildete. Eines, das andere Moleküle anziehen konnte und sie so anordnete, daß eine Kopie seiner selbst entstand. Der erste »Reduplikator« war da. Nun ging alles relativ schnell. Der Redupli-

kator zeugte immer mehr Kopien, machte dabei Kopierfehler und sorgte so dafür, daß neue Arten von Reduplikatoren entstanden. In der Ursuppe hatten zuerst alle genug zu »fressen«; aber bald waren die Vorräte aufgezehrt, und was blieb anderes übrig, als daß ein Reduplikator seinen Bruder überfiel und ihn verspeiste? – Nun war das Böse in der Welt und hat sie bis heute nicht verlassen. Da half es auch nichts, daß die armen Reduplikatoren sich Schutzhäute fabrizierten, sich ins Innere von Eiweißkonstruktionen (das, was wir Organismen nennen) zurückzogen; der Kampf aller gegen alle – auf Leben und Tod – war zum Weltgesetz geworden, Werden und Vergehen die kosmische Formel.

> ... denn alles, was entsteht,
> Ist wert, daß es zugrunde geht;
> Drum besser wär's, daß nichts entstünde.
> So ist denn alles, was Ihr Sünde,
> Zerstörung, kurz das Böse nennt,
> Mein eigentliches Element.

Die Bildung des Chlorophylls und anderer Katalysatoren machte nach weiteren Jahrmillionen zwar eine Assimilation anorganischer Stoffe möglich, aber das Morden ging weiter. Man kann imaginieren, daß die Geschichte des Lebens sicher oft gar nahe an ihr Ende gelangt war, die Zerstörung überhand nahm. Aber dieses schrecklich starke Leben war nicht unterzukriegen. Es kannte zwar keinerlei Rücksicht oder Moral in seinem Prinzip Eigennutz, aber aus jedem Vernichtungsfeldzug gingen wieder einige Mutanten kräftig hervor.

> Und dem verdammten Zeug, der
> Tier- und Menschenbrut,
> Dem ist nun gar nichts anzuhaben:
> Wie viele hab' ich schon begraben!
> Und immer zirkuliert ein neues, frisches Blut.
> So geht es fort, man möchte rasend werden!
> Der Luft, dem Wasser, wie der Erden
> Entwinden tausend Keime sich,
> Im Trocknen, Feuchten, Warmen, Kalten!
> Hätt' ich mir nicht die Flamme vorbehalten,
> Ich hätte nichts Aparts für mich.

Nur die »Flamme« tötet wirklich alles Leben ab, da hilft keine Mutation mehr – hier ahnte Goethe die moderne Biologie voraus.

2. Aggression und Moral – die experimentelle Psychologie mischt sich ein

In der Sicht der Evolutionsbiologie zum Beispiel eines Dawkins sind alle Lebewesen Überlebensmaschinen, Vehikel für die Reduplikatoren.[1] Nahe liegt es schon, daß die egoistischen Gene ihre großen Hüllen so programmieren, daß dem Eigennutz Rechnung getragen wird. Und da auch wir Menschen nichts als solche Überlebensmaschinen darstellen, mag sich der Verdacht aufdrängen, daß nicht etwa Moral, sondern gesteigerte Fitneß[2] die Maxime unserer Handlungen wäre.

Im Sinne einer narrativ-historischen Psychologie exzellente Experimente plagen sich nicht mit Methodologien oder kurzlebigen psychologischen Theorien, sondern stellen eine Problemlage so dar, daß mehr und anderes deutlich wird, als was unser Alltagsverstand eh schon gewußt hätte. Wir halten uns für moralisch und hilfsbereit. Sind wir es wirklich?

Eine solche Probe aufs Exempel findet sich im 10. Kapitel des Lukas-Evangeliums:

Es war ein Mensch, der ging von Jerusalem hinab nach Jericho und fiel unter die Räuber; die zogen ihn aus und schlugen ihn und gingen davon und ließen ihn halbtot liegen. Es begab sich aber von ungefähr, daß ein Priester dieselbe Straße hinabzog; und da er ihn sah, ging er vorüber. Desgleichen auch ein Levit; da er kam zu der Stätte und sah ihn, ging er vorüber. Ein Samariter aber reiste und kam dahin; und da er ihn sah, jammerte ihn sein, ging zu ihm, goß Öl und Wein auf seine Wunden und verband sie ihm und hob ihn auf sein Tier und führte ihn in eine Herberge

1 Diese Ansicht wird nicht von allen modernen Evolutionsbiologen, die das Konzept der »Arterhaltung« verwerfen, geteilt. Manche, wie z. B. Meier, nehmen wie Darwin an, daß die Evolution am Individuum ansetzte, nicht am einzelnen Gen!

2 Grob gesprochen versteht die Biologie unter »Fitneß« die statistische Wahrscheinlichkeit des Überlebens von Kopien der eigenen Gene. Dies kann durch Weitergabe an direkte Nachkommen geschehen, aber auch, indem Verwandte, die schon Kopien tragen, sich fortpflanzen (»kin-selection«).

und pflegte sein. Des andern Tages zog er heraus zwei Silbergroschen und gab sie dem Wirte und sprach zu ihm: Pflege sein, und so du was mehr wirst dartun, will ich dir's bezahlen, wenn ich wiederkomme.

Der stammesfremde, bei Juden verhaßte Samariter half, Priester und Levit, denen die rituelle Reinheit, die das Anfassen von Blut verbot, wichtiger war, zeigten kein Mitleid. Sicher, dieses Experiment entscheidet nicht über Grundthesen der Soziobiologie, im Gegenteil sogar; der Samariter, der nicht einmal mit dem Opfer verwandt war – »kin-selection« scheidet also aus –, ausgerechnet dieser zeigte Altruismus. Aber die soziale Determination bei Priester und Levit könnte biologische Wurzeln aufweisen, denn es gilt als sehr gut belegt, daß wir das, was unsere »fitness« erhöht, um so besser im sozialen Kontext lernen. Vergessen wir nicht – ein »unreiner« Priester ist vom Opferdienst ausgeschlossen; da gibt es dann kein Gratis-Opferfleisch; wie vielleicht sieben hungrige Mäuler zu Hause stopfen? Die Gestalt des Samariters belegt die Tatsache einer postkonventionellen Moral, die beiden anderen die des immer wirksamen, in Konventionen eingeschlossenen Egoismus, also ein Verhältnis von $^1/_3$ zu $^2/_3$.

Wie aber ist es heute um dieses Verhältnis bestellt?

Um dies herauszufinden, hatten die beiden Sozialpsychologen Darley und Bateson eine Idee. Sie heuerten für ein kleines Honorar Theologiestudenten zu einer psychologischen Untersuchung über »Gewissen und Religion« an. Nun war es aber so eingerichtet, daß die Studenten von der Verabredung mit den Experimentatoren gleich zu einer echten Prüfung gehen mußten. Die Hälfte von ihnen sollte eine Probepredigt über ein anderes, die zweite Hälfte über – das Gleichnis vom Samariter – halten! Amerikanische Theologiestudenten müssen schon Leistung erbringen, um die Ausleseprüfungen bestehen zu können; es kann also unterstellt werden, daß sich beide Gruppen gründlich vorbereiteten, die »Samariter«-Gruppe also bestens über das Problem der Nächstenliebe informiert war. Nun wurden wieder drei Gruppen gebildet. Die erste Gruppe wurde rechtzeitig von den Psychologen entlassen, um zu ihrer Prüfung zu kommen; die zweite war in »mittlerer Eile« und die dritte – die bekam auf den Weg: »Oh, Sie sind spät dran, Sie werden schon seit einigen Minuten erwartet, ... Sie sollten sich beeilen!«

Was geschah nun? Der Weg von der psychologischen Untersuchung zur Prüfung war ein Weg, »von Jerusalem nach Jericho«.

Unterwegs fanden die Studenten einen Mann auf dem Boden liegen, der stöhnte und flehentlich um Hilfe bat. Hielten sie an? Ja, wenn sie in »geringer Eile« waren, zu 63%, bei »mittlerer Eile« 45% und bei »großer Eile« 10%. Ob sie eine Predigt über den barmherzigen Samariter zu halten hatten, dies war ohne den geringsten Einfluß auf ihr Verhalten: Offensichtlich ist der persönliche Vorteil der mächtigste Wirkfaktor. Wenn da nicht jene 10% gewesen wären, die trotz Eile geholfen hatten. Das Experiment beantwortet die Frage nicht, wer und wie sie waren. Aber genau dies ist die zentrale Problemstellung der Moralpsychologie.

3. Was ist Aggression, wer ist aggressiv?

Den Priester im vorigen Beispiel für unmoralisch, den Samariter für moralisch zu halten, mag zwar manche tiefsinnige Kontroverse auslösen, ist aber ohne weitere Definition erst einmal verständlich. Wenn ich aber in der Geschichte von der Entstehung des Lebens den »fressenden« Reduplikator »böse« genannt habe, so war dies selbstverständlich nicht ganz ernst gemeint, denn was das Böse sei, das ist schon umgangssprachlich nicht eindeutig. Wenn Kinder einen Spielgenossen »böse« nennen, so meinen sie, daß er etwas ausführe oder vorhabe, das ihnen selbst gar nicht behagen mag. Und vielleicht ist dieser Sprachgebrauch präziser, als wenn – im philosophischen Diskurs – das Böse aus dem Gegensatz zum Guten verstanden wird[3], denn dann bleibt die unbehagliche Aufgabe, das Gute zu bestimmen. Für unsere Überlegungen benötigen wir aber den Begriff des »Bösen«, denn er schlägt bei aller Undeutlichkeit die Brücke von der Moral zur Aggression. Wenn wir erst einmal ganz einfach das Gute mit dem moralisch Richtigen gleichsetzen, so wird aus diesem Guten, »das man läßt«, eben das Böse. Und dieses Böse wurde nun als »sogenanntes Böses« von der Ethologie mit dem Aggressionstrieb gleichgesetzt. Die experimentelle Psychologie ist sich – mit Ausnahmen[4] – einig, daß Aggression genuin unmoralisch, also böse sei.

Damit sind wir bei der Frage: Was ist Aggression, wer ist aggressiv?

Die Psychologie konnte sich bisher auf eine Definition der Ag-

3 So nachzulesen in Schmidt, *Philosophisches Wörterbuch*.

4 So z. B. Buss, der das »pädagogische« Schlagen von Kindern rechtfertigt.

gression nicht einigen. Man kann im Prinzip drei Perspektiven unterscheiden:

1. Die Perspektive des Beobachters:

Hierher gehören die behavioristischen Theorien und Definitionen. »Aggressiv ist jedes Verhalten, bei dem ein Organismus einem anderen Schaden zufügt.« Der Schaden muß durch den Beobachter objektiv zu registrieren sein.

2. Die Perspektive des Täters:

Dieser Gruppe gehören die »intentionalen« Definitionen an. »Aggressiv« ist jedes Verhalten, bei dem der Täter das Opfer schädigen will. Entscheidend ist nicht der objektive Schaden, sondern die Schädigungsabsicht.

Beiden Perspektiven ist gemeinsam, daß sie sehr weit vom intuitiven Alltagsverständnis abweichen. Die Perspektive des Beobachters ist zu weit und zu eng zugleich. Zu weit, wenn z.B. ein Lokomotivführer einen Selbstmörder tötet, der auf den Gleisen liegt, weil er seinen Zug über ihn hinwegrollen läßt und deshalb »aggressiv« genannt wird – mit der Konnotation des Bösen. Zu eng, wenn z.B. ein Mörder eine Plastikbombe im Auto seines Opfers deponiert, die dann aber infolge eines Fehlers an der Zündung nicht explodiert – er ist nicht aggressiv, da kein Schaden entstanden ist. Die Perspektive des Täters hebt nur scheinbar diese Schwierigkeiten auf, türmt aber neue, indem sie nun im Einzelfall die böse Intention nachweisen muß – bei der metaphysischen Tiefe der Seele ein aussichtsloses Unterfangen. Die Psychologen umgehen dieses Problem mit einem Trick: Sie legen sich objektive Indikatoren einer aggressiven Intention zu – und verschieben so die Kontroversen nur wieder auf die behavioristische Ebene –, siehe »Perspektive des Beobachters«!

Wie wäre es mit der

3. Perspektive des Opfers?

(Hier sind im Gegensatz zu manchen Autoren *nicht* die behavioristischen Ansätze gemeint!)

Es gibt da einen recht skurrilen Vorschlag von Lersch: Aggression sei »ein Verhalten des anderen, durch das wir in dem, was wir erstreben, sowie in dem davon bestimmten Verhalten eine Störung erfahren. Aggression ist also auf Störung gerichtet und kann bis zur Zerstörung gehen.«

Lassen wir uns von der egozentrischen Sprache nicht abschrekken; hier liegt ein bemerkenswerter Vorschlag vor.

Die geläufigen psychologischen Definitionen versagen aber dennoch alle, wenn die Komplexität der Wirklichkeit ins Blickfeld rückt. Lassen wir also das Definieren ganz, lernen ein wenig von der Lersch'schen Definition; begnügen wir uns mit einer Injunktion, die grausames und kämpferisches, feindseliges Verhalten, das konsequenterweise und mit einer gewissen »teleonomen« Logik zur Schädigung von Organismen führt, als aggressiv ansieht, und scheuen so nicht die Nähe des Begriffes »Aggression« zum Begriff des »Bösen«. Die moralpsychologischen Analysen nach Piaget und Kohlberg zeigen ohnehin, daß Aggression nicht zu rechtfertigen ist. Das Böse als die Vernichtung von Lebenschancen zu begreifen, wird zwar manchen Philosophen als zu wenig »tief« erscheinen, zu wenig reflektiert; aber ist es nicht ein »Skandal der Philosophie«, wenn wir ernsthaft die Frage stellen dürfen, ob Eichmann wirklich böse war, da er doch sagte, daß es schrecklich sei, daß wir so viele Menschen töten mußten und unsere Leute verrohten und die allgemeine Moral sinke. Aber wir mußten so handeln, weil das Wohl des deutschen Volkes es erforderte. Er wollte also nicht eigentlich das Böse schlechthin, sondern nahm nur böse Mittel in Kauf ... (Von Himmler gibt es ähnliche Äußerungen!)
Eine solche Injunktion, die den Begriff der Aggression zum Begriff des Bösen hin öffnet, wird nun vor allem im biologischen Bereich griffig, wie unsere Ausführungen zur Biologie der Gerechtigkeit nahezulegen versuchen werden.
Die geschilderten Definitionsversuche entstammen genuin psychologischen Theorien. Nun zur Ethologie. Hier hat Konrad Lorenz etwas kühn die Aggression als den auf den Artgenossen gerichteten Kampftrieb definiert. Ob es diesen Kampftrieb überhaupt gibt, darüber hat sich vor allem die Soziobiologie Gedanken gemacht. Nicht, daß diese Frage als entschieden gelten könnte, aber die Soziobiologen ziehen es doch vor, das Problem der Aggression umfassender anzugehen. So sieht E. O. Wilson die Aggression in Übereinstimmung mit der englischen Alltagssprache als eine Beschneidung der Rechte eines anderen, indem dieser andere gezwungen wird, etwas herzugeben, was er besitzt oder ansonsten gewonnen hätte, entweder durch einen physischen Akt oder durch die Drohung einer solchen Aktion. Er meint, daß Biologen keine bessere Begriffsbestimmung geben können mit der Ausnahme, daß sie hinzufügen, daß jeder aggressive Akt – kurz-

oder langfristig – die Fitneß des Angegriffenen vermindert. Wir sollten uns nicht so sehr um die Terminologie bemühen. Das Wichtigste bleibe, daß Aggression sehr verschiedenartig ausgeprägt sei und sehr unterschiedlichen Funktionen dienen könne. Er unterscheidet acht Formen:
Dominanz-, elterlich disziplinierende, Sexual-, territoriale-, Abstill-, moralistische-, Beutefang- und gegen den Freßfeind gerichtete Aggression. Ganz in diesem Sinne bestimmt auch Markl die Aggression als »jedes Verhalten, das geeignet und darauf gerichtet ist, die Fitneß eines Konkurrenten zu mindern, indem ihm ein fitneßbegrenzendes Gut weggenommen oder vorenthalten wird, das dadurch der Steigerung der Fitneß des Aggressors zugute kommt.« Er führt dann noch den Spezialfall der »Boshaftigkeit« an, »eine spezielle aggressive Konkurrenzform, die die Fitneß des Aggressors nicht steigert, ja sie sogar senkt, vorausgesetzt, jene des unterlegenen Konkurrenten wird dadurch jedenfalls noch stärker vermindert«. Als Beispiel führt er eine Ameisenart an, die Konkurrenten Steinchen vor die Eingänge des Baus legt, welche diese erst mühselig wieder wegräumen müssen.
Diese Aggressionsbestimmungen laufen darauf hinaus, daß die Aggression die Lebenserscheinung schlechthin darstellt. Als Ausdruck der *inner- und zwischenartlichen Konkurrenz* ist sie der *wesentliche Motor der Evolution.*

4. Ethologie des Kampfes und der Moral

Die Ethologie wurde von den beiden großen Forschern Lorenz und Tinbergen zu einer umfassenden Lehre vom tierischen – und menschlichen – Verhalten ausgebaut. Richtig erkannten sie, daß zumindest die stammesgeschichtlichen höheren Tierformen von Instinkten gesteuert werden, die sich in Funktionsgruppen einteilen lassen. Zu vermerken ist, daß der Instinktbegriff Tinbergens umfassender ist als der Triebbegriff von Lorenz, der durch die Erbkoordination bestimmt wird. Kennzeichnend für die Ethologie, vor allem für die Auffassungen von Lorenz, Kummer, Leyhausen, Ardrey, Wynne-Edwards ist eine entscheidende Abweichung von der Erkenntnis Darwins, daß das Individuum die Einheit sei, an der die Evolution ansetze. Sie meinen dagegen, daß dies die Art sei. Man nennt dies die These von der »Gruppenselektion«. Aus dieser Grundannahme folgen Schlüsse, die diese Biologie in einen unüberwindbaren Gegensatz zu der auf der Lehre Darwins aufbauenden Soziobiologie bringen. Der Populationsgenetiker Dawkins ironisiert dieses Konzept, indem er fragt, wenn schon die Art die Einheit der Evolution sei, warum zum Beispiel nicht auch die Klasse? Füchse sollten sich hüten, Kaninchen zu jagen; sie sollten mit der Gans vorlieb nehmen und so Säugetiersolidarität üben. Diese »Arterhaltungsthese« hat entscheidende Folgen für die ethologische Theorie von Aggression und Altruismus, Kampf und Moral. In seinem Buch »Das sogenannte Böse« fragte Lorenz: »Wozu ist das Böse gut?« und gibt die klare Antwort: »für die Arterhaltung«!

Der Ethologe Reyer führt aus, daß die Revierbildung arterhaltende Funktionen habe und beruft sich dabei auf Wynne-Edwards. Die innerartliche Aggression führe dazu, daß die Art sich in der ökologischen Nische optimal ausbreite. Er meint, daß im Zweifelsfall zwischen den Interessen des Individuums und der Erhaltung der Art zugunsten der Art entschieden werde. So sieht er auch die Kämpfe der Männchen um die Weibchen im Sinne der Gruppenselektion: Es sei vorteilhaft für die Art, wenn die wehrhaftesten Angehörigen sich fortpflanzten. Gerade an diesem Punkt setzt die moderne Evolutionsbiologie an und belegt mit überwältigendem Tatsachenmaterial, daß die sexuelle Selektion sehr oft nur der individuellen Fitneß dient und geradezu artschädigend wirkt.

Kummer schreibt: »Tierische Aggression ist ein Mittel der Konkurrenz, nicht der Vernichtung.« Aggression schaffe zum Beispiel Ordnung und Zusammenarbeit durch eindeutige Rangplatzzuweisung in der sozialen Gruppe.

Dabei spielt es keine entscheidende Rolle, ob ein spontan sich auf- und entladender Aggressionstrieb wie bei Lorenz angenommen wird oder nicht, wie bei Reyer. Auf jeden Fall ist die innerartliche Aggression konstruktiv und arterhaltend. Sie sorgt für optimales »spacing-out«, verschafft Gruppen stabile Ranghierarchien und ist zum Beispiel bei der Konkurrenz um die Geschlechtspartner als »Kommentkämpfe« ritualisiert, wobei der Unterlegene durch Unterwerfungsgesten die nun nicht mehr nötige Aggression des Überlegenen bremst – Sie erinnern sich sicher an die Lorenzsche Geschichte vom besiegten Wolf, der dem Sieger seine Halsschlagader darbietet und so dessen Aggression hemmt. So etwas kommt tatsächlich vor, aber nur unter engverwandten Tieren! Dieses wichtige Detail hatte Lorenz übersehen. »Verwandtschaftsselektion« ist etwas grundsätzlich anderes als »Arterhaltung«.

Der Mensch ist nach ethologischer Ansicht das einzige Tier, bei dem die innerartliche Aggression destruktiv geworden sei. Und dies geschah durch Entwicklung der Fernwaffen. Diese sind noch zu neu, so daß die Evolution keine entsprechenden Hemmechanismen ausbilden konnte. Ein Bomberpilot würde niemals das Kind, das er mit seiner Bombe verbrennt, persönlich und mit eigenen Händen erwürgen können.

Und die Moral von der Geschicht? Lerne von Deiner innersten Natur, daß das Wohl der Art das Höchste ist. Es *gibt* eine natürliche Moral – und das gegenseitige Helfen ist angeboren, denn es dient offensichtlich der Arterhaltung. Innerartliche Aggression ist eher ein sinnvolles Raufen und hat nichts Böses an sich. Vernichtung ist nicht ihr Ziel. Zurück zur Natur, lieber Mensch, und alles wird besser!

Spannend bleibt, wie Ethologen mit Beobachtungen umgehen, die mit diesem harmonischen Bild nicht übereinstimmen. Und beobachten können sie so allerhand. So sind zum Beispiel die Lieblingstiere von Konrad Lorenz, die Graugänse, an sich monogam. Aber da gibt es immer wieder einzelne Ganter, die ehebrecherisch in den häuslichen Frieden der Nachbarn eindringen und begatten, wo sie nichts verloren haben. Nun ja, »Ganter sind eben auch nur Menschen«. Und solche Don Juans sind »pathologisch«. Ebenso ist es Folge einer durch Umweltdruck verursachten »Pathologie«, wenn Affenmännchen Jungtiere totbeißen, was bei einigen Arten regelmäßig vorkommt, wenn ein neuer »Boß« die Gruppe übernimmt. Diese Art von »Exhaustion« soll die Theorie der Artenerhaltung[5] gegen ihre wissenschaftlichen Gegner immunisieren. Aber kann sie das?

5 Die Theorie, daß die Evolution an der Art, nicht an den Individuen ansetze, ist aus logischen und tatsächlichen Gründen nicht haltbar. Zur Illustration wird oft folgendes Beispiel verwendet: Bei vielen Tierarten, zum Beispiel See-Elefanten, den meisten Steppentieren, Affen usw. kommt nur ein ganz geringer Prozentsatz der Männchen zur Fortpflanzung. Jene, die es nicht geschafft haben, »Haremsbesitzer« zu werden, bilden eigene Männchengruppen, die sich ausbreiten und fressen und so

5. Soziobiologie des Kampfes und der Moral

Die moderne Soziobiologie baut auf der Lehre Darwins von der »Individualselektion« auf.

Die entsprechenden Gedanken finden sich vor allem in *Die Abstammung des Menschen.*[6] Darwin reflektiert ausführlich das Wesen der Moral und kommt zum Ergebnis, »daß von allen Unterschieden zwischen Menschen und Tieren das moralische Gefühl oder das Gewissen der weitaus bedeutungsvollste sei«. Mit Kant, den er zitiert, nimmt er an, daß die Pflicht und das Recht die tiefsten Gefühle des Menschen darstellten. Zwar könnten Tiere auch Moral entwickeln, wenn sie die dafür erforderlichen *intellektuellen* Kräfte hätten, aber gerade daran mangele es ihnen. Selbst bei den höheren sozialen Tieren werden »diese Gefühle und Hilfeleistungen aber durchaus nicht auf alle Individuen derselben Spezies ausgedehnt«. Für Darwin ist Moral ein Produkt des Geistes, der zwar auch evolvierte, aber nur dem Menschen zukommt. Der Mensch besitze keine sozialen Instinkte, die ihm sagten, wie er seinen Mitmenschen helfen sollte. Er werde bei seinen vollkommenen intellektuellen Fähigkeiten eher durch Erfahrung und Überlegung geleitet. Das Entscheidende sei, daß der Mensch infolge der Aktivität seiner geistigen Fähigkeiten gar nicht vermeiden könnte, zu reflektieren. Auch »die Wilden« dächten nur an den Nutzen für die Glieder ihres Stammes, niemals für die Men-

die Ressourcen für die Art mindern. Genaue Kosten-Nutzen-Analysen erbrachten, daß diese Männchen in der Tat keinerlei »Sinn« haben, auch nicht den der Selektion der Stärksten. Warum produzieren nun die Weibchen kein Spermicid gegen Spermien mit Y-Chromosom, was biologisch durchaus möglich wäre? Nehmen wir an, solche »vernünftigen«, aufs Wohl der Art bedachten Weibchen gäbe es tatsächlich. Sie brächten hauptsächlich Weibchen zur Welt. Eine »Betrügerin« hingegen hielte sich nicht an die Abmachung und produzierte mehr Männchen als für die Arterhaltung prozentual nötig. Ihre Söhne hätten kaum Konkurrenten – ihre Gene breiteten sich explosionsartig in der Population aus bis hin zur »evolutionär stabilen Strategie«, die stets ein Verhältnis von 50:50 hervorbringen muß, wie Computersimulationen ergaben. Das Verhältnis von 50:50 der Geschlechter wird sich also fast immer wieder einstellen – wenngleich es »artschädigend« ist!

6 Aber auch in *On the Origin of Species by Means of Natural Selection.* Dort schreibt Darwin: »Der Kampf wird unter Individuen der gleichen Art am härtesten sein.«

schen schlechthin. Darwin, der streng von der Individualselektion ausgeht, stellt sich die Frage, wie es dennoch sein könne, daß in einer Tier-Gruppe einzelne durch heldenmütigen Kampf für diese Gruppe einstünden. Da sie kaum Nachwuchs hinterließen, müßten ihre altruistischen Neigungen von der Evolution ausgemerzt werden. Darwin kannte das Konzept der Verwandtschaftsselektion noch nicht, das dieses sein Problem löst. Moral also ist nach Darwin das Produkt der intellektuellen Reflexion über den allgemeinen Nutzen und gerade nicht das Ergebnis direkter, in der Evolution geformter Instinkte. Sehen wir davon ab, daß er in zeitbedingtem Ethnozentrismus auch den »Wilden« Moral abspricht und über die Konzepte »Gen« und »Kin-selection« noch nicht verfügte, so ist dies schon genau die Position etwa von Dawkins oder Vogel.

Hätten sich Darwin und Mendel getroffen, wären in einen wissenschaftlichen Diskurs getreten, die moderne Soziobiologie wäre schon damals entstanden. Entscheidend für die »neue Synthese« ist die Theorie August Weismanns von der Keimbahn sowie das Konstrukt »Gen«. Das »Gen« ist keineswegs identisch mit dem Cistron[7], sondern wird viel allgemeiner als »Reduplikator mit hoher Kopiergenauigkeit« definiert. Und nur an den Genen setzt die Evolution an; sie überleben oder sterben aus. Die Organismen sind nur Vehikel für die im Keimplasma potentiell unsterblichen Gene.

Aus dieser Grundüberlegung ergibt sich, daß die Aggression die Grundtatsache des Lebens bilden muß. Nur ein Gen, das seine Überlebenschancen durch direkte oder indirekte Aggression steigert, kann sich durchsetzen. Die faszinierenden Überlegungen, warum dann die Gene in einem Organismus zusammenarbeiten, sind von Dawkins vorgetragen worden. Denn nicht Harmonie ist Wesensmerkmal des Lebens, sondern der »Kampf ums Dasein« und das »Überleben des Besten«.[8]

Auf der Ebene der Individuen herrscht also ein gnadenloser

7 Der Begriff »Cistron« stammt aus der Virologie. Er bezeichnet einen DNS-Abschnitt, der die Information zur Bildung einer Polypeptidkette trägt (siehe P. v. Sengbusch, *Allgemeine Biologie*).

8 Die so verstandene Evolution ist ein Weg vom Chaos zur Ordnung, und insofern wir geneigt sind, Ordnung als etwas Gutes zu betrachten, wäre die Aggression in der Tat – aber nur in diesem Sinn! – »ein Teil von jener Kraft, die stets das Böse will und doch das Gute schafft«.

Kampf aller gegen alle. Erklärungsbedürftig ist nicht die Aggression, sondern der Altruismus! Und der Kampf innerhalb einer Art ist viel intensiver als der zwischen den Arten, da die Angehörigen einer Art um die gleichen Ressourcen konkurrieren! Mord an Artgenossen ist alltäglich und hat in viel stärkerem Maße die Evolution bestimmt als zwischenartliches Töten. Nehmen wir als Beispiel nur das Verhältnis der Geschlechter!

Ja, wer meldet sich da wieder zu Wort, jemand, den nicht so sehr interessiert, warum denn Leib und Seel so schön zusammenpassen, sondern der lieber fragen wollte, warum sich Mann und Frau so schlecht vertragen!

Wir können hier nicht auf die spannenden Theorien der Evolutionsbiologen über das Wesen der Sexualität eingehen – vom Vorteil für die Art ist nicht mehr die Rede[9] –, sondern wir wenden uns der Frage zu, wie die zwiegeschlechtlichen Lebewesen mit ihren Partnern umzugehen pflegen.

Das erste Prinzip lautet: Schlage alle Konkurrenten um den Geschlechtspartner aus dem Felde – dazu ist jedes Mittel recht. Das zweite ist dann, wenn es zur Befruchtung des Eies gekommen ist, mach dich so schnell wie möglich aus dem Staub und laß den Partner mit den Jungen allein! Er kann die Jungen nicht umkommen lassen, denn auch seine Gene stecken in ihnen; also wird er sie versorgen, und ich kann in der Zwischenzeit mich anderweitig vermehren! Bei manchen Fischen[10] ziehen die Männchen ständig den Kürzeren; das Weibchen legt seine Eier ab; das Männchen befruchtet sie – und in der Zwischenzeit schwimmt die ungetreue Mutter schon weit entfernt. Er muß also ein Nest bauen, die Eier befächeln usw. ... Bei Säugetieren unterliegt stets das Weibchen (die Frau)! Denn es kann nicht entwischen nach der Kopulation, da es die Eier in seinem Körper trägt! Also verschwindet der Mann (das Männchen) und macht dem nächsten Weibchen den Hof. Aber hilflos sind die Weibchen nicht; auch sie sind im Kampf ums Dasein gestählt. Zwei Strategien stehen ihnen zur Verfügung: zum einen die »domestic bliss strategy«. Erst wird Nest gebaut, erst wird Futter herangeschleppt, dann vielleicht, nein, noch lange

9 Eher von »parasitierenden Sex-Genen« (R. Dawkins) oder von »DNS-Reparatur-Mechanismen« (H. Bernstein, siehe die Abhandlung von Bernstein/Hopf/Michod in Rasa/Vogel/Volland).

10 Stichlinge, Seepferdchen, alle Kletterfische, viele Cichliden.

nicht, noch mehr Investitionen in die Nachkommenschaft bitte und dann, ganz geduldig bitte, dann werde ich vielleicht den Schwanz heben, und Du darfst mich begatten. Viele Vogelmännchen werden so um ihre Reproduktionschancen gebracht. Das sieht für den Naturschwärmer so aus, als herrsche eitel Elternliebe am Nest... Daß Männchen dann betrügen und zum Beispiel ein Weibchen begatten, dessen Nest von einem anderen Kandidaten gebaut wurde, ist doch nur verständlich. (»Die Gene eines solchen Betrügers breiten sich explosionsartig in der Population aus...«) Oder das Weibchen überlegt sich einen anderen Trick (»he-man strategy«): Ich wähle mir den schärfsten, forschesten Mann aus, einen rechten Vergewaltiger! Ganz klar, seine Gene werden dann in meinen Söhnen stecken, und diese werden unzählige Weibchen begatten! Schlau, nicht? Auf diese Weise entstehen die mächtigen Bullen der Elefantenrobben oder die berühmten Schwingen des Argusfasans.

Wenn wir in diesen Zusammenhängen von »Überlegungen« sprechen, so ist das nur etwas witzig gemeint. Es handelt sich um »teleonome«, in Wirklichkeit kausale und gerade nicht teleologische Vorgänge.

Mord, Betrug, Hinterlist: Darauf sind hohe Selektionsprämien gesetzt. Warum betrügen dann aber nicht alle? Eine kleine Überlegung löst das Rätsel: Nehmen wir zum Beispiel die quakenden Frösche am Teich. Sie locken die Weibchen an, und so kommt es zur Fortpflanzung. Nun drängen sich immer wieder »Betrüger« dazwischen, die sich die Kalorienkosten des Quakens erspart hatten und nun betrügerisch ihren Samen loswerden. Ihre Gene breiten sich aus, ganz klar. Aber, was ist einige Generationen später der Fall? Nun quakt keiner mehr; die Weibchen kommen auch nicht mehr – aus mit den Fröschen? Wenn jetzt ein »Quaker« auftritt, er lockt Scharen von Weibchen an... seine Gene breiten sich aus. Bis wieder ein Betrüger kommt... Und da wir es immer mit sehr großen Zeiträumen zu tun haben, stellen sich die berühmten »evolutionär stabilen Strategien« (ESS) ein. Das heißt, ein bestimmter, zahlenmäßig genau festgelegter Prozentsatz der Population »betrügt«. Nichts mit Pathologie! Alle sind ganz normal in einer Welt des Kampfes aller gegen alle.

Tatsächlich aber gibt es »Hilfe«, Altruismus im Tierreich.[11] Sind

11 Eindrucksvolle Beispiele unter Säugetieren bilden die lebensrettenden

Tiere deshalb doch »moralisch«? Fälle wie die Mutter-Kind-Beziehung scheiden aus, denn hier sind ganz klar die eigenen Gene im Spiel. Das Konzept des »kin-selection« zur Erklärung des Altruismus wurde von Hamilton entwickelt. Abgestuft nach Verwandtschaftsgraden kommt ja ein bestimmter Prozentsatz meiner Gene auch in meinen Geschwistern, Vettern usw. vor. Also kann es durchaus sinnvoll sein, ihnen zu helfen – indirekt wird damit auch meine Fitneß erhöht! So erklären sich die »Helfer am Nest« bei manchen Vogelarten (z. B. Eichelhäher). Im Zweifelsfall aber ist es immer besser, sich selbst zu helfen, denn normalerweise bin ich mir selbst am verwandtesten. Das zeigt vor allem das Töten der Jungen durch ihre Mütter (z. B. bei Ratten). Mit Arterhaltungsthesen ist ein solches Verhalten nicht zu erklären. Bei Tierarten, bei denen zum Beispiel auch die Männchen ein wenig in die Aufzucht investieren, ist es sehr sinnvoll, daß ein Weibchen vorhandene Junge tötet, wenn ein starkes Männchen auftaucht. Es kann so mit diesem sich neu fortpflanzen – mit mehr Überlebenschancen für die Jungen – und erhöht durch den Infantizid seine Fitneß! So sollen auch beim Menschen alte Kirchenbücher ausweisen, daß die Säuglinge junger Mädchen eher sterben als die älterer Frauen – diese haben keine Chance mehr, einen Mann zu finden und müssen in das vorhandene Kind investieren ...[12]
Nebenbei: Aus dem Dargestellten dürfte deutlich geworden sein, daß das Glück kein Ziel der Evolution sein kann. Ultimat geht es immer nur um die Fitneß, proximat mag das Glück als Begleiteffekt eine Rolle spielen!
Im Konflikt zwischen Arterhaltung und Individualselektion muß die Arterhaltung stets unter die Räder kommen. Man braucht nur auf die Paradiesvögel und Riesenhirsche zu verweisen, die ihre Lebensuntauglichkeit der sexuellen Selektion, das heißt, den »Modetorheiten« der Weibchen, zu verdanken haben, die immer längere Schwänze – bis der Paradiesvogel nicht mehr fliegen kann – oder größere Geweihe, bis der Hirsch nicht mehr durchs Gebüsch kommt, herauszüchten, weil sie die »he-man-strategy« einschlagen, in der richtigen Einschätzung, daß Söhne mit solchen Attributen wieder anderen Weibchen imponieren. Oder nehmen

Delphine, die sozialen Hyänenhunde und Elefanten, vor allem aber die arbeitsteiligen Horden der Urmenschen.

12 Siehe Voland und Engel in Rasa/Vogel/Voland.

wir das Beispiel der »Kommentkämpfe«. An sich ist es richtig, daß es für beide Rivalen günstiger ist, sich im Kampf nicht zu beschädigen. Da bedarf es keines Arterhaltungsinstinkts als Erklärung. Jeder Beschädigungskampf kann auch mich verletzen – lassen wir's lieber. Dringt aber ein Beschädigungskämpfer in die Population ein – er ist der große Gewinner! Bis sich eine ESS eingestellt hat! Gerade der Rivalenkampf zeigt, daß im Sinne der Arterhaltung eine »Taubenstrategie« am sinnvollsten wäre: Alle halten sich an die Regeln! Aber »Falken« sind nicht auszurotten. (»Tauben« und »Falken« nur als Metaphern; reale Tauben sind aggressiver als reale Falken!) Denn ihr Auftreten wird von der Selektion belohnt – bis zur ESS. Die ESS ist für die Art insgesamt immer schlechter als eine reine Taubenstrategie! (Die reine Falkenstrategie wäre das Schlechteste!)

In wirklichen Populationen kommt also echter Altruismus nicht vor. Entweder es handelt sich um Verwandtschaftsselektion – und Nepotismus ist auch unter Menschen nicht unbekannt – oder um Hilfe auf Gegenseitigkeit. So lausen sich Affen gegenseitig, und viele andere Tiere bedürfen des Artgenossen, um Hautpflege zu treiben. Aber auch da wird betrogen und ausgetrickst, wo es nur geht. Sich pflegen lassen und dann verschwinden – optimal. Bis zur ESS! Aber keinen Schritt weiter zur Taubenstrategie!

Unsere Hände, unser Gehirn, unsere Sinnesorgane wurden also weit weniger im Kampf mit anderen Arten als im Kampf mit Artgenossen ausgeprägt – bis zum Kampf zwischen den Geschlechtern und Generationen! Noch eine Gehirnwindung mehr, und ich kann noch besser betrügen, und noch eine mehr ... bis ich vielleicht ein so funktionstüchtiges Gehirn besitze, daß ich zur Einsicht gelangen kann, daß Vernunft und Moral die besseren Wege sind???

Während britische Evolutionsbiologen wie Maynard Smith die Menschen in ihren Betrachtungen bewußt ausklammern, sind amerikanische schnell dabei, die gefundenen Gesetzmäßigkeiten als auch für den Menschen gültig zu betrachten – so zum Beispiel R. Alexander und E. O. Wilson. Und noch in einem Punkt gibt es erhebliche Differenzen: Wilson zum Beispiel ist der Ansicht, daß formale Ethiken nur etwas für »disembodied spirits« seien und in keiner Weise das Verhalten realer Menschen erklärten, die sich unter den Bedingungen extremer Nicht-Fairneß entwickelten. Er interpretiert auch Kohlbergs Stufen als Beweis dafür, daß verschiedene Altersstufen verschiedene Ethiken brauchten, auch die beiden Geschlechter, daß es gar keine universelle Moral geben könne, weil die Evolution sie stets überspielen würde. Man untersuche den Hypothalamus und lasse die Biologen die Moral enträtseln; die Philosophen kann man getrost in ein langes »sabbatical« entlassen. Daß diese mit dem Einwand der »naturalistic fallacy« kontern, ist nur verständlich, denn hier wird umstandslos aus dem Sein ein Sollen, und die Soziobiologie gerät in die Gefahr, zur Ideologie einer kapitalistischen Leistungsgesellschaft zu werden.

Hier steuern britische und deutsche Evolutionsbiologen entschieden gegen. Sie sind der Ansicht, daß der Menschen *biologisch* in der Lage ist, durch Einsicht und Vernunft die Gesetze der Soziobiologie außer Kraft zu setzen – stimmt dies? Nur Empirie kann diese Frage entscheiden. Schlägt man allerdings die Zeitung auf, liegt es schon näher anzunehmen, daß wir von vernünftigen Verhältnissen, die einer »Taubenstrategie« gleichkämen, meilenweit entfernt sind. Und Nietzsche und Max Weber dämpften ja auch jeden Optimismus in dieser Richtung – wie im Referat von Schmidt-Biggemann mehr als deutlich wurde. Da bleibt nur die Suche nach dem »einen Gerechten«, der beweisen würde, daß der Satz »Vernunftmoral ist biologisch unmöglich« falsch ist.

6. Aggression als moralisches Problem

Der entscheidende Fortschritt der Moralpsychologie gelang, als sie nicht mehr davon ausging, daß moralische Kognitionen und Verhaltensweisen einfach gelernt seien, nicht bloß »Normen vom Typus des Bestimmens«, die in sozialen Konditionierungsprozessen übernommen wurden, sondern als sie »Moral« als das Ergebnis einer aktiven Auseinandersetzung des Individuums mit seiner Welt begriff. Diesen Schritt vollzog Piaget in großartiger Weise in seinem Buch »Das moralische Urteil beim Kinde«. Auf Piaget baute Kohlberg auf, der zusätzlich die Begrifflichkeit von Baldwin und den Optimismus von Dewey übernahm, eine solide philosophische Basis in der Gerechtigkeitstheorie von Rawls fand und vor allem in sehr vielen empirischen Studien – interkulturell von Mexiko über Israel, der Türkei bis zu den Philippinen, bei den verschiedensten Altersstufen und sozialen Schichten – dafür sorgte, daß moralisches Urteilen nicht nur seiner Struktur nach aufgehellt wurde, sondern auch Aussagen über die tatsächlich im Denken und Verhalten der konkreten Menschen sich abspielenden Moralkonflikte möglich wurden. Nach jahrelangen Überlegungen und Experimenten kam er zu folgenden Niveaus:

Tabelle: Zusammenfassende Übersicht über die Stufen der Entwicklung des Moralischen Urteils nach Kohlberg (1969; 1971; 1976)

I. Vorkonventionelles, prämoralisches Niveau

Stufe 1: Orientierung an Strafe und Gehorsam
Die materiellen Folgen einer Handlung bestimmen, ob diese gut oder schlecht ist; Strafe ist zu vermeiden, Macht wird bedingungslos akzeptiert.

Stufe 2: Orientierung am instrumentellen Realismus
Eine richtige Handlung dient der Befriedigung eigener und gelegentlich fremder Bedürfnisse. Zwischenmenschliche Beziehungen werden als »Handel« verstanden.

II. Konventionelles Niveau

Stufe 3: Orientierung an zwischenmenschlichen Übereinkünften, daran »ein guter Junge«, ein »nettes Mädchen« zu sein. Ein Verhalten ist dann gut, wenn es anderen gefällt, ihnen hilft oder von ihnen befürwortet wird.

Stufe 4: Orientierung an »Gesetz« und »Ordnung«
Man orientiert sich an Regeln und der Autorität unter dem Gesichtspunkt der Aufrechterhaltung der sozialen Ordnung.

III. Nachkonventionelles, autonomes, an Prinzipien orientiertes Niveau

Stufe 5: Orientierung an »sozialen Verträgen« und am »Recht«
Richtig/falsch wird unter utilitaristischen Gesichtspunkten beurteilt. Persönliche Werte werden als relativ beurteilt. Einigung bei Konflikten wird durch Verträge zu erreichen versucht. Richtiges Handeln ist eine Frage persönlicher Entscheidung. Recht und Moral können miteinander im Konflikt stehen; das Recht ist unter dem Gesichtspunkt der Nützlichkeit zu ändern.

Stufe 6: Orientierung an universellen ethischen Prinzipien
Das Richtige wird durch eine Gewissensentscheidung in Übereinstimmung mit selbstgewählten ethischen Prinzipien definiert, die universelle Evidenz und Konsistenz besitzen.

(Zit. n. Eckensberger und Emminghaus)
Eine Stufe 7 löst das Problem »warum moralisch sein?« in der Erkenntnis kosmischer Harmonie, ist aber empirisch nur ungenügend belegt.

Wichtig ist zu sehen, daß diese Stufen eng mit den Stufen der intellektuellen Reife verknüpft sind. Voraussetzung für Postkonventionalität ist zum Beispiel das Erreichen der Stufe der »formalen Operation«. Sie werden der Reihe nach durchlaufen, keine kann übersprungen werden, Rückfälle hingegen sind möglich. Es lassen sich keine Altersstufen den moralischen Niveaus zuordnen, kaum alle Erwachsenen erreichen Stufe 4; Stufe 6 ist auch unter reifen, gebildeten Älteren recht selten. Das postkonventionelle Niveau ist das eigentlich ethische, wobei Stufe 5 eher einer utilitaristischen, Stufe 6 einer deontologischen Moral entspricht. Eckensberger und Emminghaus konnten zeigen, daß die verschiedenen Aggressionsformen sich auf die moralischen Stufen verteilen. Aggression wird von ihnen als eine Form der Konfliktlösung begriffen. So wären reaktive und instrumentelle Aggressionsformen dem präkonventionellen Niveau zuzuordnen (Rache und aggressive Durchsetzung eigener Interessen), auf Normeinhaltung gerichtete, aber auch aus Neidgefühlen entspringende Aggressionen dem konventionellen Niveau. Gehen wir noch einmal die Liste von Wilson durch, so wären territoriale, Dominanz-, elterlich disziplinierende und moralistische Aggression in die Nähe des konventionellen Niveaus zu rücken – im übertragenen Sinn natürlich, denn die Tiere können keine konventionelle Moral erwerben –; Sexual-, Abstill-, Beutefang- und gegen den Freßfeind gerichtete Aggression wären präkonventionell.
Auf postkonventionellem Niveau ist Aggression nicht mehr rechtfertigbar. Entwicklungspsychologisch ist es jetzt möglich, konstruktive Konfliktlösungsstrategien zu wählen. Schon auf Stufe 3 ist Aggression *innerhalb* der Gruppe nicht mehr mit dem moralischen Urteil konsistent. Frauen, die häufiger auf Stufe 3

stagnieren, wären so weniger aggressiv als Männer, die eher auf Stufe 4 steckenbleiben und daher die dort gerechtfertigte moralistisch-feindselige Aggression zeigten. Diese Voraussage stimmt genau mit den vielfach erhobenen empirischen Befunden überein, daß Männer aggressiver als Frauen sind.
Die wenigen Menschen, die bis zum postkonventionellen Niveau vordringen, sind überhaupt nicht mehr aggressiv.
Sind sie die »Gerechten«, die durch ihre bloße Existenz die Möglichkeit einer nicht triebhaft-biologisch fundierten Vernunftethik beweisen?
Aber nicht nur Aggression, auch Aggressionstheorien lassen sich den Niveaus des moralischen Urteils zuordnen. Der »tragischen Weltsicht« des praekonventionellen Niveaus entsprechen Theorien, die von der Unabwendbarkeit des Kampfes und Streites ausgehen. Hierher gehören alle biologischen Systeme – Lorenz, Wilson, Dawkins. Aber auch die Psychoanalyse mit dem Todestrieb und die griechischen Tragödien – Aischylos, Sophokles, Euripides –, Homer, die hebräische Bibel in ihren Geschichtserzählungen, Dostojewski mit »Schuld und Sühne«, Nietzsche und viele mehr finden sich hier ein. Zur »kleinbürgerlichen Weltsicht« des konventionellen Niveaus passen Theorien, die zwar nicht vom blinden Wüten archaischer Schicksalsmächte überzeugt sind, die aber Aggression durchaus für legitim halten. Bundesbuch und Heiligkeitsgesetz aus der hebräischen Bibel und mancher utilitaristische Philosoph, der den Krieg für moralisch gerechtfertigt hält, wie zum Beispiel Hare sowie alle typischen Hofphilosophen der politisch Mächtigen, sind hier zuzuordnen. Die »aufgeklärte Weltsicht« des postkonventionellen Niveaus schlägt sich in Theorien nieder, in denen Aggression in keiner Weise gerechtfertigt erscheint. Solche kamen zu allen Zeiten und in allen Weltgegenden vor, allerdings immer selten und stets höchst gefährdet. Jesaja, Micha, der Buddha Siddharta Gautama, Lao-tse, Jesus von Nazareth, alle Mahayana-Philosophen, aber auch Teile des Deuteronomiums, Thesen der Sophisten, George Fox, Tolstoi, Rawls. Ob Kant hierher gehört, wäre eine eingehende Untersuchung wert. Wenn auch Denker dieser Gruppe sich nie durchsetzen konnten und meist »gekreuzigt und verbrannt« wurden – Gewaltfreiheit ist denkbar – und vielleicht machbar. In einer Gesamtschau scheinen die »tragische« und die »aufgeklärte« Weltsicht durchaus vereinbar – was Kohlberg auch hinsichtlich seiner Niveaus fand. (Von

Stufe 5 geht es auf 2 zurück, nie auf 3 oder 4; 5 und 2 weisen strukturelle Ähnlichkeit auf!) Die Psychoanalyse und die »aufgeklärte Soziobiologie« eines Dawkins legen uns nahe, mit unseren aggressiven Trieben zu rechnen, aggressive Handlungen aber als Kulturmenschen bewußt zu vermeiden. Dann schon lieber »Neurose« als »Rückfall in Barbarei«, Verzicht auf Triebbefriedigung im Sinne des »Unbehagens in der Kultur« von Sigmund Freud. Nur die kleinbürgerliche Weltsicht des konventionellen Niveaus läßt »moralische« Aggression zu, schreit nach Soldaten und Henkern, macht im Sinne einer 2-Reiche-Lehre zwar die individuelle Gewalt zur Sünde und zum Verbrechen, die staatliche aber wird gerechtfertigt. Zieh einem Mörder einen bunten Rock an, und er wird zum Helden. Und wenn auch der Türk der Antichrist sei, wenn der Sultan Gewalt befehle, so komme auch die von Gott, weil er eine Obrigkeit sei, meinte Luther, ein typischer Vertreter dieser Geistesrichtung.

7. Biologie der Gerechtigkeit

Der Begriff der Arterhaltung hat in der Biologie ausgedient, und damit die Möglichkeit, Moral aus der Natur zu begründen. Es gibt kein Sittengesetz in unseren Genen. Die Konsequenz dieser Einsicht muß eine Absage an alle tiefsinnigen, gefühlsstarken Rufe »zurück zur Natur« sein. Liebe und Gerechtigkeit sind gerade nicht die Gesetze des Lebens. Mag mancher von kosmischen Harmonien träumen, Aufklärung auf dem Stand des historisch optimalen Wissens zeigt, daß allein das Individuum zählt und die Gemeinschaft, die Art, der Nächste der Evolution vollkommen gleichgültig sind. Wenn Moral Teil der Naturgeschichte sein sollte, dann ist diese Moral nichts als das Interesse des Stärkeren. Die Natur ist in der Tat völlig unbekümmert um den Menschen. Das natürlich Gute, das Obsiegen im Lebenskampf, ist aber genau das, was wir mit Gründen für das moralisch Schlechte halten. Nietzsche, wie er uns so prägnant von Schmidt-Biggemann präsentiert wurde, hat die darwinistische Revolution genauestens in ihren Konsequenzen für die Moral wirksam gemacht.

Und der Ausweg? Die »Herrenmoral«?

Wenn da nicht die »lebensuntaugliche Schwäche der Reflexion« wäre. Und vielleicht ist die Reflexion des Menschen gar nicht so lebensuntauglich. Diese Hoffnung hatte Darwin – der aber in

Hinsicht auf seine Ansicht über die Sonderstellung des (weißen) Menschen von Nietzsche nicht rezipiert wurde.

Wiederholen wir die These von Soziobiologen wie Dawkins oder Vogel:[13] Der Mensch ist zu einer »Taubenstrategie« aufgrund seiner Möglichkeit der Reflexion fähig. Daran ist biologisch nichts Mysteriöses; es liegt an der von der Evolution herausgebildeten Kapazität seines Großhirns. Der Mensch hat den Überblick. Er kann erkennen, daß Arterhaltung zwar kein biologischer, aber ethisch-vernünftiger Imperativ sein könnte. Unsere Vernunft erlaubt, was unsere biologischen Triebe nie leisten könnten; wir gewinnen aufgrund unserer Fähigkeit zu formalen Operationen eine Übersicht über die langfristigen Folgen unseres Handelns. Die Konsequenz ist die Möglichkeit des Außerkraftsetzens von evolutionären stabilen Strategien im Sinne einer »Verschwörung der Tauben«. Die Theorie der Gerechtigkeit von Rawls beschreibt ein solches Zusammenleben, und die Psychologie von Kohlberg hat die Entwicklungswege zur postkonventionellen Vernunftmoral aufgezeigt. Natürlich hat es nie im realen Sinne einen Vertrag im Sinne von Rawls gegeben, in dem prinzipielle Chancengleichheit ausgehandelt wurde, aber insoweit wir auf der Stufe der formalen Operationen angelangt sind – und unser Großhirn hat die Kapazität, biologisch gesehen, dazu –, können wir den »Schleier des Nichtwissens« über unsere ungleichen Ausgangspositionen breiten und vor jeder moralisch relevanten Handlung einen solchen Vertrag virtuell abschließen.

Aufklärung heißt immer auch, über Schwäche und Verführbarkeit zu reflektieren. Da unsere Triebstruktur, im Überlebenskampf allein auf Fitneßmaximierung gemodelt, nicht einfach abschaffbar ist, darf es andererseits nicht überraschen, zum Beispiel allenthalben Gruppenegoismen zu finden. Denn die »kin selection« begünstigte nepotistische Neigungen ganz gewaltig. Es darf uns nicht wundern, wenn der theoretisch zu fordernde Universalismus der Moralgrundsätze immer wieder am »kurzen Blick«, am Eigennutz kleinerer Gruppierungen, scheitert. Die »konventionelle Moral« ist der Ausdruck dieser Tendenz. Und die Untersuchungen Kohlbergs zeigen, daß die meisten Menschen höchstens bis zu diesem Niveau gelangen. Wie an vielen Beispielen zu belegen wäre, ist sogar unser staatliches Recht ganz auf die konven-

13 Sehr überzeugend und faktenreich vor allem in: *Vom Töten zum Mord.*

tionelle Ebene ausgerichtet, wenn auch die Verfassungen vieler Demokratien auf einem postkonventionellen Niveau argumentieren. Ein Gegensatz, der zum Beispiel viele Menschen, die ans Grundgesetz glauben und ihr Handeln nach dessen Maximen ausrichten, in Konflikt mit dem Staatsanwalt geraten läßt.
Tatsache ist zweierlei: In weiten Bereichen menschlichen Handelns sind biologische Modelle durchaus erklärungsträchtig. Es macht daher schon Sinn, Soziobiologie des Menschen zu treiben. Aber genauso gibt es einzelne, die ihre Triebstruktur überlisten konnten und zur Postkonventionalität aufsteigen – wenn auch nur sehr wenige. Aufgabe der Psychologie muß es sein, genauer die Bedingungen zu erforschen, die das Entstehen einer menschenfreundlichen Moral begünstigen. Hier ist wirklich ein weites Feld – und schon recht interessante Ergebnisse liegen vor. Piaget war der erste, der entdeckte, daß die Entwicklung *und* die Aktualisierung von Moral situationsspezifisch erfolgen, eine Erkenntnis, die empirisch sehr oft gefunden wurde. Nicht zuletzt gehört dazu das Beiseiteräumen von »Pseudomoralen« und »Tugendbündeln« wie zum Beispiel das, was landläufig unter »Sexualmoral« verstanden wird. Ein »Aufwachsen in Vernunft«[14], in Aufgeschlossenheit gegenüber dem Mitmenschen, im persönlichen Anteilnehmen an seinem Geschick, ist besonders wichtig.[15] Alle Techniken der Entmenschlichung wie zum Beispiel das Zusammenpferchen der Menschen in Großinstitutionen, die Anonymisierung durch Uniformen, die Verabsolutierung des Leistungsprinzips, sind zu entlarven – wobei der experimentellen Psychologie in ihrer Darstellungskompetenz eine wichtige Rolle zukommt. Die Arbeiten von Sozialpsychologen wie Zimbardo, Darley, Berkowitz, Legewie und Strack zeigen, was Wissenschaft hier zu leisten vermag.

14 Das bedeutet vor allem im Entwicklungsgang die Konfrontation mit Widersprüchen, das Erleben eigener Entscheidungsfreiheit, »herrschaftsfreien Dialogs« und liberal-egalitärer Grundüberzeugungen bei Älteren, eine echte Verantwortung für alle, wie sie in den »just-communities« Kohlbergs realisiert war.

15 Die Entwicklung meiner Menschlichkeit wird mir leichter, wenn ich den anderen als gleichwertige Person erkenne. Und dies vollzieht sich vor allem in einer sozialen Atmosphäre der Anteilnahme und emotionalen Verbundenheit auch mit Fremden, in organischer, nicht mechanischer Solidarität (Durkheim; siehe auch z. B. Weinreich-Haste, in: Modgil/Modgil, S. 337).

Meine These, daß der Mensch, der von Trieben gesteuert wird, die das egoistische Gen gemodelt hat, dennoch in der Lage ist, eine universalistische »humane« Moral zu entwickeln, steht sicher auf schwachen Füßen, was die Zahlen angeht, die Kohlberg für die Ausprägung von Postkonventionalität gefunden hat. So wagt es trotzdem, allen Verächtern der Rationalität (zum letzten Mal mit Mephistopheles) entgegenzuhalten:

Verachte nur Vernunft und Wissenschaft
Des Menschen allerhöchste Kraft...!

Literatur

Alexander, R. D., »Natural Selection and the Analysis of Human Sociality«, in: C. E. Goulden (Ed.), *Changing Scenes in Natural Sciences*, Philadelphia Academy of Natural Sciences, Philadelphia 1977.

Buss, A. H., *The Psychology of Aggression*, New York 1961.

Darley, J. M./Bateson, C. O., »From Jerusalem to Jericho: A Study of Situational Variables in Helping Behavior«, in: *Journal of Personality and Social Psychology*, 1973, 27, S. 100-108.

Darwin, Ch., *Die Abstammung des Menschen*, Stuttgart 1966.

Dawkins, R., *Das egoistische Gen*, Berlin 1978.

Eckensberger, L. H./Emminghaus, W. B., »Moralisches Urteil und Aggression«, in: Hilke, R./Kempf, W. (Hg.), *Aggression*, Bern 1982.

Freud, S., *Abriß der Psychoanalyse. Das Unbehagen in der Kultur*, Frankfurt/Main 1953.

Ders., *Das Ich und das Es*, Studienausgabe Bd. III, Frankfurt/Main 1975.

Ders., *Jenseits des Lustprinzips*, Studienausgabe Bd. III, Frankfurt/Main 1975.

Goethe, W. v., *Faust*, Leipzig o. J.

Goulden, C. E., *Changing Scenes in Natural Sciences*, Philadelphia Academy of Natural Sciences, Philadelphia 1977.

Hamilton, W. D., »Altruism and Related Phenomena, Mainly in Social Insects«, in: *Ann. Rev. Ecol., Syst.*, 1972, S. 193-232.

Hilgard, E. R., *Introduction to Psychology*, New York 1953.

Hilke, R./Kempf, W. (Hg.), *Aggression*, Bern 1982.

Immelmann, K. (Hg.), *Verhaltensforschung*, Zürich 1974.

Kohlberg, L., *Essays on Moral Development*, Vol. I, II, III, San Francisco 1984.

Ders., *Consensus and Controversy*, ed. by Modgil, S./Modgil, C., Philadelphia 1986.

Kummer, H., »Aggression bei Affen«, in: Hilke, R./Kempf, W. (Hg.), *Aggression*, Bern 1982.
Lersch, Ph., *Aufbau der Person*, München ⁷1956.
Lischke, G., *Aggression und Aggressionsbewältigung*, Freiburg ³1975.
Lorenz, K., *Das sogenannte Böse*, Wien 1963.
Markl, K., »Evolutionsbiologie des Aggressionsverhaltens«, in: Hilke, R./Kempf, W. (Hg.), *Aggression*, Bern 1982.
Maynard-Smith, J., *The Theory of Evolution*, Harmondsworth ³1975.
Meier, H. (Hg.), *Die Herausforderung der Evolutionsbiologie*, München 1988.
Nietzsche, F., *Jenseits von Gut und Böse*, München o. J.
Rasa, Anne E./Vogel, Ch./Voland, E., *The Sociobiology of Sexual and Reproductive Strategies*, London 1989.
Rawls, J., *A Theory of Justice*, Cambridge/Mass., 1971.
Reyer, H.-U., »Formen, Ursachen und biologische Bedeutung innerartlicher Aggression bei Tieren«, in: Immelmann, K. (Hg.), *Verhaltensforschung*, Zürich 1974.
Ruse, M., *Sociobiology: Sense or Nonsense?* Dordrecht 1979.
Schmidt, H., *Philosophisches Wörterbuch*, Stuttgart 1955.
Schmidt-Biggemann, W., »Metamorphosen der Macht« (in diesem Band).
Sengbusch, P. v., *Allgemeine Biologie*, Berlin 1977.
Tinbergen, N., *Instinktlehre*, Berlin 1972.
Vogel, Chr., »Gibt es eine natürliche Moral?«, in: Meier, H. (Hg.), *Die Herausforderung der Evolutionsbiologie*, München 1988.
Dies., *Vom Töten zum Mord*, München 1989.
Wilson, E. O., *Sociobiology*, Cambridge/Mass. 1980.
Zimbardo, Ph. G., *Psychology and Life*, Glenview/Ill. 1988.

Christoph Schulte
Böses und Psyche
Immoralität in psychologischen Diskursen

Unde malum? Woher das Böse komme und – *quid malum?* – was das Böse sei, sind wohl die beiden grundlegenden Fragen, die Menschen in Hinsicht auf das Böse stellen. Zu wissen, *woher* das Böse rühre, interessiert dabei in gleichem Maße, wie zu wissen, *was* das Böse denn sei. Unabhängig davon, wie immer in verschiedenen Religionen und Ethnien, Gesellschaften und Kulturen, in Rechts- und Moralsystemen, im einzelnen durch Tabus, Gebote oder Konventionen festgelegt ist, *was* böse sei, so will man stets auch lokalisieren, *wo* der Ursprung des Bösen liege oder von welcher Ursache es herrühre.

Auf die Ursprungsfrage nach dem Bösen – *unde malum?* – gibt es generell zwei Antworten: entweder entspringt das Böse, als was immer es jeweils konkret verstanden wird, direkt beim Menschen. Oder aber es entstammt außermenschlichen bösen Kräften, Prinzipien und Wesen in der irdischen oder in der Götterwelt, die, von Fall zu Fall, den Menschen böse beeinflussen. Beim Menschen, von dessen Bösem und dessen Psyche hier allein die Rede sein soll, gelten unbenommen aller religions- und kulturspezifischen Details stets moralisch normwidrige Handlungen und Zustände, inklusive schon der Disposition oder dem Vorsatz zu denselben, als böse.

Aber wiederum läßt sich fragen, was der Ursprung solch böser Handlungen oder böser Zustände, die nicht von außen eingegeben und verursacht sind, im Menschen selbst sei. Hier stellt die okzidentale Auffassung des Menschen als eines *mixtum compositum* von Leib, Seele und Geist[1] eben diese drei Optionen zur Verfügung: als letzter Ursprung des Bösen beim Menschen gilt entweder der Leib oder die Seele oder der Geist. Von diesen drei Möglichkeiten ist die Herkunftsbestimmung des Bösen aus der Seele, die heutzutrage fast nur noch unter ihrem griechischen Ursprungsnamen *Psyche* firmiert, die historisch jüngste, nämlich

1 Béla Révész, *Geschichte des Seelenbegriffes und der Seelenlokalisation*, Stuttgart 1917.

eine spezifisch moderne. Und diese Herkunftsbestimmung des Bösen aus der Seele, insbesondere aus der allermeist für gestört oder krank erklärten modernen *Psyche*, ist, aus der Perspektive der Tradition betrachtet, die bei weitem ungewöhnlichste. Genau diese Herkunftsbestimmung aber liegt der hier untersuchten Konstellation von Bösem und Psyche in den spezifisch modernen psychologischen Diskursen zugrunde.

Im *Phaidon* des Platon[2], einer Art Grundlegungsschrift für die okzidentale Auffassung vom Menschen, ist es allein die ψυχή, die Seele, die mittels reiner Anschauung der Ideen der Erkenntnis gerade des Wahren, Guten und Schönen fähig ist. Bei diesem Geschäft wird sie jedoch vom Leib, welcher der Sitz aller Sinne, Sinnlichkeit und Bedürfnisse ist, gestört. Die Seele für sich ist schlechthin unfähig, etwas Negatives anzustreben oder hervorzurufen. Kein Mensch tut, wie es im sogenannten *Sokratischen Paradox* heißt, aus freien Stücken ein κακόν, etwas Schlechtes und Böses. Er tut Böses nur in äußerer Bedrängnis oder wenn die Sinnlichkeit des Leibes die Einsicht überrennt.[3] Der Leib, σῶμα, als Ort der Sinne und der Sinnlichkeit hintertreibt und verdirbt alle wahre Erkenntnis.

Denn der Leib macht uns tausenderlei zu schaffen wegen der notwendigen Nahrung, dann auch, wenn uns Krankheiten zustoßen, hindern uns diese, das Wahre zu erjagen, und auch mit Gelüsten und Begierden, Furcht und mancherlei Schattenbildern und vielen Kindereien erfüllt er uns; so daß recht in Wahrheit, wie man zu sagen pflegt, wir um seinetwillen nicht einmal dazu kommen, auch nur irgend etwas richtig einzusehen. Denn auch Kriege und Unruhen und Schlachten erregen in uns nichts anderes als der Leib und seine Begierden. Denn über den Besitz von Geld und Gut entstehen alle Kriege, und dieses müssen wir haben des Leibes wegen, weil wir seiner Pflege dienstbar sind, und daher fehlt es uns an Muße, der Weisheit nachzutrachten. (66 c)

Der Leib ist jedoch nicht nur Quelle und Hort aller negativen Emotionen, Bedürfnisse und Handlungen, sondern wird im *Phaidon* von Sokrates selbst, der dort die Rolle des wahrhaft Philosophierenden vertritt, zu einem κακόν, zu einem Übel erklärt, wel-

2 Werke Platons hier zitiert in der Übersetzung Friedrich Schleiermachers nach: Platon. *Werke in acht Bänden*, hg. v. G. Eigler, Darmstadt 1974.

3 *Protagoras 358 a-e* und *Gorgias 467 c-468b;* vgl. A. Dihle, *Die Vorstellung vom Willen in der Antike*, Göttingen 1985.

ches der Psyche bei der Erkenntnis der Wahrheit hinderlich ist (66 b). Reine Erkenntnis ist deswegen nur möglich, wenn die Psyche sich vom Leib möglichst absondert oder, wie im Tod, gänzlich löst. Sokrates trinkt den Schierlingsbecher in der Überzeugung von der Unsterblichkeit der Psyche und in der Hoffnung, *post mortem* ohne das Übel Leib im Reich der Wahrheit mittels der Psyche vollkommen zu erkennen. Im Leben hingegen bleibt den Philosophen nur, sich vom Leib und seinen Bedürfnissen weitestgehend abzukehren, ihn zu verachten, ihn zu fliehen und sich von ihm rein zu halten (67 ab). Während Platon also die ψυχή als reines Gefäß der Erkenntnis des Schönen, Wahren und Guten unsterblich macht, gerät ihm der Leib zu einem Übel und zum Ursprung alles Negativen in der menschlichen Welt.

Die Briefe des Paulus sind die Eingangspforte des Platonismus ins Christentum. Während die Urgemeinde wie auch Paulus selber lediglich an die Auferstehung der Toten glaubte, wird der Glaube an die Unsterblichkeit der Seele mit der Hellenisierung des Christentums schon in der Patristik zur allgemeinen kirchlichen Lehre erhoben.[4] Und schon bei Paulus wird das κακόν Leib, jener platonische Ursprung aller Übel der Sinnlichkeit, zusätzlich zum Ort der Sünde und des Todes. Im 7. Kapitel des Römerbriefs, einem Selbstbekenntnis des Paulus, das sicherlich das erste und folgenreichste Zeugnis eines christlichen Ich, eines christlichen Selbstbewußtseins und Selbstverständnisses ist, heißt es paradigmatisch für die gesamte christliche Tradition bis in die Moderne:

> ... ich weiß, daß in mir, das ist in meinem Fleische, nichts Gutes wohnt. Denn das Wollen ist zwar bei mir vorhanden, das Vollbringen des Guten aber nicht. Denn nicht das Gute das ich will, tue ich, sondern das Böse (κακόν), das ich nicht will, das führe ich aus. Wenn ich aber das tue, was ich nicht will, so vollbringe nicht mehr ich es, sondern die Sünde, die in mir wohnt. Ich finde also für mich, der ich das Gute tun will, das Gesetz gültig, daß das Böse bei mir vorhanden ist. Denn nach dem inwendigen Menschen habe ich Lust an dem Gesetz Gottes; ich sehe aber ein andres Gesetz in meinen Gliedern, das dem Gesetz meines Innern widerstreitet und mich zum Gefangenen des Gesetzes der Sünde macht, das in meinen Gliedern ist. Ich elender Mensch! Wer wird mich erlösen von diesem Leibe des Todes? (Röm 7,18-24)

4 E. Jüngel, *Tod*, Gütersloh 1985, 57-74.

Seit Paulus steht der Leib als Ort und Ausgangspunkt der Sünde, d. h. des christlich gesehen Bösen, innerhalb der kirchlichen Tradition fest. Die *concupiscentia,* das unwiderstehliche Begehren zu sündigen, vererbt sich seit dem Sündenfall Adams, so gerade die Pointe von Augustins Erbsündenlehre, von Generation zu Generation *per carnem* – leiblich – weiter und nimmt über den Leib den ganzen Menschen in Beschlag. Als Wurzel allen Übels mußte die leiblich angeerbte Sündhaftigkeit und die sündhafte Leiblichkeit des Menschen herhalten, welche seinen mal frei, mal halbfrei und mal unfrei, immer jedoch als schwach verstandenen Willen zum Sündigen, d. h. zum Bösen verleiten.
Von dieser ursprünglichen Verortung des Bösen im Leib legen am deutlichsten jene bedeutenden religiösen Bestrebungen Zeugnis ab, die das Böse an seiner Wurzel bekämpfen wollten: das Streben nach der *mortificatio carnis* im gesamten Mönchtum und in den frommen mittelalterlichen Laienbewegungen[5] genauso wie die innerweltliche Askese im protestantischen Bürgertum, die Max Weber beschrieben hat[6], finden zuerst und zunächst in leiblichen Versagungen ihren praktischen Ausdruck. Christliche Askese, die nicht zuletzt eine ganz spezielle Geschichte des Umgangs mit Sexualität hervorbrachte[7], hat leibliche Enthaltsamkeit nicht zum Ziel, aber zum Ausgangspunkt, weil der Leib und seine Sinnlichkeit in der platonisch-christlichen Tradition bis weit in die Moderne universal als Ursprungsort des Bösen gelten. Denn diese Verortung einschließlich der aus ihr resultierenden Askese-Ideale trifft und betrifft, anders als bei Platon und in der Stoa, nicht nur eine schmale Elite von Philosophen und Erkenntnissuchenden, sondern, wie die Sünde seit Paulus, alle Menschen.

Mit der Bestimmung des Leibes als Ursprung des Bösen im Menschen bricht erst die Aufklärung. Es ist Kant, der in seiner Abhandlung *Über das radikale Böse in der menschlichen Natur* von 1792 die Wurzel des Bösen nicht mehr in Leib und Sinnlichkeit sucht, sondern in der Vernunft. Für Kant bestimmt sich das freie Vernunftwesen Mensch mittels seiner Vernunft selber, entweder

5 Herbert Grundmann, *Religiöse Bewegungen im Mittelalter,* Berlin 1935.
6 Max Weber, *Die protestantische Ethik und der Geist des Kapitalismus* (1904/1905), hg. v. Winckelmann, München 1965.
7 Philippe Ariès/André Béjin (Hg.), *Sexualités Occidentales,* Paris 1982; Michel Foucault, *Histoire de la Sexualité,* 3 Bde., Paris 1976-1984.

zu moralisch gutem oder bösem Verhalten. Böse, d. h. unmoralische Handlungen wären in der Autonomiephilosophie Kants einem Menschen gar nicht in vollem Sinne zurechenbar und auch von diesem allein zu verantworten, wenn er sich nicht frei und vernünftig dazu entschlossen hätte, böse zu handeln. Nicht der Leib, sondern die Vernunft – so Kant – entscheidet letztverantwortlich über Gut und Böse. Sinnlich-leibliche Neigungen mögen zu Bösem motivieren und verführen, aber die böse gebrauchte Vernunft setzt es in die Tat um. Die Wurzel, *radix*, des radikalen Bösen Kants ist eine »intelligible Tat«, eine ursprüngliche Entscheidung der Vernunft und nicht des Leibes fürs Böse. Das Böse, nämlich die Mißachtung der Moralität, hat für Kant nicht Leib-, sondern wie er selbst ganz ausdrücklich sagt, »Vernunftursprung«.[8]

Damit ist klar, daß Ursache und Ursprung des radikalen Bösen nicht mehr im Leib gesucht werden können: »Der Grund dieses Bösen kann nun nicht, wie man ihn gemeiniglich anzugeben pflegt, in der Sinnlichkeit des Menschen, und den daraus entspringenden natürlichen Neigungen gesetzt werden« (A 27). Kant begibt sich mit seiner Annahme von dem Vernunftursprung des Bösen wissentlich in einen Widerspruch zur platonisch-christlichen Tradition vom Leibursprung des Bösen. Diesen Schritt vollzieht mit Ausnahme von Fichte die gesamte Philosophie des deutschen Idealismus nach. Einher mit der moralphilosophischen, theologischen und ontologischen Radikalisierung des Bösen beharren Philosophen wie Theologen: Schelling und Hegel, Baader und Daub darauf, daß Geist und Vernunft, nicht Leib und Sinne für Böses oder Sünde verantwortlich seien.[9] Und noch bei Kierkegaard heißt es in *Der Begriff Angst* aus dem Jahre 1844 übereinstimmend: »Die Sündigkeit ist also nicht Sinnlichkeit, keinerwege.«[10]

Jede Philosophie oder moderne Weltanschauung, darin besteht trotz aller Differenzen in dieser nachkantischen Tradition Einigkeit, die auf Autonomie, d. h. vernünftige und moralische Selbst-

8 Immanuel Kant, *Die Religion innerhalb der Grenzen der bloßen Vernunft,* Erstes Stück, in: *Werkausgabe,* hg. von W. Weischedel, Frankfurt/M., 1977, Bd. 8, A 23 und A 40.

9 Cf. Vf., *radikal böse. Die Karriere des Bösen von Kant bis Nietzsche*, München 1988.

10 Søren Kierkegaard, *Der Begriff Angst,* hg. von Hirsch, Düsseldorf 1952, S. 47.

bestimmung des Menschen aus ist, muß notwendig die Möglichkeit unmoralischer Selbstbestimmung in Betracht ziehen. Jedem vernünftigen Individuum wohnt gleichermaßen die Freiheit inne, sich moralisch gut oder böse selbst zu bestimmen. Gleich, ob die Entscheidung jeweils zum Guten oder Bösen hin ausfällt, Vernunftgebrauch steht an ihrem Anfang, nicht der Leib. In Hinsicht auf Böses und Sünde wird damit der Leib von dem jahrtausendealten Anspruch befreit, jener, mit Luther, »Madensack« zu sein, dem all dies Üble entfleucht. In dieser Rolle als Ursprung des Bösen findet sich immer dort, wo der moderne Anspruch auf vernünftige Selbstbestimmung des Menschen erhoben wird, die Vernunft wieder.

Die Bestimmung der Vernunft als Ursprung des Bösen im Menschen bei und nach Kant hat in der französischen Philosophie und Geistesgeschichte ihre Parallele in einem Zeitgenossen Kants: dem Marquis de Sade. Erst Autoren des 20. Jahrhunderts wie Blanchot, Bataille, Klossowski oder Simone de Beauvoir in Frankreich, Horkheimer und Adorno in Deutschland, haben wiederentdeckt, daß der als Autor von schlüpfrigen bis perversen Romanen weggeschlossene Marquis nach seinem eigenen Anspruch und in den Augen seiner Zeitgenossen als philosophischer Schriftsteller gelten konnte. Ein philosophischer Schriftsteller, der wie andere *philosophes* der französischen Aufklärung, etwa seine Vorgänger im *genre* Diderot, Voltaire und Rousseau, philosophische Romane, *romans à thèses* geschrieben hat.

In vielen dieser Romane gibt es inmitten der obsessiv geschilderten, sich endlos wiederholenden Orgien-Szenen, aber insgesamt über Hunderte von Seiten verteilt, literarisch meist recht dürftig verkleidete philosophische Erörterungen zu lesen. Deren beherrschendes Thema, das Lebensthema de Sades, ist Lust mit all ihren Facetten und Extremen in ihrem Verhältnis zu *vertu* und *crime*, zu Tugend und Verbrechen, zu Gut und Böse. These ist, daß der atheistische *Libertin*, dessen Lebenszweck die maximale Befriedigung aller seiner Lüste ist, alles darf, und daß Moral, Religion, Gesetz oder gesellschaftliche Konventionen ihn daran nicht zu hindern vermögen.

Das schon im Titel seiner beiden ursprünglich reich bebilderten, vielbändigen Schwester-Romane *Justine ou les malheurs de la vertu* (1791) und *Histoire de Juliette ou les prospérités du vice*

(1797) angekündigte, voraussehbare Ergebnis der libertinistischen Lustphilosophie des Sades ist die Einsicht vom Mißerfolg der Tugend und vom Erfolg des Verbrechens in der Welt. Kurz, diese *romans à thèses* verhandeln, verlegt in das Feld der Lüste, das alte, von Leibniz auf den Begriff gebrachte und im gesamten 18. Jahrhundert dauerpräsente Problem der Theodizee, der Rechtfertigung Gottes als guten Weltschöpfers angesichts der Übel in der Welt. Wäre für ihn Gott nicht ohnehin tot, müßten beim Atheisten de Sade wie genau zeitgleich beim Theisten Kant alle philosophischen Versuche in der Theodizee wegen des ungerechten Mißverhältnisses von innerweltlichem Verhalten und innerweltlichem Ergehen des Menschen mißlingen. Theodizee scheitert an der Dissonanz von Moralität und Glück bei Kant[11], von Tugend und Lust bei de Sade.

Justine, die verkörperte Tugend, erleidet in der Welt alle nur denkbaren Qualen und Demütigungen. Am Ende noch immer tugendhaft, wird sie vom Blitz erschlagen. *Juliette,* die verkörperte Immoralität, verübt alle nur vorstellbaren Verbrechen und lebt damit erfolgreich, lustvoll und ungestraft. Die *Histoire de Juliette* ist, wie zuvor schon de Sades *La philosophie dans le boudoir* (1795), ein klassischer, nur ins Negative gewendeter philosophischer Erziehungsroman. Seine Heldin wird ganz konsequent zu den mannigfachen Formen der Lüste, des Verbrechens und des Bösen erzogen. Schon im Titel spielt der Marquis auf einen anderen, seinerzeit ungeheuer populären philosophischen Erziehungsroman an – *Julie ou La Nouvelle Héloise* (1761) von Rousseau.[12] Zu ihm, wie auch zu Rousseaus *Émile* (1762), liefert er das Gegenstück: den Roman einer gelungenen Erziehung zum Bösen anstelle einer heroisch-moralischen *éducation sentimentale* zum Guten. Literarisch und philosophisch negiert de Sade einen Aufklärungsoptimismus, der mittels der an den Individuen praktizierten *Erziehung des Menschengeschlechts* Fortschritte der Moralität erwartet und zu bewirken versucht.

11 Immanuel Kant, »Über das Mißlingen aller philosophischen Versuche in der Theodizee«, in: *Berlinische Monatsschrift*, September 1791. Das Problem der Dissonanz von Moralität und Glückseligkeit figuriert prominenter schon als *Antinomie der praktischen Vernunft* in Kants *Kritik der praktischen Vernunft* von 1788.

12 So Philippe Sollers, in: *Das Denken des Marquis de Sade*, Frankfurt/M. 1988, S. 74.

Ohne einander zu kennen, bieten der Moralphilosoph Kant und der Libertin de Sade, das haben Horkheimer und Adorno gezeigt, das dialektische Bild zweier gegensätzlicher Geistesverwandter am Ende des Aufklärungszeitalters.[13] Sie sind sich nämlich unwissentlich darin einig, daß Vernunft menschliches Verhalten regieren soll. Nur denkt Kant an eine fortschreitende Moralisierung des Menschengeschlechts durch vernünftige und zugleich moralische Autonomie, während de Sade die Beispiele vernünftiger Selbstbestimmung zu Lust und Verbrechen durchexerziert. Dabei bietet de Sade unfreiwillig die philosophisch-literarische Illustration zu Kants These vom Vernunftursprung des Bösen. In der *Juliette* genauso wie in *La philosophie dans le boudoir* ist Lust das treibende Motiv, aber die Vernunft die verantwortliche, rechnende und planende Exekutive allen Verbrechens und aller Lüste. Sie choreographiert in bewußter und bestimmter Negation der herrschenden Moral das von dieser verbotene Böse: *more geometrico* werden möglichst die extremsten Variationen des Bösen als die lustvollsten präsentiert. Kindermord und Leichenschändung, Folter und Vergewaltigung, Kannibalismus und Koprophilie, Inzest und möglichst alle seinerzeit als verboten geltenden Praktiken von Sexualität werden in einer exzessiven, ermüdenden Fülle von Details und Farben durchphantasiert.
Diese Schilderungen in de Sades literarisch wie philosophisch fragwürdigen Erziehungsromanen illustrieren im Grunde die ewige Wiederkehr eines Gedankens: zwecks Lustmaximierung läßt die böse Vernunft des Libertins kein Tabu aus. Und keine Macht auf Erden und kein Gott in oder jenseits einer gottverlassenen Welt straft ihn dafür. Der Leib ist der Ort der Lüste, aber diese werden bis in die extremen Formen von Verbrechen und Bösem durch die Vernunft allein inszeniert. Das Böse hat für die Aufklärer Kant und de Sade am Ende des 18. Jahrhunderts – Vernunftursprung.

»Sadismus.« »So genannt nach dem berüchtigten Marquis de Sade, dessen obszöne Romane von Wollust und Grausamkeit triefen«, heißt es in der bahnbrechenden *Psychopathia sexualis* des Richard von Krafft-Ebing, einem Buch, das ihn zu einem der Begründer

13 Horkheimer/Adorno, »Juliette oder Aufklärung und Moral«, in: *Dialektik der Aufklärung*, Amsterdam 1947.

der modernen Psychiatrie und Kriminologie machte.[14] In diesem Standardwerk über Sexualanomalien ist mit dem Begriff »Sadismus« formal ein Unterabschnitt innerhalb der »Allgemeinen Neuro- und Psychopathologie des Sexuallebens« überschrieben. Material umfaßt der Terminus folgende Symptome samt aktueller Fallbeispiele aus der psychiatrischen und forensischen Praxis: »Sadistischer Lustmord. Anthropophagie. Leichenschänder. Mißhandeln von Weibern, Blutigstechen, Flagellieren derselben. Besudelung weiblicher Personen. Symbolischer Sadismus, d. h. sonstige Ausübung von Gewalt gegen weibliche Personen. Ideeller <Sadismus>. Sadismus an beliebigem Objekt. Knabengeißler. Sadistische Akte an Tieren. Sadismus des Weibes. Kleists Penthesilea.« (S. IX f.)

Krafft-Ebing führt mit der 6. Auflage seiner *Psychopathia sexualis* den Begriff »Sadismus« – wie übrigens auch den »Masochismus« – in den deutschen Sprachgebrauch ein und hat dessen Bedeutung in bis heute gültiger Weise geprägt, nämlich als die »Verbindung von aktiver Grausamkeit und Gewalttätigkeit mit Lust« (S. 69). Obwohl diese Definition wie auch die von Krafft-Ebing behandelten Symptome des »Sadismus« nicht annähernd mit der Vielfalt dessen sich decken, was de Sades Romane beschreiben, wirkt diese Definition in der Weise auf die gesamte de Sade-Rezeption ein, daß das Werk des »berüchtigten Marquis« um allen theoretischen Gehalt gebracht und mit der Etikette des »Sadismus« versehen in die Psychopathologie eingerückt wird. Diese uns heute zumeist geläufig und einleuchtend erscheinende Etikettierung de Sades markiert indessen einen gewaltigen und selbst symptomatischen Umschwung in der Auffassung vom Menschen, speziell aber vom Sitz des Bösen im Menschen, ab der Mitte des 19. Jahrhunderts. Es werden nämlich ein dem eigenen Anspruch nach philosophischer Schriftsteller und seine philosophisch-literarischen *romans à thèses* zum Gegenstand der Psychopathologie gemacht. Das, was bei de Sade exponiert und reflektiert wird, nämlich der permanente, vorsätzliche und vernunftgeleitete Verstoß gegen die herrschende Moral, gegen Gesetze und Sexualnormen, wird zum Objekt psychiatrischer Analyse und Therapie. De Sade und seine Welt werden nicht mehr philosophisch interpretiert, kritisiert

14 Richard von Krafft-Ebing, *Psychopathia sexualis* (1886), München 1984 (Reprint d. 14. Aufl. v. 1912), S. 69 u. Anm.

oder gar verändert, sie werden, hundert Jahre nach de Sade, psychiatrisch therapiert.[15] Das bei de Sade im lustvollen Verbrechen sich manifestierende, von der Vernunft ausgelöste Böse wird bei Krafft-Ebing als »sexuale Perversion« zum Objekt der Psychopathologie. Exakt dieselben Akte des Verbrechens und des Bösen, welche bei de Sade als Ergebnisse vernünftig vorbedachter und geplanter Lustmaximierung präsentiert werden, gelten Krafft-Ebing und der von ihm maßgeblich beeinflußten Psychopathologie als Auswirkungen einer gestörten und kranken Psyche.

In einem bis auf den heutigen Tag wirkungsmächtigen, paradigmatischen Umschwung verändert sich die bei de Sade wie bei Kant gedachte Korrelation von Bösem und Vernunft zur Korrelation von Bösem und Psyche in den ab der Mitte des 19. Jahrhunderts neu entstehenden Psyche-Diskursen der Psychiatrie sowie später der Psychoanalyse und der Psychologie. Während die Seele in Kants Philosophie qua *Postulat der praktischen Vernunft* für unsterblich erklärt, aber damit innerweltlich ebenso funktions- wie wirkungslos wird, und während Seele bei de Sade in der Nachfolge des Gott und die Seele leugnenden französischen Aufklärungsmaterialismus eines La Mettrie oder d'Holbach überhaupt keinen Platz hat[16], wird sie zunächst von der Romantik als Gemüt wiederentdeckt. In der gegen die stark mystisch eingefärbte romantische Seelenlehre ganz szientifisch orientierten Psychopathologie wird die Seele als gestörte oder kranken *Psyche* dann zum Quell menschlichen Leidens, aber auch von menschlichem Verbrechen und von Immoralität. Der Ursprung des Bösen ist von der Vernunft in die Psyche hinübergewandert. Das Böse hat nicht mehr Vernunfturspung, sondern Ursprung in der Psyche.

Es ist kein Zufall, daß die neue Verortung des Bösen in der Psyche, für die der Wechsel von *de Sade* zum *Sadismus* nur ein Paradigma ist, in engem Zusammenhang mit der Entstehung der modernen

15 Über Ästhetik und Therapie als Alternativen zu den geschichtsphilosophischen Weltveränderungsansprüchen vgl. Odo Marquard, »Über einige Beziehungen zwischen Ästhetik und Therapeutik in der Philosophie des neunzehnten Jahrhunderts«, in: *Schwierigkeiten mit der Geschichtsphilosophie*, Frankfurt/M. 1973, S. 85-106.

16 Pierre Klossowski, *Sade mon prochain*, Paris 1947, bes. »Esquisse du système de Sade«, S. 45-95.

Kriminologie steht. Schon für de Sade ist Gott tot.[17] Verbrechen und Böses sind für ihn, wie für allen Atheismus, ohne das Gericht Gottes über jeden Menschen außerweltlich sanktionslos. Und innerweltlich bleiben sie straflos, wenn nicht die Justiz sie bestraft. Im Libertin der Spätaufklärung ist damit schon präfiguriert, was im europäischen Nihilismus des 19. Jahrhunderts bürgerliche Wirklichkeit wird: der *Tod Gottes* beraubt, wie von Nietzsche ins Bewußtsein gerufen, das Bürgertum des 19. Jahrhunderts einer allgemein verbindlichen, gemeinsamen Basis aller Werte und Moral. Seitdem herrscht in den liberalen Gesellschaften des Westens ein Pluralismus der Werte, Weltanschauung und Moral, welcher die ursprünglich moralische Unterscheidung von Gut und Böse an den Staat, genauer, die Justiz verweist. Denn die Straf-Justiz ist, nach dem Ende des Christentums als okzidentaler Moralbasis, die letzte irdische Instanz, welche objektiv, öffentlich und verbindlich über Gut und Böse entscheidet, indem sie Individuen für unschuldig oder schuldig erklärt.
Was rechtens und was ein Verbrechen ist, wird im modernen Rechtsstaat nicht mehr gemäß einem definiten religiösen oder moralischen Kodex, sondern rechtspositivistisch durch Unmengen von immer neuen Gesetzen bestimmt, die je und je via Mehrheitskonsens und Parlamentsbeschluß den wechselnden Moralkonventionen einer Gesellschaft angepaßt werden. Und wo es dann einmal kein Gesetz gibt, muß das »gesunde Volksempfinden« als Rechtsquelle aushelfen. Moralität, in was immer sie besteht, wird zur reinen Privatsache, während in der Öffentlichkeit die Justiz qua Legalität über Gut und Böse befindet. Über die öffentliche Verantwortung eines Individuums für ein Vergehen entscheiden sonach juristische Kriterien, denn nicht mehr vor dem Jüngsten Gericht, sondern auf dem Landgericht wird letztinstanzlich die Frage nach der Verantwortlichkeit eines Täters für ein Vergehen gestellt und beantwortet.
Dort genau setzt die Koalition von Psychopathologie und Kriminologie an. Die Immoralität, um die sich der psychologische Diskurs von Bösem und Psyche bis heute dreht, ist im Kern die Immoralität von Verbrechen. Denn ganz diesseits verschiedener möglicher Theoriebildungen über den Ursprung eines Vergehens

17 Simone de Beauvoir, »Faut-il brûler de Sade?«, in: *Les Temps Modernes,* Dez. 1951/Jan. 1952.

in der kranken Psyche wird dieser Diskurs vor Gericht praktisch, nämlich in öffentlicher Verantwortung argumentations- und beweispflichtig. Historisch setzt der Diskurs wiederum in der *Psychopathia sexualis* Krafft-Ebings, der die Sexualität als Urkraft im Menschen entdeckt und geltend macht, mit Sexualdelikten wie »Sadismus« ein. Der Psychopathologe führt gegen die juristische Verurteilung seitens der Strafjustiz die mangelnde Zurechnungsfähigkeit psychisch kranker Täter, gegen die Strafe die kranke Psyche des Täters ins Feld.

Daß bezüglich der Begehung von sexuellen Delikten neuro- und selbst psychopathische Bedingungen vielfach ausschlaggebend sind, ist aus dem bisher Erörterten leicht ersichtlich. Damit wird nichts Geringeres als die Zurechnungsfähigkeit vieler eines Unzuchtsdeliktes beschuldigter Menschen in Frage gestellt.
Der Psychiatrie kann die Anerkennung nicht versagt werden, daß sie die psychisch krankhafte Bedeutung zahlreicher monströser, paradoxer sexueller Akte erkannt und nachgewiesen hat.
Von diesen Tatsachen psychopathologischer Forschung hat die Jurisprudenz bisher sehr wenig Notiz genommen. Sie setzt sich damit in Widerspruch mit der Medizin und steht beständig in Gefahr, Urteile und Strafen über solche zu verhängen, die wissenschaftlich als für ihre Handlungen unzurechnungsfähig dastehen. (S. 374)

Wie Kant hinsichtlich des moralisch Bösen beharrt auch die Justiz noch heute auf der Zurechnungsfähigkeit eines Vergehens bei einem freien und vernünftigen Individuum. Voll zurechenbar ist ein Vergehen, solange es im freien Gebrauch oder Mißbrauch der Vernunft seinen Ursprung hat. Moralisch oder juristisch hat – so die Annahme – ein voll zurechnungsfähiges Vergehen eines Individuums Vernunftursprung. Dagegen macht die Psychopathologie entlastend ein Leiden der Psyche als Einschränkung oder sogar Aufhebung der Zurechnungsfähigkeit geltend. Die kranke Psyche bekommt gegenüber der Vernunft eine *Entschuldigungsfunktion*, wenn die Psychopathologie sie als die eigentliche Ursache des Vergehens zu erweisen vermag. Aber auch wenn dies anfangs nur für eine begrenzte Anzahl von Fällen in Anspruch genommen wird, verlangt die Psychopathologie, so schon Krafft-Ebing, gegenüber der Justiz sofort ein Monopol bei der Einschränkung menschlicher Zurechnungsfähigkeit:
»Ausserhalb eines psychischen Defekt-, Entartungs- oder Erkrankungszustandes stehende Fälle von sexuellem Delikt können

niemals der Entschuldigung der Unzurechnungsfähigkeit teilhaftig werden.« (S. 376) Daß der Psychopathologie gegenüber dem juristischen Zurechnungs- und Strafanspruch ein *Entschuldigungsmonopol* zufällt, kann für Krafft-Ebing keineswegs heißen, daß ein Vergehen ohne Zurechnungsfähigkeit, wie etwa ein Sexualdelikt, gänzlich ohne Sanktion bleibt, im Gegenteil:

Durch (...) oberflächliche Behandlung von tief in das Interesse und Wohl der Gesellschaft eingreifenden Delikten geschieht es gar leicht der Justiz, daß sie einen Verbrecher, der gemeingefährlicher als ein Mörder oder als ein wildes Tier ist, nach festem Strafmaß abstraft und ihm nach ausgestandener Strafe die Gesellschaft wieder ausliefert, während wissenschaftliche Forschung nachweisen kann, daß ein originär psychisch und sexuell entarteter und damit unzurechnungsfähiger Mensch der Täter war, der zeitlebens unschädlich gemacht werden müßte, aber nicht bestraft werden sollte. (S. 374).

Der Strafanspruch der Justiz wird vom Therapieanspruch der Psychopathologie abgelöst. Der Täter wird nicht mehr bestraft, sondern, notfalls zeitlebens, behandelt. Der Zwang der Sanktion für ein Vergehen trifft den Täter nicht mehr in Form der Strafanstalt, sondern in der der Irrenanstalt. Die Klinik substituiert das Gefängnis. Der Delinquent wird zum Patienten, aber beides ist er unfreiwillig. Der juristische *Strafzwang* gegen den Täter wird durch den psychiatrischen *Therapiezwang* ersetzt. In diesen Bahnen einer Alternative von Strafe oder Therapie verläuft der psychologisch-kriminologische Diskurs bis heute, auch nachdem er durch einen anderen seiner modernen Begründer, Cesare Lombroso, von der Einschränkung auf Sexualpathologie befreit wurde. Aber auch *Der Verbrecher*[18], von dem Lombroso ganz ohne Einschränkungen handelt, kann nur um den Preis der Therapie von seiner vollen individuellen Zurechnungsfähigkeit entlastet werden, also nachdem er als psychisch krank und therapiebedürftig diagnostiziert wurde. Ein Delinquent, der nicht gestraft wird, muß statt dessen therapiert werden. Tertium non datur.

Wer aber sieht nicht ein, daß, wenn wir die individuelle Verantwortlichkeit einschränken, wir an deren Stelle die der Gesellschaft setzen, welche viel strenger und unnachsichtiger ist; daß, wenn wir die Verantwortlichkeit einer ganzen Gruppe von Verbrechern vermindern, wir damit ihr Schicksal keineswegs mildern, sondern eher erschweren wollen, indem wir auf ihre

18 Cesare Lombroso, *Der Verbrecher* (L'Uomo delinquente, 1876), übers. v. M. O. Fraenkel, 3 Bde., Hamburg 1894 ff.

lebenslängliche Detention dringen, während die Gesellschaft (...) die Gefangenschaft auch der habituellen Verbrecher auf eine bestimmte Dauer beschränkt (...). Fürchtet man aber, das Prinzip der Abschreckung aufgeben zu müssen, welches doch heutzutage von Niemand mehr als letzter Zweck der Strafe angesehen wird, so hat man wahrlich in der lebenslänglichen Einsperrung des Abschreckenden genug. (Bd. I, S. XXIV)

Freud, der in Wien von Krafft-Ebing trotz starker Differenzen über die *Traumdeutung* (1900) noch für eine Professur vorgeschlagen worden war, löst den Psyche-Diskurs sowohl aus dem forensischen Kontext als auch von jener physiologischen These der Psychopathologie Krafft-Ebings und Lombrosos, die psychische Disposition zum Verbrechen sei, wie die zu Wahnsinn überhaupt, Folge von erblicher psychischer »Entartung«. Für Freuds Psychoanalyse der Neurosen ist die Psyche jedes Individuums zunächst eine *tabula rasa*, in welche sich durch Erziehung, Erlebnisse und äußere Umstände im Laufe des individuellen Werdegangs Besonderheiten und Charakter, aber auch Traumata und Krankheit einzeichnen, die der Psychoanalytiker dechiffrieren und therapieren kann.

In dem ausführlichsten Text zum Bösen in seinem ganzen Werk, einem Abschnitt in *Das Unbehagen in der Kultur* aus dem Jahr 1930[19], interessiert sich Freud dafür, wie überhaupt es zu der Unterscheidung von Gut und Böse und daraus folgend zu Schuldbewußtsein wegen des Bösen im menschlichen Bewußtsein kommt. Dabei ist es für ihn gleichgültig, als was und gemäß welchen Kriterien das Böse material bestimmt ist, denn diese Kriterien gelten Freud ohnehin als relativ, weil sozial immer verschieden konventionalisiert und vom Individuum nur je und je erlernt. Er legt vielmehr ganz formal dar, wie, unabhängig von den doch immer verschiedenen moralischen Normen, die Unterscheidung von Gut und Böse als solche in die Psyche jedes einzelnen aufgenommen und verinnerlicht wird.

Ein ursprüngliches, sozusagen natürliches Unterscheidungsvermögen für Gut und Böse darf man ablehnen. Das Böse ist oft gar nicht das dem Ich Schädliche oder Gefährliche, im Gegenteil auch etwas, was ihm erwünscht ist, ihm Vergnügen bereitet. Darin zeigt sich also fremder Einfluß; dieser bestimmt, was Gut und Böse heißen soll. (...) Das Böse ist also anfänglich

19 Sigmund Freud, *Das Unbehagen in der Kultur*, Frankfurt/M. 1980, Abschnitt VII, S. 110-119.

dasjenige wofür man mit Liebesverlust bedroht wird; aus Angst vor diesem Verlust muß man es vermeiden. (S. 111 f.)

Auf einer ersten Stufe ist sonach das Böse als etwas durch die Eltern oder später durch die Gesellschaft Verbotenes gekennzeichnet. Dieses zu tun wird bei Entdeckung durch Liebesverlust, etwa Strafe, geahndet. Deshalb existiert eine »soziale« Angst davor, Böses zu tun und von einer Autorität dabei ertappt zu werden. Auf einer zweiten Stufe wird dann diese Angst als Schuldgefühl verinnerlicht. Das Über-Ich oder Gewissen vertritt als innere Autorität die nach und nach internalisierten, erlernten Normen der äußeren Autoritäten wie Eltern oder Gesellschaft. Auf Normverstöße der Person reagiert nun ihr Über-Ich nicht mehr nur mit äußerlicher sozialer Angst, sondern mit Schuldgefühlen und verinnerlichten Angstempfindungen, selbst wenn keine Entdeckung droht.

Wir kennen also zwei Ursprünge des Schuldgefühls, den aus Angst vor der Autorität und den späteren aus der Angst vor dem Über-Ich. Das erstere zwingt dazu, auf Triebbefriedigung zu verzichten, das andere drängt, da man den Fortbestand der verbotenen Wünsche vor dem Über-Ich nicht verbergen kann, außerdem zur Bestrafung. Wir haben auch gehört, wie man die Strenge des Über-Ichs, also die Gewissensforschung, verstehen kann. Sie setzt einfach die Strenge der äußeren Autorität, die von ihr abgelöst und teilweise ersetzt wird, fort. (S. 114)

Damit ist bei Freud die Relation von Bösem und Psyche auf ein ganz neues Niveau gehoben. Er erklärt jenseits der Psychopathologie, wie es, ganz allgemein, in der menschlichen Psyche zur Verinnerlichung der Normen von Gut und Böse kommt und warum bei Normverletzung Angst und Schuldgefühle wach werden. Böses zu tun heißt gemäß dieser moralisch nicht wertenden, rein innerpsychisch analysierenden Theorie: entgegen einer erlernten Gewissensforderung oder äußeren Strafandrohung einer Triebregung nachzugeben; es nicht zu tun, bedeutet Triebverzicht.

Ob der Triebverzicht, d. h. der Gehorsam gegenüber der Gewissensforderung oder gegenüber bestimmten Normen und Verboten als solcher nicht legitim, vernünftig oder sozial und kulturell sogar notwendig ist, läßt Freud offen. Deutlich ist nur seine Überzeugung von der irdischen Relativität der von Menschen gemachten Unterscheidung von Gut und Böse, welche eine Absolutheit

dieser Normen, wie sie in vielen Religionen oder philosophischen Moralsystemen beansprucht wird, ausschließt.
Freud legt eine allgemeine, weltanschaulich neutrale, funktionale Theorie der Psychogenese der Unterscheidung von Gut und Böse vor, moralischer Urteile hat er sich zeitlebens enthalten. Das geschieht bei ihm jedoch schon mit einer solchen Selbstverständlichkeit, daß jene durchaus unselbstverständliche gemeinsame Voraussetzung des gesamten psychologischen Diskurses unausgesprochen bleibt, daß das Böse *eo ipso* zum Inventar der *Psyche* gezählt wird. Seine Psychogenese wird damit automatisch zum Gegenstand der Psychoanalyse, und das Böse ist dadurch letzthin, wie die Psyche, in der es lokalisiert wird, jenseits aller Moral virtuell Objekt von *Therapie*.

C. G. Jung veräußert und verweltanschaulicht in seinem Diskussionsbeitrag *Gut und Böse in der analytischen Psychologie*[20] (1958) die Analyse Freuds wieder, ohne zur Funktion der Psyche in Hinsicht auf Gut und Böse, Gewissen, Angst oder Schuldgefühle analytisch Neues beizutragen. Auch er, der oft als Schüler Freuds bezeichnet wird, will sich auf eine begriffliche, materiale und moralische Definition von Gut und Böse nicht einlassen. Jung weiß nicht, was sie sind, er weiß nur, daß Gut und Böse für den Menschen das seien, was er so bei sich als Gut und Böse empfindet. Wie es innerpsychisch zu solchen Empfindungen kommt, erklärt Jung nicht.
Zugleich jedoch weiß der Basler Pfarrerssohn mehr als der Wiener Atheist. Er weiß, daß Gut und Böse Prinzipien sind, die über uns Menschen hinausgehen. Gottesaspekte nennt er sie. Ganz wie in der Theosophie und Mystik, die Jung ja auch sonst ganz gern bemüht. Und diese Gottesaspekte haben numinosen Charakter, wie bei Otto, fascinosum, tremendum und so weiter. Aber *was* diese numinösen Prinzipien seien und was sie mit dem irdischen Menschen zu tun haben könnten, behält Jung für sich. Und wie wir dann von jenen prinzipiellen Gottesaspekten wissen können? Wir begegnen ihnen einfach: »Da ist etwas Unüberwindliches am Werk.« (S. 500)
Was im Einzelfall für die Psyche des Patienten, ganz gleich ob das

20 In: Carl Gustav Jung, *Gesammelte Werke*, Bd. 10 *(Zivilisation im Übergang)*, Olten/Freiburg 1974.

Unüberwindliche am Werk ist oder nicht, dann aber Gut und Böse bedeuten, weiß der Therapeut auch wieder nicht. Aber Jung weiß, daß man dem Bösen jedenfalls als *Therapeut* entgegentreten muß. Faustregel: »Auch in der Frage des Guten und Bösen kann man als Therapeut immer nur hoffen, man sehe die Sachen richtig, darf aber nie allzu sicher sein« (ebd.). Vielleicht muß der Patient sein persönlich-Böses einmal richtig wollen und es richtig schlimm erleben, »weil nur massives Erleben richtig anschlägt« (S. 501). »Wie soll ein Mensch erfahren, wie nötig er eine Erlösung hat, wenn er selbstsicher meint, er brauche von nichts erlöst zu werden?« (ebd.). Gemeint ist natürlich die Erlösung vom Bösen durch »Erleben« des Bösen.
Der Patient kann also immerhin psychoanalytisch erlöst werden. Von einem Bösen, von dem weder er selbst noch der Therapeut genau weiß, was es ist, außer daß es ein Gottesaspekt ist, irgendwie, der unüberwindlich am Werk ist. Das wissen wir jetzt. Und, daß zwecks *Erlösung* vom Bösen auf jeden Fall *therapiert* werden muß. Es folgen dann noch einige obligate Verweise auf die Mitte, den Schatten, den jeder Mensch hat, auf die fernöstliche Weisheit und die *felix culpa.* Am Ende wissen wir über das Böse innerhalb und außerhalb der Psyche nichts Kohärentes und auch nichts analytisch Brauchbares, aber wir wissen, daß man es wohl therapieren kann. Und wir haben uns an Prof. Jungs Bildungsgut, Anekdoten aus aller Herren Länder und allgemeinen therapeutischen Weisheiten belehrt. Wie: »Es muß im richtigen Moment, an der richtigen Stelle das Richtige gesagt werden« (S. 508). Eben.

An Freud, nämlich den späten Freud, der unter dem Eindruck des Ersten Weltkrieges seine Theorie der Wechselwirtschaft von vitalen Trieben und einem destruktiven Todestrieb, von Eros und Aggression in der Psyche entwickelt hatte, schließt mittelbar die Ethologie von Konrad Lorenz an. *Das sogenannte Böse* (1963) ist für ihn Aggression. Im Gegensatz zu Freud lehnt der Darwinist Lorenz zwar die Annahme eines Todestriebes ab, begreift jedoch die Aggression selbst als diejenige unverzichtbare vitale Kraft, die Menschen und Tieren gattungsgeschichtlich im Kampf ums Dasein das Überleben sicherte. In den heutigen Zivilisationsgesellschaften sieht er aber eine gefährliche Lücke zwischen dem natürlichen Aggressionspotential des Menschen und seinen technischen, wissenschaftlichen und intellektuellen Errungenschaften klaffen. Aggression droht, sich als ins Destruktive gewendete Energie in ebenso destruktiven Aktivitäten wie Kriegen, Gewaltverbrechen, Sucht etc. auszutoben. Denn für Lorenz läßt sich Aggression, das hat sie mit dem Freudschen Todestrieb gemeinsam, weder abschaffen noch erfolgreich unterdrücken, sondern lediglich möglichst unschädlich ableiten.

Bei alledem erkennt Lorenz den relativen Wert einer Moral wie der Kants, also auch der moralischen Unterscheidung von Gut und Böse durchaus an, zieht jedoch deren Wirksamkeit gegenüber der Urkraft Aggression in Zweifel. Gegen die Aggression vermag der kategorische Imperativ nicht anzukommen, zumal Moralitätssysteme mit der Annahme eines freien Willens operieren, den der Naturforscher Lorenz für eine Fiktion menschlichen Hochmuts erklärt. Aggression lasse sich kaum willentlich und moralisch beherrschen. Dem einen gelinge das besser, dem anderen weniger gut. Aber der Unterschied ist nur ein gradueller. Im Grunde ist für Lorenz die gesamte zivilisierte Menschheit ein *Patient*, der unter seiner stammesgeschichtlich angeerbten Aggression leidet.

»Wir alle leiden unter der Notwendigkeit, unsere Triebe beherrschen zu müssen, der eine mehr, der andere weniger, je nach unserer sehr verschiedenen Ausstattung mit sozialen Instinkten oder Neigungen. Nach einer guten alten psychiatrischen Definition ist ein Psychopath ein Mensch, der unter den Anforderungen, die von der Sozietät an ihn gestellt werden, entweder selbst leidet, oder aber seinerseits die Sozietät leiden macht. In gewissem Sinne sind wir also alle Psychopathen, denn jeder von uns leidet unter den Triebverzichten, die das Gemeinwohl von ihm fordert. Die Definition ist aber im besonderen auf jene Menschen gemünzt, die unter diesen Forderungen zusammenbrechen, indem sie entweder neurotisch, also krank, oder aber delinquent werden. Auch nach dieser genauen Definition unterscheidet sich der ›Normale‹ vom Psychopathen, der gute Bürger vom Verbrecher, durchaus nicht so scharf, wie sich sonst Gesundes vom Kranken unterscheidet!«[21]

Dadurch, daß er »in gewissem Sinne« alle Menschen, gleich ob neurotisch, delinquent oder, in Anführungszeichen, »normal«, zu *Psychopathen* der Aggression erklärt, extremisiert Lorenz die aus der Psychopathologie des 19. Jahrhunderts bekannte Alternative von Strafe oder Therapie in Richtung auf die *totale Therapie*. Da auch der »normale«, gute Bürger psychisch seine »sogenannt« böse Aggression nicht beherrschen kann und ihm freier Wille so-

21 Konrad Lorenz, *Das sogenannte Böse*, Wien 1963, S. 352.

wie moralische Zurechnungsfähigkeit in Hinsicht auf Aggression abgehen, rückt er mit all den anderen »Unnormalen« zusammen zu einer psychopathischen, modern zivilisierten Menschheit. Wenn in dieser zivilisiert psychopathischen Menschheit alle Menschen mehr oder weniger unvermeidliche Aggressionspsychopathen sind, weil Aggression unvermeidlich ist, dann hilft, das ist die Binnenlogik des ganzen psychologischen Diskurses, gegen das sogenannte Böse wie auch gegen alles andere Böse nur noch: *Therapie.* »Wir« Psychopathen Menschheit werden zwecks unschädlicher Aggressionsabfuhr unter Therapieanspruch gestellt, der zum Therapiezwang sich steigert, wenn nur so das Überleben der zivilisierten Menschheit gesichert werden kann.
Um demnach die zivilisiert-psychopathische Menschheit vor den schlimmen Folgen des »sogenannten Bösen« Aggression zu bewahren und Aggression in unschädliche Kanäle zu leiten, empfiehlt der Ethologe Lorenz zwecks Therapie viel Sport, internationale Völkerfreundschaft, Vorsicht bei totalitären Führerkulten, edlen Wettstreit in Kunst und Wissenschaft sowie – Lachen. Über die Effizienz dieses gut gemeinten, reichlich disparaten Maßnahmekatalogs schweigt sich Lorenz jedoch ebenso aus wie darüber, was im konkreten Einzelfall mit Übeltätern zu tun sei, die nicht auf menschheitsfreundliche Weise für ihre Aggressionsabfuhr gesorgt haben. Aber er bekennt sich *in summa* zur Hoffnung, daß der psychisch an ihrer Aggression leidenden und durch diese gefährdeten Menschheit mit Hilfe seiner Therapie geholfen werden kann.

An die Triebtheorie des frühen Freud knüpft Wilhelm Reich an. Auch er lehnt, lange vor Lorenz, Freuds Theorie vom Todestrieb ausdrücklich ab. Böses, wie etwa kriminelles Verhalten, Brutalität, Sucht, Faschismus oder ein autoritärer Charakter, ist für Reich einzig und allein die Folge von Unterdrückung der Libido, von Triebunterdrückung in all ihren Formen, besonders und am Grund der Dinge jedoch von unterdrückter Sexualität. In *Die Funktion des Orgasmus* (1927) wie in allen späteren Schriften bietet Reich mit der Repression der Sexualität durch sexuell repressive Erziehung in sexuell repressiven Gesellschaften eine monokausale, psychische Erklärung neurotischer und somatischer Krankheiten, aber auch von Phänomenen sozialer Devianz und politischer Verbrechen. Repression des Sexualtriebs ist selber von

Übel und Ursprung jenes Bösen, das für Reich in der Destruktivität gegen sich selbst und gegen andere besteht. Dem ist nur abzuhelfen im Einzelfall durch Psycho-*Therapie*, gesellschaftlich durch eine revolutionäre Sexualpolitik, welche die repressive Sexualmoral patriarchaler und bürgerlicher Gesellschaften abschafft. Das Individuum muß therapiert, die Gesellschaft verändert werden.

In der Verlängerung von Reichs Ansatz steht Arno Placks *Die Gesellschaft und das Böse* (1967). Plack schließt darüber hinaus zeitgenössisch an die Tradition der Psychopathologie und Kriminologie an. Diese radikalisiert er, indem er die Abschaffung des Strafrechts als einer Quelle und eines Reproduktionsmittels von sexueller Repression fordert, an der ohnehin die gesamte Gesellschaft krankt. Deren militante, lust- und lebensfeindliche Moral erzeugt das Böse, nämlich die Unterdrückung von Trieben mit all ihren zerstörerischen Folgen. »Alle Unterdrückung ist Triebunterdrückung« (S. 121). Triebunterdrückung seitens der herrschenden Moral aber ist die gemeinsame Ursache von Neurosen wie von Organkrankheiten, von Sucht wie von Kriminalität.

In der Forderung nach vollkommener Abschaffung des Strafrechts steckt die Implikation, daß gegenüber der psychopathologisch-kriminologischen Tradition die Psyche und deren Störung ihren strafrechtlichen *Entschuldigungscharakter* verlieren. Die Frage nach der Zurechnungsfähigkeit, die wegen psychopathologischer Befunde als beschränkt gelten konnte, stellt sich überhaupt nicht mehr, denn Plack streitet alle Willens- und Entscheidungsfreiheit des Täters als Fiktion ab und kritisiert den Strafanspruch des Staates als weder abschreckend noch bessernd noch überhaupt legitim und begründbar. Statt des Strafrechts plädiert er für ein reines Maßnahmenrecht, das weiteren Schaden verhindert. Denn auch für ihn ist offensichtlich, daß Menschen anderen Menschen absichtsvoll oder unbeabsichtigt Böses antun, auch etwa durch kriminelle Vergehen.

Aber die alte psychopathologisch-kriminologische Alternative von *Strafe* oder *Therapie* ist aufgehoben. Wo es, dem Anspruch nach, keine vernünftige und freie Entscheidung über Gut und Böse gibt, gibt es auch keine Zurechnungs- und Schuldfähigkeit und keine Strafe bei Vergehen mehr. Für den Täter bleibt im Maßnahmerecht nur die Maßnahme, welche keine Strafmaßnahme mehr sein kann und soll. Es bleibt nur die *Therapie*. Der Strafzwang, der dem Täter seitens der Justiz auferlegt wird, weicht gänzlich dem Therapiezwang. Aus dieser Dialektik in den psychologischen Diskursen ums Böse gibt es kein Entkommen: will man überhaupt auf ein wie immer definiertes Böses, das dem Anspruch nach allein von der gestörten oder kranken Psyche verursacht ist, mit irgendwelchen Maßnahmen reagieren, bleibt Therapie die einzige Möglichkeit. Und ist die Psyche gar hartnäckig gestört, muß u. U. sogar lebenslänglich therapiert werden. Je totaler und heftiger in Theorie und Praxis Vernunfturspring, Zurechnungsfähigkeit und Schuld am Bösen abgestritten werden und je umfassender statt dessen die kranke Seele als psycho-soziale Determinante eines Vergehens ins Feld geführt wird, um so stärker wächst der Zwang, jene Anomalie oder Krankheit, jenes Vergehen oder Böse der Psyche zu therapieren. Therapie statt Strafe ist die Konsequenz des total vollzogenen Wechsels des Bösen vom moralischen und juristischen in den nur noch psychologischen Diskurs.[21a]

Die Folge all dessen für einen hartnäckigen, vorsätzlichen und vernünftigen Libertin wie den Marquis de Sade, zweihundert Jahre später, wäre der Zwang zu Therapie statt Strafe, hat man ihm erst die Zurechnungsfähigkeit und damit die Mündigkeit abgesprochen. Und ist er nicht willig, so braucht man Gewalt, die sich auch in Form von Sedativa verabreichen läßt. Hält man sich die Ähnlichkeit von moderner Klinik und moderner Haftanstalt, die Ähnlichkeit auch von Straf-, Ordnungs- und Überwachungstechniken in und außerhalb derselben, wie sie Michel Foucault immer wieder analysiert und erinnert hat[22], vor Augen, kann man wissen, daß der Weg von Therapie *statt* Strafe zu Therapie *als* Strafe so weit nicht ist.

Es bleibt am Ende, ganz konkret, der Einzelfall. Wir sind mit jemandem konfrontiert, der böse gehandelt hat. Hier nützt es wenig zu wissen, daß es im Okzident historisch gesehen drei verschiedene Optionen gibt, den Ursprung des Bösen zu erklären: Leib, Geist, Seele. Vielmehr müssen wir erfahren, was diesen Einzelnen dazu gebracht hat, so zu handeln, schon um Wiederholung

21a Vgl. neuerlich: »Le mal«, in: *Nouvelle Revue de Psychanalyse*, No. 38, automne 1988 (Sonderheft).

22 Michel Foucault, *Histoire de la folie à l'age classique*, Paris 1972; ders., *Surveiller et punir. Naissance de la prison*, Paris 1975.

und Schlimmeres zu verhindern oder uns selbst zu schützen. Dabei ist es ratsam, sich je und je zu vergewissern, ob Böses aus leiblichem Affekt heraus oder vernünftig und vorsätzlich geplant oder im Zustand psychischer Störung und Krankheit getan wurde. Am Einzelfall erweist sich, ob totalisierte Diskurse und monokausale Theorien mehr sind als allgemeine und, weil einfache und deshalb plausible, eingängige Erklärungsmuster. Skeptische Prüfung sind wir jedem Einzelnen schuldig, zumal wenn ihm Zwang angetan werden soll oder sogar muß. Das Ganze und das Einfache erweist sich dabei meistens als das Unwahre.

Am Einzelfall auch findet der psychologische Diskurs seine Grenzen. Denn hat Therapie nicht das Ziel, Freiheit, Zurechnungs- und damit notwendig Schuldfähigkeit wiederherzustellen, oder leugnet der Therapeut gar prinzipiell die Möglichkeit und Existenz von Zurechnungs- und Schuldfähigkeit beim Menschen, wird der therapeutische Diskurs um Böses und Psyche total und totalitär. Er ermächtigt sich selbst nämlich damit notwendig zur einzig relevanten Form des Diskurses und die Therapie zur einzig möglichen Form des Umgangs mit Bösem. Dieser Binnenlogik des Diskurses entkommt man auch nicht dadurch, daß man das Böse in »soziale Devianz« oder in »normverletzendes Verhalten« umtauft, weil man mit Moral nichts mehr zu tun haben will. Werden im Therapeuten-Diskurs, der der psychologische Diskurs ums Böse bis heute fast ausschließlich ist, dem Objekt der Psycho-Theorie und -Therapie von vornherein Zurechnungs- und Schuldfähigkeit für Böses abgesprochen, wird es damit zwar auf immer für unschuldig, aber zugleich auch für unmündig erklärt. Der Einzelne ist dann nur noch Objekt, denn allein Zurechnungs- und Schuldfähigkeit konstituieren, juristisch wie moralisch, die Mündigkeit einer Person und damit den Einzelnen als Subjekt.

Rationale Zurechnungs- und Schuldfähigkeit sind Bedingung voller Mündigkeit im juristisch-moralischen Diskurs; Unzurechnungsfähigkeit, Schuldunfähigkeit und damit Unmündigkeit hingegen sind Bedingung des ausschließlichen Therapieanspruchs in einem totalisierten psychologischen Diskurs. Diejenigen Theorien der Psyche, welche, wie das in extremen Formen psychologischer Diskurse ums Böse geschieht, die vernünftige Zurechnungsfähigkeit von Bösem im Namen innerpsychischer Determinanten kategorisch verneinen, erkaufen die juristische und moralische Unschuld eines Täters mit seiner Unmündigkeit. Der

Einsatz solcher Unmündigkeitserklärungen der Vernunft zugunsten der Psyche ist hoch, denn es wird hier in Theorie und Praxis nicht mehr und nicht weniger als die freie und vernünftige Selbstbestimmung des Menschen grundsätzlich zur Debatte gestellt. Dem ausschließlichen Therapieanspruch in totalisierten psychologischen Diskursen genügen nur Unmündige oder für unmündig Erklärte. Daß viele sich gegen solcherlei generelle Unmündigkeitserklärungen im Psyche-Diskurs nicht wehren, darf nicht überraschen. Es ist nämlich, wie schon Kant festgestellt hat, bequem, unmündig zu sein.

Wilhelm Schmidt-Biggemann

Metamorphosen der Macht

Die Geschichte des Guten und Bösen bei Nietzsche und Max Weber[1]

1. Vorspiel im Paradies

Es ist eine alte Geschichte, sie spielt im Paradies:

> Und Gott der Herr gebot dem Adam und sprach: du darfst essen von allen Bäumen im Garten, aber von dem Baume der Erkenntnis des Guten und Bösen sollst du nicht essen; denn an dem Tage, da du von ihm issest, mußt du des Todes sterben. (Gen. 2,15)... und das Weib sah, daß von dem Baum gut zu essen wäre und daß er eine Lust für die Augen wäre und verlokkend, weil er klug machte. Und sie nahm von der Frucht und aß und gab ihrem Mann, der bei ihr war, auch davon, und er aß. Da wurden ihnen beiden die Augen aufgetan und sie sahen, daß sie nackt waren, und flochten Feigenblätter zusammen und machten sich Schurze (Gen., 3,6f.).

Es ist auch eine nachhaltige Geschichte, und sie hängt offensichtlich mit Moral zusammen. Schließlich handelt es sich um den Baum der Erkenntnis des Guten und Bösen.

Daß das Gute als Gutes und das Böse als Böses gelte, wird in der Geschichte vorausgesetzt – und trotzdem gibt es hier die »Unschuld des Werdens«, den paradiesischen Zustand, den nämlich, in dem die Unterscheidung zwischen Gut und Böse überhaupt noch nicht getroffen werden mußte.

Geht es sogar schon hier, im Paradies, um die *Geschichte des Guten und des Bösen*? Das ist nicht sicher, aber sicher ist, daß wir es in unserem derzeitigen postlapsarischen Zustand mit dem Bösen zu tun haben, daß wir zugleich zu wissen glauben, was das Gute ist. Sicher ist auch, daß die Erkenntnis von Gut und Böse und die Veränderung eines Status mit dieser Geschichte verbunden ist. Diese Veränderung besteht im offensichtlichen Übergang vom guten, paradiesischen Zustand der Unkenntnis von Gut und Böse in den schlechten, sündhaften und eben nicht paradiesischen

1 Diese Abhandlung entspricht weitgehend meinen Ausführungen in *Geschichte als absoluter Begriff*, Frankfurt/M. 1991, S. 40-62.

Zustand des Sündenfalls. Und nach dem Sündenfall geht es wie bei der alten Persilreklame: Hier weiß man, was man hat. Nämlich: Das Gute ist das Göttliche, das Böse ist das Teuflische, und der Mensch, repräsentiert in Adam und Eva, sieht nach seiner Entscheidung die Güte des Guten erst eigentlich auf dem Hintergrund des Bösen.

Weiß man wirklich, was man an dieser Geschichte hat? Eine, vielleicht entscheidende, Schwierigkeit tut sich bei der Frage auf, was denn *Erkenntnis* von Gut und Böse heißt. Der biblische Bericht scheint so angelegt zu sein, daß man die *Erkenntnis* des Guten erst gemeinsam mit der Erkenntnis des Bösen erhält. Und selbst wenn das Gute nicht auf das Böse angewiesen sein sollte: mindestens die *Menschen* scheinen das Böse zu brauchen, um das Gute zu identifizieren. Ist das die moralische Variante von Spinozas »omnis determinatio est negatio«?

II. Der Absolutismus der Moralität und das Faktum der Veränderung

Ich wechsele den Schauplatz. Für 1771 schrieb die Berliner Akademie der Wissenschaften im (Jahre 1769) folgende Preisaufgabe aus: »En supposant les hommes abandonnés à leur facultés naturelles, sont-ils en état d'inventer le langage?« Johann Gottfried Herder, damals etwa 30 Jahre alt, fand dies »eine vortreffliche, große, und wahrhaft philosophische Frage, die recht vor mich gegeben zu sein scheint«[2], und es entstand die berühmte »Abhandlung über den Ursprung der Sprache«. Herder ging davon aus, »daß der Mensch den Tieren an Stärke und Sicherheit des Instinkts weit nachstehe, ja daß er das, was wir bei so vielen Tiergattungen angeborene Kunstfähigkeiten und Kunsttriebe nennen, gar nicht habe«[3], und daß der Mensch, wenn er »kein instinktmäßiges Tier sein sollte, er vermöge der freierwürkenden positiven Kraft seiner Seele ein besonnenes Geschöpf sein mußte«.[4] Diese

2 An Hartknoch Okt. 1769, DA 1, S. 168.

3 *Werke*, hg. von Gaier, S. 711, Die Tradition des Mängelwesen-Topos beginnt mit Gregor von Nyssa: »De opificio hominis« PG 44, Sp. 123-256 und wird von Pico: »De dignitate hominis« fortgeführt.

4 Ebd., S. 719.

Besonnenheit muß man sich wohl vorstellen als natürlichen, ungebundenen Energieüberschuß, der aus Triebspezifikationsmangel übrigbleibt und der sich im Menschen auf sich selbst richtet. Daraus zieht Herder die Konsequenz: »Der Mensch, in den Zustand von Besonnenheit gesetzt, der ihm eigen ist, und diese Besonnenheit (Reflexion) zum erstenmal frei würkend, hat Sprache erfunden.«[5] In der »Ältesten Urkunde des Menschengeschlechts« (1776), die Herders Theorie des natürlichen Sprachursprungs exemplifizierte, hat Herder den Ausgang des Menschen aus seiner Tierheit in die Besonnenheit des Sprachursprungs anhand der Erbsündengeschichte interpretiert: »Das Haupt des Menschen ward höher«, schreibt er, »und seine Sinne nicht schärfer, gegentheils viel schwächer, aber feiner. Der Mensch bekam höhern Umschauungskreis, die Triebe wurden kühl, mithin in Mitte und Leere dieser mangelnden Triebe erzeugte sich das zweideutige Irrlicht, Besinnung, das kein Thier noth hat, das seinem Besitzer mehr Irrthum und Plage, als Besitz und Glückseligkeit schaffet.« Das ist die *Besonnenheit* der Sprachursprungsschrift, der Überschuß aus ungebundener Triebenergie, der sich im Menschen sich selbst zuwendet. In der Sprachursprungsschrift folgte hier die Entstehung der Sprache, Herders »Älteste Urkunde« fährt fort: »Siehe da den Baum der Erkenntnis, an dem der Mensch aufrecht ward, in schöner Einkleidung. Nun war er Göttergleich, sah, was er sonst nicht gesehen hatte, konnte sich sogar Moralische Unterschiede des Guten und Bösen (das feinste Dichtungsspiel!) denken.«[6]

Facit: Die Besonnenheit hat also als Folge die Sprache, und Sprache ist äquivalent mit dem postlapsarischen Zustand.

Was war eigentlich passiert bei Herders Interpretation des Sündenfalls? Zunächst handelt es sich ja um eine Art enthusiasmierte Nacherzählung, um die Geschichte einer Veränderung, die für sich Plausibilität beansprucht. Sprache selbst, in der die Geschichte erzählt wird, ist etwas, was nicht immer gewesen ist und gegolten hat, sondern Produkt einer Naturgeschichte, an der der Mensch Teil hat. Auf eine inhaltliche und eine formale Implikation von Herders weitreichender These möchte ich eingehen:

5 Ebd., S. 722.

6 Herder, *Älteste Urkunde des Menschengeschlechts*, in: *Werke*, hg. von Suphan, Bd. 7, Berlin 1884, S. 108.

1. Inhaltlich: Sprache kompensiert, ja überkompensiert die menschliche Mängelnatur. Die Folge: Alles, was der sprachlichen Struktur entspricht, ist eine Naturfolge und gilt nicht aus sich sondern als Naturfolge – das betrifft die Logik so wie die Moral. Wenn die Geschichte der Natur der Fluß ist, in dem sich Herders Geschichte bewegt, dann sind Logik und Moral in ihrer sprachlichen Voraussetzung Sekundärphänomene der natürlichen Bildung.

2. Formal: Dadurch, daß eine »legitimierende Mustergeschichte« nacherzählt wird, »schmiegt« sich die Erzählung formal dem Lauf der Geschichte an, d.h. sie hat selbst einen Zeitindex. Denn die Geschichte, die ja Veränderung ist, hebt den Satz des Widerspruchs zeitlich auf. Ein Zustand A – im Beispiel der Sündenfallsgeschichte der Zustand der Unschuld – wird an *einem* Gegenstand in den Zustand B = −A verändert. Ein solcher Zustand läßt sich nicht dergestalt begründen, daß man sagen könnte, etwas sei gleichzeitig gut und doch nicht gut, so wenig wie man sagen kann, ein Dreieck sei eigentlich ein Viereck. Also kann man nicht begründen, sondern nur nacherzählen, wie aus A −B = −A wurde.

III. Zwei Kapitel aus der Naturgeschichte der Hinterwelt
Der Absolutismus der Moralität und das Faktum der Veränderung

Was sich jetzt zeigt und einmal nicht zu sehen war, belegt das Faktum der Veränderung. Dieses Faktum scheint unhintergehbar zu sein, ein absoluter Begriff von Geschichte. Wenn aber Sprache bis in ihre grammatische und semantische Struktur ihre Geschichte hat, dann suggeriert dieser absolute Begriff von Geschichte, daß es einen Status gegeben hat, der ohne die semantischen Sprachinhalte Gut oder Böse auskam. Denn Gut und Böse sind an die Geschichte des Menschen und seiner Sprache gebunden, und die ist endlich: Folglich haben Gut und Böse auch ihre Geschichte.

Das alte, schon platonische Problem ist nun aber, daß es dem Begriff des Guten so geht wie dem des Dreiecks: Es beansprucht für sich, sich dieser Geschichte zu entziehen. Daß das Gute den

Anspruch hat, »daß es so sein solle«, daß es also verwirklicht werden »will«, ist ein semantisches Merkmal, ohne das »gut« nicht denkbar ist. Das Gute normiert also die Natur und kann folglich von der Natur nicht normiert werden. Es entzieht sich mithin der Veränderung durch die Naturgeschichte, wenn es selbst seinen Begriff nicht verlieren will. Denn nur, wenn sich der Formalanspruch des Guten, getan werden zu sollen, nicht ändert, bleibt es als Gutes verständlich. Gegenüber einem absoluten Begriff von Geschichte beansprucht das Gute selbst, absolut zu sein, das ist sein Formalanspruch.

Da zeigt sich nun ein beträchtliches Dilemma: Der begriffliche, semantisch unhintergehbare Absolutismus des Guten, identisch mit dem Absolutismus der Moralität, ist hier konfrontiert mit dem Faktum der Veränderung, ebenfalls einem absoluten Begriff, mit dem absoluten Begriff der Geschichte.

Konsequenzenmacherei gehört zum philosophischen Geschäft. Wenn diese Konsequenzenmacherei stimmt, dann ließ die Herdersche Sprachtheorie einen Geist aus der Flasche. Denn wenn Sprache Kompensation des menschlichen Triebspezifikationsmangels war, dann waren die Bewußtseinsinhalte der Moral Funktion unserer Mängelnatur, sie waren zweitrangig gegenüber dem Leben. Nicht mehr sollte die Moral die Natur bändigen, sondern (Der Begriff der Natur trat doppelt auf: Einmal als Natur, die ihre Geschichte, ihr Leben hatte, zum andern als die Natur, die der Unnatur Moral entgegengesetzt war.) dann war Moral selbst nur ein Teil Naturgeschichte, sie galt nicht aus sich, sondern ihr Absolutheitsanspruch bezog seine Autorität, weil Moral eine Geschichte hatte, aus dem Potential eben dieser Naturgeschichte.

Genau das, daß die Moral sich aus dem Potential der Naturgeschichte erklären lasse, war die Argumentation Nietzsches.

Die Genealogie der Moral

Schon der Titel: zur *Genealogie* der Moral suggerierte eine Logik des Werdens, eine Logik freilich, die man nicht als innere Logik einer Sache begreifen konnte. Die innere Logik einer Sache beschreibt, wie eine Sache, aus mehreren Einheiten bestehend, möglich ist, das ist die Logik, die Leibniz »Kompossibilität« genannt hat: Der Beweis einer Möglichkeit liegt im Beweis der Nichtwidersprüchlichkeit der Teile einer Sache. Eine solche Begründung ist unterschieden von einer Begründung, die berichtet, wie etwas geworden ist. Wenn man erzählt, wie etwas geworden ist, erzählt man die Geschichte von etwas, was vorher in einer bestimmten Weise war und nachher in einer anderen. Das, was geworden ist, ist also zugleich identisch und doch different. Das Muster ist wie bei den Werbephotos für die Diät: Vorher: der Dicke. Nachher: der Dünne. Die dargestellten Personen sind identisch und doch kaum wiederzuerkennen.

Genauso ergeht es auch der Moral. Nietzsche geht davon aus, daß der Begriff *gut* zwei Gegensätze hat. Das bedeutet für den Begriff des Guten die Unterstellung, es handele sich mindestens partiell um eine Äquivokation, also um etwas, was sowohl identisch als auch nicht identisch ist. Nietzsche nimmt nun das Ergebnis dieses Befundes, die Doppelheit des Guten, und erzählt eine Muster-Geschichte, um diese Doppelheit plausibel zu machen. Vorher – Nachher.

Seine Geschichte sieht so aus: In der Natur, die nicht menschlich, sondern unbekümmert um Menschen ist, setzt sich – und das ist darwinistisches Gemeingut – die stärkere = bessere Gattung/Rasse durch. Man muß sich – und ich referiere den Gedankengang der Genealogie der Moral – diese Machtausübung des Stärkeren im natürlich-menschlichen Bereich als Bestrafung des Unterlegenen vorstellen. Nietzsche – ohnehin nicht zimperlich mit starken Bildern – spart für die Darstellung nicht mit drastischen Beispielen. Die Mißhandlung von Gefangenen aus purer Machtlust, der lustvolle Vollzug von Körperstrafen[7], angefangen vom Schinden und endend beim Rädern, die Strafe der Schuldner gerade dann, wenn sie im modernen »humanen« Sinne unverschuldet in ihr Unglück geraten sind.[8]

Entscheidend: Strafe und Rache sind für den lustvoll Lebenden identisch; und hier fällt auch die Metapher von der »blonden Bestie«. Nur im zähen Gedächtnis der Schwachen, der Unterlegenen

7 Die Beispiele und ihre Herkunft aus dem römischen Recht; vgl. die Arbeit von G. Hartung: *Max Webers Herrschaftssoziologie im Kontext. Die unwiderstehliche Rationalisierung der Weltbilder,* 1989.

8 In schlimmen Zeiten hat man Mitleid in solchen Fällen Humanitätsduselei genannt. Das erste Vorkommen dieses Wortes habe ich nicht klären können.

– in der Höhle des Ressentiments (wo der Gewissenswurm nagt) – haftete die Vorstellung vom starken, schrecklichen Leben, das in den rücksichtslos Herrschenden sich zeigt.
Deren Gut, das Gute des Lebens, ist immer das Stärkere, das je auf seine Machtsteigerung aus ist. Denn das »Wesen des Lebens« ist »der Wille zur Macht«[9] und als solche Steigerung der stete Wille zur Veränderung. Das Nicht-Gute ist deshalb »natürlich« das Schlechte, warum sollte man »natürlich« – und diese Natur ist der Garten auch des Menschlichen, aber welches Menschlichen? – warum sollte man »natürlich« überhaupt vom Bösen reden? Das Gute kommt nur relativ zur Stärke vor und das Schlechte, Unnütze, Lebensunwerte nur relativ zur Schwäche. Was soll da ein absolutes Gutes?
Gleichwohl gibt es die Vorstellung des absolut Guten, und nur die Vorstellung des absolut Guten garantiert die Moral. Um plausibel zu machen, wie etwas eigentlich Unplausibles wie diese Vorstellung des absolut Guten zustandegekommen ist, muß also die Denunziations-Mustergeschichte erzählt werden, das ist die Geschichte des Ressentiments.[10] Ressentiment ist so etwas wie ein Selbstbezug ohne Lebensüberschuß, eine Art Gedächtnis-Nachkarten der Schwächeren. Und diese Schwächeren, wo sie schon verloren haben, brauchen etwas Sicheres, was ihrer Schwäche Halt gibt. Zu diesem Zwecke, zu Kompensationszwecken also – dient *das* Gute, das dem Bösen entgegengesetzt ist. Dieses Gute zeichnet sich dadurch aus, daß es unnatürlich, ja durch seine Herkunft widernatürlich ist. Denn die Ersatzvorstellung für die schmerzlich vermißte eigene Stärke, das sublimierungsbedürftige Ressentiment, die Häme der schwachen Gedächtnisvirtuosen entwickelt den ohnmächtigen Anspruch, daß das unveränderliche Gute als Gegenwelt zur lebendigen Natur, als Hinter-Welt, als ohnmächtige eingebildete Anspruchswelt gegen den Willen zur Macht existiere.
Es geht mithin zugleich um die Entstehungsgeschichte der »Hinterwelt« (d. i. Nietzsches Übersetzung von »Metaphysik«), um die Entstehungsgeschichte also der Metaphysik, die an einem stabilen Gottesbegriff hängt, der sich vom funktionalen Gedacht-

9 Nietzsche, *Genealogie der Moral*, in: *Sämtliche Werke*, Bd. 5, Studienausgabe, S. 316.
10 Der Begriff Ressentiment könnte mit »Besonnenheit« übersetzt werden, aber er meint nicht ganz dasselbe wie bei Herder.

Werden zu einer unveränderlichen extramentalen Realität an den eigenen Haaren aus dem Sumpf der bläßlichen Ressentimentsexistenz gezogen hat. Wer im Leben lustvoll unbewußt der Erde treu bleibt, braucht derlei hinterweltlerische Ewigkeitsrückversicherung einer Sklavenmoral nicht.
Es gibt nun, Nietzsche zufolge, zwei natürliche Sachverhalte, die dieser Sklavenmoral zur intellektuellen Herrschaft verholfen haben, erstens den Selbstbezug des Willens zur Macht beim Menschen – als Folge seiner mangelnden Triebstruktur, als Folge seiner weitgehenden Unnatürlichkeit und Natürlichkeit zugleich, zweitens die Entstehungsgeschichte des Gewissens, das einen angeblich absoluten Moralanspruch als den seinen anerkennt. Das bezeichnet Nietzsches Begriff der Psychologie.

a. Menschliche Natur und Unnatur

Daß der Mensch dergestalt natürlich ist, daß sein Maß an Unnatur vergleichsweise groß ist, zeigte sich schon daran, daß es die Moral des Ressentiments, der Widernatürlichkeit überhaupt gibt. Der Grund dafür liegt Nietzsche zufolge – und er konvergiert hier mit Herders Auffassung – in der Mängelnatur des Menschen gegründet. Auch Nietzsche hat für seine Genealogie der Moral eine Theorie des Sündenfalls: Nimmt man nämlich das Mängelwesen Mensch als Teil der Natur, so ist der Mensch – um sich in der Natur zu erhalten – gezwungen, die mangelnde Strukturiertheit seiner Triebe dadurch zu kompensieren, daß er den Willen zur Macht, seinen Teil an der Natur, auf sich selbst wendet. Das ist eine Form von Besonnenheit und formaler Re-Flexion, sozusagen Medium zwischen Aktiv und Passiv: In diesem Akt ist der Mensch, als Gattungswesen betrachtet, aktiv und passiv zugleich. Nicht aber als Erkennender und Erkannter, sondern als Handelnder und Leidender. Wenn das Handeln aus Macht die natürliche Lust ist, dann entzweit der Selbstbezug dieser Lust, die zur Selbstzucht und zur Machtausübung gleichermaßen erforderlich ist, den Menschen in den lustvoll Handelnden und den leidvoll Passiven. Zugleich erfreut er sich seiner leidvollen Formung (damit er er selbst werden kann als Handelnder) und handelnd erfreut er sich seiner Macht, deren er sich nur im Moment des Leidens bewußt werden kann. Mit dieser Macht handelt er, wenn sie ihn geformt, »gezüchtigt« hat, lustvoll unbewußt natürlich. Wenn die Zucht endlich ihre »Früchte zeigt, wo die Societät und ihre Sittlichkeit der Sitte endlich zutage bringt, wozu sie nur das Mittel war: so finden wir als reifste Frucht an ihrem Baum das *souveräne Individuum*, das nur sich selbst gleiche, das von der Sittlichkeit der Sitte wieder losgekommene, das autonome übersittliche Individuum (denn autonom und sittlich schließt sich aus)...«[11] Damit ist das Geltungsende der Moral erreicht, Autonomie und Moral, die sich (bei Kant) gegenseitig bedingten, fallen auseinander.

b. Die Entstehung des Gewissens aus dem Ressentiment

Aus derselben Selbstzuwendung, die beim Starken das souveräne Individuum durch Zucht formt, entsteht beim Schwachen das Gewissen. Das Bewußtsein ist der unüberwundene, leidvoll geformte Selbstbezug, sentimentales Selbstmitleid, eben Ressentiment. Bewußtsein als Wissen seiner selbst ist nur noch die Depravationsform des Lebens, das eigentlich über den Selbstbezug hinaus zur Steigerung der Macht drängt. Das Bewußtsein selbst ist Symptom des schwächlichen Selbstbezugs, und für diesen Selbstbezug benötigt das Ressentiment die Vorstellung des absolut Guten und seines Gegenteils, des Bösen. Als dieses Böse wird nun die Macht des Lebens, die das ohnmächtige Bewußtsein erfahren und als Ressentiment, als Gedächtnis »eingebrannt«[12] bekommen hat, leidvoll ohne Lust erfahren. Die Lust wird selbst als Indiz des Mächtigen zum Bösen. Das ist die Geschichte der Umwertung des natürlich Guten ins moralisch Schlechte. Und das Ressentiments-Bewußtsein dieser Spaltung, durch die allein das Leid gut und die Lust schlecht wird, dieses Bewußtsein ist das schlechte Gewissen, der Nagewurm des Ressentiments, die schwarze Häme der Gedächtniskunst.

11 Ebd., S. 293.
12 Ebd., S. 295.

Läßt man sich auf den absoluten Begriff der Geschichte ein, dann gibt es hier, bei Herder wie bei Nietzsche, so etwas wie eine Naturgeschichte des Guten und Bösen, und diese Naturgeschichte reicht allemal in die Menschengeschichte, in die historisch-politische Geschichte hinein. Wie entzögen wir uns, da wir doch Teil der mächtig fortlebenden Natur sind, der menschlichen Geschichte?

Nietzsche hat für seine Vorstellung des natürlichen Immoralismus einige Indizien angegeben. Ein Indiz ist die frühe griechische Tragödie, die die Einheit von Leid und Macht des Lebens zeige, das ist zugleich seine Metaphysik der Musik. Ein anderes Indiz: Er hat über die Genealogie der Moral hinaus *dem* abendländischen Garanten der Unveränderlichkeit der Moral, dem monotheistischen Gott, seine Entstehungsgeschichte gegeben.[13]

Wenn Moral keine Geschichte haben soll, darf sie, sofern Natur und Welt im Fluß sind –, denn alles muß in Nichts zerfallen, wenn es im Sein beharren will – wenn also Moral keine Geschichte haben soll, dann muß sie widernatürlich und hinterweltlerisch sein. Das ist unter der Bedingung möglich, daß die Unveränderlichkeit die Bedingung der Veränderung ist. Diese Bedingung, nicht von dieser Welt, beständig, zugleich aber die Ursache der Welt und ihrer Veränderung zu sein, erfüllt der monotheistische Gott des Judentums.

Kann man dieses Verhältnis umdrehen, dann wird der Gottesbegriff Funktion der Geschichte, und die unveränderliche Moral (was seine unveränderlichen Prädikate der Güte, Liebe und Gerechtigkeit anbelangt) ist Teil der geschichtlichen Veränderung. Das macht Nietzsche so:

> Die Geschichte Israels ist unschätzbar als typische Geschichte aller *Entnatürlichung* der Natur-Werte: ... Ursprünglich, vor allem in der Zeit des Königthums, stand Israel zu allen Dingen in der *richtigen*, das heißt der natürlichen Beziehung. Sein Javeh war der Ausdruck des Macht-Bewußtseins, der Freude an sich: in ihm erwartete man Sieg und Heil, mit ihm vertraute man der Natur, daß sie giebt, was das Volk nöthig hat – vor allem Regen. Javeh ist der Gott Israels und *folglich* Gott der Gerechtigkeit: die Logik jedes Volks, das in Macht ist und ein gutes Gewissen davon hat. Im

13 Er beruft sich auf Wellhausen, *Prolegomena zur Geschichte Israels* (1878); vgl. Hartung (Anm. 7).

Fest-Cultus drücken sich diese beiden Seiten der Selbstbejahung eines Volkes aus: Es ist dankbar im Verhältnis zum Jahreskreislauf und allem Glück in Viehzucht und Ackerbau. – Dieser Zustand der Ding<e> blieb noch lange das Ideal, auch als er auf eine traurige Weise abgethan war: die Anarchie im Innern, die Assyrer von außen. Aber das Volk hielt als höchste Wünschbarkeit jene Vision eines Königs fest, der ein großer Soldat und ein strenger Richter ist: vor allem jener typische Prophet (das heißt Kritiker und Satyriker des Augenblicks) Jesaia. – Aber jede Hoffnung blieb unerfüllt. Der alte Gott *konnte* nichts mehr von dem, was er ehenmals konnte. Man hätte ihn fahren lassen sollen. Was geschah? Man *veränderte* seinen Begriff, – man *entnatürlichte* seinen Begriff: um diesen Preis hielt man ihn fest. – Javeh der Gott der ›Gerechtigkeit‹, *nicht mehr* eine Einheit mit Israel, ein Ausdruck des Volks-Selbstgefühls: nur noch ein Gott unter Bedingungen ... Sein Begriff wird ein Werkzeug in den Händen priesterlicher Agitatoren, welche alles Glück nunmehr als Lohn, alles Unglück als Strafe für Ungehorsam gegen Gott, für ›Sünde‹, interpretieren: Jene verlogenste Interpretations-Manier einer angeblich ›sittlichen Weltordnung‹, mit der, ein für alle Mal, der Naturbegriff ›Ursache‹ und ›Wirkung‹ auf den Kopf gestellt ist. Wenn man erst, mit Lohn und Strafe, die natürliche Causalität aus der Welt geschafft hat, bedarf man einer *widernatürlichen* Causalität: der ganze Rest von Unnatur folgt nunmehr. Ein Gott, der *fordert* an Stelle eines Gottes, der Rath schafft, der im Grunde das Wort ist für jede glückliche Inspiration des Muths und des Selbstvertrauens ... Die Moral, nicht mehr Ausdruck der Lebens- und Wachsthums-Bedingungen eines Volk<s>, nicht mehr sein unterster Instinkt des Lebens, sondern abstrakt geworden, Gegensatz zum Leben geworden. – Moral als grundsätzliche Verschlechterung der Dinge, als ›böser Blick‹ für alle Dinge. Was ist jüdische, was ist christliche Moral? Der Zufall um seine Unschuld gebracht; das Unglück mit dem Begriff ›Sünde‹ beschmutzt; das Wohlbefinden als Gefahr, als ›Versuchung‹; das physiologische Übelfinden mit dem Gewissens-Wurm vergiftet.[14]

Die Geschichte des Judentums ist es also, die den Gott generiert, auch Gott wird von der Geschichte eingeholt; noch ein Beispiel aus der Naturgeschichte der Hinterwelt, vielleicht das wichtigste.

Facit dieser beiden Kapitel aus der Naturgeschichte der Hinterwelt:

1. Moral ist die Geschichte der hinterweltlichen Stabilisierung des Ressentiments.
2. Das Gewissen ist Folge der lebensuntauglichen Schwäche der erinnernden Reflexion.

14 Nietzsche, *Antichrist,* Kap. 25; vgl. das Große Wellhausen Exzerpt Nietzsches, in: *KSA*, Bd. 13, S. 169-174.

3. Der Gottesbegriff ist ungeeignet zur Stabilisierung der Moral, weil er selbst nur Funktion der Geschichte ist.

Die politische Rationalisierung der Angst: Max Weber Machtorientierte Verzweckmäßigung

Ob der »Wille zur Macht« nun die Essenz des Lebens war, kann hier vielleicht unbeantwortet bleiben; gewiß war er die Essenz der Politik. Und ob man geschichtliche Bildung als absoluten Begriff nimmt – wie Herder – oder ob man die Gesellschaft als politischen Prozeß beschreibt: Dauernde Veränderung, Geschichte als absoluter Begriff, ist Herders, Nietzsches und Webers Leitvorstellungen gemeinsam.

Abgesehen davon, wie gut Weber Nietzsche gekannt hat, es sind zwei Argumentationsmuster, mit denen er arbeitet, wenn es um Moral/Ethik geht. (Ich unterscheide hier bewußt nicht zwischen Ethik und Moral.) Erstens geht Weber von einem seit Herder vor allem in der Philologie selbstverständlichen Entstehungsvorurteil aus: Es gilt also Genealogie von schlechterdings allem; zweitens: Rationalisierung ist die qualitative Struktur der Genalogie.

Das Konzept seiner »verstehenden Soziologie« ist streng historisch – er vermeidet jede Prophetie und jede vorlaufende, vorschreibende Normierung. Die Ordnungen, nach denen er die Befunde seiner historisch verstehenden Soziologie bündelt, nennt er Rationalisierungen. Ein höchst undeutlicher Begriff, den man am ehesten, denke ich, als politische, das heißt machtorientierte Verzweckmäßigung übersetzt.

Nun kann man zwar bei Max Webers trockener Vielschreiberei nicht das rhetorische Feuerwerk von Nietzsches Aphoristik erwarten; das hat allerdings nicht zur Folge, daß Webers Argumente weniger plausibel wären. Vielmehr kommen sie mit einer Selbstverständlichkeit daher, die nicht historisch-psychologische Denunziationsgeschichten schrill ausposaunt, sondern communis opinio zu vertreten vorgibt. Schließlich entsprach die Vorstellung der »Gewordenheit« der Götter dem philologisch historischen Zersetzungsprozeß einer einheitlichen Universalgeschichte, die sich seit Herder angebahnt hatte. Alle Völker und Stämme hatten ihre eigene Geschichte.

Die »natürliche Religion«, die einen ursprünglichen Monotheismus annahm, stand seit Humes »Natural History of Religion« in Frage: Hume nahm einen ursprünglichen Polytheismus an: »Polytheism was the Primary Religion of Man.«[15] Ob dieser Polytheismus den Herderschen Bestimmungen der völkerspezifischen Religiosität entsprach, ist von den Anfängen her unklar. Aber in den Folgen waren Herder und Hume konvergent. Die Natürliche Religion war seitdem – sichtbar etwa in Grimms »Deutscher Mythologie« (1844) – in eine Vielzahl von Göttern aufgelöst, die keineswegs auf den einen Judengott zurückgeführt werden konnten. Der eine Gott konnte nur noch als Spätform einer historischen Entwicklung begriffen werden.[16]
Auch bei Max Weber wurde die Mängelnatur des Menschen für die Dynamik der Geschichte vorausgesetzt. Freilich interpretierte er diese Mängelnatur mit Hume[17] als Angst. Schleiermachers »Gefühl der schlechthinnigen Abhängigkeit« war eben nicht nur Anlaß für Erbaulichkeit, sondern die menschliche Kehrseite des Numinosen und Erhabenen war Voraussetzung für die Grundvorstellung von Politik, daß Macht durch Angst herrscht. Zugleich war es das Gefühl der Zugehörigkeit zu Mächten, die als »Augenblicksgötter« erschienen, *die polymorph* waren, aber im Augenblick ihrer Apophanie in unausweichlicher Evidenz erschienen.[18] Dieses Religionsphänomen ist für Max Weber die schlechterdings nicht auflösbare Voraussetzung von Macht: Macht ist im Kern nicht in rationale Zweckmäßigkeit aufzulösen. Kontingenzbewußtsein macht gehorsam. Gehorsam ist die Folge der Restangst vor dem Erhabenen.[19] Das Gefühl der ursprünglichen Ohnmacht, das Angst auslöst, ist identisch mit der Disposition zur Disziplin, zum Gehorsam: Angst wurde zum absoluten Begriff.

15 D. Hume, *The Natural History of Religion,* Kap. 1, Überschrift.
16 Bei Reizenstein, *Hellenistische Mysterienreligionen,* heißt das »Sekundärmythos«; vgl. Blumenberg, *Arbeit am Mythos,* Frankfurt/M. 1979.
17 Hume, *Natural History of Religion,* S. 34 f.
18 Dazu H. Blumenberg in seinem Mythos-Aufsatz in: Poetik und Hermeneutik v; v. a. aber Hermann Usener, *Götternamen, Versuch einer Lehre von der religiösen Begriffsbildung,* hg. von E. Norden, Frankfurt/M. 1948.
19 Die ganze Geschichte vom Erhabenen, tremendum et fascinosum, später religionsgeschichtlich klassisch bei Rudolf Otto, *Das Heilige* (1917).

Rationalisierung besteht nun für Max Weber darin, die Angst des mythischen Urzustands in Macht und Gehorsam zu verzweckmäßigen und dadurch erträglicher zu machen. Das ist die Quelle für die Dynamik seiner Gesellschaftsgeschichte. Rationalisierung ist zugleich Entlastung von der Unberechenbarkeit der polymorphen Augenblicksgötterei. Schon Geschichtenerzählen über Mythen und Magie bedeutet folglich Steigerung der Berechenbarkeit. Das gilt a fortiori für die weitergehenden Dogmatisierungen und Verphilosophierungen der ursprünglichen Religion bis zum kirchlich-theologisch verfaßten Monotheismus.[20] Das Potential der Angst wird sozusagen gespalten, der berechenbare Teil wird rational aufgearbeitet, der unberechenbare isoliert und damit zugleich stabilisiert. Der Preis dieser Rationalisierung: Der irrationale Bereich wird in diesem Prozeß jeder Berechenbarkeit entzogen und zum Ort böser, dunker Unkalkulierbarkeiten.

Ein solcher Prozeß der Berechenbarmachung der Angst ist identisch mit dem Grundprozeß der Genealogie der Moral. Formal: Es wird wieder eine Mustergeschichte erzählt, die Plausibilität beansprucht. Diese Plausibilität unterstellt erstens, daß Rationalität und menschliche Interessen konvergieren, daß die Rationalität also das Menschliche »will«, und sie unterstellt zweitens, daß das Gute eo ipso das Rationale sei. Wie sollte man es sonst als das Gute erkennen?

Gleichzeitig jedoch muß man voraussetzen, daß das Gute das Böse beherrschen kann. Sonst gäbe es keinen rechten Sinn, Interesse am Guten zu haben. Wenn das Gute das Schwächere wäre, hätte man aufs falsche Pferd gesetzt und seine Angst nur gesteigert, statt sie rational beherrschbar zu machen.

Weber sieht in der Entstehung des Guten sozusagen den religionsgeschichtlichen Kraftakt, sich den Gehorsam zu rationalisieren. Zugleich handelt es sich um einen seelenökonomischen Verdrängungsakt des bösen Teils des Numinosen. Ursprünglich aber bleibt, vor- und irrational, die Angst und damit der Gehorsam.

Es kann sein, daß in dieser Entstehungsgeschichte des Guten auch

20 Vgl. A. Gehlen, Urmensch und Spätkultur, Frankfurt/M. [4]1977. Der Wandel vom Polytheismus zum Monotheismus ist für Gehlen eine »Kulturwende« (S. 144) von der Magie zur Rationalität. Vgl. auch H. Blumenberg, Arbeit am Mythos, Frankfurt/M. 1979.

der Sinn der Legitimität, der Sinn legitimer Macht liegt. Denn dann würde plausibel, weshalb der Begriff Legitimität immer positiv besetzt ist, dennoch aber nicht genau definierbar ist. Vielleicht verbindet sich in diesem Begriff sehr elementar – sozusagen noch vor der Ausformung der Rationalität – die ursprüngliche, nur religionsgeschichtlich beschreibbare Kombination von Gehorsamsanspruch und Gutem. Denn der Gehorsamsanspruch liegt noch vor der Erfindung des Guten.

Mit der Erfindung des Guten ist – auch bei Weber – die Mustergeschichte der Emanzipations-Münchhausiade initiiert: Das Menschengeschlecht zieht sich am eigenen Rationalisierungsschopf aus dem Sumpf der Angst vor dem Numinosen. Bloß: so richtig wird man die Angst nicht los. Das Rationalisieren erlöst nicht von der Macht und nicht von der Politik. Denn die Trennung der Begriffe Gut-Böse, die rationalsierende Dichotomisierung ist selbst ein Akt begrifflicher Freund-Feind-Polarisierung. Es impliziert die Unterwerfung des Irrationalen, also des Bösen, aber auch die Akzeptierung des Guten. Denn der Zwang des so gewonnenen Guten besteht darin, daß man – wann und wie man es auch immer erkennt – das Gute a) akzeptieren muß (Rationalitätsseite) und daß man ihm b) gehorchen muß (Religionsrest, Numinosenrest). Andernfalls ist man böse und zwar deshalb, weil man a) etwas Rationales verweigert und b) nicht gehorcht (d. h. seine Kontingenz nicht akzeptiert).

Es bleibt bei dieser Konstruktion der Rationalisierung der Angst in Gehorsam die bange Frage, warum denn trotz des Rationalisierungsvorteils in der Unterscheidung Gut-Böse das Böse als Angstpotential nicht auflösbar ist; Angst hat man immer noch, und besonders vor dem Unberechenbaren. In der Bändigung des Numinosen, in der »Entwicklung ethisch spezifisch qualifizierter Gottheiten«[21] bleibt ja die Behauptung, daß das Gute zugleich das Rationale und Mächtige wäre, hohl: Denn die Frage »unde malum«, woher kommt das Böse, zerstört jede noch so hehre Gotteprädikation. Das ist die Frage nach der Theodizee, nach der Rechtfertigung Gottes vor den Übeln der Welt.[22] Wenn die Welt

21 Wirtschaft und Gesellschaft, S. 262.

22 Max Weber ist in seiner Konstruktion manichäisch wie Böhme und Schelling; denn Gut und Böse sind in seiner religionsgeschichtlichen Konstruktion nicht ins Gute auflösbar. Die Entstehungsgeschichte eines über die Welt und das Böse mächtigen Gottes läßt für Max Weber

unter dem Machtanspruch eines guten Gottes steht, warum gibt es dann überhaupt noch Böses? Das ursprünglich ins irrationale Abseits gedrängte Böse erweist seine *unabweisbare Anwesenheit* in seiner aufdringlichen Irrationalität, *im allein empirisch faßbaren Faktum des Bösen.*

Die Paralyse des Guten

Aber genau damit entsteht die Trennung von Welt und Gott in zwei eigenständige Bereiche: Das Reich der Götter wird zum Reich des einen Gottes und zugleich ethisch idealisiert – damit zum Maßstab der Welt. Im gleichen Prozeß wird die Welt erlösungsbedürftig, denn sie entspricht der ethischen Idealität nicht. Der Mangel der Welt an ethischer Idealität, d. i. an Gerechtigkeit und Berechenbarkeit bedarf der Kompensation. Das erklärt die Entstehung von Erlösungsreligionen zugleich mit der Festsetzung einer in theologischer Rationalität sich entwickelnden legitimen Macht. Wenn der Anspruch der ethisch qualifizierten göttlichen Prädikate darin liegt, daß das Gute belohnt und das Böse bestraft wird – das Gute aber irdisch darin besteht, daß die Mangelsituation, die eine der Ursachen von Angst war, partiell aufgehoben ist – dann ist das Ergebnis der Kompensation des Bösen, daß Reichtum und Justiz versprochen wird: Darin besteht die Legitimationsaufgabe des Staats, der im Namen von Gemeinwohl und Justiz Gehorsam verlangen darf und verlangt. Zugleich bedeutet das die Paralyse des transzendenten einen Guten in Ökonomie, Justiz und Souveränität – die Ethik wird zum Kampfplatz der Werte. Max Webers Rationalisierungsfortschritt der Gesellschaft, der das eine Gute dissoziiert, realisiert sich in drei autonomen rationalen Institutionen. Diese können nur von ihrer eigenen Rationalisierungsgeschichte her beurteilt werden: a) Ökonomie und Justiz, b) Souveränität und c) Ethik.

das Problem der Theodizee schon seit der Entstehungsgeschichte der guten Götter des Olymp auftauchen.

a. Ökonomie und Justiz

Reichtum und Justiz waren Rationalisierungsforderungen aus dem Potential der Angst. Daß der Reichtum eines Stammes unter einem Schutzgott legitim war, ist evident. Die Übertragung der Legitimität des Gewinnstrebens auf den einzelnen setzt aber voraus, daß Reichtum selbst als Lohn interpretiert wurde, daß Lohn als Implikat rechtmäßig rationalen Handelns begriffen wurde. Darin besteht für Weber dann die legitime, ökonomisch interpretierte Rolle der Justiz, jedem das zu geben, was ihm zusteht: Suum cuique tribuere.

b. Souveränität

Dadurch, daß die Justiz sich als Zweckmäßigkeitsgerechtigkeit der Ökonomie herausstellt, kommt die Politik sozusagen in ihrer Reinkultur zum Vorschein: im Begriff der Souveränität. Wenn »alle Begriffe des Staatsrechts säkularisierte theologische Begriffe« (Carl Schmitt) sind, und die positiven göttlichen Begriffe für Ökonomie (Glück) und Justiz (Gerechtigkeit) verbraucht sind, bleibt noch die Allmacht: Und das heißt staatliche Souveränität. Die Emanzipation der Politik aus Ethik und Moral wird mit der Entwicklung des Souveränitätsbegriffs evident: Politik ist gerade dadurch rational, daß sie keine anderen Ziele hat als die politischen, daß sie kein Interesse kennt als die Selbsterhaltung und Machtsteigerung des Souveräns. Der Wille zur Macht zeigt sich als die »Versachlichung der Macht«[23] in der Politik.

c. Ethik

Was bleibt eigentlich von der Ethik? In der Entwicklungsgeschichte der Rationalität aus der Urform des Numinosen in die Institutionalisierung von souveränem Staat und rechtlicher Ökonomie bleibt der alte, absolute Anspruch der Ethik auf der Strecke. Denn die Ethik entspricht den modernen Rationalisierungsstandards nicht. Ihre »Werte« erheben zwar noch Anspruch auf Autorität, aber der

23 Wirtschaft und Gesellschaft, S. 361.

Status dieser Werte ist ausgesprochen schwierig zu bestimmen. Religionshistorisch stammen »Werte« für Weber aus der Prädikation von Spezialgottheiten: Demeter für Fruchtbarkeit, Mars für Stärke, Venus für Schönheit. Im Monotheismus der philosophisch-theologischen Dogmatik sind diese Prädikate soweit »rationalisiert«, daß man meinen sollte, sie seien dadurch auch stabilisiert, indem diese »Werte« als Prädikate Gottes auftreten: Der »allmächtige«, »allweise«, »gute«, »gerechte« Gott. In dieser Gottesprädikation zeigt sich: Die Begriffe der Ethik sind allesamt absolute Begriffe. Sie haben wegen ihres Inhalts alle den Anspruch einer absoluten Herrschaft und eines absoluten intellektuellen Gehorsams. Wenn man von ihnen her argumentiert, muß man ihrer Semantik folgen. Und genau hier zeigt sich, daß die »Werte« untereinander nicht rationalisierbar sind. Das gilt für Liebe und Gerechtigkeit, für Freiheit und Verantwortung. Im Namen der Gerechtigkeit kann die Liebe zerstört werden – fiat iustitia pereat mundus – und im Namen der Liebe kann die Gerechtigkeit aufgehoben werden. Im Namen der Freiheit kann die Verantwortung liquidiert werden und im Namen der Verantwortung die Freiheit. Facit: Die Ethik ist in sich nicht eindeutig strukturierbar, sondern von ihrer Semantik her innerlich widersprüchlich. Sie ist sozusagen von Herkunft irrational und deshalb nicht eindeutig zu machen. »Es handelt sich nämlich zwischen den Werten letztlich überall und immer wieder nicht nur um Alternativen, sondern um unüberbrückbar tödlichen Kampf, so wie zwischen Gott und Teufel.«[24]

Es gibt keine Hierarchie absoluter Begriffe, die Rationalisierung in der Ethik kann nicht zu Ende kommen, selbst unter den ethischen Begriffen zeigt sich bei Max Weber nur noch der Kampf um die Herrschaft. Das Konzept seiner Soziologie ist von Beginn an politisch. Indem es auf die Überwältigung des irrationalen Teils des Numinosen und die Überwindung der Angst aus ist, ist sein Ziel nicht Einsicht, sondern Begriffsherrschaft. Die Zweckrationalitätsvorteile von Gerechtigkeit oder Liebe, Verantwortung[25] oder Freiheit lassen sich nicht mehr zweckrational beschreiben, zwischen ihnen muß entschieden werden. Was Gut und Böse und damit zweckmäßig rational ist, bestimmen am Ende die begriff-

24 Max Weber, *Der Sinn der Wertfreiheit in den Sozialwissenschaften*, in: *Schriften*, hg. von Winckelmann, Stuttgart 1956, S. 272.

25 Webers Unterscheidung von Verantwortungs- und Gesinnungsethik und deren innere Logik wäre hier zu verhandeln.

lichen Sieger. Der Preis: Im Kampf ethischer Leitbegriffe zeigt sich, daß die Identität von Rationalität und Macht nicht in der rationalen Einsicht, sondern darin besteht, in einem Dilemma ethischer Begrifflichkeit zu entscheiden. Die ethische Pointe der Weberschen Soziologie heißt Dezisionismus. Am Ende muß auch der ethische Gehorsam durch politischen Dezisionismus erzwungen werden. Möglicherweise ist das der Rest des Numinosen, der nicht gebändigt werden konnte.

Wahrscheinlich hat sich Herder, als er versuchte, die Frage nach dem Sprachursprung zu beantworten, diese Folgen seiner Antwort nicht träumen lassen. Die Historisierung aller Argumentation erwies sich als Geist aus der Flasche, oder – um es weniger märchenhaft zu sagen – als Computervirus, das alle alten Programme der Ethik auflöste. Die Moral wurde bei Nietzsche zur Geschichte der hinterweltlichen Stabilisierung des Ressentiments, das Gewissen zur schwarzen Häme der Gedächtniskunst. Bei Weber blieb von der Religion Dezisionismus und Gehorsam übrig, die Rationalität der Ethik erwies sich als nicht erreichbar. Es zeigte sich vielmehr, daß die ethischen Strukturen identisch waren mit ihrer eigenen, eben wechselnden, also absoluten Geschichte und folglich keine stabilen Strukturen.

Ändert sich die Moral mit der Zeit? Unter der Voraussetzung einer absoluten Geschichte ist die Möglichkeit von stabiler Moral aufgezehrt. Ob sich überhaupt eine neue verbindliche Ethik errichten läßt, die zweckmäßig, natürlich und stabil ist? Das wäre der Bereich des »Möchtegern«, der eigentliche Ort von Ethik und Moral. Man hätte dann die Frage nach der absoluten Geschichte umkehren müssen in eine Frage danach, ob man denken muß, was man nicht denken möchte – und dann hätte man vom Anspruch der Ethik reden können. Dann wäre vielleicht eine Logik des Möchtegern dabei herausgekommen, eine Art ethische Bescherung. Dann aber stellte sich die Frage nach der Realität des Möchtegern, nach dem Verhältnis von Genealogie und Geltungsanspruch, erneut. Der späte Heine hat auf ähnliche Wünsche so reagiert:

»Also fragen wir beständig
bis man uns mit einer Handvoll
Erde endlich stopft die Mäuler.
Aber ist das eine Antwort?«[26]

26 Heinrich Heine, *Zum Lazarus.*

Hinweise zu den Autoren

Norbert Bolz, geb. 1953; Prof. Dr. phil.; Studium der Philosophie, Germanistik und Religionswissenschaft; Promotion 1976; Habilitation 1988; seit 1992 Ordinarius für Kommunikationstheorie an der Universität GH Essen. – Veröffentlichungen: *Stop Making Sense*, Würzburg 1989; *Theorie der neuen Medien*, München 1990; *Eine kurze Geschichte des Scheins*, München 1991; *Chaos und Simultation*, München 1992; *Philosophie nach ihrem Ende*, München 1992.

Carsten Colpe, geb. 1929; 1948-1954 Studium der Theologie, Orientalistik und Philosophie in Mainz und Göttingen; 1960-1962 Privatdozent für Neues Testament und Spätantike Religionsgeschichte in Hamburg; 1962-1969 Professor für Allgemeine Religionsgeschichte in Göttingen; 1969-1974 Professor für Iranische Philosophie, seit 1974 für Allgemeine Religionsgeschichte (und Historische Theologie) an der Freien Universität Berlin. Gastprofessuren an der Yale University, New Haven/USA, an der British Academy, London, und an der University of Chicago. – Veröffentlichungen u. a.: *Theologie, Ideologie, Religionswissenschaft*, München 1980; *Das Siegel der Propheten*, Berlin 1990.

Richard van Dülmen, geb. 1937; Professor Dr. phil.; Studium der Geschichte, Philosophie und Religionswissenschaften in Münster, Würzburg und München; Promotion 1966; Habilitation 1973; seit 1982 Professor für Geschichte der frühen Neuzeit mit bes. Berücksichtigung der Landesgeschichte an der Universität des Saarlandes. – Veröffentlichungen: *Theater des Schreckens. Gerichtspraxis und Strafrituale in der frühen Neuzeit*, München 1985; *Kultur und Alltag in der Frühen Neuzeit. Bd. 1: Das Haus und seine Menschen*, München 1990, *Bd. 2: Dorf und Stadt 16.-18. Jahrhundert*, München 1992.

Alois M. Haas, geb. 1934 in Zürich; Studium der Germanistik, Philosophie und Geschichte in Zürich, Berlin, Paris, München; Promotion zum Dr. phil. 1963 in Zürich; Habilitation im Fachgebiet Germanistik 1969; 1969-1971 Associate Professor an der McGill University in Montreal; ab 1971 außerordentlicher, ab 1974 ordentlicher Professor für deutsche Literaturgeschichte von den Anfängen bis 1700 in Zürich; 1978 Dr. theol. h. c. von der Theologischen Fakultät der Universität Freiburg; i. Ü. 1988-1989 Fellow am Wissenschaftskolleg Berlin; seit 1989 Präsident der Schweizerischen Paracelsus-Gesellschaft. – Veröffentlichungen u. a.: *Parzivals tumpheit bei Wolfram von Eschenbach*, Berlin 1964; *Nim den selbes war. Studien zur Lehre von der Selbsterkenntnis bei Meister Eckhart, Johannes*

Tauler und Heinrich Seuse, Freiburg/CH 1971 (=Dokimion 3, Freiburger Zeitschrift für Philosophie und Theologie); *Meister Eckhart als normative Gestalt geistlichen Lebens*, Einsiedeln 1979; *Sermo mysticus, Studien zu Theologie und Sprache der deutschen Mystik*, Freiburg/CH 1979, 2. Aufl. 1989 (= Dokimion 4); *Das ›einig Ein‹. Studien zu Theorie und Sprache der deutschen Mystik*, Freiburg/CH 1980 (= Dokimion 6); *›Der Franckforter‹ Theologia Deutsch*, in neuhochdeutscher Übersetzung hg. und mit einer Einleitung versehen, Einsiedeln 1980; *Geistliches Mittelalter*, Freiburg/CH 1984 (= Dokimion 8); »Deutsche Mystik«, in: De Boor/Newald (Hg.), *Geschichte der deutschen Literatur. Die deutsche Literatur im späten Mittelalter 1250-1370*, 2. Teil: I. Glier (Hg.), *Reimpaargedichte, Drama, Prosa*, München 1987; *Niklaus von Kues. Vom Sehen Gottes. Ein Buch mystischer Betrachtung. Deum mistice videre ... in caligine coincidencie. Zum Verhältnis Nikolaus' von Kues zur Mystik*, Basel 1989; *Gottleiden – Gottlieben. Studien zur volkssprachlichen Mystik des Mittelalters*, Frankfurt a. M. 1989; *Todesbilder im Mittelalter. Fakten und Hinweise in der deutschen Literatur*, Darmstadt 1989.

Ludwig Hödl, geb. 1924; Studium der Theologie und Philosophie in München; theologische Promotion 1954; Habilitation 1958; 1959 Professor an der Katholisch-Theologischen Fakultät der Universität Bonn, 1964-1990 an der Universität Bochum. Mitherausgeber der »Beiträge zur Geschichte der Philosophie und Theologie des Mittelalters«; Mitarbeiter an der Edition der Opera omnia des Heinrich v. Gent (des Löwen). – Veröffentlichungen: »Die Grundfragen der Sakramentenlehre nach Herveus Natalis OP († 1325)«, in: *MThSt* 10, 1956; »Die Geschichte der scholastischen Literatur und der Theologie der Schlüsselgewalt, 1. Teil«, in: *BGPhThMa* 38.4, 1959; *Henrici de Gandavo Tract. super facto praelatorum et fratrum (Quodl. XII q. 13). Opera omnia XVII*, 1989. Aufsätze zur scholastischen Literaturgeschichte und zur Philosophie und Theologie des Mittelalters.

Gottfried Lischke, geb. 1938; Univ. Prof. Dr. rer. nat.; Studium der Psychologie und Zoologie; Promotion 1969; lehrt seit 1979 Psychologie an der Freien Universität Berlin. – Veröffentlichungen: *Aggression und Aggressionsbewältigung*, 3. Aufl. Freiburg 1975; Aufsätze und Lexikonartikel zur Aggressions- und Moralpsychologie, Sexualwissenschaft und biohistorischen Psychologie.

Peter Michelsen, geb. 1923; em. Professor Dr. phil.; Studium der deutschen Philologie, Philosophie und Kunstgeschichte in Göttingen 1945-1950; Promotion 1951; Lektor am University College of Wales, Aberystwyth 1952-1954; Professor of German an der Dalhousie University, Halifax, N.S., Kanada, 1957-1959; Habilitation in Göttingen 1960; o. Professor in Braunschweig 1963-1967, in Heidelberg seit 1967. –

Veröffentlichungen: *Laurence Sterne und der deutsche Roman des 18. Jahrhunderts*, 1962, 2. Aufl. 1972; *Friedrich Hebbels Tagebücher. Eine Analyse*, 1966, *Zeit und Bindung. Studien zur deutschen Literatur der Moderne*, 1976; *Der Bruch mit der Vater-Welt. Studien zu Schillers ›Räubern‹*, 1979; *Der unruhige Bürger. Studien zu Lessing und zur Literatur des achtzehnten Jahrhunderts*, 1990. Zahlreiche Abhandlungen und Aufsätze zur (meist deutschen) Literatur vom 17. bis zum 20. Jahrhundert.

Peter Schäfer, geb. 1943; Professor Dr. phil.; Studium der Judaistik, Philosophie und Theologie in Freiburg i. Br. und Jerusalem; Promotion 1968; Habilitation 1973; ab 1974 Professor für Judaistik an der Universität Köln, seit 1984 an der Freien Universität Berlin. – Veröffentlichungen auf dem Gebiet der rabbinischen Literatur, der jüdischen Geschichte und der jüdischen Mystik, u. a.: *Der Bar Kokhba-Aufstand* (1981); *Geschichte der Juden in der Antike* (1983); *Hekhalot-Studien* (1988); *Der verborgene und offenbare Gott* (1991); Herausgeber der *Genzia-Fragmente zur Hekhalot-Literatur* (1984), der *Synopse zur Hekhalot-Literatur* (1981) und der *Konkordanz zur Hekhalot-Literatur* (1986-1988); *Übersetzung der Hekhalot-Literatur* (1987 ff.); Mitherausgeber der *Synopse zum Talmud Yerushalmi* (1991-1992) und mehrerer judaistischer Reihen.

Wilhelm Schmidt-Biggemann, geb. 1946; war ab 1975 am Aufbau des geisteswissenschaftlichen Forschungs- und Studienprogramms der Herzog-August-Bibliothek Wolfenbüttel beteiligt; lehrt seit 1979 an der Freien Universität Berlin, seit 1985 als apl. Professor für Philosophie. – Wichtigste Veröffentlichungen: *Maschine und Teufel. Jean Pauls Jugendsatiren nach ihrer Modellgeschichte* (1975); *Spinoza, Werk und Wirkung* (1977); *Topica universalis. Eine Modellgeschichte humanistischer und barocker Wissenschaft* (1983); *Theodizee und Tatsachen. Das philosophische Profil der deutschen Aufklärung* (1988); *Geschichte als absoluter Begriff. Der Lauf der neueren deutschen Philosophie* (1991); *Sinn-Welten, Welten-Sinn. Eine philosophische Topik* (1992).

Christoph Schulte, geb. 1958; Dr. phil.; Studium der Philosophie, Judaistik, Theologie und Publizistik in Heidelberg und Berlin; Promotion 1987; 1989-1991 Gastdozent in Philosophie an der Hebräischen Universität in Jerusalem; z. Zt. wissenschaftlicher Mitarbeiter am Moses Mendelssohn Zentrum für europäisch-jüdische Studien der Universität Potsdam und Redakteur der Zeitschrift für Religions- und Geistesgeschichte. – Veröffentlichungen: (Hg.) *Um Kopf und Krieg*, Darmstadt 1987; *radikal böse. Die Karriere des Bösen von Kant bis Nietzsche*, München 1988, 2. Aufl. 1992. Aufsätze zur Philosophie des deutschen Idealismus, Religionsphilosophie, jüdischen Philosophie- und Geistesgeschichte.

Kurt-Victor Selge, geb. 1933; Professor Dr. theol.; Studium der Geschichte und Evangelischen Theologie in Heidelberg, Hamburg und Rom; Promotion 1961, Habilitation 1969; Dozent in Heidelberg und (1973) Perth (Westaustralien); 1977 o. Professor für Kirchengeschichte in Berlin (West), 1993 an der Humboldt-Universität; Leiter der Schleiermacherforschungsstelle Berlin (1979); o. Mitglied der Berlin-Brandenburgischen Akademie der Wissenschaften. – Veröffentlichungen: *Die ersten Waldenser*, 2 Bde., Berlin 1967; *Einführung in das Studium der Kirchengeschichte*, Darmstadt 1982; (Hg.) *Internationaler Schleiermacher-Kongreß Berlin 1984*, 2 Bde., Berlin 1985. Mitherausgeber der Kritischen Gesamtausgabe der Werke Schleiermachers; Herausgeber der Gesamtausgabe der Werke Joachims von Fiore. Quellenveröffentlichungen zur Geschichte der Inquisition, religiöser Bewegungen und der Theologie im Mittelalter; Aufsätze zur mittleren Kirchengeschichte, Reformationstheologie und Kirchengeschichtsschreibung.

Walter Sparn, geb. 1941; Professor Dr. theol.; Studium der Ev. Theologie und Philosophie in Tübingen, Erlangen, Bonn und Edinburgh; Promotion 1974; Habilitation 1982; seit 1980 im Forschungsbereich der Herzog-August-Bibliothek Wolfenbüttel; seit 1986 Professor für systematische Theologie und religiöse Gegenwartsfragen. – Veröffentlichungen: *Wiederkehr der Metaphysik*, Stuttgart 1976; *Leiden, Erfahrung und Denken*, München 1980; *Martin Luther, Aus rechter Muttersprache*, Frankfurt a. M. 1983; *Wer schreibt meine Lebensgeschichte? Biographie, Autobiographie, Hagiographie*, Gütersloh 1990; *Wieviel Religion braucht der deutsche Staat?*, Gütersloh 1992. Aufsätze zu religionshistorischen und theologie- sowie philosophiehistorischen und zu systematisch-theologischen Themen.

211/1/8.92

suhrkamp taschenbücher wissenschaft
Evolutionstheorie, Ethnologie, Kulturgeschichte, Religionswissenschaft

Granet: Das chinesische Denken. stw 519
– Die chinesische Zivilisation. stw 518
Groh, D.: Anthropologische Dimensionen der Geschichte. stw 992
Groh, R./Groh, D.: Weltbild und Naturaneignung. stw 939
Kippenberg: Die vorderasiatischen Erlösungsreligionen. stw 917
Kippenberg/Luchesi (Hg.): Magie. Die sozialwissenschaftliche Kontroverse über das Verstehen fremden Denkens. stw 674
Klibansky/Panofsky/Saxl: Saturn und Melancholie. stw 1010
Leiris: Ethnologische Schriften. 4 Bde. stw 574-577
– Bd. 1: Die eigene und die fremde Kultur. stw 574
– Bd. 2: Das Auge des Ethnographen. stw 575
– Bd. 3: Phantom Afrika 1. stw 576
– Bd. 4: Phantom Afrika 2. stw 577
Leroi-Gourhan: Hand und Wort. stw 700
Lévi-Strauss: Die elementaren Strukturen der Verwandschaft. stw 1044
– Mythologica I. Das Rohe und das Gekochte. stw 167
– Mythologica II. Vom Honig zur Asche. stw 168
– Mythologica III. Der Ursprung der Tischsitten. stw 169
– Mythologica IV. Der nackte Mensch. 2 Bde. stw 770
– Strukturale Anthropologie I. stw 226
– Strukturale Anthropologie II. stw 1006
– Traurige Tropen. stw 240
– Das wilde Denken. stw 14
Luckmann: Die unsichtbare Religion. stw 947
Luhmann: Funktion der Religion. stw 407
– *siehe auch Welker*
Malinowski: Eine wissenschaftliche Theorie der Kultur. stw 104
Mauss: Die Gabe. stw 743
Meillassoux: »Die wilden Früchte der Frau«. stw 447
Niemitz (Hg.): Erbe und Umwelt. stw 646
Oppitz: Frau für Fron. stw 731
– Notwendige Beziehungen. stw 101
Pannenberg: Wissenschaftstheorie und Theologie. stw 676
Parin/Morgenthaler/Parin-Matthèy: Fürchte deinen Nächsten wie dich selbst. stw 235
Peukert: Wissenschaftstheorie – Handlungstheorie – Fundamentale Theologie. stw 231
Rodinson: Islam und Kapitalismus. stw 584

211/2/8.92

211/3/8.92

suhrkamp taschenbücher wissenschaft
Psychoanalyse, Psychologie, Sozialpsychologie

Altman: Praxis der Traumdeutung. stw 994
Bareuther. u. a. (Hg.): Forschen und Heilen. stw 698
Bateson: Geist und Natur. stw 691
– Ökologie des Geistes. stw 571
Bateson u. a.: Schizophrenie und Familie. stw 485
Bauriedl: Beziehungsanalyse. stw 474
Bernfeld/Cassirer Bernfeld: Bausteine der Freud-Biographik. stw 727
Bertram (Hg.): Gesellschaftlicher Zwang und moralische Autonomie. stw 450
Bion: Lernen durch Erfahrung. stw 1021
Bruder: Psychologie ohne Bewußtsein. stw 415
Bude: Bilanz der Nachfolge. stw 1020
Bungard/Lenk (Hg.): Technikbewertung. Philosophische und psychologische Perspektiven. stw 684
Castel: Die psychiatrische Ordnung. stw 451
Chasseguet-Smirgel: Das Ichideal. stw 682
Cremerius: Zur Theorie und Praxis der Psychosomatischen Medizin. stw 255
Cremerius (Hg.): Die Rezeption der Psychoanalyse in der Soziologie, Psychologie und Theologie im deutschsprachigen Raum bis 1940. stw 296
Dahmer: Libido und Gesellschaft. stw 345
Damon: Die soziale Welt des Kindes. stw 884
Deleuze/Guattari: Anti-Ödipus. stw 224
Devereux: Angst und Methode in den Verhaltenswissenschaften. stw 461
– Normal und anormal. stw 395
– Träume in der griechischen Tragödie. stw 536
Dolto: Psychoanalyse und Kinderheilkunde. stw 778
Drews/Brecht: Psychoanalytische Ich-Psychologie. stw 381
Eckstaedt: Nationalsozialismus in der »zweiten Generation«. stw 1026
Eckstaedt/Klüwer (Hg.): Zeit allein heilt keine Wunden. stw 308
Edelstein/Habermas (Hg.): Soziale Interaktion und soziales Verstehen. stw 446
Edelstein/Keller (Hg.): Perspektivität und Interpretation. stw 364
Edelstein/Nunner-Winkler (Hg.): Zur Bestimmung der Moral. stw 628
Edelstein/Nunner-Winkler/Noam (Hg.): Moral und Person. stw 1047
Erdély: Wie sag ich's meiner Mutter. stw 747
Erdheim: Die gesellschaftliche Produktion von Unbewußtheit. stw 465

210/1/8.92

suhrkamp taschenbücher wissenschaft
Psychoanalyse, Psychologie, Sozialpsychologie

– Psychoanalyse und Unbewußtheit in der Kultur. stw 654
Erikson: Dimensionen einer neuen Identität. stw 100
– Gandhis Wahrheit. stw 265
– Identität und Lebenszyklus. stw 16
– Der junge Mann Luther. stw 117
– Der vollständige Lebenszyklus. stw 737
Flader/Grodzicki/Schröter (Hg.): Psychoanalyse als Gespräch. stw 377
Fromm: Die Gesellschaft als Gegenstand der Psychoanalyse. stw 1054
Furth: Intelligenz und Erkennen. Die Grundlagen der genetischen Erkenntnistheorie Piagets. stw 160
Geulen (Hg.): Perspektivenübernahme und soziales Handeln. stw 348
Geuter: Die Professionalisierung der deutschen Psychologie im Nationalsozialismus. stw 701
Goldstein/Freud/Solnit: Diesseits des Kindeswohls. stw 383
– Jenseits des Kindeswohls. stw 906
Goldstein/Freud/Solnit/Goldstein: Das Wohl des Kindes. stw 741
Grunberger: Vom Narzißmus zum Objekt. stw 392
Hausen/Nowotny (Hg.): Wie männlich ist die Wissenschaft? stw 590
Helfer/Kempe (Hg.): Das geschlagene Kind. stw 247
Jacobson: Depression. stw 456
– Das Selbst und die Welt der Objekte. stw 242
Jäger (Hg.): Kriminologie im Strafprozeß. stw 309
Kernberg: Borderline-Störungen und pathologischer Narzißmus. stw 429
Khan: Entfremdung bei Perversionen. stw 775
Kohut: Die Heilung des Selbst. stw 373
– Introspektion, Empathie und Psychoanalyse. stw 207
– Narzißmus. stw 157
– Wie heilt die Psychoanalyse? stw 786
– Die Zukunft der Psychoanalyse. stw 125
Laplanche/Pontalis: Das Vokabular der Psychoanalyse. stw 7
Lenk: Zwischen Sozialpsychologie und Sozialphilosophie. stw 708
de Mause (Hg.): Hört ihr die Kinder weinen. stw 339
McDougall: Plädoyer für eine gewisse Anormalität. stw 844
Menninger: Selbstzerstörung. stw 249
Mentzos: Interpersonale und institutionalisierte Abwehr. stw 709
Oser: Moralisches Urteil in Gruppen. stw 335
Oser/Fatke/Höffe (Hg.): Transformation und Entwicklung. Grundlagen der Moralerziehung. stw 498

210/2/8.92

suhrkamp taschenbücher wissenschaft
Psychoanalyse, Psychologie, Sozialpsychologie

Parin/Morgenthaler/Parin-Matthèy: Fürchte deinen Nächsten wie dich selbst. stw 235

Piaget/Inhelder: Die Entwicklung des inneren Bildes beim Kind. stw 861

Redlich/Freedman: Theorie und Praxis der Psychiatrie. 2 Bde. stw 148

Ricœur: Die Interpretation. stw 76

Rosenfeld: Zur Psychoanalyse psychotischer Zustände. stw 789

Scheidt: Die Rezeption der Psychoanalyse in der deutschsprachigen Philosophie vor 1940. stw 589

Schöfthaler/Goldschmidt (Hg.): Soziale Struktur und Vernunft. stw 365

Schöttler/Kutter (Hg.): Sexualität und Aggression aus der Sicht der Selbstpsychologie. stw 1049

Schweitzer/Retzer/Fischer (Hg.): Systemische Praxis und Postmoderne. stw 1033

Simitis u.a.: Kindeswohl. stw 292

Stolk/Wouters: Frauen im Zwiespalt. stw 685

Vietinghoff-Scheel: Psychosoma-Analysen und trauma-analoge Verstehensmethode. 3 Bde. stw 744-746

– Aufzeichnungen eines seelischen Nacktflitzers. stw 745

– Es gibt für Schnee keine Bleibe. stw 744

– Seht doch, wie sie leben. stw 746

Wahl (Hg.): Einführung in den Strukturalismus. stw 10

Wodak u.a.: »Wir sind alle unschuldige Täter«. stw 881

Über sämtliche bis Mai 1992 erschienenen suhrkamp taschenbücher wissenschaft (stw) informiert Sie das Verzeichnis der Bände 1 – 1000 (stw 1000) ausführlich. Sie erhalten es in Ihrer Buchhandlung.

210/3/8.92